雨花台年鉴

2018

YUHUATAI ALMANAC

南京市雨花台区地方志编纂委员会

方志出版社
Publishing House of Local Records

图书在版编目（CIP）数据

雨花台年鉴. 2018 / 南京市雨花台区地方志编纂委员会办公室编. —北京：方志出版社，2018. 11
ISBN 978-7-5144-2924-4

Ⅰ.①雨… Ⅱ.①南… Ⅲ.①区（城市）—南京—2018—年鉴 Ⅳ. ①Z525.34

中国版本图书馆CIP数据核字（2018）第261245号

雨花台年鉴（2018）

编　　者：南京市雨花台区地方志编纂委员会办公室
责任编辑：范　静

出 版 人：冀祥德
出 版 者：方志出版社
地址　北京市朝阳区潘家园东里9号（国家方志馆4层）
邮编　100021
网址　http://www.fzph.org
发　　行：方志出版社发行中心
电话（010）67110500
经　　销：各地新华书店
印　　刷：南京顺和印刷有限责任公司

开　　本：889×1194　　1/16
印　　张：25.25
字　　数：576千字
版　　次：2018年11月第1版　　2018年11月第1次印刷
印　　数：001～650册

ISBN　978-7-5144-2924-4　　定价：198.00元

雨花台区地方志编纂委员会

主　　任：张连春

副 主 任：余　清

委　　员：张亚军　黄伟国　朱盘江　钱　军　翟高峰　俞　蓉　许　慎　尹　宏　朱天燕

管　平　李君毅　程道伟　刘善海　宋海红　贾乐实　梁　汶　张　波　王　强

王瑞荣　陈志康　褚堂琴　史　军　蒋朝晖　徐美如　金　晖　张　峰　姜莱斌

刘建功　伍葵阳　赵　勇　魏　平　刘　佳　郑诗宁　郭治宇　戴　俊

办公室主任：俞建宁

《雨花台年鉴》编辑部

主　　编：俞建宁

执行主编：李　静

编　　辑：杨静珺　张　玄　陈佳佳

封面设计：张南海

《雨花台年鉴》主审

戴华杰　中共南京市雨花台区委书记

张连春　南京市雨花台区人民政府代区长

杨　明　南京市雨花台区人大常委会主任

黄唯佳　政协南京市雨花台区委员会主席

余　清　南京市雨花台区人民政府副区长

雨花台区政区图

江北新区
浦口区
长江
江
长江五桥(在建)
建洲
金陵凤凰台
京沪高速铁路
G42
G2501
浦乌西江路
绕城高速公路
绕城公路
兰花立交
长江三桥
大胜关长江大桥
大胜关大桥
双闸桥
三桥湿地生态园
水利公园
天后
西寇
板桥河闸
国睿金陵大酒店
板桥河大桥
板桥汽渡
雨花汽贸园
弘阳装饰城
天保
刘村立交
史村桥
天保桥
古遗
江苏三鸿食品
中兴大桥
明发工业原料城
宏图高科产业制造基地
江苏洋河酒厂研发中心
雨润食品集团
雨花经济开发区
城南污水处理厂
雨花经济开发区管委会
凤集大桥
古雄
柿子树
板桥
近华
板桥小学
板桥医院
华江船舶修造公司
三山
古雄站
板桥中学
磊博石材市场
板桥装饰城
梅利达特种材料厂
上海梅山钢铁集团
梅山第一中学
上怡新村
梅山
梅山第一小学
梅清苑
新林
花生唐
莲花湖公园
板桥新城管委会
金地自在城
大方
古雄小学
绿洲机器厂技工学校
新建
绿洲新村
梅山宾馆
汇海国际大酒店
梅山医院
中兴路
江宁河闸
二十四号路
双学桥
孙家中学
孙家
宁芜铁路
宁芜高速公路
G4211
老盛大桥
孟水桥
小河北路
永安
宁芜公路
江宁
子母洲
鱼嘴湿地公园
扬子天保双街
谷里汽车

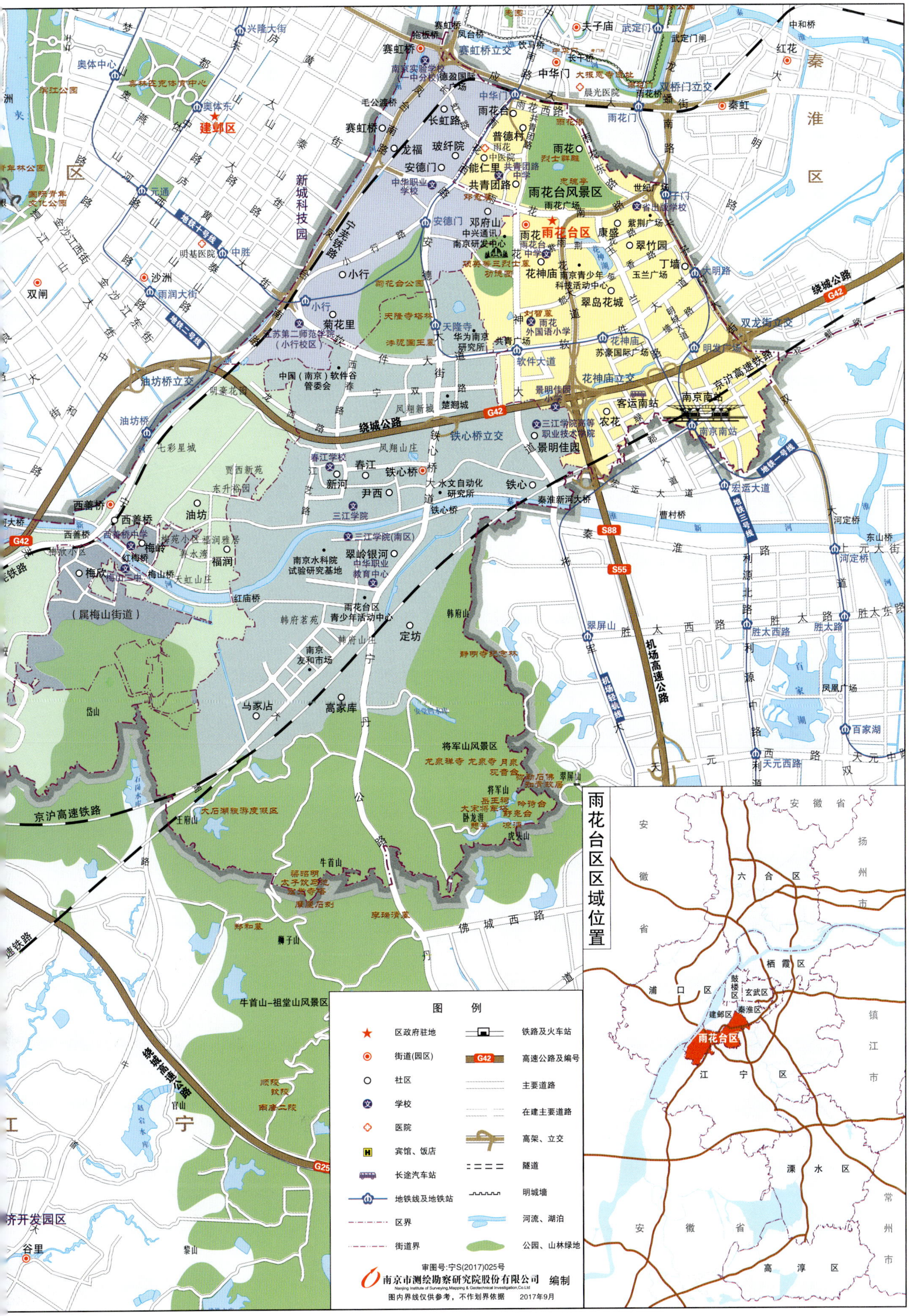

建邺区
雨花台区
秦淮区
新城科技园
雨花台风景区
南京南站
客运南站
南京南
雨花门
中华门
夫子庙
武定门
双桥门立交
赛虹桥立交
赛虹桥
凤台桥
饮马桥
长干桥
中华路
长虹路
赛虹桥
龙福
玻纤院
安德门
普德村
雨花
能仁里
共青团路
世纪广场
紫荆广场
康盛
翠竹园
丁墙
花神庙
翠岛花城
邓府山
小行
菊花里
天隆寺
软件大道
花神庙立交
景明佳园
农花
铁心桥立交
铁心桥
春江
新河
尹西
凤翔新城
凤翔山庄
楚翘城
铁心
秦淮新河大桥
西善桥
梅岭
梅欣
福润
油坊
红庙桥
定坊
南京友和市场
乌家店
高家库
韩府山
韩府山庄
将军山风景区
牛首山
牛首山-祖堂山风景区
佛城西路
宁丹公路
绕城公路
京沪高速铁路
机场高速公路
机场轻轨线
地铁一号线
地铁二号线
地铁三号线
地铁十号线
宏运大道
秦淮新河
胜太西路
天元西路
双龙街立交
明发广场
大明路
油坊桥立交
油坊桥
奥体中心
元通
中胜
雨润大街
沙洲
双闸
兴隆大街
奥体东
明基医院
谷里
省出版学校
G42
S88
S55
G25
雨花台区区域位置
安徽省
扬州市
镇江市
常州市
六合区
栖霞区
浦口区
鼓楼区
玄武区
建邺区
秦淮区
雨花台区
江宁区
溧水区
高淳区
图例
区政府驻地
街道(园区)
社区
学校
医院
宾馆、饭店
长途汽车站
地铁线及地铁站
区界
街道界
铁路及火车站
高速公路及编号
主要道路
在建主要道路
高架、立交
隧道
明城墙
河流、湖沼
公园、山林绿地
审图号:宁S(2017)025号
南京市测绘勘察研究院股份有限公司 编制
Nanjing Institute of Surveying, Mapping & Geotechnical Investigation, Co.Ltd
图内界线仅供参考，不作划界依据
2017年9月

编纂说明

一、《雨花台年鉴（2018）》以马克思列宁主义、毛泽东思想、邓小平理论、“三个代表”重要思想、科学发展观、习近平新时代中国特色社会主义思想为指导，坚持辩证唯物主义和历史唯物主义的立场、观点和方法。系统载录2017年雨花台区自然、政治、经济、文化、社会和生态建设等方面的基本情况，以及与本行政区域密切相关的内容。为各级领导决策提供依据，为各行各业、中外人士了解和研究雨花台区提供资料。

二、《雨花台年鉴（2018）》按分类编辑法，设类目、分目、条目三个层次，部分分目下设副分目，以条目为基本层次。2018年卷设特载、专文、大事记、概览、中国（南京）软件谷、经济、经济管理与监督、城市建设与管理、公共服务、政治、街道、人物和荣誉、附录共13个类目。

三、为便于阅读，类目、分目、副分目、条目标题及相关链接、附表，按照不同字体、字号全彩印刷。

四、全书记述的地域范围以现行雨花台区行政区划为界，一些驻区企事业单位发生在外地，但与雨花台区关系密切的重要信息也予记载；为便于读者查找和了解事物的连续性，对于2017年以前的个别重大事件仍予简略追溯；“特载”类目中《政府工作报告》为跨年度记述。

五、本年鉴采用的稿件均由雨花台区党政部门、各单位专人撰写，经主管负责人审核，区四套班子领导审查。组织机构及负责人名单由区委组织部和各部门、各单位提供并审核，“大事记”由区档案馆提供，“统计资料”由区统计局提供。由于统计口径、方法、时间不同，有些单位提供的数据与统计局数据有差异，一般以统计局资料为准。

六、为方便读者检索，《雨花台年鉴》卷首有目录和英文简目，卷末有索引。索引采用主题索引方法，依据主题词首字汉语拼音字母顺序排列。

Leadership inspection

领导视察

4月10日，省委副书记、市委书记吴政隆（中）调研雨花台区基层卫生服务能力建设情况

（区卫计局 供稿）

11月15日，省委副书记、常务副省长黄莉新（左四）考察雨花台区加快培育新动能情况

（区发改局 供稿）

7月25日，省委常委、市委书记张敬华（右二）调研中国（南京）软件谷

（软件谷 供稿）

7月7日，市委常委、常务副市长刘以安（右二）调研雨花公益众创空间

（区民政局 供稿）

4月24日，市委常委、政法委书记徐锦辉（前排右二）调研板桥街道综合治理情况

（板桥街道 供稿）

8月8日，市委常委、统战部部长陈勇（右二）到华兴侨史陈列室调研统战工作

（板桥新城 供稿）

3月18日，副市长胡万进（左三）陪同国家卫计委副主任王培安（右三）考察赛虹桥卫生服务中心
（区政府办 供稿）

8月16日，副市长孙建友（左三）视察赛虹桥派出所新址项目建设情况
（赛虹桥街道 供稿）

Government affairs activity

政务活动

10月20日，区委书记黄河（左二）调研赛虹桥街道安德门社区

（区方志办 供稿）

6月22，区委副书记、区长李世峰（左二）检查板桥新城老街积淹水片区工程进展情况

（板桥新城 供稿）

7月4日，区人大常委会主任杨明（左一）督查板桥街道防汛工作

（区人大办 供稿）

11月27日，区政协主席黄唯佳（左二）考察全区精细化建设管理情况

（区政协办 供稿）

2月15日，中国（南京）软件谷管委会主任谢祖国（左一）陪同教育部部长陈宝生（左二）、工信部部长苗圩（左三）考察中国（南京）软件谷 （软件谷 供稿）

3月16日，区委副书记袁传军（左二）考察南河整治工作情况 （赛虹桥街道 供稿）

12月14日，区委常委、常务副区长孙中华（左一）慰问退休老干部

（区政府办 供稿）

5月5日，区委常委、宣传部部长谢山（右二）陪同市文明办主任彭振刚（左二）检查南京南站文明创建工作

（区委宣传部 供稿）

11月28日，区委常委、统战部部长艾长青（后排右五）参加区工商联对口帮扶活动
（区委统战部 供稿）

3月31日，区委常委、区纪委书记仲兆林（右一）调研专项检查小组工作情况
（区纪委、监察局 供稿）

8月20日，区委常委、副区长蒋冰（右四）考察凤台南路环境综合整治项目

（区交通局 供稿）

2月1日，区委常委、区人武部政委金宏（左三）到雨花街道普德花园看望困难党员

（区人武部 供稿）

8月8日，区委常委、政法委书记凌向前（前排右三）调研福润社区综治中心建设工作
（区委政法委 供稿）

7月5日，区委常委、组织部部长袁迅（中）调研指导南京润和软件党建工作
（区委组织部 供稿）

4月17日，副区长徐文进（右一）走访居民胡叶丽

（区政府办 供稿）

6月3日，副区长陆一（左一）调研赛虹桥街道水务工作

（赛虹桥街道 供稿）

4月6日，副区长余清（左三）调研西善桥社区卫生服务中心

（区方志办 供稿）

8月4日，副区长王金玉（左三）走访菊花社区居民

（区政府办 供稿）

Highlighted News Collection

要事集萃

1月5日，雨花台区第十八届人民代表大会第一次会议在区召开

（区人大办 供稿）

1月4日，中国人民政治协商会议南京市雨花台区第九届委员会第一次会议在区召开

（区政协办 供稿）

1月16日，2016–2017年度区文化局党员冬训动员部署会在区召开

（区文化局 供稿）

3月27日，雨花台区总工会六届十四次全委（扩大）会议在区召开

（区总工会 供稿）

5月5日，共青团南京市雨花台区第十三次代表大会在区召开

（团区委 供稿）

5月9日，雨花台区非人大任命领导干部任前法律知识考试在区举办

（区司法局 供稿）

5月23日，区商务局机关支部在板桥新城大方社区开展大走访活动

（区商务局 供稿）

6月16日，区国税局联合区工商联、区地税分局、中国（南京）软件谷管委会、致公党雨花支部在软件谷开展政策宣传培训

（区国税局 供稿）

6月26日，区检察院在西善桥街道善水湾广场开展世界禁毒日宣传活动

（区检察院 供稿）

6月29日，江苏南京·首届雨花台区“三胞杯”校园足球邀请赛在南京市雨花外国语小学西善花苑分校举行

（区体育局 供稿）

7月7日，全区纪检监察中期工作会在区召开

（区纪委、监察局 供稿）

7月18日，区地税分局在极客站成立创梦空间税收宣传服务站

（区地税分局 供稿）

7月26日，区民政局组织党员参加区级机关“颂歌庆七一 喜迎十九大”文艺会演

（区民政局 供稿）

9月22日，区级机关工委在小贷之家召开2017年雨花台区作风建设推进会

（区级机关工委 供稿）

9月26日，南京市第一医院雨花台区临床检验中心签字揭牌仪式在雨花医院举行

（区卫计局 供稿）

11月9日，雨花台区关工委干部学习班在安德门社区开班

（区关工委 供稿）

11月9日，雨花台区军休系统庆祝“八一”建军节暨军休一所建所30周年庆典在区举行

（区双拥办 供稿）

12月20日，区妇女第十一次代表大会在区召开

（区妇联 供稿）

12月21日，雨花台区2017年部门决算会在区召开

（区财政局 供稿）

软件崛起

4月19日，中兴光电子总部入驻中国(南京)软件谷科创城

（软件谷 供稿）

8月29日，柬埔寨人民党青年干部考察团考察亿嘉和科技股份有限公司

（软件谷 供稿）

9月9日，在第十三届中国（南京）国际软件产品和信息服务交易博览会重大项目签约（第一批）仪式在博览中心举行
（软件谷 供稿）

9月13日，2017年南京金洽会雨花专场项目签约仪式在南京明发大酒店举行
（区商务局 供稿）

10月24日，荷兰北布拉邦省代表团参观考察中国（南京）软件谷电子信息化及大数据等相关工作

（软件谷 供稿）

11月24日，中软国际–华为云创新中心项目签约落户中国（南京）软件谷

（软件谷 供稿）

ZTE中兴全球云计算中心

中国（南京）软件谷创业创新城

大数据产业基地

南京软件产业博览馆

三胞集团有限公司

雨花润和软件外包园

雨花街道

地址：南京市花神大道3号 电话：025-52885733 邮编：210012

4月26日，区委书记黄河（左二）考察雨花新村环境整治情况

1月22日，区委副书记、区长李世峰（中）慰问丁墙社区困难群众

5月17日，雨花街道在江苏省新闻出版学校举办食品安全知识讲座

7月15日，雨花街道召开领导班子专题学习研讨会

10月18日，雨花街道组织党员干部收看中共十九大开幕直播

12月4日，雨花街道联合西善桥街道开展综合执法检查工作培训

赛虹桥街道

地址：南京市应天大街8号 电话：025-52468927 邮编：210012

10月20日，区委书记黄河（右二）调研龙福社区

10月26日，区委副书记、区长李世峰（左二）考察赛虹桥街道水环境工作

7月28日，赛虹桥街道召开大社会矛盾和社会隐患大排查大整治会议

10月17日，赛虹桥街道召开党工委扩大会

10月18日，赛虹桥街道组织党员干部收看中共十九大开幕直播

12月22日，赛虹桥街道召开赛虹桥农贸市场关停新闻通气会

铁心桥街道

地址：南京市铁心桥大街 电话：025-52355899 邮编：210012

12月6日，区委书记黄河（前排左一）调研铁心桥街道综合执法体制改革工作

4月29日，区委副书记、区长李世峰（右六）检查楚翘城安全生产

10月18日，铁心桥街道组织党员干部收看中共十九大开幕直播

11月27日，铁心桥街道召开雨花台区铁心桥街道妇女第四次代表大会

12月6日，铁心桥街道召开铁心桥街道社会矛盾和安全隐患大排查大整治行动暨“12·13”国家公祭活动安保维稳工作会议

12月25日，第八期“文化名家进铁心”活动在楚翘城会议中心举办

板桥街道

地址：南京市振兴路59号 电话：025-86732287 邮编：210039

4月17日，区委书记黄河（右五）调研板桥街道

3月28日，区委副书记、区长李世峰（左二）调研板桥街道朝阳绿地项目

6月30日，板桥街道召开庆祝建党96周年暨基层党建工作推进会

7月6日，板桥街道召开创建全国文明城市动员会

9月2日，板桥街道召开大走访专题推进会

9月21日，板桥街道召开军企地社党建联盟成立大会

西善桥街道

地址：南京市西善桥北街68号 电话：025-52815700 邮编：210041

11月16日，区委书记黄河（中）调研油坊社区

10月10日，区委副书记、区长李世峰（左二）调研油坊社区

8月9日，西善桥街道召开安全生产和信访维稳工作会议

8月16日，西善街道召开社区综治警务工作一体化推进会

8月19日，西善桥街道召开“加强和创新社会治理”工作研讨会

10月31日，西善桥街道召开重点项目及考核形势分析会

梅山街道

地址：南京市中华门外新建 电话：025-86364770 邮编：210039

5月3日，区委书记黄河（右三）调研工农河

6月2日，区委副书记、区长李世峰（右二）调研南京板桥汽渡

5月17日，梅山街道召开科技干部选拔任用民主推荐会

5月24日，梅山街道召开党员干部“走千企入万户、助发展促富民”大走访活动推进会

6月30日，梅山街道召开庆祝建党96周年暨党的建设推进会

7月6日，梅山街道召开创建文明城市动员会

雨花经济开发区

地址：南京市龙飞路16号 电话：025-86728040 邮编：210039

7月5日，区委书记黄河（左三）调研雨花经济开发区中兴河泵站检查防汛工作

3月17日，区委副书记、区长李世峰（中）调研雨花经济开发区城建工作

8月25日，雨花经济开发区召开党建工作暨“大走访”活动推进会

11月8日，雨花经济开发区召开深化推进大排查大整治专项行动专题会

11月8日，雨花经济开发区召开学习贯彻党的十九大精神宣讲会

11月10日，雨花经济开发区妇联召开第二届妇女代表大会

板桥新城

地址：南京市板古路1号 电话025—86726907 邮编：210039

6月13日，区委书记黄河（中）检查板桥老街积淹水片区工程情况

11月18日，2017全国航空模型公开赛（南京站）暨首届中国南京“雨花杯”航空模型国际邀请赛在板桥新城举行，区委副书记、区长李世峰（中）在开幕式上致辞

11月3日，板桥新城召开十九大精神专题学习

11月5日，板桥新城召开十九大专题学习会

11月15日，雨花台区板桥新城妇女第二次代表大会在便民服务中心会议室召开

12月15日，板桥新城柿子树社区卫生服务站开诊仪式暨三甲医院专家进社区大型义诊活动在柿子树社区举行

简称、全称对照

简　　称	全　　称
区委	中国共产党南京市雨花台区委员会
区委办	中国共产党南京市雨花台区委员会办公室
区人大常委会	南京市雨花台区人民代表大会及其常务委员会
区人大办	南京市雨花台区人大常委会办公室
区政府	南京市雨花台区人民政府
区政府办	南京市雨花台区人民政府办公室
区政协	中国人民政治协商会议南京市雨花台区委员会
区政协办	政协南京市雨花台区委员会办公室
区纪委	中国共产党南京市雨花台区纪律检查委员会
区老龄委	南京市雨花台区老龄工作委员会办公室
区民宗局	南京市雨花台区民族宗教事务管理局
区关工委	南京市雨花台区关心下一代工作委员会
区文明办	南京市雨花台区精神文明建设指导委员会办公室
区委政法委	中共南京市雨花台区委员会政法委员会
区编办	南京市雨花台区机构编制委员会办公室
区级机关工委	中共南京市雨花台区委区级机关工作委员会
团区委	中国共产主义青年团南京市雨花台区委员会
区妇联	南京市雨花台区妇女联合会
区发改局	南京市雨花台区发展改革局
区住建局	南京市雨花台区住房和建设局
区科技局	南京市雨花台区科学技术局
区人社局	南京市雨花台区人力资源和社会保障局
区安监局	南京市雨花台区安全生产监督管理局
区环保局	南京市雨花台区环境保护局
区城管局	南京市雨花台区城市管理局
区交通局	南京市雨花台区交通运输局
区食药监局	南京市雨花台区食品药品监督管理局
区人口计生局	南京市雨花台区人口和计划生育局
区人防办	南京市雨花台区人民防空办公室
区爱卫办	南京市雨花台区爱国卫生运动委员会办公室
区残联	南京市雨花台区残疾人联合会
区委党史工办	中共南京市雨花台区委员会党史工作办公室
区方志办	南京市雨花台区地方志编纂委员会办公室

简　　称	全　　称
区科协	南京市雨花台区科学技术协会
区法制办	南京市雨花台区人民政府法制办公室
区台办	南京市雨花台区人民政府台湾事务办公室
区侨办	南京市雨花台区人民政府侨务办公室
区工商联	南京市雨花台区工商业联合会
区政务中心	南京市雨花台区暨中国（南京）软件谷政务服务中心
区征拆办	南京市雨花台区征收拆迁安置办公室
软件谷	中国（南京）软件谷
数字基地	江苏国家数字出版基地（南京园区）
国开雨花公司	南京国开雨花城市更新发展有限公司
南站综管办	南京市铁路南京南站地区市政管养与综合服务中心
区人武部	南京市雨花台区人民武装部
区国土分局	南京市国土资源局雨花台分局
区公安分局	南京市公安局雨花台分局
区国税局	南京市雨花台区国家税务局
区地税分局	南京市地方税务局雨花台分局
区市场监管局	南京市雨花台区市场监督管理局
交警八大队	南京市公安局交通管理局第八大队
区消防大队	南京市公安消防支队雨花台区大队
烟草四分局	南京市烟草专卖局四分局（分公司）
梅山钢铁	上海梅山钢铁股份有限公司
梅山矿业	南京梅山冶金发展有限公司矿业分公司
南京华润	南京华润热电有限公司
中船绿洲	南京中船绿洲机器有限公司
徐工汽车	南京徐工汽车制造有限公司
南京高齿	南京高精传动设备制造集团有限公司
南京高船	南京高精船用设备有限公司
南京玻纤院	南京玻璃纤维研究设计院
旭建新材	南京旭建新型建材股份有限公司
乾元浩南京厂	乾元浩生物股份有限公司南京生物药厂
自来水板桥公司	南京市自来水板桥有限责任公司

总　　目

Main Contents

目 录

经 济

经济管理与监督

公共服务

街道·园区

人物和荣誉

附 录

索　引

Contents

Public Service

Politics

Subdistricts · Park

Figures and Glory

Appendix

Index

特载

2018 YUHUATAI ALMANAC

Special Issue

全面贯彻落实党的十九大精神 为雨花高水平全面建成小康社会而努力奋斗

——在区委十一届八次全体（扩大）会议上的报告

黄　河

（2017年12月）

这次全会的主要任务是，高举习近平新时代中国特色社会主义思想伟大旗帜，认真贯彻党的十九大精神和中央经济工作会议精神，深入落实习近平总书记视察江苏重要讲话精神，按照省、市委全会的部署要求，总结今年工作，分析当前形势，部署明年任务，动员全区各级党组织和广大党员干部，不忘初心、牢记使命，奋力开创雨花改革发展新局面，加快建设“强富美高”新雨花。

下面，我代表区委常委会向全会报告工作。

一、今年工作回顾

今年以来，我们认真贯彻习近平总书记系列重要讲话精神和治国理政新理念新思想新战略，按照省、市委决策部署，统筹做好各方面工作，各项事业取得新的进步。

*一是坚持以改革创新为动力，着力保持经济平稳运行。*坚持把创新摆在全局发展的核心位置，始终突出发展第一要务，积极推进供给侧结构性改革，经济发展稳中有进的态势进一步增强。预计实现地区生产总值513亿元，增长8.5%；一般公共预算收入72.4亿元，同口径增长12%；服务业增加值436.4亿元，增长10.5%；全社会固定资产投资270亿元，完成年计划的104%；社会消费品零售总额403亿元，增长10.1%。软件产业持续发展，预计实现软件和信息服务业收入2210亿元，增长16.3%，占全市比重达到40%，其中，软件业务收入1370亿元，新增涉软企业270家、涉软从业人员2万人、软件产业建筑面积80万平方米。经济开放度进一步提升，预计注册外资实际到账2.4亿美元；外贸出口总额170亿元，完成年计划的124%，完成率位居全市前列。创新创业活力增强，大院大所对接会等活动深入开展，公共服务平台不断完善，全年研发经费支出达到4.2亿元，发明专利申请量达到2644件。新增上市挂牌企业8家，总数达到34家。

*二是坚持以产业项目为抓手，着力增强区域发展后劲。*充分发挥区重大项目招商和推进服务中心的作用，切实加强对项目工作的组织调度，推动一批重大产业项目快出成效。110个区人代会重点项目总体进展顺利，其中31个实施类市重大项目完成投资154亿元，投资完成率全市第一。年初参加省集中开工仪式的12个项目，高质量通过省委督查室验收。全年引进软件谷金融科技产业园、高通联合创新中心、富士康南京研发中心、中软国际—华为云创新中心、米特科技研发中心等重大项目

33个，华为二期、步步高建成入驻，万博科技、金证南京研发中心主体封顶，中兴三区一期主体施工。人才引进、高新技术企业培育、“两落地一融合”等工作扎实推进，新认定高新技术企业30家，新增市级以上工程技术研究中心19家，入选江苏省“双创人才”4名，新增高层次创业人才56人、高端人才团队2个。

三是坚持以城市改造为突破，着力提升城市功能品质。“两桥”地区城市更新改造取得实质性突破，重点开发建设区域拆迁基本完成，龙翔路一期建成通车，龙翔路二期、龙翔西立交、机场二通道地面段及跨秦淮新河桥等骨干道路全面开工，吴尚一组A地块顺利出让，马家店保障房加快建设。软件谷建设全面推进，北园交通路网不断完善，南园道路框架建设全面拉开，管道路等10条道路主体竣工。黑臭河道整治、城市精细化建设管理等难点任务有效落实，其中，24条黑臭河道整治任务全面完成；119个城市精细化建设管理项目顺利推进，凤台南路沿线、农花河沿河、普德村路片区等重点环境综合整治工程成效明显。基础设施建设加快推进，道路交通逐步改善，铁心桥改扩建工程实现主跨合拢，203道口平改立项目顺利启动，长期影响市民出行的交通“痛点”将得以缓解。紧抓梅山钢铁、华润电力等能源消费总量控制，有序开展落后产能专项整治，生态文明建设和环境保护工作得到新的加强，关停整治中小工业企业12家，建成区绿化覆盖率达到49.04%，林木覆盖率达到30.1%。

四是坚持以民生福祉为目标，着力优化民生公共服务。围绕聚焦富民，着力强基础、补短板，大力推进民生领域各项任务落到实处。预计全区城镇居民人均可支配收入达到52400元，增长8.5%，增幅保持全市靠前位次。区实验小学东校区扩建工程交付使用，小行小学异地新建工程主体封顶，雨花台中学迎来60周年校庆。新建5个医联体，铁心桥、赛虹桥、西善桥3家社区卫生服务中心顺利通过“全国优质服务示范社区卫生服务中心”评审。文化体育活动广泛开展，航空模型大赛由国家级赛事成功升格为国际邀请赛。公建配套设施进一步完善，开工建设保障房22.43万平方米，完成棚户区和危旧房改造74.6万平方米，古雄积淹水片区改造等项目经受住汛期考验，雨花新村邻里中心建成封顶。“走千企入万户、助发展促富民”大走访活动深入开展，办成了一批民生实事，解决了一批发展难题，满意度测评结果位列全市第二。信访积案化解扎实有效，总化解率93.75%，结案率100%，在全市处于第一方阵。深入开展安全生产大检查和安全隐患大排查大整治行动，深化平安雨花建设，全力确保了十九大等重大活动社会政治安定。

五是坚持以从严治党为根本，着力营造风清气正政治环境。始终坚持把加强党的建设作为根本性政治任务，深入推进“两学一做”学习教育常态化制度化、“旗帜鲜明讲政治”、第二批“攻坚之星”推选等活动，进一步增强了“四个意识”特别是核心意识、看齐意识，提振了各级干部干事创业的精气神。党的十九大胜利召开后，坚持把学习宣传贯彻党的十九大精神作为首要政治任务，组织全区党员干部学原文、读原著、悟原理，切实用党的最新理论成果武装头脑、指导实践、推动发展，全面准确、深入系统地兴起学习宣传贯彻党的十九大精神的热潮。坚决落实党委主体责任和纪委监督责任，努力把握运用好监督执纪“四种形态”，扎实开展腐败易发多发重点领域整治等专项行动，共查处违反中央八项规定精神问题

21件21人,通报曝光典型问题3件15人,形成了有力震慑。深化纪检派驻机构、巡察体制、监察体制改革。深入开展巡察工作,全年共完成4轮20个单位的巡察。

这些成绩的取得,凝聚了全区各级党政机关、广大干部群众的心血和汗水。在此,我代表区委常委会,向大家表示衷心的感谢,致以崇高的敬意!

回顾一年来的工作,我们取得以上成绩,主要得益于以下几个方面:一是得益于全区上下一以贯之的坚定执行。今年以来,省、市作出系列部署,尤其市委、市政府抓工作推进、抓责任落实,节奏快、力度大、频次高。按照省、市、区部署,区谷各级各部门,紧扣任务要求,积极履职尽责,不折不扣抓落实、做工作,较好推动了各项任务完成。二是得益于条线板块有力有效的协作配合。今年各项工作时间紧、任务重、要求高,尤其信访积案化解、大排查大整治、"263"专项行动暨黑臭河道整治、产业项目建设、"两落地一融合"等工作,需要区谷联动,需要部门和街道(园区)齐心。全区上下牢固树立"一盘棋"思想,尽己所能、克难奋进,共同为推动工作全面向好作出了不懈努力。三是得益于政治生态干部状态的健康平稳。雨花的政治生态历来较好,雨花的党员干部群众历来都朴实厚道。这是雨花的优良传统。一年来,我们坚定坚持,从有利于事业发展、有利于干部成长的角度出发,加强各级领导班子建设,浓厚干事创业氛围,切实把"精神振、作风实、节奏快、胸襟宽"要求贯穿于各项工作中、落实到具体行动上,为各项事业发展提供了坚强保证。

但同时,我们也清醒地看到,雨花发展进程中存在的一些问题和不足,还没有从根本上得到解决。主要表现在:道路交通仍然是制约我们发展的关键短板;优质的教育资源还比较短缺,医疗卫生资源还没有在社区层面普及,部分群众的生活还非常困难,因病致贫、因病返贫的现象还比较突出;城市治理方面的背街小巷、垃圾分类、小河小沟、黑作坊小作坊等仍然是突出的难题;生态环境治理保护任务艰巨,尤其是梅山钢铁、华润电力去产能、降煤耗压力重重;信访稳定的形势十分严峻,一些旧的信访积案没有彻底解决,一些新的矛盾还在不断出现;少数单位推诿扯皮的现象还时有发生,一些干部不担当、不作为、不负责、懒政怠政的现象和情绪甚至在局部领域有所蔓延,"四风"问题反弹回潮、隐身变异的现象还不同程度地存在,等等。这些问题,需要引起各级党委(党组)的高度重视,认真加以解决。

二、明年形势分析

明年是贯彻党的十九大精神的开局之年,也是雨花在高水平全面建成小康社会道路上迈出更加坚实步伐的关键一年。全面准确客观研判形势任务、分析机遇挑战,对做好明年工作至关重要。

1.充分把握机遇。一方面,今年全球经济逐渐回暖,助力中国经济稳中向好、好于预期。另一方面,党的十九大胜利召开,从过去五年的全方位、开创性成就,到未来五年乃至本世纪中叶的清晰路径、宏伟目标,极大地提振了世人和国人对我们国家经济社会发展的信心。这是积极向上、有利于经济持续稳中向好的大的背景。此外,国家和省、市多重战略部署叠加,特别是"一带一路"、长江经济带和长三角区域一体化发展战略,以及江苏"1+3"重点功能区战略、南京"121"战略,将在较长一个时期内对雨花发展产生深远影响。与此同时，我们产业、人才、空间等方面的比较优势正不断彰显。尤为难得的是，今年6月份我们以全省唯一软件特色园区入选第二批“国家级双创示范基地”；9月份中国软件名城工作会上，软件谷继上海浦东新区之后，获批创建全国第二个“中国软件名城示范区”；10月份经市政府专题会研究明确，“两桥”地区支持政策延长问题，将“结合市对区新一轮财政体制改革予以统筹考虑解决”。这些，都是我们新一年工作的有利契机和动力源泉。

2.清醒认识挑战。尽管有利的方面、积极的因素还比较多，但明年我们面临的挑战和压力也不容低估。从总的要求看，十九大报告指出，“我国社会主要矛盾已经转化为人民日益增长的美好生活需要和不平衡不充分的发展之间的矛盾”。这一新的论断，就是要解决当前及今后的核心问题。同时，按照十九大报告提出的经济增长模式，“我国经济已由高速增长阶段转向高质量发展阶段”。12月18日至20日，中央经济工作会议召开，强调“稳中求进工作总基调是治国理政的重要原则，要长期坚持”，“今后3年要重点抓好防范化解重大风险、精准脱贫、污染防治三大攻坚战”，“要围绕推动高质量发展，做好深化供给侧结构性改革等8项重点工作”。落到基层，牢牢把握高质量发展这个根本要求，统筹推进稳增长、促改革、调结构、惠民生、防风险各项工作，我们的发展将迎来一个较长的攻坚期。从外部环境看，今年以来，市委、市政府调度工作、推动发展的要求愈来愈高，兄弟区发展的势头愈来愈强劲。特别自7月份市委提出开展“对标找差”活动以来，区级层面建邺、溧水、江北新区先行先试，其他区都在完善方案、加快行动。根据市委、市政府对标要求，参考学习南京市对标城市，结合雨花实际，我们的标杆区，选择的是杭州市拱墅区，主要是区域面积和人口比较接近、主导产业类似、三产比重相当，但拱墅区的产业体系更加完备，生态环境治理保护、产城融合发展做得更好。从2016年数据看，拱墅区的GDP总量高雨花近30个亿，一般公共预算收入高近10个亿，地均和人均产值等指标也高于雨花。此外，拱墅区在推进公共服务均等化、城市精细化管理、轨道交通发展等方面，也有很多经验值得我们借鉴。我们的灯塔区，选择的是深圳市南山区。南山区是首批“国家级双创示范基地”，发展理念先进，指标优势突出，是我们长期学习的榜样。可以想见，明年及今后较长一个时期，必将掀起一轮大的“对标找差、创新实干”热潮，区域之间的竞争态势将更加激烈。我们必须一着不让、全力以赴。

3.切实找准方向。党的十九大是在我国全面建成小康社会决胜阶段、中国特色社会主义进入新时代的关键时期召开的一次十分重要的大会。12月12日至13日，习近平总书记亲临江苏视察工作时，强调坚守实体经济、坚持创新发展、深化国企改革、推动乡村振兴、修复生态环境、加强基层党建等问题，系统地对江苏发展提出了明确要求。省委十三届三次全会和市委十四届五次全会一以贯之，围绕深入学习贯彻党的十九大精神和习近平总书记视察江苏重要讲话精神，对明年全省、全市工作作出了部署和安排。做好雨花明年工作，必须把学习宣传贯彻党的十九大精神作为最重要的政治任务。按照“学懂、弄通、做实”要求，进一步深刻理解和精准把握党的十九大精神，切实在学思践悟、知行合一中把学习贯彻工作引向深入。坚持把习近平总书记对江苏工作的一系列重要指示作为工作指南,结合实际扎扎实实抓好贯彻落实,坚决确保党中央决策部署落到实处。必须把深化供给侧结构性改革作为雨花各项事业取得新突破的内生动力。深刻认识推动供给侧结构性改革的重大现实意义,坚持把供给侧结构性改革理念,贯穿于经济社会发展各项工作,落实到规划建设、征地拆迁、招商引资、项目推进、科技服务、民生社会事业发展等各个环节,从整体上提高发展质量和效益,不断满足群众日益增长的美好生活需要。必须把“对标找差、创新实干”作为攻坚“抓产业发展、促城市建设、补民生短板”三个主战场的有效路径。这里,特别需要说明的是,党的十九大报告提出了“抓好防范化解重大风险、精准脱贫、污染防治三大攻坚战”,为了体现看齐意识,也为了避免重复,从现在开始,我们把区第十一次党代会提出的打好“抓产业发展、促城市建设、补民生短板”攻坚战改成攻坚“抓产业发展、促城市建设、补民生短板”三个主战场,“攻坚之星”推选工作正常进行。坚持把“对标找差、创新实干”作为重要取向,进一步认清差距、发现短板,提升标杆、激发动力,努力营造比学赶超、争先进位的创新实干氛围,推动各项工作迈上新的台阶,为攻坚主战场、建设新雨花奠定更加坚实的基础。

三、明年重点任务

明年工作的总体要求是:全面贯彻党的十九大精神,以习近平新时代中国特色社会主义思想为指导,紧紧围绕“五位一体”总体布局和“四个全面”战略布局,坚定不移贯彻落实新发展理念,牢牢把握高质量发展根本要求,坚决执行省、市委决策部署,全力攻坚“抓产业发展、促城市建设、补民生短板”三个主战场,在高水平全面建成小康社会的进程中创造出新的更大业绩,加快建设“强富美高”新雨花。

明年发展的主要目标是:力争地区生产总值增长8.5%以上,服务业增加值增长10.5%以上,一般公共预算收入增长10%以上,完成全社会固定资产投资280亿元以上,社会消费品零售总额增长10%以上,新增商务商贸设施面积60万平方米,软件业务收入超过1550亿元,发展质量和效益进一步提高,重要工作、难点任务在全市争先进位、走在前列。

重点抓好以下任务:

(一)在强化改革创新中提高发展质量和效益

围绕推动高质量发展,抓住“国家级双创示范基地”建设和“中国软件名城示范区”建设的契机,强化改革创新,加快转型升级,不断提高发展质量和效益。

1.增强改革新动能。明年是改革开放40周年。改革开放是决定当代中国命运的关键一招,也是决定实现“两个100年”奋斗目标、实现中华民族伟大复兴中国梦的关键一招。坚持把全面深化改革摆在全局发展的突出位置,始终坚持“三个不能变”原则,即:无论改什么、改到哪一步,坚持党对改革的集中统一领导不能变;完善和发展中国特色社会主义制度、推进国家治理体系和治理能力现代化的总目标不能变;坚持以人民为中心的改革价值取向不能变,进一步理清思路、把准方向,使改革精准对接发展所需、基层所盼、民心所向。突出问题导向和效果导向,着力聚焦改革重点领域和关键环节,做好规定动作,精选自选动作,确保在“放管服”改革、综合行政执法体制改革、科技体制改革等领域取得更多成果,形成雨花的改革特色和工作品牌,为发展注入新的活力和动力。

2.打造创新新高地。创新是引领发展的第一动力。牢牢抓住创新关键，由南京雨花台高新区（与软件谷合署）牵头，围绕主导产业优化升级、科技园区整合设立等重点，加快整合区内各类载体平台，大力推进创新型企业和人才集聚，推动一批研发机构和科技成果企业化、项目化落地，力争新增高新技术企业数走在前列。坚持市场运作规律，以软件谷科技创新创业发展有限公司为主体，深入推进“两落地一融合”工作，确保江苏三维智能制造研究院、西安电子科技大学南京网络安全研究院等项目尽快运营，推动北斗网格智能应用研究中心等项目早日落地。围绕制约人才创业、成果转化的“痛点”问题，进一步创新股权融资、债券融资、项目融资、知识产权融资等方式，切实增强科技金融服务实体经济的能力，建立以企业为主体、市场为导向、产学研深度融合的技术创新体系，不断优化创新生态环境。

3.培育发展新引擎。珍惜雨花当前产业集聚的大好形势，按照“高端化、智能化、绿色化、集聚化”方向，加快传统产业提档升级，加快新兴高端产业布局，逐步打造形成以IC设计、虚拟现实、人工智能等前沿性领域为引领的高端软件发展体系，以及以商务商贸、文化创意、健康休闲产业为特色的高铁枢纽经济产业体系，构筑良好产业生态。坚持把产业项目作为做好经济工作的关键抓手，进一步强化区谷联动，完善招商政策，壮大招商队伍，加快跟进中软国际解放号、中科创达等重点在谈项目，大力引进世界500强及世界软件百强企业，确保全年引进重大项目30个以上。严格执行项目调度制度，新开工建设大族能源华东总部、先锋信息产业总部等一批产业类重点项目，全力推进亚信科技、万博科技、中兴三区一期等项目建成达效。借鉴A5信息安全产业园（云密城）做法经验，加快推动万圣伟业、新立讯等14家企业在南园联合拿地建设总部经济产业园，助力企业发展壮大。

（二）在强化产城融合中提升城市功能和品质

依托雨花区位、生态等优势，准确把握、自觉顺应城市发展规律，综合考虑产业发展、城市建设管理和人的全面发展等多重因素，营造更加宜居宜业的城市空间。

1.以更大力度推进城市更新改造。紧盯项目拆迁扫尾，完成“两桥”片区的全部征收拆迁。加快启动二钢宿舍区棚户区改造项目。加快推进龙翔路二期等“五路两桥”建设进度，新开工建设9条道路，力争三年基本建成“两桥”地区道路框架。继续加快软件谷南园开发建设，续建机场二通道南段等10条道路，新开工建设华新路等11条道路。加大对上协调和争取力度，促使“两桥”地区支持政策延长问题进一步明确和落实。强化土地运作，有序推进龙翔商务区地块、圣戈班C2、C3等地块挂牌出让，开工建设吴尚A地块商办项目。强化开发导则的应用，加强招商选资和运营管理，加快推进条件成熟的城市综合体等项目落地，确保“两桥”地区快出形象。

2.以更高标准强化基础设施建设。更加突出规划的战略引领作用，加快人居森林足球小镇、三胞集团生命科技与健康养老产业园、板桥市场群等项目的推进。紧盯交通薄弱环节，抢抓“多规合一”“一张蓝图”试点机遇，大力推进一批道路基础设施建设，争取更多的地铁线路向雨花倾斜，优化区域交通体系。高度重视、高位协调，加快推进宁芜铁路外绕搬迁工作，改善雨花城市面貌，释放出更多的城市空间资源。进一步完善公共配套设施，建成雨花台中学地下人防工程，区文化大厦主体封顶。聚焦岱山、马家店等大型保障房片区，加快推进社区基层服务中心、学校、医院、文化体育场馆等项目建设，为全区实现公共服务均等化打好基础。加快商务商贸设施建设，增强对企业和人才的吸引力。

3.以更严要求落实生态环保任务。针对雨花城市保洁工作"好在大街、差在小巷""贵在应急、难在常态"的现状，深入研究治理背街小巷"脏乱差"、餐饮油烟污染、占道经营等问题的有效措施，全面消除窗口地区、交通干线、居民小区等区域的卫生死角，大力整治渣土车、垃圾转运车车容不整、抛洒滴漏等现象，提高城市精细化管理水平，塑造整洁有序的城市新貌。强力推进"263"专项行动，统筹落实治水、治气、治土各项任务，突出抓好黑臭河道整治、雨污分流及污水管网建设、垃圾分类处理、扬尘污染管控等重点工作，构建长效机制，打好全区污染防治的"持久战"。强化联合执法等多种手段运用，保持减煤、减化、减铸造高压态势，严格控制燃煤耗煤项目，重点推进梅山钢铁、华润电力的去产能、降煤耗工作。实行最严格的环境准入制度，全面提升环保执法监管水平，持续改善雨花的生态环境质量。

（三）在强化富民惠民中增强群众获得感和幸福感

始终坚持以人民为中心的发展思想，扎扎实实办好民生实事，着力解决群众最关心最直接最现实的利益问题，让改革发展成果更多更公平惠及雨花广大群众。

1.努力补齐影响群众生活品质的短板。坚持在发展中保障和改善民生，围绕解决雨花民生领域工作中不平衡不充分的问题，持续用心用力。坚持教育优先发展，做好中华中学整体迁入雨花的各项前期保障工作，加快推动金陵中学在雨花开办初中分校，全力争取拉萨路小学分校、南师附小分校、市实验幼儿园分园等优质资源尽快落地，大力推进雨花台中学岱山校区、南外雨花国际学校、软件谷附属小学等一批工程建设，尽可能地让雨花的每一个孩子都能享有更加公平、普惠、优质的教育。深化医药卫生体制改革，深入实施"院府合作"，做实家庭医生个性化签约服务，积极推动铁心桥和赛虹桥社区卫生服务中心开展省级社区医院建设试点，确保再建成3个医联体、创建2个市级基层医疗卫生机构特色科室，提升基层卫生服务能力。更加关注困难群众和弱势群体，着力在社会救助托底、养老服务体系建设、住房保障体系完善等各个方面，采取更有针对性的举措，多做"雪中送炭"的事情，一件接着一件抓，抓一件成一件，积小胜为大胜，确保全面小康路上一个不少、一户不落。

2.努力提高就业质量和群众生活质量。就业质量提高、群众收入增加、生活富裕，是全面小康的直接体现。坚持把就业作为最大的民生，充分发挥创业促就业的倍增效应，搭建高质量创业平台，畅通扶持创业带动就业的渠道，着力缓解劳动力结构性矛盾，确保明年新增城镇就业9000人，培育自主创业800人，创业带动就业4600人，创建1个省级创业型街道、9个创业型社区，城镇居民人均可支配收入增长8.5%以上。发挥文化春风化雨和润物无声的作用，围绕党的十九大精神宣讲、社会主义核心价值观培育和中国传统优秀文化弘扬，广泛开展群众喜闻乐见的各种文体活动，提高公共文化服务水平，引领良好社会风尚。

完善基层公共体育设施，开展全民健身活动，积极推进全国“青少年校园足球试点区”建设，进一步扩大航空模型大赛等品牌影响，大力促进群众身心健康。

3.努力营造群众安居乐业的社会环境。加强和创新社会治理，建好区级综治中心，推进“雪亮工程”建设，发挥好网格化社会治理、专业化社会组织等机制和平台的作用，进一步提高社会治理社会化、法治化、智能化、专业化水平。深化司法体制改革，积极推进依法治区建设，大力开展群众性法治文化活动，营造全民学法尊法守法用法的浓厚氛围。切实加强党对意识形态工作的领导，全面落实意识形态工作责任制，营造有利于发展的良好舆论环境。坚持把培育和践行社会主义核心价值观，融入文明城市创建、国民教育、社会治理和服务的全过程，增强群众认同感，激发社会正能量。时刻绷紧安全稳定这根弦，深入开展社会矛盾和安全隐患排查整治，特别对人力资源市场、保障房片区等重点地区，出租房屋、行业场所等重点场所，非法集资、传销组织等重点问题，始终保持高压态势，实施常态长效管理。继续做好信访积案化解，不断完善社会治安防控，积极防范区域金融风险，减少各类事故发生的概率，确保雨花生产安全、生活安定、社会安宁。

四、坚定不移全面从严治党

党的十九大提出了许多新理念、新论断，确定了许多新任务、新举措，为党和国家事业发展指明了前进方向。贯彻落实党的十九大精神，必须深刻把握党的十九大对新时代党的建设的总要求，毫不动摇地推进党的建设新的伟大工程，继续把落实主体责任作为推进全面从严治党的“关键环节”，督促各级党组织落实主体责任，使党始终成为坚强有力的领导核心，为高水平全面建成小康社会，加快建设“强富美高”新雨花提供坚强政治保证。

1.*旗帜鲜明讲政治*。党的十九大报告按照新时代党的建设总要求，部署了8个方面的重点任务，其中，把党的政治建设摆在了首位。党的政治建设是党的根本性建设，决定党的建设的方向和效果。事实表明，党的政治建设抓好了，党的政治能力提高了，党的建设就铸了魂、扎了根。作为基层党委，我们要衷心拥戴习近平总书记这个核心，坚决捍卫习近平总书记的核心地位，进一步增强“四个意识”特别是核心意识、看齐意识，始终在思想上政治上行动上同以习近平同志为核心的党中央保持高度一致。更加自觉地把讲政治落实到执行中央和省、市委决策部署中，贯穿到区委开展工作的各方面，坚决确保中央大政方针和省、市委决策部署在雨花落地生根。

2.*不忘初心强党建*。坚持把学习宣传贯彻党的十九大精神，作为雨花当前和今后一个时期的首要政治任务，按照中央和省、市委统一部署，深入推进“两学一做”学习教育常态化制度化，认真组织开展“不忘初心、牢记使命”主题教育，切实增强全区各级党组织的组织力凝聚力战斗力，团结带领全区广大党员干部群众奋力开辟新时代中国特色社会主义在雨花实践的新境界。充分发挥“南站区域党建联盟360”等平台的品牌影响，通过在商圈经济中打造“党建动车组”、在软件谷中建设“雨花红谷”、在社会组织中强化“红色导航”，加快形成党建引领、多元共治城市基层党建的新格局，夯实党的基层基础。

3.*从严从实抓队伍*。干部始终是推动雨花事业发展的关键力量。坚持20字好干部标准，坚持正确选人用人导向，积极开展“攻坚之星”推选，深入推进“雏鹰”“飞鹰”“雄鹰”三项培养计划，注重在基层一线和困难艰苦的地方培养锻炼年轻干部，着力打造一支“精神振、作风实、节奏快、胸襟宽”的高素质专业化干部队伍。坚持严管和厚爱结合、激励和约束并重，进一步健全激励机制和容错纠错机制，旗帜鲜明为那些敢于担当、踏实做事、不谋私利的干部撑腰鼓劲，形成浓厚的干事创业氛围。实行更加积极、更加开放、更加有效的人才政策，加速人才双创生态系统建设，让各类人才的创造活力竞相迸发、聪明才智充分涌流。

4.坚持不懈反“四风”。认真学习、深刻领会习近平总书记关于进一步纠正“四风”、加强作风建设重要指示的内容和精神实质，提高政治站位，增强政治自觉，以永远在路上的坚韧和执着，锲而不舍抓好作风建设。全区各级各部门年底召开民主生活会和组织生活会，要把贯彻落实中央八项规定精神、转作风改作风情况作为对照检查的重要内容，切实按照习近平总书记的重要指示要求，认真查找“四风”突出问题特别是形式主义、官僚主义的新表现，采取过硬措施，坚决加以整改，务求取得实效。全区各级领导干部要带头转变作风，身体力行，以上率下，层层带动，继续紧盯元旦、春节等时间节点，从一件件小事抓起，坚决防止不良风气反弹回潮，不断巩固和拓展落实中央八项规定精神的成果。

5.坚定不移反腐败。坚持反腐败无禁区、全覆盖、零容忍，紧盯工程建设、征地拆迁、扶贫惠民、落实中央八项规定精神等重点领域，发现一起，坚决查处一起。深化监察体制改革，成立区监察委员会，正确履行法律法规赋予的监督调查处置职责，实现对公职人员监察全覆盖。坚持问题导向，加大巡察力度，深化巡察实效。不断探索派驻监督和基层纪工委工作方式，把监督执纪问责的触角延伸到最前沿。深入开展纪检监察工作标准提升工程，加强规范化、制度化建设，提高监督执纪工作精细化、精准化、精品化水平。积极探索运用“大数据”技术，提升对全区党风廉政建设和反腐败工作分析、研判、处置的能力，营造更加风清气正的政治环境。

6.发扬民主聚合力。加强和改进区委常委会自身建设，突出把方向、管大局、作决策、保落实，更好地发挥常委会集体领导的作用，当好党执政兴国的“一线指挥部”。加强和改善党对人大工作的领导，支持和保障人大及其常委会依法履行职权，切实提高人大监督的实效。高度重视人民政协事业发展，支持政协围绕团结和民主两大主题，更好履行政治协商、民主监督、参政议政职能。充分发挥工会、共青团、妇联、工商联、红十字会等群团组织联系和服务群众的桥梁纽带作用，不断加强和改进党的群团工作。加强统战工作，巩固和发展最广泛的爱国统一战线。扎实做好人武、双拥、残联、党史、文联、老干部、关心下一代等工作，形成凝聚党心民心的强大力量。

同志们，新时代开启新征程，新时代呼唤新作为。让我们更加紧密地团结在以习近平同志为核心的党中央周围，以习近平新时代中国特色社会主义思想为指导，在省、市委坚强领导下，不忘初心、牢记使命，锐意进取、埋头苦干，扎扎实实做好明年各项工作，努力创造出新的更大业绩，为“强富美高”新雨花、新南京、新江苏建设作出新的更大贡献！为实现“两个100年”奋斗目标、实现中华民族伟大复兴中国梦添砖加瓦、不懈奋斗！

雨花台区人民政府工作报告

——雨花台区第十八届人民代表大会第二次会议

李世峰

（2018年1月）

2017年工作回顾

一年来，在市委、市政府和区委的正确领导下，在区人大、区政协的监督支持下，全区上下认真贯彻党的十八大以来以习近平同志为核心的党中央治国理政新理念新思想新战略，深入学习贯彻党的十九大精神，以习近平新时代中国特色社会主义思想为指引，坚持稳中求进工作总基调，紧紧围绕区委攻坚"抓产业发展、促城市建设、补民生短板"三个主战场，开拓创新、务实奋进，圆满完成了区十八届人大一次会议确定的各项目标任务，全区经济社会各项事业取得新成绩。

——经济实力显著增强。坚持创新驱动，转变发展方式，增强发展动能，质量效益不断提升，成功入选国家第二批大众创业万众创新示范基地。经济运行稳中向好。预计实现地区生产总值513亿元，同比增长8.5%，其中服务业增加值436.4亿元，同比增长10.5%；一般公共预算收入72.4亿元，同口径增长12%；全社会固定资产投资270亿元，完成年计划104%；社会消费品零售总额403亿元，同比增长10.1%；注册外资实际到账2.4亿美元；外贸出口总额170亿元，完成年计划124%，完成率全市前列。重大项目顺利推进。110个区人代会重点项目完成投资240亿元。其中，12个省集中开工项目快速推进，31个实施类市重大项目完成投资154亿元，超年度计划60个百分点，投资完成率全市第一。大力开展精准招商、专业招商、会展招商，引进重大项目33个，注册项目计划总投资252亿元。富士康南京研发中心、高通联合创新中心等一批优质产业项目落地。创新要素加快集聚。大力推进"两落地一融合"*，优化整合创新资源，完善创新生态体系。西安电子科技大学南京网络安全研究院、江苏三维智能制造研究院、中软国际—华为云创新中心等创新载体落户雨花。江苏省科技企业融资路演服务中心南京分中心挂牌运营。新增高层次创业人才56人、高端人才团队2个，入选省"双创人才"4人，新认定高新技术企业30家。诚迈科技等8家企业在创业板、新三板上市挂牌，总数达34家。

——产业结构持续优化。坚持深化供给侧结构性改革，主导产业集群规模不断壮大，三次产业比重优化为0.1∶14.9∶85。软件产业优势凸显。软件谷排头兵、主阵地、核心区作用更加明显，成为继浦东新区之后第二个中国软件名城示范区。科创城、创业创新城等特色园区运作顺畅，云密城建成交付，"互联网

+”创星小镇在全市率先挂牌。宇龙通信华东总部等项目加快建设，中兴三区一期主体施工，亚信华东总部主体封顶，华为二期、步步高研发总部等项目建成入驻。预计实现软件和信息服务业收入2210亿元，同比增长16.3%，其中软件业务收入1370亿元；新增涉软企业270家、涉软从业人员2万人、软件产业建筑面积80万平方米。现代服务业发展迅速。新增商务商贸项目14个，新增载体面积71万平方米。证大喜玛拉雅中心三期、瀚威城市综合体等项目加快推进，绿地之窗等商务综合体二次招商顺利开展，入驻优质企业近百家，其中注册资金超千万总部企业21家，南站高铁枢纽经济区初具规模。雨花国际汽车商贸区、普迪市场等加快建设，雨花客厅商业综合体建成运营，全区高端商务商贸业布局更趋完善。文化创意产业不断壮大，预计实现文化产业销售收入120亿元，文化产业增加值占GDP比重超6%。新兴产业茁壮成长。云计算、大数据等新一代信息技术产业快速发展，人工智能等新兴产业加快布局。俊东机器人、创维人工智能创新研发中心等项目在手在谈，米特科技研发中心和米特物联网生态科技园项目正式签约，互联网+智能物流领域“独角兽”企业★运满满落户我区，中兴光电子、亿嘉和等优质企业保持良好发展态势。

——*建设管理统筹高效*。强化规划引领，快速推进重点片区改造和基础设施建设，城市功能品质不断提升。空间布局更加科学。在全市率先完成“多规合一”“一张蓝图”★试点，快速启动“城市双修”★工作，深入推进41项规划编制，顺利完成雨花南路以北地区控制性详规等15项重点规划编制，基本实现规划全域覆盖。加快30个低效用地项目再开发，再次获评省级国土资源节约集约利用模范区。城市建设高效推进。大力实施人居森林、中药饮片厂、大方工业园等重点项目征拆，完成征拆面积120万平方米。“两桥”片区城市更新改造取得突破，龙翔路一期建成通车，机场二通道地面段及跨秦淮新河桥、龙翔路二期等路桥开工建设，马家店保障房建设顺利推进，吴尚A商办地块成功出让，片区改造步入良性滚动开发阶段。软件谷基础设施建设全面推进，管道路等10条道路主体竣工，铁心桥改扩建工程实现主跨合拢，杨家坟地块路网基本成形。中兴路北延跨秦淮新河大桥等重点工程竣工。开工建设保障房22.4万平方米，竣工4万平方米，完成棚户区改造74.6万平方米，推进率全市前列。精细化管理成效明显。大力实施119个城市精细化建设管理项目。高标准完成凤台南路沿线环境综合整治，军港建材市场快速稳妥搬迁，沿线环境面貌焕然一新。高水平完成普德村老旧片区整治工程，建成首座“摩天轮”立体停车库，小区功能品质全面提升。完成50条背街小巷整治，打造6条环卫保洁精品路段，建成南京首座大件垃圾分拣中心，实施47座公厕标准化改造，顺利完成安德门民工市场搬迁整治，完成区街两级数字城管系统建设，城市治理水平不断提升。

——*生态环境明显改善*。大力开展“263”专项行动★，持续攻坚环境薄弱环节，环境承载力进一步提升。环保执法持续强化。成立环保联合执法指挥中心，实施环境监管网格化管理，设立检察官环保工作站，实现环保执法与刑事司法高效衔接。从严开展环保执法检查，查处污染企业145家。强化扬尘污染等突出问题治理，获得省环保督察组充分肯定。重点整治成效显著。预计原煤消耗量控制在513万吨，当年压减75万吨，占全市近50%。关停整治中小工业企业12家。空气质量二级标准以上天数达到70%。强力推进梅钢片区环境综合整治，梅山9号路全线出新，建通大院整治、市土储中心地块绿化有序推进，片区整体环境明显改善。59条河道全面落实“河长制”，完成农花河等24条黑臭河道整治，高效推进186个雨污分流项目，高标准实施西善桥、板桥老街等防汛消险工程，秦淮新河节制闸国考断面、铁心桥省考断面水质均达到考核标准，实现了环境治理和生态涵养的有机统一。绿化景观提档升级。开工建设岱山六朝考古遗址公园，大力推进软件大道、花神大道等道路景观工程，完成建宁一村、菊花台公园东侧等一批景观绿地改造，在南京南站打造全市首条鲜花匝道。新增绿地面积10万平方米，绿化造林212亩，建成区绿化覆盖率达49.04%，林木覆盖率达30.1%。

——民生福祉持续增进。大力实施五项民生事业改革发展提升工程，民生领域投入占一般公共预算支出达85%，51件为民办实事项目扎实推进，群众获得感进一步提升。保障体系不断完善。预计城镇居民人均可支配收入达52400元，同比增长8.5%，增幅全市前列。新增城镇就业1.2万人，培育自主创业2000人。城镇养老保险覆盖率保持在99%以上，城镇居民医疗保险和新型农村合作医疗保险实现整合。新建4个省级日间照料中心，居家养老服务中心实现社区全覆盖。公共服务品质加快提升。抢抓市属高中布局优化契机，积极引进中华中学总部，实行一体化办学。新建、改扩建7所中小学、幼儿园，实验小学东校区建成交付，金陵华兴实验学校开学招生。深化“院府合作”，建成5个医联体。铁心桥社区卫生服务中心搬迁升级，获评全国卫生计生系统先进集体。家庭医生签约服务模式获得国务院督查组充分肯定。文化大厦加快建设，天隆寺复建工程顺利推进。成功举办首届中国南京“雨花杯”航空模型国际邀请赛，获评全国群众体育先进单位。社会治理深入推进。新增社会组织278家，每万人拥有社会组织数全市前列。深入推进平安雨花、法治雨花建设，公共安全感达92%，法治满意率超过90%。安全生产、应急管理、食品安全、信访稳定、政府性债务管理、东西部扶贫协作等工作扎实推进，民族、宗教、档案、外事、侨务、人防、人武、双拥、妇女、儿童、助残、物价等工作取得新成绩。

11月18日，2017全国航空模型公开赛（南京站）暨首届中国南京“雨花杯”航空模型国际邀请赛在板桥新城举行　（板桥新城　供稿）

——深化改革蹄疾步稳。完善改革推进机制，落实重点改革任务，探索基层改革创新，形成一批具有雨花特色的改革亮点。重点改革扎实推进。全面完成区审计机关人财物管理体制改革。开展综合行政执法体制改革，深化网格化管理，1199项行政检查职能下沉街道，逐步形成区、街、社区三级联动行政执法监管格局。持续深化放管服改革，落实“3550”改革★要求，推进“互联网+政务服务”、预审代办、不见面审批等改革，全面推行“双随机、一公开”★，加强事中事后监管，市场主体活力进一步增强，新增各类市场主体15042户，同比增长50%。试点改革取得突破。深化农村股份合作制试点改革，全面完成涉农社区集体资产清产核资。在全市率先推行“告知承诺制”★，改革成果在市主流媒体刊载报道。软件谷连续三年通过国家知识产权集群管理试点验收。特色改革成效明显。成立重大项目招商推进服务中心、重大项目征收拆迁指挥部，出台加强税收服务工作实施意见，全区发展环境持续优化。深化软件谷发展公司、“两桥”国开雨花公司管理体制改革，健全公司治理结构，完善现代企业制度，规范投融资管理，国资平台载体保持健康发展。

——*自身建设全面加强*。坚持为民务实清廉高效，着力提升政府执行力，行政效能和服务水平不断提升。依法行政持续强化。出台法治政府建设五年规划，全面推行法律顾问和公职律师制度，主动接受人大工作监督、法律监督和政协民主监督，坚持重大决策向人大报告制度。办理人大代表建议149件、政协提案188件，满意率和基本满意率达100%。服务效能显著增强。深入推进“智慧雨花”建设，完善“一网一平台”智慧政务系统。依法公开政务信息2846条，办理依申请公开67件。办理各类政务服务事项16.8万件，综合办结率100%，“12345”政务热线综合评分全市前列。强化政务督查、跟踪问效，责任意识和执行力有效提升。作风建设驰而不息。牢固树立“四个意识”，始终把纪律和规矩挺在前面，严格执行中央八项规定和省市区委各项要求。深入开展“大走访”活动，持续推进“两学一做”学习教育常态化制度化。加强公共资金、国有资产、国有资源使用监管，完成406个政府投资项目审计，深入推进同级财政审计和领导干部经济责任审计。从严执行办公用房、公务用车管理规定，严格公务接待和外出管理，“三公”经费支出同比下降29.8%。

各位代表，过去一年的成绩来之不易，这是市委、市政府和区委坚强领导的结果，是全区人民攻坚克难、共同奋斗的结果。我谨代表雨花台区人民政府，向全区干部群众，向人大代表、政协委员和离退休老同志，向各民主党派、工商联和无党派人士，向驻区单位干部职工，向所有关心、支持雨花发展的各界人士和朋友们，表示衷心的感谢和崇高的敬意！

在总结成绩的同时，我们也清醒认识到，步入新时代，站在新起点，对标人民群众对美好生活的新期待，对标高质量发展的新要求，我区经济社会发展不平衡、不充分的问题依然突出，主要表现为：创新引领作用不够强，现代产业体系还不完善，龙头企业偏少；城市基础设施欠账较多，精细化管理水平仍需不断提升，环境整治、节能减排任务繁重；公共服务设施布局有待优化，特别是教育、医疗、文化、体育优质资源不多，与群众的需求尚有较大差距。同时，政府职能转变还不到位，营商环境仍需不断优化，个别部门、少数干部的执行力不强，对标找差和争先创优的精气神不足。对于以上问题，我们将高度重视，采取有力措施，着力加以解决。

2018年经济社会发展主要任务

各位代表，今年是贯彻党的十九大精神的开局之年，是改革开放40周年，是决胜全面建成小康社会、实施“十三五”规划承上启下的关键一年。国家、省市重大战略相继实施，特别是江苏省大力实施“1+3”重点功能区战略*，南京市着力推进“121”战略*，全力建设具有全球影响力的创新名城、国际软件名城，启动新一轮城市总规修编，加快建设首位度高的宜居宜业城市，必将进一步凸显雨花区位空间、高铁枢纽、生态资源的比较优势，进一步强化人才荟萃、产业集群、创业创新的引领作用，推动雨花在新的历史起点上实现更高质量、更高水平的发展。

2018年区政府工作总体思路是：深入学习贯彻党的十九大精神，以习近平新时代中国特色社会主义思想为指引，全面落实习近平总书记视察江苏重要讲话精神，坚持稳中求进工作总基调，坚持新发展理念，牢牢把握高质量发展要求，按照区委十一届八次全会部署，全力攻坚“抓产业发展、促城市建设、补民生短板”三个主战场，以更高标准、更大力度、更实举措，协调推进稳增长、促改革、调结构、惠民生、防风险各项工作，确保经济社会发展持续提质增效。

2018年经济社会发展的主要指标分为两大类：预期性指标方面，地区生产总值增长8.5%，其中服务业增加值增长10.5%；一般公共预算收入增长10%；全社会固定资产投资280亿元；社会消费品零售总额增长10%；外贸出口总额175亿元；注册外资实际到账2.4亿美元；软件业务收入1550亿元；城镇居民人均可支配收入增长8.5%。约束性指标方面，煤炭消费总量控制在市目标以内；空气质量二级标准以上天数达到75%。为实现以上目标，在新的一年里坚持做好七个方面重点工作：

（一）坚持创新引领，着力培育发展新动能

以创新为引领发展的第一动力，高标准建设国家“双创”示范基地，加快推进“两落地一融合”，构建最具活力的创新生态。

做大做强创新平台。以软件谷南园、北园为主体，加快建设南京雨花台高新区，着力打造区域创新高地。培育整合各类新型创新载体，推动北斗网格智能应用研究中心等项目早日落地，确保西安电子科技大学南京网络安全研究院、江苏三维智能制造研究院等新型研发机构建成运营，大力推动北京大学南京创新研究院等研发机构转型升级，持续提升中软国际-华为云创新中心、软件谷双创服务中心等创新载体品牌价值。新增市级以上工程技术研究中心4家、众创空间4家。

大力培育创新主体。实施高科技中小企业培育计划，培育一批创新能力强的排头兵企业，全年高新技术企业数量增长50%，走在前列。发挥好企业、人才的主体作用，鼓励企业增加创新投入，支持企业通过并购、重组等方式发展壮大，推动科技成果企业化落地。独立研究与开发机构研发经费支出4.2亿元以上，新增上市挂牌企业5家，实现高新技术产业产值1500亿元以上。完善人才政策体系，强化人才激励机制，鼓励人才创业创新，新增高层次创业人才56人，培育创新型企业家3人。

营造良好创新生态。完善科技创新运作机制，健全政策配套体系，强化企业创新扶持，加大人才安居保障力度。充分发挥科技创新基金引导放大作用，积极创新股权融资、债权融资、项目融资等方式，加大"苏科贷"、"宁科贷"等科技金融支持力度，积极引进各类创投基金，打造全方位、多层次的科技企业融资体系。加大知识产权保护力度，加强新兴产业专利布局，大力推进知识产权运营交易，完成发明专利申请2500件以上。进一步放大双创峰会、"创业UP"等活动品牌效应，大力营造浓厚的创新文化氛围。

（二）坚持聚焦重点，着力构建产业新体系

坚定不移发展实体经济，聚焦主导产业，大力发展人工智能等未来产业，持续增强现代产业竞争力。

提升软件产业优势。加快中国软件名城示范区建设，着力优化软件谷产业布局，持续提升北园产业层次，加快南园基础配套建设，促进西园提档升级。加快特色园区发展，提升"互联网+"创星小镇产业集聚度，完善软件谷总部经济园等项目前期手续，确保软件谷金融科技产业园、先锋信息产业总部、华讯方舟南京研发中心等项目开工建设，科创城三四期、万博科技等项目竣工交付，形成一批集聚度高、创新力强、影响力大的产业集群。新增软件产业建筑面积80万平方米、涉软企业300家、涉软从业人员2万人。

加快发展现代服务业。以高铁南站经济枢纽区为核心，以安德门大街、"两桥"新中心、大板桥地区为支撑，加快优化现代服务业空间布局，大力引进和发展新零售等新型业态，不断满足消费升级的需求。加快三胞集团生命科技与健康养老产业园等项目前期手续办理，开工建设家乐家站东1号、春江新城地铁上盖物业等商业载体，确保证大喜玛拉雅中心三期局部封顶、普迪市场竣工交付，新增商务商贸设施面积60万平方米。大力开展商务商贸载体二次招商，引进总部企业5家以上。加快发展文化创意产业，新增文化企业75家，实现文化产业销售收入135亿元。

大力培育智能产业。把握科技和产业发展趋势，紧紧围绕南京市新一代人工智能产业总体布局，前瞻布局芯片设计、虚拟现实、未来网络、智能语音等未来产业。进一步加大政策扶持、人才引进力度，促进产业快速发展。加快建设软件谷智能产业基地，培育行业领军型企业。积极推进亿嘉和智能巡检机器人基地、元征科技车联网总部、大族能源华东总部等项目建设，扶持华捷艾米、南瑞微电子等企业加快发展，促进产业规模壮大和质量提升。

突出项目核心作用。创新招商模式，整合招商资源，借助"软博会"、"金洽会"、"智能制造大会"等重大展会平台，开展精准招商，积极跟踪推进中软国际解放号、中科创达等在谈项目，全年引进重大项目30个，注册项目计划总投资200亿元以上。充分发挥区重大项目招商推进服务中心的作用，完善重大项目信息平台，全面落实重大项目推进工作机制，明确责任状、时间表、路线图，着力协调解决项目推进难题，确保在谈在建重大项目高效推进。

（三）坚持全域统筹，着力完善城市新功能

顺应城市发展规律，系统推进规划建设管理，全力加快基础设施建设，不断提升城市功能品质。

坚持规划引领。持续深化"多规合一""一张蓝图"改革，大力实施"城市双修"和"海绵城市"试点项目。加快编制《雨花台区2035发展规划大纲》《板桥新城总体规划（修编）》等重点规划，完成全区综合交通规划和两桥新中心等城市设计。全面落实土地利用总体规划，盘活闲置存量土地，加快推进开发区明发广场地块等低效用地再开发，不断提高土地资源利用效率。

提升功能品质。大力推进人居森林、徐工汽车等片区整体拆迁，全年完成征拆面积80万平方米以上。加快"两桥"片区城市更新改造，快速推进机场二通道、龙翔路二期、龙翔西立交等重点路桥项目，加快建设马家店保障房、龙翔公办学校等公建配套项目，确保吴尚A地块商办项目开工建设，有序出让龙翔商务区、圣戈班等地块，着力引进一批高端商业综合体、总部企业。加快软件谷南园路网建设，推进岱山西路北延、338省道雨花段改扩建工程，确保银杏湖大道北延、龙藏大道改造等工程竣工。推进二钢宿舍区等13个棚户区改造项目，实施潘窑、锦华新城二期等9个保障房项目，确保推进率位居全市前列。

加强精细化管理。深入推进城市精细化建设管理十项行动，完成雨花东路、雨花南路等主干道综合整治，加快春江新城一期等8个老旧小区、杜家巷等50条背街小巷整治，实施雨花大道等5条道路供电管线下地。充分利用老旧小区边角地带建设立体停车库，建成上怡新村等4个停车场。健全市场化保洁机制，提升机械化清扫率，推进"路长制"责任管理。加快垃圾分类设施建设，推行党政机关、事业单位生活垃圾强制分类。坚持不懈推进"厕所革命"。加强智慧城管建设，加大渣土车、户外广告等重点领域治理力度，城市长效综合管理工作目标完成率达100%。

（四）坚持绿色发展，着力提升生态新面貌

积极践行绿水青山就是金山银山的理念，持续改善生态环境质量，不断满足人民群众日益增长的美好环境需求。

健全环保治理体系。严格落实《南京市主体功能区实施规划》，坚守城市开发边界、永久基本农田、生态保护"三条红线"。健全生态环境保护责任制，形成政府主导、企业主体、群众广泛参与的环保治理新格局。聚焦源头管控，实行最严格的环境准入制度，确保高能耗高污染项目零增长。推进环保监测监察执法机构改革，健全三级网格化环境监管体系，实施分区、分层、分责、分类监管，提升环保执法监管水平，坚决查处环保领域违法行为，确保执法有力、监管有效。

聚焦突出问题治理。深入开展"263"专项行动，巩固提升梅钢片区等重点区域环境综合整治成效。加大减煤力度，持续推进梅钢、华润热电节能降耗。系统推进水环境治理，深化"河长制"管理体制，大力实施南河、南玉带河等14个水环境提升工程，完成316个雨污分流项目，确保板桥河等市级以上考核断面达标。加强建设工地扬尘、挥发性有机物等污染源治理，实施餐饮企业污染量化分级管理，强化重污染天气应急响应。落实土壤污染防治计划，加快推进污染土地治理修复，确保危险废物申报率100%。

优化自然生态环境。珍惜雨花自然生态资源，加大韩府山、将军山、牛首山、大石湖等山水资源保护力度，开展森林抚育和林木改造，统筹保护全域绿色资源。加快实施绕城公路雨花段等主干道杨树改造工程，大力推进花神科技园小游园等11个游园绿地、三山矶等6个公园广场绿化工程，加快建设软件大道等5个绿道项目，提档升级玉兰路、茶花路等干道沿线绿化景观，新增绿地面积20万平方米，绿化造林200亩，建成区绿化覆盖率达49.36%，林木覆盖率达30.15%。

（五）坚持以人为本，着力打造民生新高度

坚持在发展中保障和改善民生，持续提高公共服务均等化水平，进一步提升人民群众的获得感、幸福感、安全感。

着力办好民生实事。紧扣人民群众最关心最直接最现实的利益问题，安排四个方面20项民生实事项目。其中，公共服务8项，重点优化教育、医疗、养老服务供给；基础设施4项，着力改善群众出行、居住条件；生态环境4项，持续优化城市生态环境；社会保障4项，不断提升就业质量，扩大保障范围。

持续提高保障水平。拓宽居民增收渠道，促进城镇居民人均可支配收入持续增长，让老百姓“钱袋”鼓起来。加强职业培训，搭建就业平台，新增城镇就业9000人以上，创业带动就业4600人以上。强化社会保险“稳定器”作用，扩大养老、医疗、失业等社会保险覆盖面，确保各类养老保险发放率100%，新增被征地人员参保率100%。落实困难群众补贴政策，提高城乡居民最低收入保障标准。深化医养融合发展，持续推进社区居家养老服务中心建设，新增养老机构床位数100张以上。

全面优化公共服务。持续集聚优质教育资源，加快推动中华中学高中部迁建，积极推进金陵中学等市属名校开办中小学校，开工建设马家店小学等项目，加快建设南外雨花国际学校、软件谷附属小学，板桥中学三期实现主体封顶。加强医联体和特色科室建设，推进家庭医生个性化签约服务，开展全省社区医院试点建设。推进金地体育公园创建全国体育产业示范项目，完成浡泥国王墓文物保护和环境整治工程，确保文化大厦主体封顶，高标准建成10个社区综合性文化服务中心。

不断完善社会治理。创新网格化社会治理机制，积极应用大数据、物联网等新技术，提升社会治理智能化、专业化水平。深化政策激励和人才培养，提高社工队伍素质，完善精品社区建设标准体系，建成10个精品社区。大力开展平安雨花、法治雨花建设，积极创建省“平安区”先进单位，深入开展国家食品安全示范城市创建工作。深入推进大走访大排查大整治，着力化解信访积案。牢固树立安全发展理念，以最高标准、最严要求压实安全生产责任，坚决遏制安全生产事故发生，确保群众公共安全感、法治满意率持续提升。

（六）坚持深化改革，着力释放发展新活力

坚决破除体制机制弊端，加快推进重点领域改革，持续巩固改革成效，着力营造良好的发展环境。

深化供给侧结构性改革。落实“三去一降一补”重点任务，加快淘汰落后产能，着力推进梅钢公司等工业企业转型发展，实施降低成本各项政策措施，全面推进驻区国有企业“三供一业”*分离移交，切实减轻企业负担。加快推进农村产权制度改革，因地制宜探索股份合作社改革路径，释放改革富民红利。

强化重点领域体制改革。深化软件谷、“两桥”片区管理体制改革，构建科学规范、运行有效的制度体系，积极探索市场化运作模式，健全建设资金动态平衡机制。调整优化区街财政管理体制，持续加强政府性债务规范化管理，严厉排查打击非法集资等非法金融活动。推动区属国资平台实体化、市场化运营，进一步健全现代企业制度，提升经营能力，促进国有资本做大做强。

统筹推进放管服改革。全面推动“互联网+政务服务”、“3550”、预审代办、告知承诺制等改革，推进审批事项“网上办、快递送、不见面”，让数据多跑路、群众少跑腿。全面加强“双随机、一公开”监管，深化综合行政执法体制改革，完善区、街两级执法衔接机制，持续提升执法效能。深化商事制度改革，推行企业电子证照和网上名称自主选择，落实“五证合一”“一照一码”改革措施，不断激发市场主体活力。

（七）坚持高效廉洁，着力树立政府新形象

深入开展“不忘初心、牢记使命”主题教育，全面加强自身建设，打造为民务实、清廉高效政府。

严格依法行政。落实政府权力和责任清单，依法依规履行职责。健全政府议事决策机制，落实重大决策法定程序，不断提升决策科学化、民主化水平。自觉接受区人大及其常委会法律监督和工作监督、区政协民主监督，认真执行区人大及其常委会决议和决定，坚持重大决策向区人大报告制度。认真开展人大代表建议和政协提案办理工作，提高办理水平和质量。落实“谁执法、谁普法”责任制，深化法律顾问、公职律师制度。坚持公正文明执法，强化行政执法和刑事司法无缝衔接。全面推行政务公开，依法公开政府、部门和“三公”经费预决算。

提升执行能力。全面推进“对标找差、创新实干”工作，加快形成高质量发展的指标体系、政策体系、标准体系、绩效评价。围绕重大问题、重点项目、重要任务，创新督查方式，加大督查力度，切实发挥政务督查抓落实、促发展的“利器”作用。大力弘扬“马上就办”作风，进一步提升工作的执行力和落实力。坚持从严管理和正向激励相结合、容错和纠错相结合，充分调动和鼓励干事创业的积极性和主动性。

强化廉洁从政。坚持旗帜鲜明讲政治，进一步增强“四个意识”，持之以恒贯彻落实中央八项规定实施细则和省市区委具体办法措施，将全面从严治党要求贯穿到政府工作全过程，确保政令畅通、令行禁止。严格落实党风廉政建设责任制，锲而不舍抓好作风建设，坚决纠正“四风”，深入查摆并切实整治形式主义、官僚主义的新表现。坚决执行廉洁从政各项规定，加大审计监督力度，做到明规矩、守党纪、强责任、严用权，努力营造风清气正、干事创业的良好氛围。

各位代表，新时代鼓舞人心，新使命责任重大，新征程催人奋进。让我们更加紧密地团结在以习近平同志为核心的党中央周围，高举习近平新时代中国特色社会主义思想伟大旗帜，在市委市政府和区委的坚强领导下，不忘初心、牢记使命，砥砺奋进、争先创优，为高水平全面建成小康社会、建设“强富美高”新雨花而努力奋斗！

★链接　两落地一融合：即科技成果项目落地、新型研发机构落地，校地融合发展。

“独角兽”企业：指成立10年以内、估值超10亿美元、获过私募投资且尚未上市的企业，其具备爆发式成长的潜力。

“多规合一”“一张蓝图”：指将国民经济和社会发展规划、城乡规划、土地利用规划、生态环境保护规划等多个规划融合到一个区域上，实现一个市区一本规划、一张蓝图，解决现有各类规划自成体系、内容冲突、缺乏衔接等问题。

城市双修：2017年3月6日，住建部印发《关于加强生态修复城市修补工作的指导意见》，安排部署在全国开展生态修复、城市修补工作，简称“城市双修”。

“263”专项行动：指江苏省生态保护和环境治理专项行动，即“两减六治三提升”专项行动。“两减”指“减少煤炭消费总量、减少化工铸造等行业落后产能”，“六治”指“治理太湖及长江流域水环境、治理生活垃圾、治理黑臭水体、治理畜禽养殖污染、治理挥发性有机物和扬尘污染、治理环境隐患”，“三提升”指“提升生态保护水平、提升环境经济政策调控水平、提升环境执法监管水平”。

“3550”改革：指“开办企业3个工作日内完成、不动产登5个工作日内完成、工业建设项目施工许可50个工作日内完成”的改革目标。

双随机、一公开：指“监管过程中随机抽取检查对象，随机选派执法检查人员，抽查情况及查处结果及时向社会公开”的监管模式。

告知承诺制：指公民、法人或者其他组织提出行政审批申请，行政审批部门一次性告知其审批条件和需要提交的材料，申请人以书面形式承诺其符合审批条件，并能够按照承诺在规定期限内提交材料的，由行政审批部门作出行政审批决定的方式。

“1+3”重点功能区战略：2017年5月，时任江苏省委书记李强在苏北发展座谈会上提出“1+3”功能区的战略构想：即扬子江城市群；连盐通一线的沿海经济带；宿迁、淮安为主，包括苏中部分地区的“三湖”生态经济区；以徐州为中心的淮海经济区。

“121”战略：指建设一个名城，即具有全球影响力的创新名城；打造两个中心，即科技产业创新中心和综合性科学中心；构建一流创新创业生态体系，即把南京建成最鼓励、最适合、最具活力的创新创业城市。

三供一业：即国有企业职工家属区供水、供电、供热（供气）及物业管理。

华为软件技术有限公司

专文

2018 YUHUATAI ALMANAC

Special Article

创新理念　完善机制
推动重大事项决定权有效履行

区人大常委会主任　杨　明

（2017年12月）

讨论、决定重大事项是宪法和法律赋予地方人大常委会的一项重要职权，它与监督权、人事任免权共同构成了基层人大的“三大职权”。依法行使重大事项决定权，不仅是人民当家作主、管理国家事务的具体体现，也是人大强化“四个意识”，将党的主张经过法定程序转变成国家意志的重要途径。今年，根据省、市人大常委会讨论决定重大事项规定要求，区委印发了《健全区人大讨论决定重大事项制度、区政府重大决策出台前向人大报告的实施方案》（以下简称《方案》），就区人大及其常委会讨论决定重大事项的要求和原则、重点和范围、程序和机制、实施和监督保障等方面工作做了进一步细化和规范。

一、我区行使重大事项决定权的工作回顾

近年来，区人大常委会坚持依法行使重大事项决定权与落实区委重大决策部署相结合，在推进重大事项决策民主化、科学化、法制化方面进行了积极探索与实践，紧紧围绕市管全区改革发展稳定与民主法治建设的重要议题共做出决议、决定33项。

1.坚持围绕中心，保障经济社会协调发展。区人大常委会将服务经济社会发展作为行使决定权的出发点和立足点，紧紧围绕党委的重大决策部署讨论决定重大事项，特别是对“一府两院”的工作、计划、财政预算等事关全局和长远的重大事项，进行深入调查研究，做出了一系列决定决议，促进了全区经济社会健康有序发展。同时，坚决贯彻区委决策部署，积极支持软件谷建设、产业转型与城市建设，先后对三桥滨江生态湿地公园建设、中兴通讯三区基础设施建设、2013–2017年棚户区改造等重大项目的资金使用管理进行审查，通过法定程序纳入到全区财政预算当中，促进了相关发展战略的有效落实。

2.紧扣民生短板，全力助推社会事业发展。为了进一步加强基层社区建设，区人大常委会以推动政府职能转变、培育多元社会治理主体、促进民生改善和社会和谐为主线，就创建全国社区治理和服务创新实验区做出决议，并通过专题询问、视察检查等方式，持续对全区养老服务体系、公益众创空间建设等工作进行跟踪监督，有力地促进了全区社会组织的发展，提升了全区社区服务水平。

3.立足依法治区，积极构建良好法治环境。认真贯彻区委《关于全面推进依法治区建设法治雨花的意见》精神，区人大常委会深入开展普法专题视察和调查研究，从加强法治教育、丰富普法形式、完善普法保障等角度提出多项建议，并先后就三个“五年”普法规划、创建法治江苏合格区等做出决议。在相关决议实施

工作中，先后围绕文物保护、社会治安、除恶打黑、知识产权保护、涉法涉诉信访、社区换届、司法公开、行政审判等精心组织专题审议、视察检查、备案审查工作。同时，抓住群众反映强烈的食品安全、环境保护、政府效能建设、物业管理等热点问题，对《食品安全法》《环境保护法》《行政监察法》《旅游市场管理条例》《养犬管理条例》等法律法规的贯彻实施情况开展了执法检查，以有力有效的监督，推动了全区依法行政和公正司法水平的提升。

6月22日，区人大常委会开展《南京市住宅物业管理条例》执法检查

（区人大办　供稿）

4.顺应改革趋势，不断规范人大工作机制。2004年我区首次制定《雨花台区人民代表大会常务委员会讨论决定重大事项的暂行规定》，并于2015年根据《监督法》相关要求对其进行了修订。今年，根据区委部署，区人大常委会在深入学习领会省、市人大常委会讨论决定重大事项规定要求，广泛开展调研、听取意见的基础上，紧密结合我区实际和近年来工作实践情况，起草制定了《方案（草案）》及工作流程图，对重大事项的提出、增加、撤回、论证、决定等各环节工作流程和时间节点等进行了明确。为了提高工作规范性和可操作性，我们还对重大事项的标准进行了界定，例如将“重大基础设施建设、重大财政支出项目、政府重大投资项目”等内容细化为“在区人民代表大会批准的国民经济和社会发展计划、财政预算外，区人民政府参与的总投资2亿元以上的科教文卫、社会保障等民生项目以及党政机关建设项目；参与总投资5亿元以上的产业项目、城乡建设重大基础设施项目”。

二、存在问题与不足

虽然近年来，在重大事项讨论决定方面，我区进行了一些探索实践，健全了工作制度，积累了一些经验，但是重大事项决定权的行使依然是我区人大工作一个比较薄弱的环节，还存在着重程序，轻论证；重表决，轻审议；重程序，轻落实的情况。

1.工作主动性有待提高。人大是权力机关，政府是执行机关，两者在职权上是“决定”与“执行”的关系。但是，在实际工作中，我区重大事项决议、决定批准性决定多、自主性决定少，属于政府提请批准、履行程序性的占相当比例。根据人民群众意愿、要求和社会需要，涉及地区发展的重大问题和生态环保等群众反映强烈的热点难点问题，却未能主动及时列入议程。究其原因，还是对党委的决策权与人大常委会的决定权缺乏明确的认识，“党委决定、政府执行、人大监督”的思想仍然根深蒂固，部分常委会组成人员思想上仍有顾虑，担心对重大事项讨论决定多了，会影响政府工作的积极性。

2.工作计划性有待加强。2004年我区就出台规定，首次对重大事项范围进行了界定，但有些事项规定的还较为原则、笼统，并且沟通协商机制也不健全，在实际操作中，究竟什么重大决策在出台前要向本级人大报告？哪些重大事项需要人大讨论或做出决议决定，却缺乏充分的沟通和计划。与监督和代表工作相比，除审议财政决算、计划预算调整外，重大事项决定工作缺乏明确的计划，有的重大事项未经人大审议就付诸实施，而提请人大审议的议案多是临时动议，缺乏充分的时间进行调研论证和意见征集，审议表决往往只是走程序、走过场。

3.工作实效性有待强化。虽然，组织法规定地方人大常委会行使“讨论、决定本行政区域内的政治、经济、教育、科学、文化、卫生、环境和资源保护、民政、民族等工作的重大事项”职权。但是，在实际工作中，除了财政决算、计划预算调整外，区人大常委会做出的决议多是就工作创建、法治教育等进行的，决议决定质量不高，程序性、批准性、宣传性、号召性内容多，明确、具体、可操作性的内容较少，缺乏针对性和约束性，未能发挥指导实践、推动工作的应有作用，弱化了决定的影响力。

三、进一步做好重大事项决定工作的思考

党的十九大就全面推进依法治国做出了新战略部署，明确了各方面任务要求，这对地方各级人大及其常委会依法履职提出了新的更高要求，并提供了更广阔的作为空间。在新的形势下，区人大常委会将继续坚持党的领导、人民当家作主、依法治国的有机统一，以《方案》贯彻实施为抓手，按照合法、可行、实效的要求，进一步解放思想、明确界限、理顺关系、规范机制、强化落实，紧扣中央和省市区委的重大决策部署，依法行使好重大事项决定权。

1.深化思想认识，提高工作自觉性。重大事项决定权是地方人大及其常委会最基础、最重要、最能体现人民当家作主和国家权力机关权威的一项法定职权及法定义务。人大做出的各项决议决定作为国家意志的表现形式，具有普遍的约束力和强制力，可以从制度和法律上保证党的基本路线和基本方针的贯彻实施，可以更好地引领和推动地区经济社会又好又快发展。从基层人大来说，决定权是三大职权的根本，规范行使好决定权，有利于加强和改善党的领导，有利于提高科学执政、依法行政、民主执政的能力，是统一思想、凝聚共识、团结力量，协调推进“四个全面”战略布局的必然要求。区人大常委会将进一步增强行使重大事项决定权的使命感和责任感，真正把行使重大事项决定权摆在重要位置。

2.理顺职责关系，健全工作机制。牢固树立“党委决策、人大决定、政府执行、保障落实”的工作理念，主动维护区委总揽全局、协调各方的领导核心作用，自觉把区委决策作为讨论决定重大事项的政治依据、行动方向和指导原则。在区委的领导下，依托“三办”联席会议机制，充分沟通，精心选题，认真谋划，科学运作，聚力创新，聚焦富民，切实反映地区改革、发展和稳定的根本要求和人民群众的利益诉求。区人大及其常委会将充分把握好行使决定权的度，始终从积极、善意、建设性的角度出发开展工作，既不缺位失职，也不越位代替，不干涉“一府两院”在法定职责范围内依法行权履职，妥善处理好监督与支持的关系，使决定权、行政权、司法权更好地形成合力。

3.落实《方案》要求，增强工作实效。2018

年，我们将认真学习领会十九大关于经济社会发展的新战略部署，根据《规定》要求，重点围绕区委“抓产业发展、促城市建设、补民生短板”战略部署与全区“十三五”规划中期评估工作，进一步细化和规范认真调研、科学论证、创新思路，及时做出相关决定决议，为高水平全面建成小康社会凝心聚力、贡献力量。在议案提出环节，紧紧围绕区委中心工作，聚焦“三大攻坚战”、“十三五”规划执和群众关注的热点和难点工作，及时将其列入人大讨论决定重大事项的议题。在调研论证环节，充分发挥人大专委和工委作用，逐步建立健全专家咨询和科学论证机制，广泛邀请相关专家、代表群众、组成人员开展调研、座谈、听证、论证等活动，认真听取各方意见。在审议表决环节，充分发扬民主，深入开展会前调研，积极鼓励人大代表和常委会组成人员畅所欲言，各抒己见，集思广益，在充分讨论审议的基础上，汇总形成有针对性、操作性的决议决定，并及时通过“一网三微”和各类新闻媒体予以公布。在跟踪落实环节，把行使重大事项决定权与监督权、人事任免权结合起来，充分运用执法检查、审议专项报告、专题询问以及代表视察、专题调研等形式对决议决定实施情况进行监督，不断健全报告反馈、跟踪检查、责任追究机制，确保各项决议决定得到正确有效执行。

4.抓好队伍建设，夯实工作基础。有效行使重大事项决定权，必然要有一支结构好、能力强、作风优、过得硬的高素质人大工作队伍。区人大常委会将根据新时期人大工作的特点，进一步优化人大干部队伍的知识结构、专业结构和年龄结构，形成经济、科技、法律等多方面知识兼备的多层次人才结构；加强法律知识和经济社会文化等业务知识的学习，增强人大干部的政治素质、法律水平和业务能力；充分发挥人大党组的领导核心作用，强化“政治意识、大局意识、核心意识、看齐意识”，确保党委决策和部署得到有效贯彻落实；创新工作手段，依托“一网三微”精心组织开展“网议”活动，广泛收集各方意见，切实提高讨论决定重大事项的科学化、民主化、法治化水平；及时总结经验，结合省市人大相关制度修订工作，适时完善相关制度和规定，保证决定权行使的制度化、程序化、规范化。

板桥新城黄昏景象　　（板桥新城　供稿）

提升全区教育工作水平的调研与思考

区政协主席　黄唯佳

（2017年12月）

习近平总书记在十九大报告中指出，建设教育强国是中华民族伟大复兴的基础工程，必须把教育事业放在优先位置，加快教育现代化，办好人民满意的教育。区第十一次党代会提出未来五年，要攻坚抓产业发展、促城市建设、补民生短板“三大主战场”，其中补民生短板就是要加快发展社会事业，确保教育、卫生等各项社会事业跨越式发展，让雨花群众共享幸福美好生活。

为此，我们围绕雨花教育面临的主要问题，就进一步贯彻落实党的十九大精神，提升全区教育工作水平，做了调研，现汇报如下。

一、全区教育基本概况

在区委区政府的正确领导下，全区学校的办学规模不断扩大，教学质量持续提升，教师队伍日益壮大，教育资源进一步向优质均衡迈进

（一）学校和在校学生情况。全区现有学校34所，其中公办学校31所（含高级中学1所，完全中学2所，独立初中6所，九年一贯制学校2所，小学17所，中等职业学校1所，区教师发展中心1所，青少年活动中心1所，开放大学1所）；民办学校2所（含一中实验学校和力行小学）。全区现有在校学生37468人，其中中小学35299人（公办中小学30848人，民办学生4451人），中等职业学校2169人。各级各类幼儿园59所（公办园24所，惠民园18所，民办17），在园幼儿17970人。

（二）省市有关指标完成情况。教育现代化发展水平综合得分达88.41分，高于南京市确定的“综合得分达到86分”的考核要求。荣获“南京市学前教育改革创新‘三项工程’贡献奖”、“南京市学前教育改革制度创新奖”；接受市政府督导组对区政府职业教育发展责任状落实情况专项督导、教育部加快青少年校园足球工作督察获得好评；今年5月份，与教育部签署了《全国青少年校园足球试点县（区）改革发展备忘录》，接受省政府教育专项督导，综合得分为92.6分，评价格次为优秀，位居全市首批接受考核区第一名。

（三）教师队伍建设情况。全区中小学在职公办教职工2428人，幼儿园教职工2524人，其中，特级教师12名、市学科带头人32人、市优秀青年教师89人。自2014年起，我区在新教师招聘时调整条件设置，加大了成熟教师的招聘力度，2016年招聘的教师成熟教师比例达31%，今年达到了60%，改善了教师结构。

二、教育发展存在的不足

随着雨花经济社会的发展和软件谷人才的进一步集聚，雨花群众对提升全区教育水平的期盼越来越高。但目前，全区学前教育公办园比例不高，义务教育及高中阶段在全市有影

响的、老百姓认可的优质学校不多，市属名校引进力度不够，职业教育办学规模不大，与人民群众的期盼相比还存在明显的差距。主要表现在：

（一）学校建设速度不能满足新增人口的需求。近年来，由于新城区开发和保障房建设等原因，快速城市化给区域教育的规划和发展带来了一些新问题，导致新城区人口增加较快，加之外来务工人口呈爆发式增长，区域学校建设速度跟不上城市化进程，现有部分学校超规模办学，如铁心桥街道桥北片区，因接受外来务工人员随迁子女较多，目前该片区已开办的三所中小学总设计规模为78个班，实际办学规模达87个班。个别片区不能满足就近入学需求，如宁芜公路以西片区。

（二）优质教育资源不能满足人民群众的要求。全区优质教育资源还不能完全满足老百姓的需求，在全市有影响的、老百姓认可的优质学校还不多，且集中在宁南片区。全区28所中小学，以绕城公路为界，北部有中小学7所，属于优质学校的主要有雨花台中学、雨花外国语小学、雨花台区实验小学；而南部如西善桥片区、板桥片区品牌学校不足，该片区有中小学21所，虽然力小金地分校、实小善水湾分校、金中岱山分校的开办，使上述地区优质资源需求的矛盾稍有缓解，但“北强南弱”的局面仍没有根本改变。

（三）教师队伍建设不能满足高水平教育工作的需要。一是教师缺编较多。虽然这几年的进人计划在增加，但近几年开办了7所学校，8所公办幼儿园，进人计划的增加还不能满足教师需求；公办幼儿园中公办教师不足，公办园24所（比例为40.6%）低于全市60%平均水平，幼儿公办教师61人，占比仅为5%。二是聘用教师过多。目前，各学校自聘教师293人，占12.5%。聘用教师待遇低、不稳定、难管理、教学质量无保障，2017年区政府给予1200万元的购岗经费，但每年人均约4万元。三是骨干教师偏少。虽然近两年骨干教师队伍增量明显，但有影响的名师、骨干教师数量偏少。

三、具体建议

深入学习党的十九大精神，全面贯彻区委区政府决策部署，把教育放在优先发展位置，把握教育历史定位，明确教育根本任务，理解教育本质要求，推进教育改革发展，着力办好人民满意教育。

（一）完善规划，加快建设，优化整合全区教育资源。教育公平是社会公平的重要基础，具有起点公平的重要意义。只有大力推动教育资源均衡布局，努力缩小学校与学校、片区与片区的差距，才能让每一个孩子都能享受优质教育，实现“学有所教”到“学有优教”的跨越。一是要加强规划布局。目前我区的优质教育资源主要集中在绕城公路为北，存在“北强南弱”的现象，区教育局要以《区十三五教育发展规划》为依据，进一步加大与市规划部门的对接力度，统筹考虑雨花教育与全区产业布局、人口密度、基础设施状况、公共资源分配等因素，科学调整学校布局。二是要加快建设步伐。根据区“十三五”教育规划，未来几年，全区将新建、改建、扩建中小学达20所，仅依靠教育局自身力量是难以完成的，要充分利用软件谷发展公司、“两桥”建设指挥部和街道园区等建设载体，突出软件谷、岱山和板桥新城区域的教育资源增量需求，加快推进各项工程的进度。三是要推进师资力量均衡发展。

改进完善“区管校用”“跨校兼课”“结对帮扶”等机制，加大向教育力量薄弱学校输送优秀师资的力度，同时，实行向大板桥地区学校倾斜的编制政策，引导优秀毕业生到该区域学校工作，提高绕城公路以南学校的师资力量。

（二）创新体制，激发活力，努力打造雨花教育的名校品牌。由于缺少“拉力琅”、树人等市级名校，我区幼升小、小升初、初升高各阶段优质生源均有不同程度的流失，所以要加大雨花教育品牌的建设力度，留住吸引优质生源，实现全区教育的良性循环。一是要做到“内强”。完善和优化区内集团化办学管理模式，以雨花台中学、雨花台实验小学、雨花外国语小学和梅山总校四大教育集团为重点，深化机制体制改革，实行责任制管理、聘任制考核、绩效制分配，奖勤罚懒，奖优罚劣，着力打造雨花教育的名校和品牌。二是要做到“外引”。推进优质资源再生机制，以引进的南外雨花国际学校、金中岱山分校、力小金地分校、南师附小小行小学、琅小石林分校等市级名校分校为基础和核心，分享市级名校的优秀师资、先进管理理念，实现相互支持，彼此促进，共同发展。三是要做到“国际化”。推进教育开放，积极搭建国际交流合作平台，加强与国外友好结对学校的合作与交流，利用教育国际交流与合作，提升全区学校办学水平和影响力。建议近期“两桥”地区更新改造契机，引进一所国外优质学校到雨花开发区独立办学或合作办学，提升大板桥地区的教育水平。

（三）注重品质，内涵发展，全面提升全区教育质量。坚持内涵式发展思路，强化课堂教学主阵地地位，积极探索符合素质教育要求、利于学生全面发展的教育工作机制，推动教学质量不断提高。一是坚持向课堂要质量。课堂的质量是决定教学质量的关键，一堂好的课，可将人引入智慧的殿堂，可激发人渴望成才的梦想，可调动生命激情的闪光。所以要以课堂教学为中心，拓宽课堂的界线，强化课堂设计，形成了以教师为主导、学生为主体、训练为主线、思维为核心、能力为目标的课堂教学模式，培养学生自觉的主体意识和学习意识。二是坚持向管理要质量。有秩序的教学管理，必然带来有效的教育教学，也必然带来高质量的教学成果，所以要大力推行教育精细化管理，对教师备课上课、作业布置和批改、教研活动安排以及学校日常安全管理等进行全面梳理、全方位监管。三是坚持向科研要质量。每个学校都要选派教学和科研骨干力量担任教育科研工作，紧扣教育教学的基础环节，提高科研的针对性和实效性，切实抓好课题研究、校本教研、课堂教学改革、经验推广等教研教改活动，实现教育科研和办学质量的全面提升。

南京市力学小学师生同乐　　（板桥新城　供稿）

（四）注重培育，提升水平，全力加强教育

工作"三支队伍"建设。行政管理队伍、校长队伍和教师队伍是提高教育质量,推动教育发展的重要保障,是核心教育资源。一是要建设一支高素质的教育行政管理队伍。教育行政管理队伍肩负着教育事业各项工作的领导、指挥、决策、协调、管理和服务的重要任务,是推动教育科学发展的重要力量。区教育局领导和同志们要进一步提升教育理念、深化教育认识、统一教育思想、凝聚教育力量,结合当前正在开展的"大走访"活动,深入基层、走进学校、亲近师生,积极帮助解决基层、学校、师生在教学和生活中的困难。二是要建设一支高水平的校长队伍。按照依靠教育家办教育的思路,积极推动校长选拔、任用、培养和管理机制改革,明确校长在教师管理、规范办学、教学教研、学生管理、党风廉政等方面的权限责任,完善校长考核制度,让能干事、干成事、干实事的校长在政治上得荣誉,在经济上得实惠。三是要建设一支"名特优"的教师队伍。深入推进"名特优"提升工程,依托区教师发展中心,分类分层建立培养梯队,搭建平台,创设条件,扩大影响;加大名师引进力度,充分发挥"区名特优教师考核与奖励办法"导向和激励作用,发挥名师工作室和项目工作室的引领作用,加强名师骨干教师后备人才的储备和培养,促进骨干教师快速成长。

关于促进雨花台区社区养老服务业健康发展的调查与思考

区委党校

(2017年8月)

根据《中国统计年鉴2015》数据显示,截至2014年末,全国总人口数达136782万人,其中65岁及以上人口数达13755万人,占人口比重10.1%。据相关部门预测,到2035年60岁以上老人数量将达到4亿人,养老压力与日俱增。面对人口老龄化、家庭规模小型化、结构空巢化、养老功能弱化、服务需求多样化等现实矛盾,我国养老服务需求不断发生变化,养老服务需求的变化催生养老服务业的供给侧改革。

一、我区社区养老服务业发展取得的成绩

截至2016年底,我区60岁以上户籍老龄人口数量为5.5万,占户籍总人口的19.80%,60岁以上常住老龄人口数量为6.76万,占常住总人口的13.0%。我区老年人口以年均4-5%的速度增长,预计到2020年,老年人口将增长到8万人,占全区户籍总人口的20%,人口老龄化呈"高基数、高龄化、高增速、高需求、高风险"等五高特点。

1.居家养老服务体系初步建成,社区助力养老不离家。区民政局与财政局联合出台了《雨花台区居家养老服务补贴办法》,明确了雨花台区居家养老服务补贴标准及筹资渠道,其中包括实现"五类对象"养老服务信息化,基

本实现60周岁以上“五类对象”政府托底购买居家养老上门服务全覆盖；明确了社区居家养老服务中心“以奖代补”经费标准，对全区居家养老服务中心进行2A–4A级等级评定，根据评定等级给予一次性建设补贴和一定的运营补贴；对于开展社区居家养老服务所需的培训费给予一定的补贴。区级经费来源由区社区扶持发展专项资金和福彩公益金各承担50%等方面。完成了区虚拟养老院建设，开通“52812349”服务热线，将年满60周岁的社区老人纳入服务范围。

2.社区养老体系雏形初显，10分钟社区服务圈基本形成。积极打造社区养老服务生活圈，建成社区居家养老服务中心52个，占全区社区总数的88%，其中3A级以上居家养老服务中心30个，3A率达到57.7%，社区居家养老服务中心为全区老龄人口累计提供服务1314366人次，在南京市各区中数量和等级排序均名列前茅。全区有41个社区建立了由专业社会组织运营的居家养老服务中心，主城区已基本形成了10–15分钟社区服务圈。创办了老人日托站、社区居家养老服务中心、配餐中心、老年康复中心等就近就便的为老服务场所。在社区居家养老服务领域2017年计划建立区、街道、社区三级平台，构建10分钟左右的服务圈，为居家老人提供就近就便的服务。

3.机构养老上规模上层次，医养融合养老服务中心破冰试水。目前，全区共有17家养老机构，核定床位2269张，公办1家，民营16家，民营率94%，每千名老人拥有床位44张。其中公办养老院坐落于铁心桥街道定坊社区，是集机构养老、社区照料、家庭养老为一体的服务机构，占地30亩，建筑面积近6000平米，拥有床位152张，13名工作人员，入住43名农村五保人员，2016年全年保障经费总额75万元。全区民办养老院16家，核定床位2017张，2017年计划新建3家养老机构，预计新增养老床位200张。全区基本实现高中低档配置齐全，覆盖城乡的机构养老新格局。

二、我区社区养老服务业发展存在的问题

1.养老服务业体制机制尚不健全，整体发展缺乏长远规划。目前，我区养老服务业在政策规划方面参照市标准执行，在养老问题上过度依赖政府资源和行政运作，区级政府、市场、社会多元主体共同应对人口老龄化的体制机制尚未形成，缺乏资源的有效整合，在养老服务业的整体发展上缺乏区级长远规划。养老金的拨付、使用、评价、监督方面缺乏强有力的制度保障，区养老金主要来源于财政，而养老金的管理者在养老资金管理和使用上存在一定的随意性，一些街道和社区存在养老金拨付拖延甚至挪用现象，影响养老服务组织的运转和服务质量的提升。

2.养老机构比例不合理，布局不平衡，养老服务设施不足。从空间布局上看，我区的养老服务组织和为老服务设施在分布上呈现“东北密、西南疏，老城密、周边疏”的格局，靠主城区的几个街道整体相对均衡，服务覆盖情况较好，其他街道分布较少。居家养老、社区养老及机构养老服务需求比例不尽合理：机构养老床位相对过剩，居家养老服务供给不足，社区养老服务发展缓慢。养老服务机构在地理位置选择、内部设施建设、收费标准设定等方面考虑不甚周详，医疗保障能力较弱，目前，在全区17家社会养老机构中，经卫生部门批准的具备医疗资质的仅4家。少部分养老机构

"一床难求",而大多数养老机构,床位空置,导致养老服务供给内容、质量上的失衡。整体而言,全区现有养老设施已不能适应人口老龄化加速发展的形势要求,养老服务设施达标率还不高,离市政府要求40%社区办公用房用于养老还有一定差距。

3.养老服务建设层次较低,不能有效满足老年人的需求。我区现有养老组织提供的服务主要集中在家政服务、生活照料、自娱自乐等较低层次的服务内容上,在康复护理、文化生活、精神慰藉等方面依然严重不足,难以满足老年人多层次、多样化的养老服务需求。通过走访和调查可以看出,很多养老组织虽然打出了"七助"(助餐、助医、助洁、助购、助行、助浴、助急)的服务口号,但实际上这些项目相当一部分是不能实现的,老年人也因为经济能力、信任度等原因不愿意通过这些渠道获取帮助。其次,由政府出资购买的居家养老服务只能满足部分经济困难的高龄、独居、空巢老人的需求,且给付标准偏低,更谈不上让大多数有需求的老年人享受到足够便利的为老服务。另一方面,养老服务组织和从业人员专业化程度不够,市场上的养老社会组织良莠不齐,专业的品牌化的居家养老服务组织数量偏少。目前来看,我区从事为老服务的工作人员主要由服务组织工作人员、街道社区老龄工作负责人、志愿者等几类。总体来看,存在着人员数量有限、专业技能不足、高端服务能力缺失等问题。

三、我区社区养老服务业发展的策略探析

通过调查走访,从我区目前老年人分布状况及广大社区居民的养老需求来看,任何一种单一的养老方式都不能完全满足需求,因此必须以社区居民养老需求为导向,秉持"以居家为主体、社区为依托、机构为支撑"的理念,发展"立足社区、服务居家"的综合养老服务体系以满足养老服务的需求。

1.发挥政府主导作用,强化政府的政策、资金支持力度

一是发挥政府的托底和引导作用,加快应对人口老龄化的顶层设计和战略规划。政府要积极托底,满足由老人的身体条件、年龄、收入等差别导致的养老服务的不同需求,满足低收入老人和失能老人的最基本的养老服务需求。我区距离主城区相对较远的西善桥街道、板桥街道、板桥新城、开发区等街道、社区聚集了一批拆迁居民、失地农民,这些经历村改居之后的社区居民老龄人口多、经济收入低、远离主城且交通不便,在社区居家养老服务方面有着更为强烈的现实需求。建议在进行养老服务规划时,对西南片区的街道社区有所倾斜,加大投入力度,实现全区在养老服务水平上的均衡。

二是增加政府资金投入,丰富社区居家养老服务类型。建立区、街道、社区三级居家养老服务平台,加强社区居家养老服务中心、日间照料中心、中心厨房、配餐点、老年大学等为老服务设施建设,构建10分钟左右的服务圈,为居家老人提供就近就便的服务。改善社区养老环境,加强养老基础设施建设,新建小区普遍实行无障碍设施建设,对于老旧小区进行无障碍设施改造,实施外挂电梯安装改造工程,突出高龄和失能老年人养老服务设施的无障碍改造。加大政府购买力度,以政府购买服务方式与专业组织合作,让康复保健走进社区、家庭、机构,对失能及半失能老人开展居家康复、中医养生服务;继续开

展“福彩助老”活动，扩大“安康关爱”老人安怀工程覆盖面，鼓励子女、爱心企业为老年人购买“意外伤害保险”和“意外伤害住院津贴”，开展“法律援助便民服务活动”，扩大老年法律援助服务站覆盖面。继续降低门槛、提高标准、扩大范围、完善功能，为全区75岁以上独居老人安装老人紧急呼叫器，为高龄、独居、特困、空巢老人提供政府购买的居家养老上门照护服务。

三是建立健全社区养老监管机制。由于社区养老的资金主要来源于政府财政投入、社会募捐等，因此社区养老机构必须要建立完善的监管机制，实现效益最大化。监管机制包括准入、监管与退出等方面。把好入口关，加强对服务提供者资质的评审与考量；对养老机构的运作条件进行定期考核与评估，对其不规范的行为进行督促整改；完善退出机制，严格养老服务机构的关、停制度与手续，切实保障老年人的利益。建立财务信息披露机制，增强财务信息的透明度，让社会公众参与到财务监督中，规避财务舞弊行为。引入财务审计制度，通过引入审计实现对财务资金的有效管理，让财政资金应用到社区养老服务中。

2.完善居家养老服务体系基本架构，搭建多层次的社区居家养老服务平台

一是改善现有养老服务供给格局，发展“立足社区、服务居家”的综合养老服务体系。搭建社区居家养老服务平台，就是在社区居委会参与和政府财政经费的支持下，以街道民政科为业务指导，现有的社区服务中心或星光老年之家为依托，社区卫生服务站等为主要成员，建立社区居家养老服务站。负责统筹卫计、民政、社保等政府部门配置在社区内的保障资源并整合政府、社会、市场等主体的服务资源，在综合养老服务体系中扮演无偿公益养老服务的提供平台、低偿基本养老服务的协调平台以及较高收费养老服务的信息平台等多重角色。结合我区实际，可由区民政局统筹，街道民政科负指导社区居委会接受所在社区老年人的服务申请并开展情况调查核实、需求评估分级、申请资格初审、实施情况反馈以及监督服务质量、处理服务投诉等。社区服务中心或星光老人之家则具体负责招录、管理和组织居家养老服务人员开展具体养老服务，或者通过服务合同购买社会工作服务机构、民办福利机构等社会组织或者物业公司等市场主体提供的服务。社区卫生服务站负责为居家老年人提供预防保健、初级诊疗、康复护理等基本医疗卫生服务，以及协助将有向上转诊、专业护理、医学康复或长期照料实际需要的老年人转送至适宜的上级医院、养老机构、护理院或康复医院接受专业养老服务。

二是推进智慧养老平台建设。充分利用软件谷的软件技术优势，进一步完善“12349”智能养老系统的提档升级，培育整合更多的线上线下服务的信息流和实体社会组织。目前养老服务业小微企业众多，产业发展合力不足，可通过“互联网+”将这些养老服务组织整合起来，利用互联网思维汇集社区养老服务资源，构建服务价值链，解决长期困扰社区养老服务的产品匮乏问题。可建立区级养老信息数据系统，作为信息化养老服务线下所有服务需求和服务资源的载体，包括老年人基本信息数据库、服务机构基本信息数据库、管理系统信息数据库、志愿者信息数据库等。这些数据库通过一个共同的信息系统成为一体，经由坐席人员按照统一的储存标准，在保证数据查询和及时更新的同时，使数据能够充分共享和利用。可研发区级养老信息服务平台，通过整合和录入政府资源、市场资源、社会资源等服务资源，为老年人提供咨询、转接、跟踪、评估等一站式服务，实现从服务确认到企业派单、服务跟踪、服务评价、质量回访、费用结算的全流程管理，依托服务实体实现服务落地。在平台之下多开展服务体验，在老年人中形成口碑效应，增加服务平台的吸引力和服务对象的黏性。通过信息技术的运用，将“互联网+社区居家养老服务中心”“互联网+日间照料中心”“互联网+养老机构”整合起来，开展层次更加多样化、照护更加个性化的为老服务，为全区老年人提供更加方便、快捷、专业的生活照料、家政服务、康复护理、医疗保健、精神慰藉、紧急救助等服务项目和远程监护服务。

体育锻炼　　（板桥新城　供稿）

三是加强养老机构建设，推动医养融合发展。随着年龄的增长，老年人患慢性病和失能、半失能的概率增大，照护需求呈现出占用资源多、耗费成本高、照护难度大、周期长等特点。因此，养老服务业的供给侧改革应该把提供长期的生活照护和医疗服务作为发展的着力点，以实现供给与需求的有效对接，进而构建“医养结合”的社区长期照护服务体系。加强区内养老机构的医养融合深度，推动社区日间照料中心与社区卫生服务站的互助合作，社区居家服务中心设立医务室、配备专业医护人员，保证不出社区能够享受基础医疗服务。

3.加强养老队伍建设，实现体系的专业化

社区养老服务涉及医疗、康复、护理、心理、临终关怀、管理等学科内容，是一项具有丰富内涵的工作，从业人员专业水平的高低会对老年人产生最直接的影响。

一是引进专业人才。在引进养老服务组织的时候要对其专业工作人员比例进行限定，社会工作人才、护理专业人才是养老服务业的必备专业人才，不能缺失。

二是加强岗位培训。对于非专业人才要通过岗位培训使其达到相应技能，可通过相关专业院校、区众创空间组织的业务培训、职业资格认定、职业技能竞赛等方式促进工作人员的专业化水平提升。

三是做好志愿者队伍建设。志愿者队伍可优先考虑大学生志愿者、老人的家庭成员和低龄健康老年人等人群，在招募和培训中注重对其沟通交流技巧、服务方式和态度、专业技能等方面的培养和提升。营造尊老爱老的社会氛围，引导奉献博爱的志愿行为，建立合理的志愿服务机制，整合全区的志愿者资源，号召广大的党员干部、大中学生加入志愿者队伍，按照属地原则统筹志愿者的服务范围，由社区根据志愿者的专业特长和服务意愿进行合理分配，将志愿者的志愿服务行为进行合理分配，避免志愿者缺失或志愿者扎堆的情况出现。

四是完善激励措施。要引导养老服务人员主动、高质量地完成工作任务，同时维持其工作满意度，就要有薪酬激励、表彰奖励等措施。采用“按劳取酬”“以岗定薪”“优绩优酬”的分配方式，提高专业人员待遇水平，并享受各种社会保障政策。对志愿者群体可通过建立“时间银行”累积志愿者服务，志愿者需要养老服务时可从“时间银行”兑换相应服务。

五是加强从业人员的教育和管理。对从业人员除了进行必要的技能培训外还要加强思想教育和责任感、价值观、道德观的教育，保证被服务者的人身安全和基本权利能够得到保障，避免各类因从业人员的思想道德品质不过关造成的人身伤害事故和安全事故。

在此基础上，建议成立区级养老服务协会，加强养老服务人才队伍培养、积极培育社会养老服务行业孵化组织、支持基层群众性自治组织开展居家养老互助服务、加大培训初、中、高级养老护理员、营养配餐师和保健按摩师等专业人才力度等，努力促进我区社区养老业快速健康发展。

莲花湖晨景

（板桥新城　供稿）

大事记

2018 YUHUATAI ALMANAC

Major Events

1 月

12月30日—1月2日元旦小长假期间，高铁南京南站发送旅客43.4万人次；地铁南京南站进站38.1万人次、出站43.4万人次；汽车客运南站发送旅客11.4万人次。

3日，雨花台区召开经济工作会暨行政审批制度改革、“两减六治三提升”工作部署动员会，部署下阶段相关工作。区、软件谷领导黄河、李世峰、杨明、黄唯佳、谢祖国等出席会议。

△ 南京南站垃圾中转主体站房和配套公厕内部装修全部结束，整体工程进入扫尾和验收阶段。该项目位于六朝路以东、毓秀街以南、明城大道以西、高铁桥边，占地面积约0.41公顷，建筑面积1813.97平方米，于2016年8月开工，总投资约800万元，预计2017年春节后全面竣工。

△ 南京中华中等专业学校被省教育厅、财政厅认定为江苏省高水平现代化职业学校。

4—7日，区十八届人大第一次会议在雨花台中学学术报告厅召开。

4日，区政协第九届委员会第一次会议在雨花台中学学术报告厅召开。

9日，市两会期间，区委副书记、区长李世峰走进“南报融媒体”演播室，分别接受龙虎网和《南京日报》采访，与网友就雨花台区抓好“三个口袋”和黑臭河道整治等内容展开在线交流。

11日，区委副书记袁传军调研该区残疾人工作，实地调研戴军明佳佤盲人推拿工作室及中和美、睿泽2个残疾人之家。

13日，雨花台区召开民工市场关停搬迁专题会议。区领导李世峰、孙中华、凌向前、杨洋出席会议。

14日，来自全球近30个国家及港澳地区医学会会长等50人参观赛虹桥社区卫生服务中心。区领导李世峰、余清参加活动。

16—19日，区四套班子领导及相关单位负责人春节前走访慰问部分困难群众、驻区部队和纳税大户。

17日，区委召开常委会，听取研究2016年度全区经济和社会发展目标考评情况、首轮巡查工作方案、全区负责干部大会筹备情况等事项。区委书记黄河主持会议。区人大常委会主任杨明、区政协主席黄唯佳、软件谷管委会主任谢祖国等列席会议。

△ 南京新媒体传播影响力峰会在南京未来网络小镇举行。南站综管办官方微博@南京南站地区综管办获“南京区街镇最佳新媒体传播奖”。

19日，区民宗局、区妇联、基督教三自爱国运动委员会在赛虹桥社区举行2016学年第二学期“天使爱心”助学金发放仪式。仪式上为12名单身贫困母亲抚养的高中在读子女，每人发放助学金3000元，并向10家为项目捐献善款的宗教场所发放捐款证书。副区长余清出席仪式。

20日，省委副书记、省长石泰峰一行8人到铁路南京南站和汽车客运南站检查春节旅客运输和安全工作。

23日，根据《关于表彰2016年度南京市科学技术进步奖获奖单位和个人的决定》文件内容，软件谷企业9个项目获2016年度市科学技术进步奖。

25日，区委副书记、区长李世峰走访慰问该区部分重点企业，实地走访上海梅山钢铁股份有限公司、亚信科技有限公司、江苏润和软件股份有限公司及华为技术有限公司等。区委常委、常务副区长孙中华参加走访。

2 月

3日，市委常委、统战部部长陈勇，市委常委、宣传部部长蔡丽新到雨花台区开展“下基层、察实情、促富民”走访调研活动，实地走访花神科技产业园、少数民族家庭和侨台家庭了解相关情况。区、软件谷领导黄河、谢祖国、谢山、艾长青、杨宝龙参加调研。

7日，区委书记黄河调研安德门民工市场和板桥人力资源市场。

△　区委书记黄河调研古雄积淹水片区水利改造项目。

△　副区长余清调研视导板桥街道永安花苑幼儿园。

8日，软件谷召开2016年工作总结暨2017年部署动员大会。

9日，雨花台区召开黑臭河道整治工作现场会。区、软件谷领导黄河、李世峰、陆一、顾晓春、王辉参加活动。

10日，国家教育部部长陈宝生、工业和信息化部部长苗圩率中央调研组一行调研软件谷科技创新等情况，实地调研南京软件产业博览馆。市委常委、宣传部部长蔡丽新，市经信委工委书记陈光，区、软件谷领导黄河、谢祖国等参加调研。

12日，2017年全省重大项目集中开工现场推进会南京市雨花台区分会场在亚信华东总部暨产业互联网基地举行。区、软件谷领导黄河、李世峰、杨明、黄唯佳、谢祖国等出席活动。

13日，区第十八届人大常委会召开与“一府两院”联席会议。

15日，区委巡察组进驻区市场监督管理局、交通运输局、教育局和农业局，展开为期一个月的首轮巡察工作。

17日，区委副书记、区长李世峰调研雨花经济开发区。区、软件谷领导孙中华、蒋冰、顾晓春、王传忠、王辉参加调研。

△　国家安监总局司长吴宗之率水泥玻璃行业淘汰落后产能专项督查组督查板桥水泥厂去产能情况。区委常委、常务副区长孙中华参加督查。

20日，由国办秘书二局和国家发改委就业司组成的联合调研组走访调研板桥人力资源市场、奥拓电子科技有限公司和南京市中国旅行社有限公司。

22日，陕西省省委书记、省人大常委会主任娄勤俭，省委副书记、省长胡和平率党政代表团一行52人考察软件谷。省、市、区、软件谷领导李强、吴政隆、杨学鹏、黄河、谢祖国等参加考察。

23日，区领导黄河、李世峰、孙中华会见陕西省丹凤县县委书记郑晓燕率领的考察团一行，双方就有关合作签约等事项进行座谈交流。

24日，辽宁省发改委党组书记、主任吴忠琼率代表团一行考察软件谷，实地察看中兴通讯股份有限公司和南京软件产业博览馆。省发改委副主任赵芝明、市发改委副主任蓝军、软件谷管委会主任谢祖国参加考察。

27日，区委书记黄河走访调研雨花经济开发区天保社区困难群众、老党员家庭及驻区企业华为南研所。

3 月

1日，区第十八届人大常委会召开第一次会议，通过区第十八届人大常委会代表资格审查委员会及各工作委员会成员名单；通过有关人事任免事项；举行宪法宣誓仪式。区委常委、常务副区长孙中华列席会议。

△ 区委书记黄河专题研究部署全区信访积案化解工作并听取区信访局相关工作汇报。

2日，中央改革办督察组秘书长林尚立率督查组一行调研岱山社区卫生服务中心。省卫计委副主任陈亦江，区领导李世峰、余清等参加调研。

△ 国家卫计委流动人口服务管理司副司长闫宏率考察团一行，考察该区流动人口基本公共卫生计生服务均等化情况，实地察看润和软件股份有限公司和小行医院。副区长余清参加考察。

3日，区委副书记、区长李世峰走访调研中兴新软件公司和雨花街道普德村社区。

7日，区委召开常委会，研究《雨花台区重大项目招商推进工作实施办法（试行）》和《雨花台区关于加强税收服务工作的实施意见（试行）》；听取区重大项目征收拆迁指挥部成立情况汇报。区委书记黄河主持会议。

8日，省委督查室主任刘劲松调研该区创新“40条”政策落实情况，实地调研南京新视云网络科技有限公司、南京易创空间及亿嘉和科技股份有限公司。

△ 副市长储永宏率市建委、财政局、规划局等部门负责人检查该区精细化建设管理工作，实地察看农花河河道综合整治项目工程、南站交通秩序整治和绿雕建设现场、建宁一村市民休闲公园景观建设工程。区领导李世峰、蒋冰参加检查。

9日，市委常委、常务副市长刘以安调研该区特色小镇建设工作，实地调研软件谷科创城和魔力多网络科技有限公司。区、软件谷领导李世峰、谢祖国、孙中华、彭金斌参加调研。

△ 省科技厅跨国技术转移中心邀请法国空气质量专家工作组到软件谷举办“2017江苏——法国空气质量研讨会”，并与该区企业进行对接洽谈。软件谷管委会主任谢祖国，区委常委、副区长徐文进参加活动。

17日，副市长黄澜调研该区秦淮新河整治工作。区领导李世峰、凌向前、陆一参加调研。

18日，国家卫计委副主任王培安一行，考察指导赛虹桥社区卫生服务中心医养结合工作。省卫计委副主任何小鹏，副市长胡万进等参加考察。

△ 区领导黄河、李世峰、蒋冰、陆一检查全区水环境整治工作，实地察看农花河水环境整治项目工程和南河河道情况。

19—23日，教育部《校园足球先锋》采访组到该区拍摄校园工作开展情况。副区长余清接受专访。

20日，全球信息通信和软件领域规模最大的权威展会汉诺威消费电子、信息及通信博览会(CeBIT2017)在德国汉诺威举行，软件谷管委会副主任彭金斌带队参加。

21日，区委召开常委会，传达全国“两会”

相关讲话和会议精神；研究《全区党员干部“走千企入万户、助发展促富民”大走访活动领导小组职责分工》和《工作方案》；研究《区委全面深化改革领导小组2017年工作要点》。区委书记黄河主持会议。

22日，全省制造业大会电视电话会议召开。区、软件谷领导黄河、袁传军、谢山、仲兆林、徐文进、郭幼佩、余清、陆景文、卞艳艳在该区分会场收看会议。

28日，区总工会召开六届十四次全委（扩大）会议，以举手表决方式增替补总工会六届委员会委员及六届经费审查委员会委员；选举产生区总工会第六届委员会常委、副主席；商讨关于“五一”庆祝大会等工作安排。

29日，雨花台区召开2017年度全区建议提案办理工作会议，总结2016年建议提案办理工作，部署2017年相关任务。区领导袁传军、孙中华、杨宝龙、杨洋出席会议。

4　月

2日，副区长陆一检查全区清明期间森林防火工作，实地察看韩府山嘴护林点、静明寺、高家库社区防火器材仓库等。

7日，省委副书记、市委书记吴政隆调研华为软件技术有限公司。区委书记黄河参加调研。

9日，江苏大学生创新创业联盟“博峻汇”成立大会暨首届大学生创新论坛在软件谷举行。省内近40所高校、200余名大学生创业者、高校学者、创投机构参加论坛。

10日，省委副书记、市委书记吴政隆调研该区卫生与健康工作，实地调研岱山社区卫生服务中心和西善花苑社区卫生服务站。区委书记黄河、副区长余清参加调研。

12日，软件谷与南京大学软件学院举行企业工程实践基地签约仪式。软件谷管委会副主任卞艳艳出席签约仪式。

15日，由国家新闻出版广电总局研修学院承办的“2017年阿拉伯国家广播电视中高层管理研修班”一行18人参访软件谷，实地参观南京软件产业博览馆、江苏润和软件股份有限公司和三胞集团。

17日，区委书记黄河专题调研西善桥、梅山和板桥街道部分重点项目和街道相关工作。

18日，中兴光电子技术有限公司总部正式入驻软件谷科创城。市委常委、常务副市长刘以安，区、软件谷领导黄河、李世峰、谢祖国出席活动。

21日，区委常委、常务副区长孙中华会见青海省大通回族土族自治县人民政府考察团一行，双方就有关产业协作、精准扶贫等事项进行座谈交流。

21—22日，由软件谷、南京大学软件学院等联合主办的2017全球软件大会在南京国际博览会议中心开幕。省经信委副主任龚怀进等出席大会。

24日，市委常委、政法委书记徐锦辉检查铁心桥街道综治中心建设工作。区委常委、政法委书记凌向前参加检查。

△　哈萨克斯坦阿拉木图市新闻局副局长率哈萨克斯坦媒体记者采访团一行15人参访软件谷，实地参观南京软件产业博览馆和软件谷垠坤·南京大数据产业基地。

25日，西藏墨竹工卡县考察团一行到该区参观考察，实地察看赛虹桥社区卫生服务中心、软件谷垠坤·南京大数据产业基地、西善桥食品安全快速检测中心、仁恒翠竹园社区。区领导袁传军、凌向前参加考察。

26日，区委书记黄河专题调研雨花、赛虹桥和铁心桥街道部分重点项目和街道相关工作。

27日，区安委会召开全体扩大会议。副区长王金玉出席会议。

5 月

3日，区委常委、常务副区长孙中华走访调研梅钢片区企业关停整治工作。

△ 副区长陆一调研铁心桥街道黑臭河沿河排口整治工作。

△ 该区召开专题讨论会，研讨制定上海宝钢化工梅山分公司重大危险源泄露事故应急演练方案。副区长王金玉出席会议。

4日，鼓楼区副区长冯泉一行调研江苏创业大街并座谈交流。

5日，团区委第十三次代表大会召开，选举产生新一届团区委领导班子。

9日，区领导李世峰、顾晓春、陆一检查全区防汛工作，实地察看赛虹桥街道凤台南路易积淹水地段、南南河天保桥段、板桥老街段南岸积淹水片区、板桥新城新湖大道积淹水改造工程等。

10日，区领导李世峰、余清检查全区重点工作推进情况，实地察看雨花台中学地下人防工程建设、浡泥国王墓海上丝绸之路申遗、凤台南路沿线环境综合整治等项目。

△ 区人大代表定向定点考察和检查区住建局相关工作，实地察看普德花园老旧小区整治项目、小行里51号危旧房改造项目、雨花台中学地下人防工程等。

12日，安徽省滁州市市委副书记、市长张祥安率领党政代表团一行调研软件谷，实地调研南京软件博览馆、中兴通讯股份有限公司。

15日，市政协副主席、区委书记黄河检查工农河上游引水口和双学桥东北角排口河道沿线水环境情况。

17日，市委副书记龙翔走访调研软件谷企业，实地调研南京睿悦信息技术有限公司、亿嘉和科技股份有限公司、南京翼辉信息技术有限公司、南京丰生永康软件科技有限责任公司等。

△ 市委常委、统战部部长陈勇调研该区统战工作并考察天隆寺建设情况。

19日，雨花台区与苏宁集团签约“雨花国际足球小镇”项目。

21日，区人大对全区关于贯彻落实《南京市蔬菜使用农药管理规定》情况和涉农“三资”工作情况进行集中检查。

△ “江苏发展大会”科技界“返乡”人士到该区参观考察江苏创业大街，实地察看36氪、全球路演中心、黑马孵化器、创客街及南京软件产业博览馆。

24日，全国总工会副主席焦开河到该区走访调研，实地调研紫荆广场花漫里。

26日，江苏省科技企业融资路演服务中心南京分中心在软件谷极客站揭牌。

28日，由区委宣传部、区文明办、区教育局与区少工委联合主办的“小传承人·大梦想家”传统文化主题展示大赛决赛暨端午节嘉年华游园会活动在雨花外国语小学举办。

31日，雨花台区召开推进“两学一做”学习教育常态化制度化工作座谈会。

△ 浙江省杭州市市委副书记、市长徐立毅率市政府代表团调研软件谷，参观南京软件产业博览馆、中兴通讯创新开放实验室及云计算中心。

△ 省副总督学、政府办公厅副主任邹宁华率省政府对县级政府教育工作督导考核专家组督导考核该区教育工作。

6 月

5月31日—6月1日，省教育督导考核专家组督导考核该区教育工作。

1日，副区长余清慰问普德村幼儿园和龙福幼儿园师生。

5日，区领导李世峰、余清、蒋虻芒检查全区高考保障工作。

8日，市政协副主席、区委书记黄河调研全区卫生工作，实地调研雨花医院普德院区、区疾病预防控制中心、区妇幼保健所、雨花医院板桥新城院区。

△ 该区召开“两减六治三提升”专项行动暨水环境整治工作推进会。

△ 区委常委、纪委书记仲兆林调研雨花经济开发区“4+1”专项行动工作开展落实情况。

9日，软件谷管委会联合上海美国商会南京中心共同在万达希尔顿酒店举办“南京NEXT主题峰会·洞悉未来两年的中国”活动，150名国内外企业家参会，会上软件谷作专场推介。

11日，区领导李世峰、陆一检查雨花、铁心桥、西善桥及赛虹桥街道防汛工作。

12日，区、软件谷领导李世峰、孙中华、徐文进、卞艳艳、王辉检查全区12个省集中开工重大项目推进情况，实地察看绿地玉晖晶舍商务中心、瀚威城市综合体、证大喜玛拉雅中心三期、亚信华东总部暨产业互联网基地、中兴三区一期、小行里危旧房改造项目、雨花社区服务中心等。

13日，市委常委、常务副市长刘以安督查亚信华东总部、小行里危旧房改造2个省集中开工重大项目推进情况。

△ 市政协副主席、区委书记黄河检查板桥新城古雄积淹水片区水利改造项目推进情况。

△ 安徽省合肥市瑶海区人大考察团一行到该区考察城市精细化建设管理工作情况，实地察看楚翘城、软件谷科创城、南京南站等。

14日，市政协副主席、区委书记黄河考察雨花经济开发区人居森林项目征收拆迁工作。

15日，国务院办公厅印发《国务院办公厅关于建设第二批大众创业万众创新示范基地的实施意见》(国办发〔2017〕54号)，以软件谷为核心的雨花台区成功入选“第二批双创示范基地”，是全省唯一以软件和信息服务业为特色的示范基地。

△ 第十五届中国国际软件和信息服务交易会在辽宁省大连市开幕，中国、美国、加拿大、德国、日本、韩国等20个国家和地区以及国内50个省市团组参会，软件谷作为受邀园区参会并获“最具推动力服务平台”奖。

16日，市人社局局长刘莅率市人社局一行50人调研软件谷，实地调研软件谷科创城、江苏创业大街、南京VR开放服务平台、南京软件产业博览馆。

18日，软件谷联合市企业服务中心、创客街举办“105全球金种子计划”活动，“金种子计划”采用创业者与投资人当场对接方式开展。“至善西行”公益旅游、“窝趣云”等4个项目达成投资意向，在全市率先实现现场“闪投”。

22日，副市长黄澜率队调研软件谷，实地调研华为南研所和中兴光电子。

△ 区领导李世峰、顾晓春、陆一检查全区水环境整治工作暨防汛工作落实情况，实地察看西善桥老街通惠里桥、雨花经济开发区格子桥泵站、雨花经济开发区刘村沟、板桥老街石拱桥等。

△ 科创城企运网企业服务空间落户软件谷“互联网+”创星小镇，成为软件谷南园首个市场化大型企业服务平台。

26日，该区召开综合执法体制改革专题会议。

27日，省委召开十三届二次全会。区、软件谷领导李世峰、杨明、黄唯佳、谢祖国在该区分会场收看会议。

△ 区领导李世峰、王金玉率区政府办、安监局、市场监管局、消防大队等部门开展夏季安全生产大检查。

28日，该区召开庆祝建党96周年暨基层党建工作推进会。市、区领导黄河、李世峰等出席推进会。

29日，该区召开“263”、城市精细化管理、水环境综合整治工作推进会。

30日，国务院参事、“十三五”165项重大工程项目实施机制和投融资机制课题组组长徐宪平一行到该区调研，实地调研软件谷展示中心和驻区企业运满满。

7　月

5日，由软件谷管委会牵头承办的江苏大院大所合作对接会软件与信息技术领域专题推介会在南京国际博览中心举行。中国科学院外籍院士、国际知名数学家、菲尔兹奖、克拉福德奖、沃尔夫奖得主、哈佛大学终身教授丘成桐先生和中国工程院院士、著名计算机专家倪光南先生等近30位国内外知名专家出席推介会，包括2位院士在内的13位专家做主题报告，50余所知名院所机构代表和300余家软件与信息技术企业代表参加此次推介会。

6日，国家发改委西部开发司副司长肖渭明一行调研驻区企业江苏满运软件科技有限公司（运满满）、三胞集团有限公司。

△ 广西壮族自治区副主席陈刚率考察团考察该区产业发展情况，实地察看丰盛商汇雨花客厅。

7日，市委常委、常务副市长刘以安调研该区“两学一做”学习教育工作开展情况，实地调研景明佳园社区、江苏润和软件股份有限公司和雨花公益众创空间，并为党员干部上专题党课。

8日，区委副书记、区长李世峰检查全区重点环境整治工作推进情况，实地察看梅山9号路综合执法查报站、市土储水产良种场、梅钢一号料场现场。

11日，澳大利亚维多利亚州卫生与公民服务厅厅长凯姆·皮克（Kym Peake）率代表团一行参观该区社区卫生服务工作，实地参观赛虹桥社区卫生服务中心。

14日，区委常委、常务副区长孙中华调研建通大院中小企业整治工作推进情况。

18日，财政部教育司副司长童爱萍率国务院第七督查组督查该区国家级双创示范基地工作推进情况，实地察看南京睿悦信息技术有限公司、南京蓝鲸人网络科技有限公司、江苏润和软件股份有限公司、江苏满运软件科技有限公司（运满满）、南京翼辉信息技术有限公司5家软件企业。

△ 该区召开既有住宅新增电梯工作推进会。

19日，由市司法局、检察院组成的联合检查工作组检查该区社区矫正工作。

20日，国务院督查组督查该区医养融合工作开展情况，实地察看赛虹桥卫生服务中心。

25日，省委常委、市委书记张敬华到该区调研，实地调研"两桥"城市更新改造项目、南京软件产业博览馆、江苏润和软件股份有限公司、华为软件技术有限公司。

△ 区委副书记、区长李世峰率相关部门主要负责人检查全区安全生产工作。

26日，嘉吉业务南京服务中心开幕仪式在丰盛商汇举行。现场，嘉吉关爱CBS南京委员会成立揭牌，爱德基金会合作意向签约。

27日，全区基层党组织书记推进"两学一做"学习教育常态化制度化培训班在雨花台中学开班，各党（工）委组织干事，社区、机关、事业单位、两新组织党组织书记等100余人参加培训。区委常委、组织部部长袁迅作开班动员并上专题党课。

28日，区委副书记、区长李世峰率区安监局、市场监督管理局、商务局、消防大队等相关部门负责人检查全区安全生产工作，实地察看紫荆广场、郁金香路沿街餐饮店、宁南汽配城。

31日，市政协副主席、区委书记黄河检查区政务服务中心工作。

△ 区委副书记、区长李世峰调研凤台南路环境综合整治工程项目进展情况。

8　月

1日，区委副书记、区长李世峰率区安监局、市场监管局、住建局、消防大队等部门主要负责人，检查部分区域安全生产工作，实地察看梅山农贸市场、梅山综合楼、润泰市场、三山工业园、花生唐商业综合体等。副区长王金玉参加检查。

2日，该区召开渤泥国王墓环境整治工作方案汇报会。副区长余清出席会议。

3日，区委十一届七次全体（扩大）会议在雨花台中学学术报告厅召开。会议分别由市政协副主席、区委书记黄河，区委副书记、区长李世峰主持。

4日，市级重大项目现场推进协调会在该区召开。市委常委、常务副市长刘以安实地调研该区软件谷科创城三、四期项目并提要求。区、软件谷领导李世峰、谢祖国、孙中华参加调研。

5日，省委常委、市委书记张敬华调研梅钢9号路建通大院"散乱污"企业关停迁情况及大件垃圾贮存分拣中心垃圾分类、处理情况。

7日，区政府召开全体（扩大）会议。

8日，市委常委、统战部部长陈勇调研该区统战工作，实地调研板桥新城华兴村侨史陈列室、南京民间抗日战争博物馆。

△ 由《人民日报》、新华社等中央媒体，《新华日报》、江苏电视台、《南京日报》等省、

市主流媒体，新浪网、凤凰网、今日头条等网络媒体组成的媒体团一行30余人考察软件谷大数据产业发展情况，现场观看软件谷宣传片《一谷一世界》，并考察南京大数据产业基地、亚信软件、瑞中数据、天数科技、SAP中小企业信息化服务平台、江苏满运、新视云、千米网等。

9日，区委副书记、区长李世峰率区安监局、市场监管局、消防大队等部门主要负责人，检查部分区域安全生产工作，实地检查南京国华物流、美耐家具有限公司和南京液化石油气经营有限公司。

10日，该区召开雨污分流及黑臭河道整治工作专题推进会。

11日，市政协港澳台侨和外事委员会组织委员考察软件谷，实地察看南京VR开放服务平台和南京软件产业博览馆。

△ 该区召开社区综治警务一体化现场推进会。

12日，该区召开"两桥"地区城市更新改造工作会议。

16日，副市长孙建友一行督导该区公安基层基础设施建设工作。

△ 市政协副主席、区委书记黄河走访赛虹桥街道小行社区居民。

17日，2017光电子产业发展促进论坛在软件谷举办。该次论坛以"光电子产业合作发展与技术交流"为主题，由中兴光电子技术有限公司和软件谷主办、讯石信息咨询（深圳）有限公司协办。国内外120余家通信企业280余名代表参加论坛。

△ 市政协副主席、区委书记黄河走访梅山钢铁股份有限公司。

22日，安徽省马鞍山市市委书记魏尧，副书记、市长左俊率党政代表团一行42人考察软件谷，实地察看南京软件产业博览馆和中兴通讯。

23日，市政协副主席、区委书记黄河到区人民来访接待中心调研信访稳定大排查大整治工作。

24日，市政协副主席、区委书记黄河调研雨花经济开发区重点项目推进和大排查大整治工作情况。

28—29日，区红十字会在铁心桥科技活动中心为近2000名高一新生开展应急救护知识技能培训。

29日，柬埔寨人民党中央委员、青年联合会主席、国会议员洪玛尼率柬埔寨人民党青年干部考察团考察该区人工智能及"互联网+"等相关工作，参观南京软件产业博览馆，观看专题片，听取南京市软件名城打造情况和软件谷软件产业发展情况介绍。

△ 区委副书记、区长李世峰检查凤台南路、建宁一村等区域精细化建设管理工作。

31日，区民宗局、妇联、基督教三自会联合举办2017下半年度"天使爱心"项目奖学金、助学金发放仪式。

9　月

4日，市政协副主席、区委书记黄河调研软件谷产业项目推进情况。

6日，在南京召开的中国软件名城工作会议上，国家工信部信软司、江苏省经信委和南京市人民政府签署合作备忘录，共同推动软件谷创建中国软件名城示范区。软件谷也成为继上海浦东新区之后，全国第二个中国软件名城示范区。

9日，在第十三届中国（南京）国际软件产品和信息服务交易博览会期间，软件谷、高通（中国）控股有限公司以及南京睿诚华智科技有限公司（Nibiru）共同签署合作框架协议。

△ 该区召开岱山南路交通噪声扰民问题整改工作现场推进会。

11日，市政协副主席、区委书记黄河调研岱山保障房片区大排查大整治工作。

12日，雨花台区参加市委、市政府在南京国际博览会议中心钟山厅举行的“2017中国·南京金秋经贸洽谈会”重大项目集中签约仪式。

△ 重庆市南岸区委书记郑向东一行20人考察软件谷，实地察看南京软件产业博览馆、华为软件N10开放实验室、中兴二区政企实验室、科创城、菁英公寓、亿嘉和、南京VR开放服务平台。

△ 市政协副主席、区委书记黄河到区信访局人民来访接待中心接待来访群众。

13日，以“聚力创业创新，打造国家级双创示范基地”为主题的2017金洽会雨花专场活动在明发国际大酒店举行。金洽会期间，该区签约项目32个，签约项目总投资459亿元。

△ 市、区、软件谷领导黄河、李世峰、孙中华、徐文进、彭金斌会见参加金洽会雨花专场活动重点客商。

14日，以“创新融合协同共享”为主题的2017全球服务贸易大会在金陵饭店开幕。区委常委、副区长徐文进率该区35家企业代表参会寻求合作商机。

20日，区委副书记、区长李世峰检查农花河沿线黑臭河道整治情况，实地察看丁墙路82号排口截污井、明城大道36号排口、南站污水应急排放口、万全医药雨污分流现场、农花河引水泵站等。

22日，市政协副主席、区委书记黄河调研梅山街道上怡新村社区和中兴路社区。

△ 市“931”环境综合整治检查组检查该区“931”环境综合整治工作推进情况，实地察看油坊社区刘家村城中村改造项目、农花河整治项目、普德村132号小区整治项目现场。

△ 副区长王金玉检查全区食品安全城市创建暨节前食品安全工作，实地察看区市场监督管理局开发区分局、板桥街道雄风农贸市场检测中心、区食品快速检测中心等。

24日，软件谷“智创未来”大型校园招聘会在楚翘城会议中心举行，南大、东大、南航、南理工、南工大等高校的1300余名应届毕业生参加本次招聘会，参会企业线上线下收到简历4000余份，400余人次与企业达成初步就业意向。

26日，该区召开创建国家食品安全示范城市工作推进会暨区食品安全委员会全体（扩大）会议。

△ 南京市第一医院雨花台区临床检验中心签字仪式在雨花医院板桥新城院区举行。

28日，区委副书记、区长李世峰率区安监、消防、民政、教育、物价等部门负责人检查节前市场及安全生产，实地察看高铁南京南站、名门公寓、雨花客厅、绕城公路铁心桥服务区加油站、舒心养老院、力学小学金地自在城分校等，并对前期安全生产大排查大整治组织回头看。

29日，该区召开社会科学界联合会成立大会暨第一届理事会。

10 月

8日，区委副书记、区长李世峰调研建通大院企业关停整治情况并召开现场推进会。

10日，省委常委、市委书记张敬华调研全市基层卫生工作，实地调研花神庙社区卫生服务站。

10—11日，全省妇幼健康优质服务示范工程评估验收组一行对该区妇幼健康优质服务示范工程进行评估验收。

11日，区委副书记袁传军调研街道网格化工作，实地调研西善桥街道岱善润福城社区。

12日，副省长马秋林调研该区软件产业发展情况，实地调研江苏满运软件科技有限公司、江苏润和软件股份有限公司、华为南京研究所、中兴全球云计算中心等。

13日，软件谷科技人才局、软件谷新社会阶层代表人士同心联盟携手江苏省教育信息化中心、江苏省电化教育馆共同举办江苏国际融合创新智慧教育交流会暨软件谷行业媒合会教育网络安全及信息化专场。

16日，由区委组织部、团区委联合举办的“青春喜迎十九大·砥砺奋进这五年”主题演讲比赛决赛在雨花台中学国际部举行。

19日，区委常委、常务副区长孙中华调研高铁南京南站片区重点项目推进和招商选资工作。

20日，全市召开全面推行“河长制”和水环境提升工作电视电话会议。区委副书记、区长李世峰与全区相关部门主要负责人及“河长制”联络员在该区分会场收看此次会议。

△ 该区召开城市基层党建工作会议暨“书记项目”推进会。

23日，市政协副主席、区委书记黄河走访调研驻区企业，实地调研江苏满运软件科技有限公司和南京富士通南大软件技术有限公司。

24日，市政协副主席、区委书记黄河调研铁心桥街道信访稳定工作。

△ 荷兰北布拉邦省省长范德东克一行参观考察软件谷电子信息化及大数据等相关工作，实地察看南京软件谷软件产业博览馆和亿嘉和科技股份有限公司，并召开座谈会。

25日，区委副书记、区长李世峰，区委常委、常务副区长孙中华调研中国电子科技集团公司第十四研究所和南京华润热电有限公司。

27日，该区召开综合行政执法体制改革推进会。

11 月

2日，省政府办公厅副主任邹宁华率调研组，专题调研该区获评国家双创示范基地及软件谷部分企业在双创工作中经验做法等。

6日，中央宣讲团成员、中央财办副主任易纲一行到江苏润和软件股份有限公司，与企业基层干部群众就学习贯彻中共十九大精神开展宣讲和互动交流。

8日，该区举办“中国梦、法治路、社区行”法治宣传活动。

10日，在西安举行的第七届中国信息技术服务产业年会上，软件谷获“2017年度中国信息技术服务产业移动互联网示范园区”称号。

14日，2017第二届中国（南京）软件互联网创新创业峰会暨黑马大赛企业级服务TOP榜颁奖典礼在楚翘城会议中心举行。

15日，省委副书记、常务副省长黄莉新率省政府一行考察该区加快培育新动能情况，实地察看江苏满运软件科技有限公司和亿嘉和科技股份有限公司。

△ “互联网+”创星小镇推介暨名誉镇长授牌仪式在科创城举行，中兴光电子技术有限公司总经理徐勇积被聘任为首任名誉镇长。

15—17日，青海省大通回族土族自治县考察团一行到该区参观考察，并就有关产业协作、精准扶贫等事项进行交流对接。

17日，“2017华东区十大经济年度人物”颁奖盛典在软件谷举行，软件谷企业三胞集团董事长袁亚非、金鹰国际集团董事长王恒等10位企业家上榜。

18日，雨花台中学举办主题为“共享60华诞，共话雨中未来”建校60周年庆典活动。

△ 2017年全国航空模型公开赛（南京站）暨中国南京“雨花杯”国际航空模型邀请赛在板桥新城莲花湖体育公园开赛。

20日，科技部会同工信部召开国家科技重大专项“核高基”专项成果发布会。软件谷企业南京翼辉信息等4家企业联合申报的“工业互联网、物联网安全操作系统产业化及规模化应用”获批2017年核高基专项，南京翼辉信息独立承担“电力控制系统定制与应用”课题任务。

21日，市政协副主席、区委书记黄河到赛虹桥街道，调研信访稳定工作。

22日，由区文化局主办，区妇联、团区委、区关工委等协办的“唱新时代颂歌舞新雨花情怀”2017年雨花台区群众文化展演月颁奖暨汇报演出在楚翘城会议中心举行。

24日，软件谷管委会与中软国际、华为签署战略合作协议，中软国际—华为云创新中心项目落户软件谷。

27日，市政协副主席、区委书记黄河到区人民来访接待中心，专题调研全区信访积案化解工作。

28日，区委副书记、区长李世峰，区委常委、副区长蒋冰督查梅钢片区9号路周边环境整治及建通大院企业关停推进情况。

29日，该区邀请市属媒体集中采访国家“双创”示范基地并走访软件谷内企业。

12 月

1日，市政协副主席、区委书记黄河调研铁心桥街道社区工作，并走访高家库、马家店社区居民群众。

△ 区委副书记、区长李世峰实地调研普德村片区等老旧小区环境综合整治项目建设情况。

4—5日，软件谷管委会主任谢祖国随江苏省党政代表团到陕西省考察，对接扶贫协作工作，并与陕西省西咸新区沣西新城管委会签署《合作共建软件园框架协议》。

5日，首期区管领导干部学习贯彻中共十九大精神轮训班开班。区委副书记袁传军主持开班仪式。市政协副主席、区委书记黄河做开班授课。

8日，该区召开区青年企业家联合会第一届理事会、青年企业家联合会成立大会。

11日，市政协副主席、区委书记黄河到区人民来访接待中心，调研全区信访稳定工作。

△ 贵州省代省长谌贻琴一行到该区调研，实地走访亿嘉和科技股份有限公司。

△ 省环境保护厅厅长陈蒙蒙到该区检查国家公祭日环境保障工作。

12日，市政协副主席、区委书记黄河调研铁心桥街道综合执法体制改革工作，并召开综合执法体制改革座谈会。

△ 区委副书记、区长李世峰检查南京南站安全保障等方面工作。

13日，是中国第四个南京大屠杀死难者国家公祭日，区领导李世峰、谢山、郭幼佩、李邦全参加花神庙丛葬地公祭活动。

△ 杭州市政协副主席陈永良、胡伟率学习考察组到该区考察社区建设。

14日，陕西省丹凤县委书记郑晓燕率党政考察团一行到该区参观考察，并就进一步深度合作协同发展等事项进行座谈交流。

15日，动态医学大数据金陵国际论坛暨启动探索中医公益科研活动在软件谷举办。

19日，APEC中小企业信息化促进中心成立大会暨揭牌仪式在海口市举行。工业和信息化部中小企业局局长马向晖为软件谷“APEC中小企业信息化促进中心”授牌。

21日，区委副书记、区长李世峰率党政代表团赴丹凤县对接扶贫协作工作，实地走访陕西十三坊食品有限公司、安森曼葡萄酒庄有限公司。

△ 该区召开2017年背街小巷整治工作总结及2018年整治动员会。

29日，区委召开十一届八次全体（扩大）会议。市政协副主席、区委书记黄河主持会议。

雨花台风景区 （区方志办　供稿）

概览

2018 YUHUATAI ALMANAC

Overview

基本情况

【地理位置】 雨花台区坐落在六朝古都南京城区南部，长江之滨，雨花台畔，东与秦淮区、江宁区接壤，南与江宁区毗邻，西隔长江与浦口区相望，北与秦淮区、建邺区相邻。雨花台区区名源于雨花台，雨花台系二三百万年前古长江及其支流古秦淮河的堆积物所形成，相传梁代高僧云光法师在此设坛讲经，感泣天神，落花如雨，故名雨花台。该区地理坐标为北纬31° 53′ 50″ ~32° 05′ 40″ ，东经118° 36′ 00″ ~118° 52′ 30″ 。全区面积132.39平方千米，户籍人口28.71万人，其中少数民族人口2598人。

雨花台区是南京主城东进南延的重要发展区域，区内交通便捷，距离南京市中心新街口3千米，距长江新生圩港18千米，距离南京禄口国际机场20千米，是南京进出空港的必经之路。境内有黄金水道"——长江和5条通江河道，宁合、宁芜、宁溧、宁丹、宁马、沪宁、绕城、绕越、机场高速路等20多条城市道路和公路穿区而过，京沪高速铁路、宁芜铁路贯穿全境。赛虹桥立交、长江三桥、南京地铁总站以及高铁南京南站等重要交通枢纽均位于该区，形成快速便捷的内部路网，成为南京连接江南与江北、主城与郊区的重要交通门户，辐射皖南、皖北、苏南、苏北、浙北的重要窗口和连接华东、华中、华南、华北的重要交通枢纽。

中国（南京）软件谷位于南京主城的西南部，整体隶属于雨花台区范围，城市设计分为东、西两个片区。东片区规划范围：东至卡子门大街、绕城公路、花神大道，南至秦淮新河、雨花台区行政边界，西至凤台南路、宁芜公路，北至纬八路；西片区规划范围：西、北至长江、秦淮新河，南至三山矶路，东至板桥大道、宁芜路、管道路、梅苑南路一线。产业规划"北园（软件大道两侧区域）、南园（铁心桥地区）和西园（雨花经济开发区）"三大功能板块。规划总面积约74.5平方千米，是南京市"一谷两园"软件产业集聚区核心区。雨花台区和中国（南京）软件谷实行区谷联动、一体运作、以区为主的运作模式。

【地质地貌】 雨花台区地处长江下游，地势东南高，西北低。属丘陵平原地区，境内有山、有水、有圩、有洲。地形可分为平原圩区、黄土高岗和低山丘陵3种地貌形态。

平原圩区。宁芜铁路以西，是广阔的平原，地面高程为5~9米，由长江、秦淮河冲积而成，分为长江圩区和秦淮河圩区。长江圩区包括板桥、西善桥等街道部分地段，由长江泥沙冲击而成的河漫滩地逐渐发育形成平坦的冲积平原。秦淮河圩区是平原。

黄土高岗。在平原与丘陵之间是一片岗地，由长江冲积平原随着地面三次抬升而形成一级比一级高的三级阶地。由于长期受水流冲刷被切割成零星分布的垄岗高丘。最高砂砾石岗地，分布在雨花、铁心桥、西善桥、板桥等街道部分地段，分布面积占全区总面积20.9%，顶部高程50~60米，蕴藏闻名遐迩的雨花石。1985年和2011年，江苏省地质矿产局和南京市规划局先后2次明确雨花台砂砾石层自然保护区为全市唯一自然保护区。

低山丘陵。主要分布在东南端铁心桥、西善桥、板桥等街道一带，高程60~240米，以韩府山、将军山、虎头山、岱山、罐子山为主体，由于地势较陡，风化层较薄，是成片林木出产基地。素有"春游登牛首"美名的旅游胜地牛首山，坐落在辖区南部境界线上，主峰海拔242.8米，是南京市第三高峰。

【自然资源】 雨花台区位于南京南部主要绿色走廊之上，山清水秀，风景优美。境内牛首山、将军山、韩府山自然植被保存完好。区域西南为滨江圩田、洲地。地势东南高，西北低，西北圩田、洲地最低海拔仅有6米。境内河流、湖泊、水库交织成网，山丘植被被松、竹、茶、果、药材覆盖。2014年，全区森林覆盖率、林木覆盖率分别达26.5%、29.9%。

土壤资源。该区位于地带性土壤黄棕壤分布区域内，黄棕壤受到人类生活长期影响，形成以水稻土、菜园土为主的耕作土壤。水稻土分布于板桥、西善桥、铁心桥等街道；菜园土分布于雨花、板桥、西善桥等街道。至年末，全区土地总面积13238.84公顷，其中国有土地面积7927.9公顷、集体土地5311.1公顷；农用地3735.8公顷、建设用地8453.6公顷、未利用地1049.6公顷。

森林资源。主要分布在铁心桥街道韩府山、将军山、牛首山为主体的省级南郊森林公园和绕城公路、205国道、宁马公路、机场路、宁芜铁路两侧。

矿产资源。区境东南为丘陵地区，东南山丘平均海拔25米，最高山岭183米（牛首山除外）。丘陵山区产片石、卵石、砂石、陶土和雨花石；铁矿资源较为丰富，境内梅山矿业公司是国内重点黑色金属矿山企业之一，梅山铁矿具有矿体集中、储藏量大、品位较高、易于开采等优势，具备年采选400万吨综合生产能力，储量可开采40年。

水资源。雨花台区圩区池塘密布，水系畅通，交织成网。其中主要河道有8条，分别是长江、秦淮新河、板桥河、工农河、江宁河、南河、南南河和送驾河，堤防总长度63.3千米。街道级行洪河道20条，总河长48.4千米。排涝泵站40座，设计总流量每秒139.68立方米，总装机容量12184千瓦。有水闸3座，分别是板桥河闸、南河闸、工农河闸。10万立方米以上重点塘坝7座，包括大石湖、安堂凹、静明寺、莲花湖、花神湖、龙泉寺和七堂凹。

旅游资源。雨花台区历史遗存众多，文化底蕴深厚，在古金陵48景中独占10景。有全国重点文物保护单位、全国爱国主义教育示范基地、国家首批AAAA级旅游景区——雨花台风景区；全国科普教育基地、国家AAAA级旅游景区——南京科技馆；宋代牛首山大捷古战场、国家AAA级风景区——将军山风景区；全国重点文物保护单位——浡泥国王墓；佛教名刹龙泉寺、天隆寺；菊花台风景区以及近年相继建成开放的板桥生态园、莲花湖体育公园、大石湖生态旅游度假区、三桥湿地公园等特色风景名胜20多处。2014年，牛首山北坡风景区一期工程竣工开放，主体项目——圣象广场石象群（山门），被上海大世界吉尼斯总部认定为国内单体最大花岗岩整料雕刻石像群。

【气　候】 雨花台区属北亚热带湿润气候，受西北风环流影响，季候风明显，四季分明，冬冷夏热，光照充足，雨量充沛。年平均气温15.7℃，最高气温43℃（1934年7月13日），最低气温-16.9℃（1955年1月6日）。最热月平均温度28.1℃，最冷月平均温度-2.1℃。年平均降雨117天，降雨量1106.5毫米，最大平均湿度81%。最大风速19.8米/秒。土壤最大冻结深度-0.09米。夏季主导风向东南、东风，冬季主导风向东北、东风。地震烈度7度。无霜期237天。每年6月下旬到7月中旬为梅雨季节。主要气象灾害有台风、寒潮、连阴雨、冰雹、炎热高温和旱涝。丘陵地的干旱缺水和平原圩区的洪涝灾害时有发生。

2017年，雨花区平均气温明显偏高，降水正常偏少，日照正常偏多，年内暴雨洪涝、连阴雨、寒潮冰冻、强对流、台风等灾害性天气发生较少，对农业、城市运行以及人民生活等无明显影响。气候年景总体评价为一般到较好。其中，年平均气温为17.3℃，较常年偏高1.4℃；年极端最高气温为41.3℃，极端最低气温为-4.8℃。年降水量为1236.5毫米，年降水日数为121天。（南京市气象局）

【建置沿革】 距今5000年前，雨花台区域便有居民生息繁衍，散布着原始聚落。春秋时属吴国，周元王四年（公元前472年），越王勾践灭吴后命范蠡在古长干里筑城堡，称越城。周显王三十六年（公元前333年），楚战败越国，属楚国金陵邑。秦代属秣陵县。汉代属丹阳郡秣陵县。三国东吴时，属建业。东晋及南朝宋、齐、梁、陈属秣陵和江宁县。隋朝属江宁县。唐属江宁（上元）县。从五代十国时期的杨吴、南唐至民国初年属江宁县。清代，辖区内设置乡、镇。民国元年（1912年），废上元、江宁县，属南京府。同年12月16日，复置江宁县。民国5年（1916年），江宁全县改划7市、9乡，今雨花台区区境在江宁市、凤台乡、江东乡等市和乡地域。民国16年（1927年），国民政府在南京建特别市后，始有区的建置。民国24年（1935年），燕子矶、孝陵卫、上新河等3个乡并入，南以铁心桥、西善桥、大胜关一线与江宁县为邻。民国34年（1945年）秋，在孝陵卫至上新河以东地区安德门一带设置南京市第十一区，上新河一带设南京市第十二区。民国38年（1949年）1月，将江心洲从第十二区划出，建南京市第十五区。

1949年4月23日，南京解放。以旧十一、十二区和旧十区之牌楼乡以及从江宁县划入的1镇、5乡，组成辖区基本范围，1955年8月成立雨花台区。1958年10月，撤销雨花台区，改并为南京市郊区。1963年4月分建雨花区（7月改称雨花台区）和江东区。1965年5月，江东区、雨花台区全部和中山陵园部分调整合并为雨花台区。1983年，实行政社分开，重建各乡，雨花台区设5镇、9乡（雨花镇、七里镇、板桥镇、西善桥镇、上新河镇，石门坎乡、红花乡、雨花乡、江东乡、沙洲乡、西善桥乡、铁心桥乡、双闸乡、江心洲乡）。1984年2月，按《南京市城市总体规划》调整区界，区内通济门居委会、桥北生产队划归白下区；七里街、扇骨营2个居委会划归秦淮区；江东乡凤凰二队、三队、跃进生产队及上新河镇凤凰西街、茶亭2个居委会划归建邺区。1988年12月，以共青团路一至五村范围建立全区第一个街道级雨花新村办事处。1992年，撤销铁心桥乡、双闸乡，分别以原辖区域建立铁心桥镇、双闸镇，实行镇管村机制，境内原属雨花镇、上新河镇管辖的居民委员会分别划归2镇管理；撤销七里镇，将原七里镇响水桥、双桥门、红花村、双桥新村、土城头和武定一至三村等8个居委会划归红花乡，海福巷一、二居委会和石门坎居委会等划归石门坎乡；撤销红花乡、石门坎乡，分别以其新辖区域建立红花镇、石门坎镇，实行镇管村机制；撤销雨花台乡，将其原辖区域并入雨花镇，镇政府驻雨花西路117号，将雨花镇管辖的牛首山、铁心桥居委会划归铁心桥镇管辖，云台山、凤凰山等居委会划归雨花新村街道办事处管辖；撤销西善桥乡，将其原辖区域并入西善桥镇，镇政府驻宁芜路芮村，原西善桥镇管辖的沙洲乡居委会划归沙洲乡管理；撤销上新河镇和江东乡，将其原辖区域合并建立江东镇，镇政府驻江东门北街27号，原管辖的双闸乡、江心洲乡居委会分别划归双闸镇和江心洲乡管理。1995年4月，南京市扩大城区范围，雨花台区划出石门坎、红花和江东3个镇，分别将石门坎镇划归白下区、红花镇划归秦淮区、江东镇划归鼓楼区和建邺区；同时，将江宁县东山镇农花村，江宁镇永安、孙家、邵庄、新建、三山5个村和谷里乡梅村、冶金公司用地范围划入。2000年10月16日，成立工业集中区（2006年更名为南京雨花经济开发区）。2002年10月，南京市区划调整，雨花台区原江心洲镇、沙洲街道和双闸街道秦淮新河以北地区划入建邺区，全区设有宁南、板桥、铁心桥、西善桥、赛虹桥、雨花新村和梅山7个街道，下设21个村委会、39个居委会。2003年3月19日，雨花台区进行部分调整，原板桥街道落星村、近华村，原西善桥街道吴村、四圩村、西寇村、天后村等划归工业集中区管辖，该区域面积26.69平方千米。2008年8月，组建成立板桥新城。2012年6月，雨花新村、宁南、赛虹桥等3个街道完成整合撤并（含行政和管辖区域）：撤销雨花新村街道办事处，将雨花南路以南原雨花新村街道辖区（含邓府山居委会）和原宁南街道位于雨花南路与花神大道交会处西南侧望江矶3栋居民楼划入赛虹桥街道，将雨花南路以北原雨花新村街道辖区（含普德村、共青团路、能仁里、雨花台、凤凰山、云台山、吉山、青龙山等8个居委会）划入宁南街道，调整后的宁南街道更名雨花街道。

【行政区划】 雨花台区位于南京市城区南部，至年末，雨花台区辖雨花、赛虹桥、铁心桥、板桥、西善桥、梅山6个街道办事处和雨花经济开发区、板桥新城2个管委会；有59个社区。区政府设在雨花街道地界内。

雨花台区和中国（南京）软件谷实行区谷联动、一体运作、以区为主的运作模式，中国（南京）软件谷管委会为南京市委、市政府派出机构，驻软件大道186号。

【人口民族】 至年末，雨花台区户籍人口287070人，男性145683人、女性141387人，男女性别比103.0∶100。全年新生人口4580人，死亡人口1540人，自然增长人口3040人，年末常住人口45.45万人。

2017年雨花台区行政区划表

表1

街　道	面积（平方千米）	人口（人）	社　　区（个）
合　计	132.39	287070	59
雨花街道	12.06	74655	15个：康盛社区、翠竹园社区、翠岛花城社区、农花社区、丁墙社区、花神庙社区、雨花社区、共青团路社区、普德村社区、能仁里社区、雨花台社区、凤凰山社区、吉山社区、云台山社区、青龙山社区
赛虹桥街道	7.31	50587	8个：赛虹桥社区、长虹路社区、玻纤院社区、小行社区、菊花里社区、安德门社区、龙福社区、邓府山社区
铁心桥街道	27.71	39152	9个：景明佳园社区，春江社区、铁心社区、尹西社区、定坊社区、高家库村社区、马家店社区、翠岭银河社区，新河社区

续表

街　道	面积（平方千米）	人口（人）	社　　区（个）
板桥街道	30.51	21444	7个：板桥社区、绿洲社区、建通社区、孙家社区、三山社区、永安社区、新建社区
西善桥街道	17.04	26934	7个：西善桥社区、油坊社区、古遗井社区、福润社区、西善花苑社区、齐修社区、嘉业社区
梅山街道	—	28082	5个：中兴路社区、上怡新村社区、梅清苑社区、梅岭社区、梅欣社区
开发区	26.69	18924	4个：近华社区、天保社区、西寇社区、天后社区
板桥新城	11.07	27292	4个：柿子树社区、古雄社区、大方社区、新林社区

注：表中人口不含流动人口，面积不含河湖面积。梅山街道土地面积含在板桥街道、西善桥街道土地面积中

经济社会发展

【经济发展】 2017年，雨花台区引进软件谷金融科技产业园、高通联合创新中心、富士康南京研发中心、中软国际—华为云创新中心、米特科技研发中心等重大项目33个，注册项目计划总投资252亿元。西安电子科技大学南京网络安全研究院、江苏三维智能制造研究院、中软国际—华为云创新中心等落户，江苏省科技企业融资路演服务中心南京分中心挂牌运营。新增高层次创业人才56人、高端人才团队2个，入选省双创人才4人，新认定高新技术企业30家，新增市级以上工程技术研究中心19家。诚迈科技等8家企业在创业板、新三板上市挂牌。

实现软件和信息服务业收2210亿元，其中软件业务收入1370亿元。新增涉软企业270家、涉软从业人员2万人、软件产业建筑面积80万平方米。新增商务商贸项目14个、设施面积71万平方米。完成绿地之窗等商务综合体二次招商，入驻企业近百家，其中注册资金超千万总部企业21家。江苏满运软件科技有限公司（运满满）签约落户，华为二期、步步高建成入驻，万博科技、金证南京研发中心主体封顶，中兴三区一期主体施工。

【区域环境】 2017年，雨花台区完成雨花南路以北地区控制性详规等15项重点规划编制。加快30个低效用地项目再开发，再次获评省级国土资源节约集约利用模范区。实施人居森林、中药饮片厂、大方工业园等项目征拆，完成征拆面积120万平方米。龙翔路一期建成通车，机场二通道地面段及跨秦淮新河桥、龙翔路二期等路桥开工建设，推进马家店保障房建设，出让吴尚A商办地块。管道路等10条道路主体竣工，铁心桥改扩建工程实现主跨合龙，杨家坟地块路网基本成形。中兴路北延跨秦淮新河大桥等重点工程竣工。实施119个城市精细化建设管理项目。完成普德村老旧片区工程整治，整治背街小巷50条，打造6条环卫保洁精品路段，建成大件垃圾分拣中心，实施47座公厕标准化改造，完成安德门民工市场搬迁整治，完成区街两级数字城管系统建设。开工建设岱山六朝考古遗址公园，推进软件大道、花神大道等道路景观工程，完成建宁一村、

菊花台公园东侧等景观绿地改造。新增绿地面积10万平方米，绿化造林约14.13公顷，建成区绿化覆盖率49.04%，林木覆盖率30.1%。

【社会事业】 2017年，雨花台区新增城镇就业13010人，培育自主创业2000人。城乡低保标准提高至810元，新建省级日间照料中心4个，新增养老床位300张，每千名老人拥有床位达到36张。引进中华中学总部，新建、改扩建中小学、幼儿园7所，实验小学东校区建成交付，金陵华兴实验学校开学招生。建成5个医联体，铁心桥、赛虹桥、西善桥3家社区卫生服务中心获评全国优质服务示范社区卫生服务中心。铁心桥社区卫生服务中心搬迁升级，获评全国卫生计生系统先进集体。举办首届中国南京“雨花杯”航空模型国际邀请赛，获评全国群众体育先进单位。开工建设保障房22.43万平方米，完成棚户区和危旧房改造74.6万平方米，雨花新村邻里中心建成封顶。新增社会组织278家。

组织机构及负责人

·雨花台区·

中共雨花台区委员会

书　记：黄　河
副书记：李世峰
　　　　袁传军
常　委：孙中华
　　　　谢　山（女）
　　　　艾长青
　　　　仲兆林
　　　　蒋　冰
　　　　杨昌生
　　　　金　宏
　　　　凌向前
　　　　袁　迅（女）
　　　　徐文进（1月10日任）

雨花台区人大常委会

主　任：杨　明
副主任：迟延安（退　休）
　　　　郭幼佩
　　　　张　虎
　　　　顾晓春（1月7日任）
　　　　杨宝龙（1月7日任）
　　　　赵明顺（1月7日不再提名）
委　员：马丽敏（女）
　　　　王　强
　　　　王永进
　　　　王伟忠
　　　　王纯阳
　　　　邓宁城
　　　　刘　军（女）
　　　　刘新元
　　　　许　玲（女）
　　　　杨荣海
　　　　杨德生
　　　　李　茜（女）
　　　　肖　彬
　　　　张　伟
　　　　张　勇
　　　　欧宝华
　　　　周巧俊
　　　　赵　冉（女）

钟　宁（女）
俞　蓉（女）
夏玉祥
夏素君（女）
郭　伟
陶　文
黄伟国
葛建国
程顺友
翟青尧（女）

雨花台区人民政府

区　长：李世峰
副区长：孙中华
蒋　冰
徐文进（3月2日任）
薛国安（1月6日免）
陆　一（1月7日任）
余　清（女）
王金玉（1月7日任）
王传忠
汪东明（援藏）
江　磊（省知识产权局挂职）

政协雨花台区委员会

主　席：黄唯佳（女）
副主席：李邦全
薛国安（1月6日任，8月14日免）
陆景文
于志珍（女，1月6日不再提名）
杨　洋
杨广平（1月6日免）
顾晓春（1月6日免）
孙红霞（女，1月6日兼）
秘书长：钱　军

巡查组

副组长：祝殿龙（8月28日免）
史　毅（8月28日免）

中共雨花台区委巡察一组

组　长：田月华（9月5日任）
副组长：范小红（女，9月5日任）

中共雨花台区委巡察二组

组　长：许乐芬（女，9月5日任）
副组长：蒋同良（9月5日任）

中共雨花台区委巡察三组

组　长：汤有国（9月5日任）
副组长：袁克思（9月5日任）

巡察办

主　任：孙跃
副主任：王晓强

中共雨花台区纪律检查委员会

书　记：仲兆林
副书记：顾华春（8月28日免）
王兆强
常　委：刘晓燕（女，8月28日任）
孙　跃（8月28日免）
田月华
张　骞
凌　胜

办公室

主　任：张　骞

纪检监察干部管理监督室

主　任：田月华（9月5日免）

党风政风监督室

主　任：王宏启（2月23日任）

案件监督管理室（12月5日设立）

主　任：暂　缺

信访室

主　任：暂　缺

纪检监察一室

主　任：郑　强（9月5日任）

纪检监察二室

主　任：凌　胜

案件审理室

主　任：朱大志（2月23日任）

第一纪检监察工作室（8月22日撤销）

主　任：张良云（5月18日免）

　　　　崔　臻（5月18日任，8月28日免）

第二纪检监察工作室（8月22日撤销）

主　任：任伯亭（8月28日免）

第三纪检监察工作室（8月22日撤销）

主　任：刘晓燕（女，8月28日免）

第四纪检监察工作室（8月22日撤销）

主　任：邵军芳（女，8月28日免）

派驻第一纪检组

组　长：崔　臻（8月28日任）

派驻第二纪检组

组　长：任伯亭（8月28日任）

派驻第三纪检组

组　长：刘晓燕（女，8月28日任）

派驻第四纪检组

组　长：邵军芳（女，8月28日任）

派驻第五纪检组

组　长：史　毅（8月28日任）

派驻第六纪检组

组　长：杨春新（8月28日任）

派驻第七纪检组

组　长：祝殿龙（8月28日任）

监察局（与区纪律检查委员会合署）

局　长：顾华春（8月28日免）

副局长：叶　君（女，9月29日任）

中共雨花台区委工作机构及直属单位

办公室

主　任：张亚军

副主任：邵军芳（女，2月15日免）

　　　　郑诗宁

　　　　张雪梅（女，2月23日任）

政策研究室

主　任：暂　缺

副主任：武永杰

机要局（保密局）

局　长：邵军芳（女，2月15日免）

　　　　郑诗宁（2月23日任）

社会建设工作委员会

书　记：张亚军

信访局

局　长：施兴宝

副局长：陈云国

　　　　汪　晨

　　　　刘　印（2月23日任）

　　　　陈　萍（女，2月23日免，提前退休）

组织部

部　长：袁　迅（女）

副部长：俞　蓉（女）

人才工作办公室（在区委组织部挂牌）

主　任：夏　风

副主任：李　云（2月23日免）

　　　　魏建军（2月23日任）

区委非公有制企业和社会组织工作委员会

书　记：暂　缺

副书记：杨　彬（2月23日任）

老干部局

局　长：俞　蓉（女）

副局长：陈　新（2月23日免）

　　　　陈建平（2月23日任）

宣传部

部　长：谢　山（女）

副部长：许　慎

　　　　沈晓莺（女）

精神文明建设指导委员会办公室

主　任：沈晓莺（女）

副主任：徐　青（2月23日任）

统一战线工作部

部　长：艾长青

副部长：吴文根（12月22日免）

　　　　黄子权（2月15日任）

　　　　胡建忠（2月15日任）

工商业联合会

会　长：陆景文

副会长：孟　煜（女）

　　　　章万富（12月22日免）

台湾事务（侨务）工作办公室

主　任：胡建忠（2月15日任）

侨务工作办副主任：陈维炜（女）

民族宗教事务局（与统战部合署）

局　长：黄子权

副局长：咎明霞（女，2月23日任）

政法委员会

书　记：凌向前

副书记：陈明贵

　　　　程　康（5月18日免）

　　　　张良云（5月18日任）

社会治安管理综合治理委员会办公室

主　任: 陈明贵

副主任: 石　磊

防范和处理邪教问题领导小组办公室

主　任: 程　康（5月18日免）

　　　　张良云（5月18日任）

副主任: 张明权（2月23日任）

国家安全领导小组办公室

主　任: 苟小平（2月15日任）

副主任: 胡顺喜

　　　　孙　伟（挂职）

事业单位登记管理局

局　长: 王德伟

机构编制委员会办公室

主　任: 王德伟

副主任: 王　建

　　　　余　飞（2月23日任）

机关工委

书　记: 蒋　红（女，12月22日免）

副书记: 史　军（2月23日任）

纪工委书记: 蒋　红（女，12月22日免）

党　校

校　长: 袁传军

副校长: 陈明太

　　　　李　薇（女）

雨花台区群众团体

总工会

主　席: 郭幼佩（兼）

副主席: 程顺友

　　　　庄　捷（女）

　　　　方忠润（2月23日任）

团区委

书　记: 赵　冉（女）

副书记: 李文浩（2月23日任）

妇女联合会

主　席: 李　茜（女）

副主席: 林晓慧（女）

　　　　张　晔（女）

红十字会

会　长: 孙红霞（女）

副会长: 管　艳（女，9月5日任）

雨花台区人民政府工作机构及直属单位

办公室

主　任: 周洪涛（2月15日免）

副主任: 朱盘江

　　　　褚堂桂（2月15日免）

　　　　陶龙波

　　　　张晓慧（女）

　　　　勾宏展

　　　　龚健灵（2月23日任）

政务服务管理办公室

主　任: 郜叶红（女）

副主任: 白　静（女，2月23日任）

邢　凯（2月23日任）

外事办公室

主　任：朱盘江（兼）

法制办公室

主　任：陈志康

副主任：刘　东（2月23日免）

丁红霞（女，2月23日任）

区级机关事务管理服务中心

主　任：褚堂桂（2月15日任）

孙忠南（2月15日免）

副主任：王晓云（女，2月23日任）

区级机关事务管理局

局　长：孙忠南（2月15日免）

褚堂桂（2月15日任）

发展和改革局

局　长：朱天燕（女，2月27日任）

副局长：乔兰俊

尹湘麟（2月23日免）

蔡一菁（女）

施妙生（2月23日任）

曹祥娟（女，2月23日任）

王瑞华（2月23日任）

党工委书记：王纯阳（女，2月15免）

党工委副书记：施妙生（2月23日任）

纪工委书记：王纯阳（女，2月15日免）

蔡一菁（女，2月23日任，9月5日免）

经济和信息化局

主　任：朱天燕

住房和建设局

局　长：赵道铧（2月15日免）

李　睿（2月15日任）

副局长：施晓明（5月18日免）

李　进

杨　勇（2月23日免）

管　平

党工委书记：王瑞华（2月23日任）

党工委副书记：赵道铧（2月15日免）

李　睿（2月15日任）

施晓明（5月18日免）

管　平（5月18日任）

纪工委书记：施晓明（5月18日免）

管　平（5月18日任）

科学技术局

局　长：程道伟

副局长：黄　蓓（女）

俞巍蔚（女，2月23日免）

戴国强（2月23日免）

朱家翔（2月23日任）

陆纬栋（2月23日任）

党工委书记：缪文新

党工委副书记：程道伟

纪工委书记：缪文新（9月5日免）

知识产权局

局　长：程道伟

科学技术协会

主　席：黄　蓓（女，12月22日免）

教育局

局　长：刘善海

副局长：盛云生（9月5日免）
盛红霞（女）
周福卫（1月26日任）
周文林（2月23日任）
教育工委书记：刘善海（2月15日免）
盛云生（9月5日任）
教育工委副书记：刘善海（2月15日任）
纪工委书记：盛云生（9月5日免）

民政局

局　长：宋海红（女）
副局长：杨　彬（2月23日免）
刘　涛（女）
熊康杰（2月23日任）
乔　冲（2月23日任）
党工委书记：宋海红（女，2月15日任）
党工委副书记：宋海红（女，2月15日免）
刘　涛（女，2月23日任）
纪工委书记：刘　涛（女，2月23日任，9月5日免）

司法局

局　长：黄海泉（5月18日免）
程　康（5月18日任）
副局长：崔　臻（5月18日免）
任金忠
张宋祥（9月5日任）
魏红燕（女，2月23日任）

财政局

局　长：贾乐实
副局长：汤有国（9月5日免）
项　前（女）
窦　勇（1月6日任）
王长如（2月23日任）

国有资产监督管理委员会办公室

主　任：贾乐实
副主任：暂　缺

人力资源和社会保障局

局　长：梁　汶（女）
副局长：马俊生（12月22日免）
朱震龙
沈　宇（2月23日任）
党工委书记：蒋朝晖（2月15日免）
梁　汶（2月15日任）
党工委副书记：梁　汶（女，2月15日免）
朱震龙（2月23日任）
纪工委书记：蒋朝晖（2月15日免）
朱震龙（2月23日任，9月5日免）

社保中心

主　任：童　静（女）

公务员局（在区人力资源和社会保障局挂牌）

局　长：梁　汶（女）

审计局

局　长：杨　凌（女）
副局长：高金华

统计局

局　长：张　波
副局长：白　静（女，2月23日免）
董天荣（女）

物价局

局　长：龚红旗
副局长：杨和春

刘德政

安全生产监督管理局

局　长：李家祥（2月15日免）

乔兰俊（2月15日任）

副局长：陈海松（5月18日免）

马翠平

许　谦（1月3日任）

环境保护局

局　长：朱永俊（2月15日任）

副局长：朱永俊（2月15日免）

马志伟（女）

李　勇（2月23日任）

孙环宇（2月23日任）

城市管理局

局　长：王　强

副局长：王　钢

王惠强

笪洪斌（1月6日任）

董惠宁（2月23日任，12月22日免）

李小林（2月23日任）

党工委书记：王　强

党工委副书记：王　强

王惠强（2月23日任）

纪工委书记：王惠强（2月23日任，9月5日免）

城市管理行政执法局（在区城市管理局挂牌）

局　长：王　强

副局长：王　钢

王惠强

城市管理行政执法大队

大队长：刘　庆

政　委：曹华迅

交通运输局

局　长：衡长华

副局长：秦飞宇

沈　军（2月23日任）

杨　啸（2月23日任）

党工委书记：沈　强

党工委副书记：衡长华

纪工委书记：沈　强（9月5日免）

农业局

局　长：宋玉强

副局长：赵章进

李正福

耿殿元

区委农村工作委员会（与区农业局合署）

主　任：暂　缺

副主任：暂　缺

农村集体资产管理办公室

主　任：宋玉强

水务局

局　长：顾晓春（2月15日免）

王瑞荣（2月15日任）

副局长：许乐芬（女，9月5日免）

梅　军

刘　陈（2月23日任）

商务局

局　长: 陈正儒

副局长: 李古财

宋玉会（女）

沈建新

王　浩（2月23日任）

党工委书记: 陈正儒（2月15日任）

党工委副书记: 陈正儒（2月15日免）

宋玉会（女, 2月23日任）

纪工委书记: 宋玉会（女, 2月23日任, 9月5日免）

投资促进局（在区商务局挂牌）

局　长: 暂　缺

供销合作联社

主　任: 陈正儒

中国国际贸易促进委员会南京市分会雨花台区支会

会　长: 暂　缺

文化局

局　长: 朱向东

副局长: 孙　辰

丁文隽（女）

石明舟

陈　兰（女）

党工委书记: 徐建平（2月15日免）

党工委副书记: 朱天燕（女）

纪工委书记: 徐建平（2月15日免）

旅游局（在区文化局挂牌）

局　长: 朱向东

卫生和计划生育局

局　长: 褚堂琴（女）

副局长: 张婉如（女）

朱家翔（2月23日免）

刘文江

谢声萍（女）

蒋宁卫

戴国强（2月23日任）

党工委书记: 褚堂琴（女）

党工委副书记: 张婉如（女）

纪工委书记: 张婉如（女, 9月5日免）

市场监督管理局

局　长: 张心坚

副局长: 陈　忠（逝）

裘　骏

周慧芬（女）

张宋祥（9月5日免）

杨玉倩（女）

曹　钟

陆玮栋（2月23日免）

陈　新（2月23日任）

党工委书记: 陈　忠（2月15日任）

党工委副书记: 张心坚（2月15日任）

纪工委书记: 陈　忠（9月5日免）

人民防空办公室

主　任: 郭治宇（2月15日免）

刘建功（2月15日任, 4月10日免）

施晓明（5月18日任）

副主任: 王国成（2月15日免）

储　正

谢　洪（2月23日任）

残疾人联合会

理事长：尹　宏

副理事长：徐明桂（2月23日免）

　　马晓峰（2月23日任）

体育局

局　长：蒋朝晖（2月15日任）

副局长：潘建达（12月22日免）

　　江海翔（女，2月23日任）

档案局

局　长：徐美如（女）

副局长：俞建宁（2月15日任）

　　过大江　张　镭（女）

档案馆

馆　长：徐美如（女）

区委党史工作办公室

主　任：张　镭（女，2月15日任）

地方志编纂委员会办公室

主　任：俞建宁（2月15日任）

征收拆迁安置办公室

主　任：王瑞荣（2月15日免）

　　薛　伟（2月15日任）

副主任：陈礼正

　　薛　伟（2月15日免）

　　潘　红（女，2月23日任）

雨花台区人大常委会工作机构

办公室

主　任：黄伟国

副主任：张晓东

　　杨　勇（2月23日任）

财政经济工作委员会

主　任：王永进（12月22日免）

副主任：暂　缺

预算经济工作委员会

主　任：王　强

副主任：徐顺慧

内务司法工作委员会

主　任：翟青尧（女）

副主任：朱运刚

人事代表联络工作委员会

主　任：刘　军

副主任：施怀强

科教文卫工作委员会

主　任：肖　彬

副主任：张　丽（女）

民族宗教侨务台湾事务工作委员会

主　任：王纯阳

副主任：郑尚辉（女）

环境资源城乡建设工作委员会

主　任：夏玉祥

副主任：娄翠红（女）

政协雨花台区委员会工作机构

办公室

主　任：钱　军

副主任：姜　宁
罗　敏（女）

提案委员会

主　任：葛宗超
副主任：刘　全

经济科技委员会

主　任：季昌锁
副主任：黄　霞（女）

人口资源环境和城市建设委员会

主　任：曹冬梅（女）
副主任：赵　涛

教卫文体和文史委员会

主　任：张剑飞

社会法制和民族宗教委员会

主　任：李　明

委员工作委员会

主　任：林文辉

雨花台区人民法院

院　长：陶　红（女，1月7日任）
副院长：金　晖
韩　芳（女）
祝　怡（女）
费月华（女，2月23日任）
纪检组组长：史　军（2月23日免）
陆文俊（5月18日任）
政治处主任：陆文俊（9月5日任）
专职委员：陈　晨（2月23日任）
软件谷（知识产权）法庭庭长：
费月华（女，2月23日免）
执行局局长：陈　晨（2月23日免）
胡卫方（2月23日任）
党组书记：陶　红（女，1月13日任）
党组副书记：金　晖

雨花台区人民检察院

检察长：韩晓帆（1月7日任）
副检察长：张　峰
何立超（女）
吕齐斌（9月5日任）
纪检组长：吴晓玉（9月5日免）
专职委员：吕齐斌（9月5日免）
吴晓玉（9月5日任）
张梅菁（2月23日任）
党组书记：韩晓帆（1月13日任）

反贪污贿赂局

局　长：吕齐斌

街道、园区

雨花街道

党工委书记：杨宝龙（2月15日免）
周洪涛（2月15日任）
党工委副书记：翟红军（4月10日免）
刘建功（2月15日免，4月10日任）
蔡亚锋（女）
邵美玲（女，2月23日任）
纪工委书记：王庆华
办事处主任：翟红军（4月10日免）
刘建功（4月10日任）
办事处副主任：刘建功（2月15日免）
邵美玲（女，2月23日任）

曹红伟（治安）
王喜洲
尹申海（12月22日免）
董 红（女）
郑昱杰
人大工委主任：马丽敏（女）
人大工委副主任：暂 缺
政协工委主任：翟红军（2月15日免）
李家祥（2月15日任）
党工委宣传委员：董 红（女，2月23日任）
人武部部长：李帮建（2月23日免）
郑昱杰（2月23日任）
副处级统战干事：李帮建
综合行政检查执法大队大队长：
邹一兵（9月29日任）

赛虹桥街道

党工委书记：汪丹彦（女）
党工委副书记：伍葵阳（2月15日任）
欧仁谷
卞志宏（2月23日任）
邵美玲（女，2月23日免）
纪工委书记：储世荣
办事处主任：徐 立（2月15日免）
伍葵阳（2月15日任）
办事处副主任：欧仁谷
董善龙
蒋顺录
杨 浩
姚礼明（治安）
孙向东
人大工委主任：杨荣海
人大工委副主任：暂 缺
政协工委主任：徐 立（2月15日免）
孙忠南（2月15日任）
人武部部长：杨 浩
副处级统战干事：孙向东
综合行政检查执法大队大队长：
惠如平（9月29日任）

铁心桥街道

党工委书记：张建设
党工委副书记：张海毅
朱汉奎（2月15日免）
李 云（2月23日任）
娄 杰（2月23日任）
纪工委书记：臧忠仁
办事处主任：张海毅
办事处副主任：朱汉奎（2月15日免）
李 云（2月23日任）
娄 杰（2月23日免）
王孝春
蒋 进
韩焕新（治安）
人大工委主任：邓宁城
人大工委副主任：暂 缺
政协工委主任：张海毅（2月15日免）
朱汉奎（2月15日任）
宣传委员：李 晨（2月23日任）
人武部部长：蒋 进
副处级统战干事：昝明霞（女，2月23日免）
李 晨（2月23日任）
综合行政检查执法大队大队长：
王 炜（9月29日任）

板桥街道

党工委书记：杨 洋（2月15日免）
赵道锌（2月15日任）

党工委副书记：陈志新（2月15日免）
魏　平（2月15日任）
赵　勇
俞建宁（2月15日免）
华晓朝（2月23日任）
纪工委书记：顾春晖
办事处主任：陈志新（2月15日免）
魏　平（2月15日任）
办事处副主任：赵　勇
崔　伟（治安）
梁　震
贲存保
刘吉清
人大工委主任：欧保华
人大工委副主任：暂　缺
政协工委主任：陈志新（2月15日免）
徐建平（2月15日任）
宣传委员：倪海啸（2月23日任）
人武部部长：倪海啸（2月23任免）
李海斌（2月23日任）
副处级统战干事：倪海啸（2月23日免）
李海斌（2月23日任）
综合行政检查执法大队大队长：
张秀平（9月29日任）

西善桥街道

党工委书记：王金玉（2月15日免）
徐　立（2月15日任）
党工委副书记：刘　佳
陆苏燕（女，2月23日任）
陈　涯
纪工委书记：唐长泉
办事处主任：刘　佳
办事处副主任：陆苏燕（女，2月23日任）
汪国勇（治安）
许发俊
赵守阳
余　岚（女）
人大工委主任：杨德生（5月18日免）
陆海松（5月18日任）
人大工委副主任：暂　缺
政协工委主任：刘　佳
宣传委员：张如铁（2月23日任）
人武部部长：许发俊
副处级统战干事：赵守阳
综合行政检查执法大队大队长：
朱向军（9月29日任）

梅山街道

党工委书记：施冬咏（女，2月15日免）
陈志新（2月15日任）
党工委副书记：钱扬才
伍葵阳（2月15日免）
骆付勇（2月23日免）
俞巍蔚（女，2月23日任）
刘立龙（2月23日任）
纪工委书记：张思军
办事处主任：钱扬才
办事处副主任：徐明桂（2月23日任）
伍葵阳（2月15日免）
任晨慧（女）
李　军（治安）
汤大开
人大工委主任：郝明英（女，12月22日免）
人大工委副主任：暂　缺
政协工委主任：钱扬才（2月15日免）
王国成（2月15日任）
宣传委员：向贵平（2月23日任）

人武部部长：汤大开
副处级统战干事：任晨慧（女）
综合行政检查执法大队大队长：
夏　俊（9月29日任）

雨花经济开发区

党工委书记：黄　进
党工委副书记：娄　伟（2月15日免）
郭治宇（2月15日任）
陆苏燕（女，2月23日免）
王　鹏（2月23日任）
范春生（2月23日任）
纪工委书记：丁伯龙
管委会主任：娄　伟（2月15日免）
郭治宇（2月15日任）
管委会副主任：陆苏燕（女，2月23日免）
范春生（2月23日免）
王　鹏
熊康杰（2月23日免）
傅传贵
杨世保（治安）
刘　东（2月23日任）
季苏颖（女，8月1日挂职）
高林浩（8月16日挂职）
人大工委主任：陶　文
政协工委主任：娄　伟（2月15日免）
朱后祥（2月15日任）
副处级统战干事：范春生（2月23日免）
朱海东（2月23日任）
宣传委员：朱海东（2月23日任）
人武部长：林海滨（2月23日任）

板桥新城

党工委书记：孙　凯
副书记：李　睿（2月15日免）
戴　俊（女）
杨春霞（女）
杨　勇（2月23日任）
纪工委书记：庄兴海
管委会主任：李　睿（2月15日免）
戴　俊（2月15日任）
管委会副主任：戴　俊（女，2月14日免）
杨　勇（2月23日任）
缪小明（治安）
方在金
刘新元（3月6日试用）
徐家连（9月29日试用）

雨花新城规划建设管理办公室

主　任：吴昌发
副主任：赵　涛
黄　霞（女）
刘　全

·中国（南京）软件谷·

中共南京市委中国(南京)软件谷党工委

党工委书记：黄　河
党工委副书记：谢祖国
党工委委员：仲兆林
卞艳艳（女）
王　辉
黄敖齐
彭金斌
纪工委书记：仲兆林

中国（南京）软件谷管委会

管委会主任：谢祖国
管委会副主任：卞艳艳（女）
王 辉
黄敖齐
彭金斌

中国(南京)软件谷工作机构及直属单位

党政办公室

主 任：翟高峰
副主任：裴 鸿（女）
杨镇宁（2月23日任）

战略发展局

局 长：高建平
副局长：施妙生（2月23日免）
尹湘麟（2月23日任）
黄 玲
肖 华（2月23日任）

规划建设局

局 长：尹 波
副局长：张 盈（女）
蔡 军

招商合作局

局 长：
副局长：翟云海
李文华（女）
赵 华（2月23日任）

科技人才局

局 长：荣 飞
副局长：邵旻杰

财政国资局

局 长：贾乐实（兼）
副局长：夏红忠
吴 莹（女）
张金玲（女）

发展促进局

局 长：李君毅
副局长：武 娟（女）

发展公司

副经理：翟云海（2月15日任）

土地储备中心

主 任：尹 波（兼）
副主任：彭庆东

紫金（雨花）科技创业服务特别社区办公室

主 任：朱后祥（2月15日免）

江苏数字出版基地（南京园区）管理办公室

主 任：黄 进
副主任：王 鹏

·南京市铁路南站地区综合管理办公室·

主 任：蒋 冰（兼）
副主任：张苏海
魏 平（2月15日免）
李 平（2月15日任）

督察处处长: 吴昌发
综合处处长: 娄　伟（2月15日任）
综合处副处长: 梁晓华（女，12月22日免）
法规处副处长: 徐家连（9月29日任）
市政管养与综合服务中心副主任:
申　昱（9月29日任）

·南京市垂直管理机构·

雨花台烈士陵园管理局

局　长: 谈　健（女，1月16日免）
赵永艳（1月16日任）
党委副书记: 陈建军
副局长: 黄　莹（女）
殷　建
杨永清（4月18日任）
纪委书记: 陈建军

雨花台区人民武装部

部　长: 吴金泉（12月17日免）
政　委: 金　宏

南京市国土资源局雨花台分局

局　长: 朱　健
副局长: 王旭东

南京市公安局雨花台分局

局　长: 蒋虻芒
政　委: 尹志祥（11月22日免）
苗　满（12月22日任）
区维稳办副主任: 林　霞（女）
监察室副主任: 边伟荣（12月22日免）
芮红飞（12月22日任）
副局长: 付小福
袁　俊（12月22日任）

南京市雨花台区国家税务局

局　长: 姜莱斌
副局长: 吴勤锋
张迎乔
李　毅
党组书记: 姜莱斌
纪检组长: 马志奇

南京市地方税务局雨花台分局

局　长: 王桃之
副局长: 周　薇（女）
邵龙喜
郭智怡（女）

南京市规划局雨花台分局

局　长: 包考国
副局长: 吕　倩

雨花消防大队

大队长: 毕晓东
副大队长: 唐　琪

交警八大队

大队长: 路　宁
副大队长: 郑延园

南京市烟草专卖局四分局

局　长: 韩军纪
副局长: 赵文杰
副经理: 许小娟

中国（南京）软件谷

2018 YUHUATAI ALMANAC

China (Nanjing) Software Valley

综　述

【概　况】2017年，软件谷实现软件和信息服务业收入2210亿元，同比增长16.3%，其中软件业务收入1370亿元。实现地区生产总值238.73亿元。完成一般公共预算收入25.95亿元，同比增长22.5%。新增软件产业建筑面积80万平方米，总软件产业建筑面积746.2万平方米；新增涉软企业286家，总数2086家；新增涉软从业人员2万人，总数22.4万人。全年引进高通、富士康、中软国际——华为云创新中心、华讯方舟、微步信息、朗坤智慧、南瑞微电子等各类企业300余家，涉及重大项目16个，签约项目计划总投资93.8亿元；注册外资实际到账1亿美元。软件谷北园自持有楼宇出租率96.8%，楚翘城出租率保持100%。

全年软件谷承担市重大项目16个；承担区人代会重点项目31个，其中产业发展类项目16个，项目形象进度和固定资产投资额全部达序。以软件谷为核心的雨花台区入选全国第二批“大众创业万众创新示范基地”，成为全省唯一一个以软件和信息服务业为特色的区域示范基地。在大连中国国际软件和信息服务交易会上，软件谷获“2016—2017年度中国软件和信息服务业最具推动力服务平台奖”。在西安“第七届中国信息技术服务产业年会”上，软件谷被授予“2017年度中国信息技术服务产业移动互联网示范园区”。软件谷众创社区入选江苏省首批省级众创社区试点备案。在南京召开的中国软件名城工作会上，工业和信息化部信息化和软件服务业司、江苏省经济和信息化委员会和南京市人民政府三方签约，共同推动软件谷创建继上海浦东新区之后全国第二个中国软件名城示范区。

【“中国江苏·大院所合作对接会”软件与信息技术专题推介会】7月5—6日，由软件谷管委会牵头承办的“中国江苏·大院所合作对接会”软件与信息技术专题推介会在南京国际博览中心举行。中国科学院院士丘成桐、中国工程院院士倪光南以及清华大学、北京大学、中科院等大院大所专家参加会议。11位国内外专家在会上作主题报告或技术推介。现场围绕人工智能、虚拟现实、大数据、云计算等信息技术前瞻性领域研讨，发布共性关键技术需求50项，签约产学研合作项目5项。

基础设施建设与管理服务

【概　况】2017年，软件谷总投资10.6亿元，建设道路26条，总长约26.1千米。管道路、马定路、梅苑南路、圣象片区道路、华为路A线、步步高南侧道路、丁树村道路、凤凰三道路等12条道路竣工通车，机场二通道软件谷段、龙西路中段、大定坊规划路、宁丹路西侧辅道4条道路开工建设，旺谷路、绕城北辅道等6条道路施工招投标，纵六路、纵七路、三合路等14条道路启动前期设计。天隆寺过街通道竣工开放，机场高速—软件大道交叉口堵点改造完工。配合市交通局完成绕城公路铁心桥立交改造项目，缓解软件谷北园出行压力。全年软件谷办理规划行政审批项目979件次，建设工程规划许可证88件次，市政规划工程许可证135件次，选址面积164.64公顷，用地许可面积57.64公顷，许可建筑面积237.46万平方米，许可管线总长度94.28千米。办理安监备案手续40件，对建筑工地安全巡查768次，下发安全隐患整改通知书139份，下发具备停工整改通知单60份。完成32条高压杆线迁移与下地整理。全年拆除房屋建筑面积20万平方米。启动安德门城中村改造地块、机场二通道北段地块、荷塘城中村改造（龙翔大道建设范围）地块等9个地块拆迁，挂牌出让新冯韦地块约6.73公顷商住地块土地，完成洁源A7地块土地收储，完成南河南加油站协议出让。办理土地征转用项目23项，占地面积86.67公顷。完成批后实施项目11项，占地面积60公顷。落实“农转用”土地指标12.67公顷，含标识区D、E地块、马家店片区D地块、小村剩余地块等。

【区国土局西侧道路通车】 3月，区国土局西侧3条道路通过市交管局验收，正式通车。3条道路分别为区国土局周边2条南北向规划道路和1条东西向规划道路，于2016年11月开工建设，总长约1千米，规划红线分别宽9米和16米，设计车速30千米/小时，道路规划等级标准均为城市支路。

【机场二通道软件谷段开工】 7月，机场二通道软件谷段开工建设。该道路南起大周路，北至管道路，道路规划等级标准为城市快速路，道路红线规划宽度60米，总长1.1千米，计划总投资额2.1亿元。至年末，该工程完成孔桩207根，承台23个，墩身完成18个。

【龙西路中段开工】 8月，龙西路中段开工建设。该路段西起梅苑南路，东至江艺路，全长1.5千米，计划总投资额1.5亿元，道路规划等级标准为城市主干道，红线宽35~45米。至年末，北半幅道路机动车道灰土层铺设完工。

【步步高南侧路通车】 9月，步步高南侧路竣工通车。该路段西起安德门大街，东至华为路，于3月开工建设，全线道路红线宽度24米，全长0.25千米，道路规划等级标准为城市支路，总投资额1840万元。

【绕城北辅道通车】 11月，软件谷绕城北辅道通车。该道路西起安德门大街，东至华为路，道路规划等级标准为城市支路，于6月开工建设，道路红线宽24米，总长0.3千米，总投资额1400万元。

【华为路与软件大道交叉口改造完工】 12月，华为路与软件大道交叉口改造完成。该交叉口点西至安德门大街，东至华为路，于8月开工建设，道路全长0.4千米，总投资额2600万元。

【管道路、马定路、梅苑南路竣工】 12月，管道路、马定路、梅苑南路3条道路主体全部竣工。该3条道路均属软件谷南园片区框架路网，总长5.4千米，计划总投资额3.6亿元，红线宽33~45米，管道路道路规划等级为城市主干路，梅苑南路、马定路道路规划等级为城市次干路。

招商引资与项目建设

【概　况】 2017年，软件谷在“第13届中国（南京）国际软件产品和信息服务交易博览会”、北京“第21届中国国际软件博览会”、大连“第15届中国国际软件和信息服务交易会”、“2017

中国南京金秋经贸洽谈会”等重大招商活动平台上相继重点推介软件谷产业特色。举办“南京NEXT主题峰会·洞悉未来两年的中国”、2017光电子产业发展促进论坛、美国硅谷推介会、2017华东区十大经济年度人物颁奖盛典等项目招商活动。全年软件谷实现项目计划总投资93.8亿元，注册外资实际到账1亿美元，招商签约总面积约23万平方米，引进高通联合创新实验室、富士康南京研发中心、中软国际—华为云创新中心、华讯方舟研发中心、微步华东研发中心、朗坤智慧、南瑞微电子等重大项目16个。至年末，集聚各类软件企业超2000家，其中世界500强及世界软件百强企业12家、中国软件百强及中国电子信息百强企业26家，逐步集聚“大企业顶天立地，小企业铺天盖地”态势。年内，央视发现之旅频道专题拍摄播出软件谷特色宣传片《魅力软件谷》;《南京日报》《新华日报》等主流媒体专题报道软件谷刊文50余篇，其中头版刊载14篇。围绕软件博览会等一系列特色活动，主流媒体开展各类专题报道300余篇，累计更新信息180余条，官方微信、微博发布软件谷动态信息超2000条。南京软件产业博览馆累计接待各类参观670余批次、计16700余人次。

2017年软件谷重点项目建设情况一览表

表2

类别	项目名称	总投资（万元）	建筑面积（平方米）	主　营
建成入驻	华为二期	95000	150800	软件研发及办公
	步步高软件研发	35000	72000	软件研发及办公
	丰盛商汇（C地块）	150000	250000	软件研发办公及商业
	中兴物联	16000	47000	软件研发与总部办公
主体建成	圣迪奥南京总部研发基地	25000	65500	研发及总部办公
	金证南京研发中心	38000	97000	软件研发及办公
	亚信华东总部及产业互联网基地	50000	85000	互联网软件研发及办公
	万博科技	28000	95000	软件研发及办公
	中以智慧园	30000	60000	软件研发与总部办公
在建项目	中兴通讯三区（一期）	146000	305000	软件研发及办公
	丰盛A地块二期	40000	65000	软件研发及商业办公
新开工项目	宇龙通信华东总部	50000	94000	软件研发及总部办公

【南京华为软件基地二期建成入驻】 10月，南京华为软件基地二期建成入驻。该项目位于华为路以东，花神科技园以西，由华为控股有限公司投资建设，该项目占地7.73公顷，主要从事通信网络技术与产品研发、生产及销售，为电信运营商提供网络数据通信领域和增值业务领域网络解决方案。

【南瑞微电子项目落户】 3月20日，软件谷管委会与南京南瑞微电子技术有限公司签订项目投资协议，南瑞微电子项目落户软件谷。南京南瑞微电子技术有限公司注册资金1900万元，主要从事电网建设产品芯片设计集成，办公地点位于软件谷大数据产业基地，办公面积2500平方米。

【软件谷携谷内5家企业参加德国汉诺威消费电子信息展】 3月20日，全球信息通信和软件领域规模最大的权威展会——汉诺威消费电子、信息及通信博览会(CeBIT2017)在德国汉诺威举行，软件谷作为南京软件产业代表团成员，携谷内5家企业亮相展会并在展区内举办的“南京软件产业及第十三届南京软博会推介交流会”上做推介。

【德比软件项目落户】 3月28日，德比软件项目落户软件谷。德比软件（上海）有限公司在软件谷注册新公司——南京德彼云信息技术有限公司，注册资金1000万元，主要从事旅游产品网络营销系统设计和旅游产品分销技术服务，办公地址位于软件谷大数据产业基地，办公面积756平方米。

【中兴光电子总部入驻科创城】（参见“经济”类目，第93页）

【嘉吉业务服务南京中心开幕】 7月26日，嘉吉业务服务南京中心开幕仪式在丰盛商汇举行。仪式上，嘉吉关爱业务服务中心南京委员会揭牌，爱德基金会合作意向签约。嘉吉业务服务南京中心是服务嘉吉在中国、新加坡和韩国等地的业务部门，提供包含财务、采购、IT、人力资源和物流运输等服务。

【软博会签约项目6个】 9月9日，第13届中国（南京）国际软件产品和信息服务博览会重大项目签约仪式上，软件谷签约高通联合创新中心、复星C2M数据产业园、微步华东研发中心等项目6个，计划总投资额60.15亿元，其在软博会市级签约项目数及计划总投资额均位列全市第一。

【金洽会签约项目3个】 9月12日，软件谷在“2017中国南京金秋经贸洽谈会重大项目签约仪式”上，签约项目3个，即富士康南京研发中心、运满满、软件谷金融科技产业园，计划总投资额66.8亿元。

【软件谷高峰论坛在硅谷举办】 11月21日，由软件谷管委会主办，硅谷高科技创新创业峰会组委会协办的“中国（南京）软件谷高峰论坛”在硅谷举办，旨在共同推动南京与硅谷两地创业创新及科技产业发展。软件谷企业家代表、硅谷知名投资人、优秀创客与科技精英等200余人参加此次论坛。会上，软件谷硅谷工作站在美国硅谷正式挂牌成立。

【中软国际—华为云创新中心项目落户】 11月24日，软件谷管委会与北京中软国际信息技术有限公司、华为软件技术有限公司签署战略合作协议，中软国际—华为云创新中心项目签约落户软件谷。该项目选址软件谷云密城，办公面积1500平方米。

【步步高软件研发南京总部项目建成入驻】 10月，步步高软件研发南京总部项目建成入驻。该项目位于安德门大街，由南京步步高通信科技有限公司投资兴建，作为vivo智能手机软件研发南京总部，从事通讯设备及软件设计、研发与销售。该项目占地1.33公顷，总投资额3.5亿元，新建楼宇2幢，总建筑面积7.2万平方米。

平台与载体建设

【概　况】 2017年，软件谷集聚各类众创空间21家，在孵项目200余个，孵化面积近3万平方米，新增获批国家级众创空间备案4家、省级众创空间备案3家、市级众创空间备案4家，新认定市级孵化器4家（全市13家）。南京VR开放服务平台作为全国首个VR开放服务平台建成开放，APEC中小企业信息化中心挂牌成立，软件谷众创社区入选江苏省首批省级众创社区试点备案（全市3家入选）。软件谷人才实训园区1号楼封顶，软件谷科创城三、四期主楼主体结构全部封顶，云密城除F栋外全部通过消防验收，园区景观、道路、雨污水基本完工。楚翘城、科创城、创业创新城、大数据产业基地等一批特色园中园运作顺畅。年内，软件谷新建市级工程技术研究中心14家，累计市级工程技术研究中心43家、省级工程技术研究中心20家。

【软件谷科创城】 年内，软件谷科创城二期开发项目——Q1Q2地块主体结构全部封顶，规划建设7栋科研办公楼及1栋多功能会议中心，总建筑面积30万平方米，总投资额11.2亿元。科创城Q3Q4地块总占地面积14.47公顷，总建筑面积59万平方米，投资总额20亿元，至年末累计入驻科技软件类企业350余家，入驻率85%。软件谷科创城位于铁心桥街道大周路北侧、马丁路南侧、规划风渡路以东，园区聚焦互联网、物联网及通信产业，规划打造成为引领软件园区发展的产业科技创新中心和面向软件园区与城市的综合性服务中心，且形成3大公共服务平台：与清华大学信息技术研究院合作，打造总面积2万平方米南京移动互联产学研创新基地，招纳互联网技术研发、信息系统集成、智能控制系统研发等公司进驻；与南京魔力多网络科技有限公司合作，建设中国手游联盟众创空间，搭建手游企业产业聚集地；与中国电子商务协会合作建立“中国电子商务创新示范园”，打造电商产业园。

【江苏省软件产品检测中心】 2017年，江苏省软件产品检测中心在软件产品登记测试、鉴定验收测试、软件著作权代理、系统集成资质评审监督等方面服务企业2800余家次。由江苏省经济和信息化委员会授权的江苏省软件产品检测中心于2012年10月落户软件谷丰盛商汇，是全省唯一软件产品检测中立机构，投资建设额2480万元，中心建筑面积1500平方米，拥有专业技术人员40人。

【南京SAP中小企业云服务平台】 2017年，南京SAP中小企业云服务平台服务中小微企业1万余家。其中，汽配行业服务平台入驻省级经销商1000余家、入驻全省13个地市汽车修理厂1.2万家，成为华东地区第一大汽车后市场B2B交易平台；建材行业服务平台融合建材原料提供商、建材生产商、建材经销商、建材服务商四位一体产业链，服务企业6000余家。南京SAP中小企业云服务平台由世界领先用户/服务器商业应用领域供应商——德国SAP授权予江苏敏行信息技术有限公司，与南京雨花软件园发展有限公司共同出资成立建设，位于创智大厦，总投资额约5500万元，办公面积700平方米。

【南京VR开放服务平台试运营】 5月，南京VR开放服务平台对外开放试运营，地址位于楚翘城1号楼，由软件谷管委会与南京睿悦信息技术有限公司合作共建。该平台一期投资额1200万元，建筑面积480平方米，由国际联合实验室、公共调试平台和体验厅3部分构成，旨在向VR/AR产业上下游企业与生态提供VR/AR相关产品、技术、开发等多项服务与支持，为产业提供全方位服务。国际联合实验室与全球知名VR/AR企业联合攻关行业关键技术，通过授权方式开放供业内企业使用；同时建立线下公共调试平台，让企业了解产业最新动态和前沿技术成果，直接调用相关数据。在合作中取得的重大突破和应用成果在体验厅展示。年内，南京VR开放服务平台累计接待社会各界人士参观超过2000人次。

【软件谷总部经济园启动控详调整】 11月，软件谷总部经济园项目启动控制性详规调整。该项目位于南园大周路北侧、东临机场二通道，占地14公顷，建筑面积约70万平方米，总投资额30亿元。该项目借鉴云密城"联合竞买土地、统一开发建设、集中托管物业"模式，规划在南园片区打造企业总部经济园，聚焦以超级云计算为引领的下一代通信产业、大数据、人工智能等前沿产业发展，与本土优秀企业联合建设，与中兴通讯三区、亿嘉和等一批领军型企业共同致力打造南园国际软件企业研发总部集聚区。

【雨花台区首个市级特色小镇创建】 11月15日，"互联网+"创星小镇推介暨名誉镇长授牌仪式在软件谷科创城召开。会上，中兴光电子技术有限公司总经理徐勇积被授予名誉镇长。"互联网+"创星小镇位于软件谷南园核心区，是南京市首批特色小镇，北起秦淮新河，西至岱山，南依牛首山风景区。小镇规划区域面积3平方千米，核心区域面积1平方千米，当前主要依托软件谷科创城、菁英公寓，规划发展建立软件谷总部经济园、共有产权房、亿嘉和机器人中心等项目，计划总投资额100亿元，着力打造"互联网+"创新产业和总部经济名企集聚区，集研发、办公、居住、教育、商贸、旅游多功能于一体的科技产业特色小镇。

【软件谷智能产业基地动工】 12月1日，软件谷智能产业基地项目动工。该项目东至区国土分局，南至市公安局法医中心，北至软件大道，西至花神软件园，由南京软件谷发展有限公司控股，占地面积35077.9平方米，总建筑面积192183平方米，规划建设6栋软件科研办公楼与3栋服务配套裙楼，主要建设科研软件产业基地及相关配套设施。

【云密城竣工】 12月26日，云密城自持楼宇全部竣工。该园区东至规划道路、南至绕城北辅道、西至西春路、北至宁双路，总用地9.2公顷，总建筑面积44万平方米，属科研用地，总投资额20亿元，项目建成后将成为省内首个软件信息安全产业园区，可承载2万名软件人才就业。园区以"信息安全"为产业发展主题，辅以科技、金融、商务、生活服务等业态，运用龙头企业带动、创投资本对接、产业内部孵化等模式，在信息安全领域关键技术研发、成果转化、安全服务、公共基础平台等领域打造专业产业园区。

创业创新与人才引进

【概　况】2017年，软件谷组织申报“创业南京”高层次人才116人，区级入选30人，市级入选15人，区级报市级入选率55.5%。入选南京市创新型企业家5人，入选省“双创计划”（江苏省高层次创新创业人才引进计划）4人，其中天数科技公司董事长李云鹏获重点项目资金扶持300万元，是南京市唯一一个获扶持的重点项目。首次入选南京市顶尖专家集聚计划1人。申报南京市高端人才团队4家，入选1家。至2017年末，软件谷累计汇聚高层次创业人才228人、创新型企业家41人、省双创人才40人；集聚院士人才1人、国家千人计划16人，入选省创新团队3个、市高端人才团队7个。全年向237家企业兑现知识产权补贴经费240.912万元，同比增长80.8%；从科技条口争取到市级以上项目107项，补贴经费1250.3675万元。在市年度科技创新券申报中，获市科技创新券经费兑现企业63家，为企业争取到账经费315万元。全年实现高新技术产业销售收入1370亿元，新增国家高新技术企业29家，发明专利申请1600件；新增CMMI（集成能力成熟度模型）认证企业16家，累计拥有CMMIⅢ级以上企业67家、CMMIⅤ级企业6家。推进科技金融服务，超40家企业获知名天使和风险机构投资，新增股权投资超18亿元。率先在全市试点推出“麦金一号”知识产权贷，通过建立风险补偿机制，助力5家企业获知识产权抵押贷款。科技创业小额贷款申请企业16家，累计放款1650万元。举办软件谷创业UP系列主题活动、TIC科技创新公开课、HR智享会、智创未来系列人才招聘会、高端人才V聘汇、软件谷行业媒合会、中国（南京）软件互联网创新创业峰会暨黑马大赛、NJSD全球软件大会等特色活动，提升软件谷创新创业服务品牌影响力，软件谷特色园区创新创业生态系统及服务体系日见雏形。

【软件谷445家次企业获国家、省市专项补助】2017年，软件谷161家次企业获国家、省市专项补助资金。其中，4家企业获商务部服务外包项目专项资金764.64万元，3家企业获商务部技术出口项目专项资金1438.87万元，1家企业获商务部国家对外投资与经济技术合作项目专项资金2万元，16家企业获省级服务外包专项资金1030万元，2家企业获服务业发展专项资金300万元，27家企业获省工业和信息产业转型升级专项资金3035万元，4家企业获市级电子商务（跨境电商）专项资金113万元，17家企业获市级服务外包专项资金370万元，87家企业获市级软件和信息服务业发展专项资金2311.75万元。

【创业UP系列活动】2017年，软件谷针对创业企业对资源要素需求，推进“UP微路演、UP学堂、UP创投汇”等众创服务平台规范化、系统化建设。美篇、斑马软件、天数信息等路演项目获腾讯、经纬基金、真格基金、达晨创投等机构超千万投资。合作众创空间12家。全年软件谷举办UP系列主题活动40场，其中UP微路演21期，参与UP微路演项目超200个，参与人数3000余人。

【TIC科技创新系列活动】2017年，软件谷累计举办TIC科技创新公开课26期。优化TIC科技创新征集令，获有效反馈信息234条。推出TIC科技创新专家诊断堂，邀请专家为软件谷企业开展科技创新项目申报材料辅导23本次，围绕技术创新点、申报书撰写要点等方面为重点企业把关，提升软件谷科技创新项目获批率。

【成功申报国家重点研发计划“智能机器人”重点专项】 11月，南京伟思医疗科技股份有限公司联合浙江大学、东南大学、南京医科大学、中国科学院合肥物质科学研究院、常州先进制造技术研究所等合作单位成功申报国家重点研发计划“智能机器人”重点专项，获批中央财政总经费892万元。该项目核心为脑卒中康复机器人系统。

【获批国家“核心电子器件、高端通用芯片及基础软件产品”重大专项】 11月，南京翼辉信息技术有限公司独自研发的“电力控制系统定制与应用”分课题（所属课题为“工业互联网、物联网安全操作系统产业化及规模化应用”）获批承担国家“核心电子器件、高端通用芯片及基础软件产品”重大专项，标志着软件谷企业在基础软件关键技术研发环节走在国内前列。

“两落地、一融合”工作

【概　况】 2017年，为贯彻市委、市政府关于实施“两落地、一融合”★工程决策部署，加快推动科技成果和新型研发机构落地雨花台区，实现校地融合发展，经区委、区政府同意，雨花台区“两落地、一融合”推进领导小组和办公室成立，抽调相关人员于软件谷管委会集中办公，负责日常工作对接和推进，通过实现科研成果企业化和产业化，提优升级软件谷创新创业生态，带动产学研协同创新。年内，雨花台区引导北京大学南京创新研究院、东南大学光传感/通信综合网络国家地方研究中心、南京移动互联网研究院等平台按照新型研发机构模式建设，推动江苏三维智能制造研究院、西安电子科技大学南京网络安全研究院项目完成市级第一批新型研发机构集中签约，推动南京智慧基础设施技术研究院、南京自主操作系统研究院、南京时代大数据网络安全技术与发展战略研究院、南京智能仿真技术研究院、南京慧谷人工智能研究院等一批新型研发机构储备洽谈。至年末，雨花台区落地及在谈的新型研发机构有8家。

★**链接**　“两落地、一融合”：“两落地”指科技成果项目落地、新型研发机构落地，“一融合”指校地融合发展。

【“两落地、一融合”工作体系建设】 10月16日，经区委、区政府同意，雨花台区“两落地、一融合”推进领导小组成立。区委书记、软件谷党工委书记黄河担任领导小组组长；区委副书记、区长李世峰，软件谷管委会主任、党工委副书记谢祖国担任副组长。领导小组下设办公室在软件谷，由区委常委、副区长徐文进任办公室主任，软件谷管委会副主任卞艳艳任常务副主任，区人才办主任夏风、区科技局局长程道伟、软件谷科技人才局局长荣飞任办公室副主任，具体负责项目推进和落实。

【校地对接活动】 年内，软件谷分别举办4场“两落地、一融合”2018高校行系列校地人才对接活动。首次活动于10月20日在东南大学举办，第二场活动于10月23日在南京信息工程大学举办，第三场活动于10月25日在南京邮电大学举办，第四场活动于10月31日在南京航空航天大学举办。每场活动参加企业有60余家，高校大学生参加近千人。

【参加市级集中签约仪式】 11月28日，南京市"两落地、一融合"工程首批成果集中签约仪式在汉府饭店举行，软件谷"西安电子科技大学南京网络安全研究院""南京三维智能制造研究院"项目在会上签约。2个项目聚焦大数据、安全网络空间对抗、三维打印和高端智能等技术领域，打通从基础研究到应用研究再到产业孵化链条，实现人才、学科、产业联动，昭示新业态新产业将成为软件谷未来布局主攻。

（软件谷）

雨花经济开发区

·概　述·

【概况】 2017年，雨花经济开发区实现地区生产总值59.77亿元，增长9.1%；公共预算收入6.305亿元；服务业增加值44.5亿元，增长8.5%；全社会固定资产投资30.5亿元，社会消费品零售总额22亿元；外贸进口总额2.05亿元，外贸出口总额1.4亿元；软件及信息服务业收入62.5亿元；文化产业销售收入45亿元。完成签约项目计划总投资额46亿元，外资实际到账350万美元。新增总部2家，新增商务商贸面积5.1万平方米，新增重大项目8个。新增软件产业建筑面积24.5万平方米，新增涉软企业20家、涉软从业人员1000余人。

【基础设施建设】 年内，雨花经济开发区拆迁面积68.13万平方米，全部属人居森林项目拆迁，拆迁农户402户、企业73家。潘窑二组搬迁项目中152户农户与1家企业全部签订搬迁协议。中兴路北延跨秦淮新河大桥工程基本完工并具备通车条件，锦华新城二期一组团703套房屋交付使用。园区设立交通信号灯，凤仪路中分带、龙飞路人行道、三山创业园污水管网及路灯改造完工，振兴路和青年路出新。凤集大道改造标示牌29个。投入3750万元完成辖区内11条黑臭河道、计总长约14.5千米整治，清淤14.2万立方米，整治排口27个，草皮铺设6.4万平方米，水循环管道铺设8223米，根源消除黑臭问题。

【项目建设】 2017年，雨花经济开发区列入区人代会重点项目22个，含工商业项目13个、非工商业项目9个，计划总投资额近82.74亿元，本年度完成计划投资额14.59亿元。园区新开工产业类项目4个，即君融通信、特盛软件、华商科技、巨能信息项目；新开工非产业类项目3个，即338省道雨花段改扩建、锦华新城二期二组团新建、龙藏大道改造项目，其中锦华新城二期二组团项目列入市重大考核项目。建成项目13个，建成面积88万平方米，即海能达通信一期、国豪装饰研发中心、汉虹汽车4S店、福联汽车4S店、万宝行宝马4S店、金飞龙汽车贸易大厦、石林大公园、梦幻家、春上西江和中兴路北延及跨秦淮新河大桥项目、金叶花园雨污改造、秦淮新河流域综合整治改造和开发区安置房居住配电等工程。

【新增纳税企业249家】 年内，雨花经济开发区新增亿元以上纳税企业1家，即江苏苏宁足球俱乐部有限公司；新增千万元以上纳税企业6家，分别是：南京雨花苏宁足球运动有限公司、江苏苏宁体育产业有限公司、南京华士电子科技有限公司、江苏中驰汽车销售服务有限公司、南京市雨花台城镇建设综合管理有限公司、南京奥拓电子科技有限公司；新增百万元以上纳税企业6家，新增50万元以上纳税企业5家；新增纳税平台231家，其中征地项目15家、纯注册项目87家、红太阳装饰城商户129家。

【局部高压线改迁完工】 5月15日，雨花经济开发区完成500千伏汉东、汉桥线高压线路改迁工程。该工程位于板桥A地块，线路跨越宁芜铁路及205国道，迁移后，板桥A地块剩余地块可增加建设用地1公顷。

【“足球小镇”项目签约】 5月19日，雨花台区与苏宁集团签约“雨花国际足球小镇”项目。该项目位于雨花经济开发区三期人居森林规划范围，项目计划总投资500亿元，规划面积1126公顷，项目可开发建设用地72.84公顷，其余均为绿地建设范围。项目规划建设包括6万~8万席位国际专业足球体育主场馆、俱乐部专业足球训练基地、九年一贯制国际足球学校、国际体育康复中心（专业三甲医院）、大型体育公园及足球文化广场、球迷互动基地、足球特色精品酒店、互联网O2O体验式大型购物中心、体育产业总部办公、江苏省足球行业公共服务职能中心、微型马拉松、小型F1方程式赛车、自行车赛道、足球主题科技智慧居住社区，并设置主题文化休闲滨水商业街区、主题体验馆、影视创意、电子竞技等文化创意产业，打造集“互联网+体育+文化”一体生态圈。

【拆迁安置房选房】 10月12—20日，雨花经济开发区组织开展锦华新城二期选房安置，选房对象涉及近华社区、天保社区因滨江大道、梅山环保、宁和城际、滨江大道南延等项目拆迁的584户居民。安置房累计选定438套。

【君融通信和特盛软件项目开工奠基】 11月16日，君融通信和特盛投资2个项目联合在雨花经济开发区举办开工奠基仪式。君融通信项目由江苏君融通信科技有限公司投资兴建，计划总投资2.5亿元，占地面积1公顷，建筑总面积4.1万平方米，建成后主要从事无线覆盖系统集成、环网构架设计及物联网项目。特盛软件项目由南京特盛投资管理有限公司投资兴建，计划总投资2亿元，占地面积0.87公顷，建筑总面积3.9万平方米，建成后作为银行配套电子支付集成及交易研发中心。2个项目均规划建设1栋17层高研发楼、1栋12层高研发综合楼以及地下配套工程。

·江苏国家数字出版基地（南京园区）·

【概　况】 年内，数字基地累计完成文化产业产值45亿元，文化产业增加值7.73亿元。新增限上文化企业7家。携园区8家企业参展第九届中国南京文化创意产业交易会。基地开通微循环公车路线，提升交通便捷性。

【数字基地用地项目签约】 年内，玻显科技项目落户数字基地，由南京铂睿美视光电科技有限公司投资建设，总投资额1亿元，主要从事新一代显示系统研发，年底实现投产。雨开信息项目签约，由新天都国际集团投资建设，总投资额5亿元，注册公司为雨开（南京）信息科技有限公司，注册资金4亿元港币，占地面积2.07公顷，主要从事软件研发。闽商总部项目签约，由南京迈特斯科技有限公司投资，总投资额2亿元，注册资金1.02亿元，占地面积1.13公顷，建筑总面积4万平方米，主要从事大数据研发，并作为在宁闽商企业总部。（梁海山）

入驻企业简介

【富士康科技集团】 富士康科技集团是专业从事计算机、通讯、消费性电子等3C产品研发制造，广泛涉足汽车零组件、通路、云运算服务及新能源、新材料开发应用的高新科技企业。在中国大陆、台湾以及美洲、欧洲和日本等地拥有数十家子公司，在国内华南、华东、华北等地均创建大型科技工业园区。拥有百余万员工及全球顶尖客户群，是全球最大电子产业科技制造服务商。2017年位居《财富》全球500强第27位。

【朗坤智慧企业管理（南京）有限公司】 朗坤智慧企业管理（南京）有限公司于7月与软件谷管委会签署项目投资协议，计划在软件谷投资兴办智慧园区、智慧城市项目，主要从事智慧园区研发、运营与管理。该项目总投资5000万元，办公地址位于软件谷云密城，办公面积3000平方米。（软件谷）

【南京恒天伟智能技术有限公司】 南京恒天伟智能技术有限公司位于雨花经济开发区凤集大道12-2号，办公面积8700平方米，成立于2001年2月，注册资金8090万元，主要从事建筑智能化工程、消防系统工程、城市及道路照明亮化等专业承包设计施工以及工程相关配套系统软件平台研发等，服务涉及政府事业单位、部队军用、民用公共设施等领域，在上海、浙江、山东、广东、福建、云南、新疆等29个省市自治区均设有分支机构。截至2017年末，公司资产总额17993万元，年营业收入65290万元，员工有400余人，其中70%以上为专业工程技术和经济管理人员。

【南京迅云网络科技有限公司】 南京迅云网络科技有限公司位于雨花经济开发区三鸿路6号，办公面积1200平方米，成立于2013年11月5日，为广州创显科教股份有限公司全资子公司，注册资本4000万元，是一家提供幼教综合服务平台的科技型教育企业。该公司与国内“211”高校开展云计算、物联网、交互式触控、无线传输及多媒体制作等领域合作，开发各类新媒体和云教育服务平台，提供基于交互式大屏幕显示环境下软、硬件一体化解决方案和集成服务，致力于为学前教育提供智慧幼教解决方案。截至2017年末，公司资产总额5523万元，年营业收入4269万元，员工120人，拥有软件著作权19项、发明专利3项。（梁海山）

经济

2018 YUHUATAI ALMANAC

Economy

工　业

·概　述·

【概　况】 2017年，雨花台区地区生产总值511.17亿元，增长8.5%；服务业增加值431.06亿元，增长10.3%；三次产业比调整为0.1∶15.6∶84.3。一般公共预算收入72.6亿元，同口径增长12.3%。社会消费品零售总额403.65亿元，增长10.1%。全社会固定资产投资270.1亿元。实际使用外资2.4亿美元，外贸出口总额178.8亿元。软件和信息服务业收入突破2210亿元。累计培育高新技术企业197家。培养国家“千人计划”“万人计划”人才6人，培育科技顶尖专家1人、科技创业家和创新型企业家42人、领军型科技创业人才和高层次创业人才339人、省“双创团队”3个、“双创人才”30人、高端人才团队8个。集聚众创空间29家，载体面积7.5万平方米；科技孵化器34家，孵化面积92.8万平方米；信息安全产业园、大数据产业基地等加速器、特色园区40个，建成全国首个创业主题车站——地铁软件大道“创业车站”。服务业现代化水平提升。新增商务商贸设施面积71万平方米。南京南站高铁枢纽区建设提速，绿地北广场项目注册企业93家，其中注册资金超千万元以上企业21家。工业转型升级提速，开展化工企业“四个一批”(关停一批、转移一批、升级一批和重组一批)和落后产能专项整治，关停化工企业2家、铸造企业2家，煤炭消费总量513万吨。

年内，雨花台区成立区重大项目招商推进服务中心，构建区领导领办、区重大项目办统筹协调、属地单位落实对接、实施单位具体推进、职能部门全力服务工作机制，解决项目手续办理难题。全年全区列入区人代会重点项目110个，计划总投资754.4亿元，年度实际投资额249.1亿元。31个实施类市级重大项目完成投资额154亿元，12个省集中开工项目通过省委督查室验收。

【拟挂牌上市企业培育】 2017年，雨花台区实施拟挂牌上市企业重点培育计划，举办多场拟上市挂牌企业培训会，为近百家企业提供实际业务指导。39家区级储备企业、16家市级储备企业纳入挂牌上市储备动态数据库进行重点服务。至年末，辖区新增上市企业1家，IPO（首次发行上市）报会企业1家，进入辅导期企业3家，新三板挂牌企业7家，累计挂牌上市企业34家。亿嘉和科技股份有限公司、南京易司拓电力科技股份有限公司、南京伟思医疗科技股份有限责任公司、南京国豪装饰安装工程股份有限公司等一批规模较大、经营情况较好企业加速推进主板IPO进程。

【12个省集中开工项目通过验收】 2017年，雨花台区12个省集中开工项目通过省委督查室验收，分别是：雨花经济开发区安置房居住区配电新建、华新路三期新建、金叶花园雨污改造、秦淮新河流域（开发区段）综合整治、柿子树沟邱沟整治及积淹水片区改造、天隆寺地下过街通道新建、油坊冲沟环境改造、中兴路北延及跨秦淮新河大桥新建、福联汽车4S店新建、长虹南路西延跨南河大桥（怡康街东延）新建、铁心桥社区卫生服务中心改建、枫情国度尚园等6个小区二次供水改造、古雄经济适用房四五期项目建设完工。　（杜忠林）

·冶金工业·

【上海梅山钢铁股份有限公司】 2017年，梅钢公司制定完成《梅钢公司转型发展方案》，提交市政府审核。限煤状态下，推出烧结停用无烟煤、高炉喷吹兰炭、引入外购特级焦等针对性措施，动态调整生产组织。采取关注瓶颈工序、开展管理对标等措施，主作业线非计划停机时间同比下降20.98%。实施持续突破铁钢比、在鱼雷罐加废钢等创新举措，实现系统产能集约化提升。通过降低二炼钢冶炼周期、优化二热轧生产节奏、提升酸洗日历作业率，把有限资源向关键产线、优势产品倾斜。全年生产生铁689.71万吨、连铸坯716.90万吨、热轧板卷688.79万吨、酸轧产品87.77万吨、酸洗产品108.97万吨、热镀锌19.16万吨、热镀铝锌27.87万吨、电镀锡产品20.32万吨、连退卷35.92万吨，铁精矿244.85万吨，新热力、余热、干熄焦、TRT（高炉煤气余压透平发电装置）发电16.71亿千瓦时。成本改善5.21亿元，炼钢少渣冶炼比例77.53%，配矿实现投入产出效益6.44元/吨。实现营业总收入325.13亿元，利润23.64亿元。其中，钢铁主业实现利润23.26亿元，多元产业实现利润3799万元。开发新产品33个，新产品销售率14.14%，新产品价值贡献20720万元，热轧品种覆盖率95.78%，酸洗品种覆盖率94.12%。实现科研、新品、技术推广结题效益29850万元。申报专利287件，其中发明专利189件。获政府科技资助2702万元。申报"十三五"国家重点研发项目3项。首发技术"焦炉煤气强化烧结技术研究与应用"获冶金科学技术奖一等奖。公司获"2016年度江苏省能源计量示范单位"称号。

【梅钢公司管理变革】 年内，梅钢公司梳理形成涵盖7大举措、15个改革项目改革方案，以"一个项目一张表"方式跟踪与管控，逐一落地。推进营销、采购、研发三大业务集中后与宝钢股份公司业务对接和流程优化，拓展板坯寻源销售及热卷"现货充期货"等余材消化新路径。制造、成本、采购管理系统切换成功，实现与宝钢股份公司一体化融合。推进宝钢股份公司宝山本部与梅钢公司"一厂带一厂"，策划形成覆盖11家厂部、78个结对小组、236个帮带项目帮带方案，逐步形成"学的主动性、帮的开放性"新格局。法人户数压减7家，其中清算注销5家，股权调整2家。

【梅钢公司绿色减排】 年内，梅钢公司启动煤筒仓改造、原料系统皮带通廊封闭、露天料场封闭改造等项目，实施3号烧结脱硝、焦炉脱硫脱硝、冷轧生化废水达标外排等重点减排项目，提升厂区环保等级。拆除废旧构建筑物3.4万平方米，新增绿地面积20万平方米，绿化覆盖率39.46%。内部消纳废油漆桶、废油桶、含油废纸等危险废弃物，通过市环保部门清洁生产评审。梅钢二期项目通过市环保部门测评验收。完成江苏发展大会、江苏省环保督察、中共十九大及国家公祭日等重大环境管控。全年吨钢综合能耗580公斤标准煤，较目标下降13公斤标准煤；二氧化硫排放量2012吨、厂区降尘量11.58吨/平方公里·月；高煤放散率0.39%，优于目标值0.43%。　（全　利）

梅钢公司能源环保管理目标、指标完成情况一览表

表 3

项　　目	年度目标	全年实绩
吨钢综合能耗（千克标准煤 / 吨）	593	580
吨钢耗新水（吨 / 吨）	3.2	2.98
余能回收总量（万吨标煤）	48	49.95
工序节能量（万吨标煤）	6.8	9.26
能源消耗成本改善额（万元）	2000	4590
吨钢耗电（千瓦时 / 吨）	392	365
SO2 排放总量（吨）	2100	2012
NOX 排放总量（吨）	9500	9313.25
烟粉尘排放总量（吨）	1800	1794.72
COD 排放总量（吨）	237	234.78
氨氮排放总量（吨）	23.0	22.89
厂区降尘量（吨 / 平方千米•月）	11.60	11.58

【南京梅山冶金发展有限公司矿业分公司】 2017年，梅山矿业分公司推进采矿区重点工序按节点完工，降低回采爆破、溜井堵塞和泼矿工艺故障，保障井下生产有序衔接与产能发挥。采取4大类、计29项措施降低选矿比，推进精细重选、精确磨矿和硫资源回收，促进工艺指标稳定。与西善桥街道等签订《塌陷区安全整治协议》，解决417公路压覆矿体根源问题。攻坚尾矿处置技术难题，优选确定尾矿压滤、制砖技术路线，推动尾矿压滤技术突破，取得尾矿制砖技术进展，明确无尾矿山建设方向。应用国内首创工艺，尾矿筑坝试验通过相关部门安全评审。对接雨花台区整体规划修编，委托南京大学城市规划设计院编制《转型项目建议书》，推进矿山转型发展纳入南京城市发展规划和雨花台区“两桥”改造。年内，公司优化、精减业务部门科室3个，作业区缩减7个，班组减少17个，净减人员345人，劳动效率提升15.4%。全年生产原矿507.24万吨、铁精矿244.86万吨。销售铁精矿245.16万吨，含外销154.18万吨；销售硫酸6.56万吨、矸尾石料107.2万吨、铁尾砂47.94万吨。围绕“年度精矿制造成本控制在250元/吨以内、精矿成本下降4元/吨”目标，实施三级成本改善，落实矿级6项、分厂级23项改善措施。能源、维修、协力、其他费用改善项目降本1.96元/吨。完成利润账面总额14643.82万元，去除辞退福利等因素影响，实际绩效利润总额23148.93万元，超年度指标利润17656.93万元。至年末，公司在岗职工1931人，其中操作维护岗位1522人，技术业务岗位298人，管理岗位111人。公司当选第六届（2014—2016年度）全国冶金矿山“十佳厂矿”。

（郭建国）

·电力工业·

【南京华润热电有限公司】 2017年，华润热电粉煤灰销售首次创新实行自主经营的“随行就市”销售模式，粉煤灰销售额同比提升40.76%。305C机组检修完工，设备可靠性提升，年度等效可用系数97.42%。全年公司发电量30.58亿千瓦时，供热量94.8万吉焦，同比增长35.78%，供电煤耗完成316.04克/千瓦时，综合煤耗同比降低2.54克/千瓦时，综合厂用电率5.3%，同比下降0.11%。通过市环保局关于“市工业污染源全面达标排放计划”评估，成为市首批行业工业污染源排放达标企业之一，成为雨花台区首家取得最新排污许可证单位。公司自行研发的“基于微信平台的现场风险管控系统”入围国家2017年度安全生产重特大事故防治关键技术科技项目，“煤电耦合生物质(污泥)发电在板桥电厂的应用”成果获全国国有企业“强化安全环保、推进绿色发展”典型案例一等奖。（朱楚君）

·装备制造业·

【南京中船绿洲机器有限公司】 2017年，南京中船绿洲新接订单8.04亿元，完成工业总产值12.11亿元，实现营业收入13.03亿元，实现利润总额17495万元。全年生产船用起重机103台、船用锚绞机785台、分离机械405台(套)、救生机械325台(套)、焚烧炉等环保设备186台(套)。年内，自主品牌产品新签订单3.87亿元，实现销售收入4.08亿元。签订黄埔文冲6条2500箱船锚绞机合同；新型船用分离机替代进口款机型，首次在远洋船舶装船运行。非船舶类产品市场承接订单2.34亿元，实现销售收入2.26亿元。非船舶类产品销售收入占年度销售收入比例17.6%。参与“一带一路”建设，推进伊拉克电站BOT(建设-经营-移交)项目合作运营。签订清罐污油泥处理系统租赁合同，拓展非船产业发展商业模式。为客户定制石化行业污油水处理专用分离处理模块，现场试验。申报“新一代碟式分离机质量品牌提升”项目获工信部立项批复。开发科考船收放绞车系统及50吨波浪补偿液压折臂起重机。主编的2项国际标准发布。全年申请专利66项，其中发明专利21项。在无人货物运输船设计中，参与系泊系统及环保装备方案设计。

【南京中船绿洲“11000米载人潜水器水面支持系统研制”第一阶段研制成功并交付】 2017年，南京中船绿洲完成国家科技部“11000米载人潜水器水面支持系统研制”项目第一阶段4500米“深海勇士”号载人作业潜水器输转系统研制，设计最大载重参数25吨；且完成母船搭载声学设备吊放拖曳装置、机库行车、焚烧炉等多套设备交付并通过海试。该项目目的实现潜水器在船艉停放区域和收放区域间转运，主要研制自动变轨系统、缓冲防撞装置、自锁装置、减摇防倾装置。

【南京中船绿洲完成“高效混合对转推进系统及节能装置示范应用开发”项目吊舱推进系统研制】 年内，南京中船绿洲完成工信部高技术船舶科研项目——“高效混合对转推进系统及节能装置示范应用开发”项目吊舱推进系统研制，主要应用于灵便型散货船。项目采用公司自主研发的三叶高效螺旋桨、改进型对转螺旋桨(CRP)以及扇形导管。在船舶加装混合对转推进系统及节能装置后，船舶推进效率提高8%以上，在相同航速下平均日油耗降低6%以上。

【南京中船绿洲承担的国家科技支撑计划“船舶废弃物处理技术”课题通过验收】 3月，南京中船绿洲承担的国家科技支撑计划“船舶废弃物处理技术”课题通过国家科技部验收，关键技术指标符合国际海事组织对船舶废弃物处理设备研制规范标准。该课题主要包括焚烧炉系统研制、高效旋流式炉膛研制、一体化燃烧器优化设计、固体连续加料装置研制、高温变频风机研制、高效抗热震耐火材料应用及控制系统研制。 （胡雨文）

【南京高精传动设备制造集团有限公司】 2017年，南高齿研发全球首台电驱动高速行星齿轮调速系统产品。牵头承担国家科技支撑计划重大项目7兆瓦级风电齿轮箱及主轴轴承产业化关键技术研发。优化5兆瓦和6兆瓦风力发电齿轮传动设备，产品覆盖750千瓦、1.5兆瓦、2兆瓦及3兆瓦风电传动设备。研发的国内最大开炼机配套主减速机批量交付。集团新增设越南全资子公司，把握新兴市场机遇，为全球客户提供多元化服务。全年风力发电齿轮传动设备业务销售额68.03亿元，工业齿轮业务销售额10.01亿元。集团销售总额82.42亿元，毛利额21.69亿元。

【南京高齿MP标准行星齿轮箱出厂】 10月，南高齿研制的应用于巴基斯坦日产6700吨水泥生产线的MP型号系列标准行星齿轮箱成功研制出厂。该齿轮箱承载能力为3200千牛/米，配套于2200×1600毫米生料辊压机。MP型号系列标准行星齿轮箱是南高齿欧洲（德国）研发团队和南高齿中国研发团队共同打造的标准产品平台，产品含8种结构型式，承载扭矩覆盖范围为100~5800千牛/米，包含22个规格。用户可根据MP型号系列标准行星齿轮箱样本和自身主机设计要求，直接选用一款最为匹配的行星齿轮箱产品，或选择最近似产品并做接口尺寸适应性更改设计，实现快速交付。

【南京高齿参加亚洲国际动力传动与控制技术展览会】 10月31日—11月3日，“2017亚洲国际动力传动与控制技术展览会”在上海新国际博览中心举办，近1700家海内外知名企业携新产品理念和技术服务现场展示出先进制造业创新成果。南高齿参展展台面积约120平方米，展出工业齿轮箱5类、计9件展品，重点推出新一代NGCMHB、MP型号标准工业齿轮箱。南高齿集团副总裁兼工业事业部总经理汪正兵接受央视纪录片《匠心》摄制组专访。

【南京高齿MHS系列化工行业搅拌专用齿轮箱出厂】 12月，由南高齿自主研制，应用于氧化铝生产线MHS型号系列化工行业搅拌专用齿轮箱成功出厂，属MHB型号平台衍生产品，承载扭矩覆盖范围为180~350千牛/米，速比(电动机额定转速与减速器输出轴转速比值)范围200~280，运用于尺寸为16米×41米种子分解槽搅拌，可选供货范围包括主电机、润滑系统、检测设备等。该齿轮箱应用于生产线产能提高改造项目，改造后电机功率达110千瓦，在不改变业主原设备安装接口尺寸要求下，承载能力提升20%，成功应用实现铝厂改造扩产能，打破进口产品在该行业垄断。

（吴　海）

·材料工业·

【南京玻璃纤维研究设计院】 2017年，全国碳纤维标准化技术委员会落户南京玻纤院，江苏省碳纤维及复合材料检测服务平台建成并投入运营。以西南分院为试点的玻纤产业区域性科技服务平台运行。创新孵化的“年产2.4亿平方米锂电池隔膜建设”项目建成投产，成为国内首条锂膜投产项目。首个海外项目——越南同奈年产4800吨隔板生产基地建设项目获中国建材集团立项批复。南京玻纤院全年承担科研项目41项，含省部级以上项目8项；获各级科技成果奖励24项，含省部级6项。承担各类标准制修订27项，含国际标准3项、国家标准9项、武器装备质量管理体系认证5项、行业标准1项；颁布国家标准13项。申请专利40项，获授权专利35项。营业收入和利润总额同比上年分别增长20%和31%。“高强玻纤高效低成本制造”成果获建材行业、南京市技术发明和科技进步一等奖，“玻璃纤维池窑拉丝技术与装备开发”项目入选建材工业重大科技成果奖。南京玻纤院获批建设江苏省宇航材料动员中心。

【南京玻纤院与四川宣汉县政府签署科技合作协议】 1月11日，南京玻纤院与四川宣汉县政府签署科技合作协议，探索行业服务新模式，成立南京玻纤院西南分院、宣汉微玻纤新材料研究院，联合打造宣汉微玻纤新材料产业园，标志南京玻纤院行业服务形成“政、产、学、研、用、资”合作态势，加快服务转型升级。

【南京玻纤院“电厂燃煤锅炉用覆膜PPS针刺毡”项目技术达国际先进水平】 1月13日，在中国电力企业联合会组织召开的“电厂燃煤锅炉用覆膜PPS针刺毡”项目科技成果鉴定会上，经中国电力行业权威质询、讨论后一致认为该项目技术总体达到国际先进水平，解决e-PTFE膜双向拉伸行业关键难题，首创针刺毡滤料基体双向异构层压梯度混纺结构。该技术除尘器系统排放浓度保持在5毫克/纳米立方以下，实现超净排放，为国家电力行业超净排放提供技术支撑。

【南京玻纤院与中广核研究院签署战略合作协议】 8月16日，南京玻纤院与中广核研究院有限公司签署“核电用高性能纤维复合材料研发和产业化”战略合作框架协议，协定双方发挥各自在研发设计、产品制造、鉴定推广以及核电站服务等方面全产业链优势，合作建立“核电用高性能纤维复合材料创新平台”，着力核电用高性能纤维及复合材料领域研发和应用。

【江苏省碳纤维及复合材料检测服务平台管理委员会成立】 11月24日，由南京玻纤院承担的江苏省碳纤维及复合材料检测服务平台成立，规划建成具有国际先进水平的碳纤维及复合材料性能研究和测试评价服务平台，向社会提供第三方碳纤维及复合材料性能检测服务，且共享仪器设备、科学数据、科技文献等资源。

（俞　晓）

【南京旭建新型建材股份有限公司】 2017年，南京旭建成为首批“国家装配式建筑产业基地”装配式建筑配套产品企业，取得安全生产标准化二级企业(建材)证书。通过3年一次的"日本工业规格标识认证维持审查"并取得JIS(日本工业标准)A5416认证证书。公司在澳大利亚成立的控股子公司在当地取得登记证书。62毫米厚的NALC(蒸压轻质加气混凝土)出口板材通过澳洲耐火试验,耐火时长4小时,达到澳洲防火检测最高标准。公司董事长孙维理当选"第二届全国建筑构配件标准化技术委员会"委员。

【南京旭建装配式建筑技术研发及应用】 2017年,南京旭建研发出装配式建筑新产品和新技术,完成一批装配式建筑示范项目。NALC板自承重房屋体系采用NALC板代替钢结构或混凝土结构作为承重主体及围护结构的新型装配式建筑结构,应用于山东邹城大束镇自承重房屋体系样板工程。研制的NALC叠合大板新产品在南京工业大学静载试验成功,获实用新型专利。采用公司装配式外墙保温装饰一体化系统建设的首开寸草安慧里养老公寓正式开业,公司凭借该项目加入"城市老龄宜居环境建设产业联盟"。济南鲁能百年住宅项目采用南京旭建NDR(干法摇摆抗震节点)抗震节点技术和装配式NALC板材,并次采用BIM(建筑信息化模型)技术实现装配式建筑深化设计、定制生产、包装仓储、物流运输、施工服务全过程的信息化管理目标。(崇　睿)

·生物医药业·

【乾元浩生物股份有限公司南京生物药厂】 2017年,乾元浩产品生产总量55.02亿羽份/亿毫升,销售总量56.19亿羽份/亿毫升,实现营业收入10340万元,利润总额1497万元。随着畜苗产品种类完善,畜苗产品占产品销售总量比重42%,基本形成与禽苗产品协调发展格局。年内,工厂新增的三车间细菌灭活疫苗生产线通过GMP(药品生产质量管理规范)静态验收,待圆环支原体二联疫苗等新产品上线生产。获农业部中国兽药监察所抽检的猪丹毒活疫苗(G4T10株)、鸡新城疫、禽流感(H9亚型)二联灭活疫苗(LaSota株+F株)、布病菌病活疫苗(S2株)、猪繁殖与呼吸综合征活疫苗(CH-1R株)等4个产品7个批次全部合格。工厂10条生产线通过5年一度的GMP复验,换领兽药生产许可证以及兽药GMP证书。

(陈金鑫)

【南京同仁堂药业有限责任公司】 2017年,南京同仁堂药业累计完成产值48831万元,较上年同期增长19.3%,主营业务收入55639万元,较上年同期增长17.78%。公司核心品种——安宫牛黄丸实现销售收入1.2783亿元,成为南京同仁堂药业首个过亿元品种。企业知识产权管理体系通过国家认证,相继开展乳宁颗粒临床大数据、止嗽化痰颗粒毒理学、羚羊感冒口服液增加儿童剂量、遐龄无糖颗粒项目、舒冠颗粒物质基础和作用机理等研究,完成六味地黄浓缩丸、麻仁丸、炎热清颗粒生药粉部分指纹图谱研究。牛黄清心丸、羚羊感冒口服液指纹图谱研究接近尾声。"安宫牛黄丸""舒冠颗粒"产品被江苏省科学技术厅认定为高新技术产品。"排石颗粒""乳宁颗粒""止嗽化痰颗粒""羚羊感冒口服液""参梅养胃颗粒"及"六味地黄丸"6个品种被国家知识产权局颁发发明专利授权证书。"安宫牛黄丸""排石颗粒"产品获2017江苏省医药行业优秀产品品牌。企业获“2017年中国(江苏)老字号博览会暨老字号创新发展高峰论坛”组委会颁发“最佳工匠精神奖”“最受欢迎老字号奖”,被江苏省医药行业协会授予“2017江苏省医药行业成长型优秀品牌企业”。

(李　月)

服务业

·概　述·

【概　况】 2017年,雨花台区招商选资提前1个季度完成全年任务,商贸设施建设稳步推进,货物贸易完成率位居全市第三,社会零售品销售总额增幅超出目标0.1个百分点,实际利用外资、服务贸易均超额完成全年任务。全年全区完成工商注册项目150个,注册项目计划总投资252亿元。引进重大项目33个,在谈项目48个。新批外资项目29个(含增资项目5个、并购项目1个),投资总额2.06亿美元,协议利用外资1.98亿美元,注册外资实际到帐2.4016亿美元,占年度计划101%。实现社会消费品零售总额403.65亿元,增幅10.1%。外贸进出口总额265.57亿元,同比增长26.42%。服务贸易进出口总额2.52亿美元,全市占比5.9%。40家百万美元以上规模服务贸易企业发展态势良好,累计实现服务贸易额2.33亿美元,占全区比重92%。

【社会消费品零售总额增幅10.1%】 2017年,雨花台区实现社会消费品零售总额403.65亿元,增幅10.1%。从行业类型分,汽车、珠宝奢侈品销售成为该区社会消费品零售增量主要驱动力。全年汽车销售额93.65亿元,占全区限额以上批发零售企业比重41.7%,同比增加15%;珠宝奢侈品销售额4.15亿元,占全区限上比重1.84%,同比增长2.98%。餐饮业经营下降,在统的14家餐饮企业累计实现销售额1.22亿元,占全区限上比重0.54%,同比下降78.9%。服装实体零售受电子商务影响,销售额9.49亿元,占全区限上比重4.23%,同比下降3.9%。

雨花台区2017年商务指标完成情况表

表4

序号	目标内容	全年完成情况	占年度计划百分比
1	社零完成增幅 10%	10.10%	101%
2	注册外资实际到账 2.4 亿美元	2.4016 亿美元	101%
3	外贸出口 137 亿元	178.78 亿元	131%
4	服务贸易 2.3 亿美元	2.52 亿美元	110%
5	招商引资计划总投资 200 亿元	252 亿元	110%
6	招商引资重大项目个数 30 个	33 个	110%
7	新增商务商贸设施面积 70 万平方米	73.8 万平方米	105%

·商务商贸·

【概　况】 2017年，雨花台区新增商务商贸项目14个，累计新增商务商贸设施总面积73.8万平方米，完成年度目标105%。其中，10万平方米以上商务商贸项目8个，分别是：总面积25万平方米的软件谷丰盛商汇项目封顶，新增面积7.1万平方米；总面积44万平方米的软件谷信息安全产业园项目进行主体建设，新增面积19.9万平方米；总面积60万平方米的雨花经济开发区明发浦泰住宅项目新增面积3万平方米；板桥市场群内总面积18万平方米的新普迪市场一期项目进行基础建设，新增面积4.3万平方米；总面积86万平方米的雨花绿地之窗项目部分主体封顶，新增面积6.5万平方米；总面积63万平方米的雨花证大喜马拉雅中心进行主体建设，新增面积10.5万平方米；总面积34万平方米的绿地玉晖项目6栋住宅进行主体建设，新增面积9万平方米，商办楼宇办理前期手续；位于赛虹桥街道，总面积11.3万平方米的省供销社项目进行主体建设，新增面积4万平方米。

年内，雨花台区成立重大项目招商推进服务中心，抓实在谈项目，包括总投资近300亿元的16个重大在谈项目，推进苏宁足球小镇、环宇蓝博BORUI玻显投影、宏图生物医药等一批项目落地，推动将普洛斯智慧物流、泉康电子物流园、深业集团上城商业3个项目纳入全区在谈重大项目信息库。实施“走出去”“引进来”战略。开展节会招商，举办高铁枢纽专场招商、雨花台区创新型经济发展等主题推介会。在上海、广州、深圳等地围绕南京南站高铁枢纽经济、外贸可持续性发展等区内经济热点举办多场招商推荐会，扩大区域影响力。牵头组织多个招商机动小分队赴北京、广州、成都、苏州、深圳等地开展专题招商活动，捕获并推进京赢科技、信通院人工智能（南京）创新中心、清华同方研发项目等一批项目。推出招商联盟平台，落户云蚂蚁电商平台、璧禾农业电商平台等项目17个。全年全区引进重大项目33个，按产业类别分：总部、软件、研发类项目29个、房地产类项目3个、一般项目或工商业类项目1个。全年在谈项目48个，计划投资总额455亿元，其中10亿元以上项目10个，含计划总投资额150亿元的南京深业上城项目、计划总投资额50亿元的中粮集团商业项目、计划总投资额45.8亿元的富士康科技集团南京研发中心项目以及计划总投资额30亿元的复星C2M数据产业园项目等。其中，签约未注册项目15个，计划总投资额247亿元。

【南京南站商圈建成商务商贸设施40万平方米】 至2017年末，南京南站高铁枢纽经济

南京南站　　（区方志办　供稿）

区万科、绿地等6大商业综合体部分建成，建成商务商贸设施总面积40万平方米。其中，体量最大的绿地之窗项目占地20公顷、建筑面积86万平方米，新增商务商贸设施面积6.5万平方米，2幢甲级写字楼、1幢SOHO以及2幢挑高LOFT项目交付，签约入驻企业100余家。证大喜马拉雅中心项目占地9.33公顷、建筑面积63万平方米，新增面积10.5万平方米，一期5幢主体封顶，二期开工建设。其余在建3个项目有万科尚都荟、九都荟以及金轮星立方。

【中兴光电子总部入驻】 4月18日，由中兴通讯投资的中兴光电子总部入驻软件谷“互联网+”创星小镇科创城，属全省首个落户的光电子技术总部项目，办公场地面积近5000平方米。光电子技术是光通信系统核心，是支撑互联网、5G、云计算、大数据、物联网等网络技术发展关键技术，相关技术应用被称为“21世纪第一主导产业”。中兴光电子总部在南京大学、东南大学等高校招揽光电子领域博士、硕士等高层次专业人才30余名。

【参加“南京市战略性新兴产业(深圳)推介会”】 6月8日，雨花台区参加由南京市政府主办的“南京市战略性新兴产业(深圳)推介会”，签约项目3个，计划投资总额21亿元，分别是投资8亿元的华讯方舟南京研发中心项目、投资5亿元的盛博物联研发中心项目、投资8亿元的微步华东研发中心项目。参会同时，雨花台区副区长徐文进带队考察深业地产、迪蒙网络、招商局资本、信维通信4家企业，推进在谈项目3个，捕获项目信息5条。

【苏宁国际足球小镇落户】 （参见“雨花经济开发区”类目，第81页）

【软博会签约项目6个】 9月6—9日，软件谷在“第13届中国(南京)国际软件产品和信息服务交易博览会”（简称软博会）上签约项目6个，计划总投资额60亿元，分别为投资1500万元的高通联合创新中心、投资3亿元的复星C2M数据产业园、投资1.5亿元的亿嘉和机器人产业园、投资8亿元的万圣伟业研发及办公总部、投资5亿元的微步华东研发中心以及投资2亿元的浩丰科技南京总部暨研发中心等。其中高通联合创新中心项目是高通企业在国内设立的首个创新中心。

【金洽会签约项目26个】 9月11—16日，雨花台区在“2017中国南京金秋经贸洽谈会”(简称金洽会)上签约项目26个，计划总投资额399亿元。其中，市签约项目3个，均为软件研发类项目，计划总投资额66亿元，分别为总投资额为1.5亿美元的运满满互联网物流项目、总投资额为11亿元的软件谷金融科技产业园项目、总投资额为45亿元的富士康科技集团南京研发中心项目；区专场活动签约项目23个，计划总投资额333亿元，含软件研发类项目12个、商业类项目5个、项目物流项目3个以及房地产项目3个。区专场邀请到会客商150余人，会上举行国家级双创示范基地启动仪式。

（刘小楚）

·农贸市场·

【概　况】 2017年，雨花台区新开2家农贸市场，即雨花农贸市场和绿洲南路农贸市场，关闭新绿农贸市场，至年末全区注册农贸市场29家。年内，区商务局组织5家农贸市场参加市级绿色农贸市场创建，获评示范绿色农贸市场2家、达标绿色农贸市场3家。根据商务部考核要求，推进各农贸市场节点猪肉和蔬菜追溯数据情况梳理，选择整体管理水平较好的明尚农贸市场替代福升农贸市场进行数据上报。同时，为善水湾农贸市场及凤翔新城农贸市场增配追溯秤，为新建的雨花农贸市场配发追溯秤。根据市政府《关于印发南京市农贸市场提档升级精细化长效管理工作行动计划的通知》，制定3年农贸市场升级改造计划数14家。

【制定农贸市场3年升级改造计划】 2017年，雨花台区通过多次调研摸底，制定雨花台区农贸市场3年升级改造计划，规划改造农贸市场14家，于2017年改造3家、2018年改造7家、2019年改造4家。年内，善水湾农贸市场、雨花农贸市场和金土地农贸市场序时完成改造，投资总额368万元。（刘小楚）

【绿洲南路农贸市场开业】 3月15日，绿洲南路农贸市场开业，位于板桥街道新建社区绿洲经济适用房小区内，投资规模271万元，营业面积2800平方米，摊位数129个，其中蔬菜摊位79个，隶属板桥街道物业管理公司管理。

【雨花农贸市场开业】 7月2日，雨花农贸市场开业，位于花神大道11号，投资规模109万元，营业面积2400平方米，摊位数50个，其中蔬菜摊位7个，隶属江苏鑫时凯城市建设发展有限公司雨花农贸市场分公司管理。

（封　峰）

2017年雨花台区农贸市场情况一览表

表5

序号	名　称	地　点	营业面积（平方米）	开业时间（年）	摊位数（个）	
					总摊位数	蔬菜摊位数
1	能仁里农贸市场	雨花街道能仁里二村	3800	1994	204	94
2	菊花农贸市场	赛虹桥街道小行尤家凹	800	2005	30	5
3	矿部农贸市场	西善桥街道郑家村	5700	1992	320	160
4	板桥雄风农贸市场	板桥街道板桥拥军大道	3600	1998	240	150
5	梅山集贸市场	梅山街道205国道	4566	1999	380	294
6	铁心桥农贸市场	铁心桥街道凤石路1号	3000	2004	136	57
7	景明佳园农贸市场	铁心桥街道共青团路289号	1140	2004	56	31
8	阳城农贸市场	铁心桥街道春江新城	3200	2004	80	22
9	油坊桥农贸市场	西善桥街道贾东村	1268	2008	60	12
10	赛虹桥农贸市场	赛虹桥街道南河堤	2912	1993	117	16
11	阅城生鲜市场	雨花街道阅城国际小区	2800	2008	20	6

续表

序号	名　称	地　点	营业面积（平方米）	开业时间（年）	摊位数（个）	
					总摊位数	蔬菜摊位数
12	翠岭银河农贸市场	铁心桥街道翠岭银河小区	1000	2010	33	25
13	福升农贸市场	西善桥街道龙西路东升圆	1800	2010	25	10
14	大东农贸市场	赛虹桥街道雨花西路 128 号	2000	2010	40	20
15	凤翔新城农贸市场	铁心桥街道宁双路 7 号	1350	2011	40	31
16	春园路农贸市场	铁心桥街道春园路 30 号	1110	2011	35	20
17	古雄新居农贸市场	板桥新城	1400	2011	35	20
18	梅欣农贸市场	梅山街道副井	1360	1997	48	30
19	宁南生鲜市场	雨花街道丁墙村	2686	2006	120	30
20	汇益嘉农贸市场	赛虹桥街道金铺花园	2000	2013	80	20
21	西善桥农贸市场	西善桥街道西善桥街	1500	1999	78	53
22	春晓农贸市场	铁心桥街道大定坊	1500	2011	70	26
23	西善花苑农贸市场	西善桥街道西善花苑	2900	2012	57	30
24	锦华新城农贸市场	雨花经济开发区	1700	2012	62	12
25	金土地农贸市场	板桥新城新湖大道 8 号	1900	2013	60	35
26	善水湾农贸市场	西善桥街道徐家 89 号	1900	2015	119	69
27	岱山明尚农贸市场	西善桥街道岱山盛家岗 9 号	2500	2016	83	24
28	绿洲南路农贸市场	板桥街道新建社区绿洲经济适用房小区内	2800	2017	129	79
29	雨花农贸市场	雨花街道花神大道 11 号	2400	2017	50	7

·烟草专营·

【概　况】 2017年，雨花台区烟草专卖部门销售卷烟28119箱，同比上年增长1.40%；实现卷烟销售额11.48亿元，同比上年增长4.97%；卷烟平均单价163.20元/条，同比上年增长3.59%。全年查获各类涉烟违法案件226起，查获各类涉案卷烟17694.7条。在辖区卷烟零售户店开展“法律巡讲”活动10余次，宣传烟草法律法规、解答各类咨询158起。

【破获“11·16”非法经营卷烟网络案件】 4月，烟草四分局配合市、区两级公安部门联合侦办“11·16”非法经营卷烟网络案件。办案人员根据公安部门提供的案件线索，对辖区涉嫌销售假烟的零售户开展明察暗访，锁定涉烟案件嫌疑人，在南京、苏州等地同时收网。现场查获涉案卷烟5846.9条，涉案总价值约186万元，刑事拘留涉案嫌疑人7名，逮捕3人。

【开展违法违规卖烟大户专项整治】 4月，烟草四分局召开违法违规经营卷烟大户专项整治行动动员会，针对经营卷烟大户违法收购、批发卷烟行为，部署“内管调查”“联动协作”等行动。全年排查、处理涉及经营卷烟大户内管预警信息1233起，开展违规经营卷烟大户行政约谈11次，与经营卷烟大户签订守法经营卷烟承诺书55份，责令经营卷烟大户停业整顿4户，取消违法违规经营卷烟大户经营资格1户，有效维护辖区卷烟市场稳定。

【开展零售客户卷烟规范经营承诺宣传】 4月，烟草四分局开展倡导销售卷烟单条价格不超千元和零售客户规范经营承诺活动，稳定卷烟市场秩序，防止价格炒作。烟草四分局稽查部门和客服部门联合建立卷烟市场跟踪机制，针对性开展专销沟通和监督管理，规范零售客户经营行为。其间，烟草四分局与近1400家卷烟零售客户签订《守法经营卷烟承诺书》。

【“6·29”烟草普法宣传】 6月，烟草四分局借助《中华人民共和国烟草专卖法》颁布26周年契机，在雨花台区福润雅居社区广场开展烟草普法宣传进社区活动，向群众宣传烟草专卖法律法规，传授真假烟辨别技巧，提供烟草专卖零售许可证办理政策、流程等咨询。现场接待市民咨询80人次，发放烟草普法宣传资料150余份。

（仇　斌）

·雨花国际汽车商贸区·

【概　况】 2017年，雨花国际汽车商贸区新开业汽车4S店5家，园区累计营业汽车4S店9家，分别为：江苏世贸泰信捷路汽车销售服务有限公司捷豹路虎品牌汽车4S店（新开业）、南京万德友汽车销售服务有限公司奥迪品牌汽车4S店、福联（中国）汽车有限公司福特品牌汽车4S店（新开业）、福联（中国）汽车有限公司林肯品牌汽车4S店（新开业）、南京万宝行汽车销售服务有限公司宝马品牌汽车4S店（新开业）、南京汉虹汽车服务有限公司东风日产品牌汽车4S店（新开业）、江苏中驰汽车销售服务有限公司奔驰品牌汽车4S店、追星汽车销售服务（南京）有限公司保时捷品牌汽车4S店、南京世贸泰信汽车销售服务有限公司沃尔沃品牌汽车4S店。年内，园区接入供电配网，工程总投资额3100万元（含新增900万元），建设配网管线3千米，配置环网柜15台。投入52万元，在汽渡路入口及一期7条道路安装形象标识牌1组、单体道路指示标识15个。全年社会消费品零售总额21.3亿元，在建项目4个、待建项

12月5日，南京万宝行宝马品牌4S店开业　（雨花经济开发区　供稿）

目7个。南京雨花国际汽车商贸区微信公众平台上线。

【在建项目4个】 2017年，雨花国际汽车商贸区在建项目4个。其中，新开工项目1个，即江苏文华投资有限公司英菲尼迪品牌汽车4S店，年底正在进行桩基施工；主体竣工项目3个，分别为：江苏致成汽车销售服务有限公司东风标致品牌汽车4S店、江苏东源汽车销售服务有限公司进口现代品牌汽车4S店、南京大有贸易有限公司长安品牌汽车4S店。

【待建项目7个】 年内，雨花国际汽贸区待建项目7个，分别为：江苏省苏舜集团有限公司克莱斯勒品牌汽车4S店、江苏恒通汽车有限公司东风本田品牌汽车4S店、江苏万帮汽车有限公司北京现代品牌汽车4S店、江苏天泓汽车集团有限公司凯迪拉克品牌汽车4S店、南京威程汽车销售服务有限公司广州本田品牌汽车4S店、南京蓝盾汽车销售服务有限公司雪佛兰品牌汽车4S店、南京朗驰集团有限公司一汽丰田品牌汽车4S店，均在办理项目开工建设前期手续。南京朗驰集团有限公司通过土地招拍挂取得G95、G96地块土地使用权，规划建设一汽丰田和广汽传祺品牌汽车4S店；与苏州天利和集团签订项目建设投资协议书，建设玛莎拉蒂、阿尔法罗密欧品牌汽车4S店，正在办理用地规划要点。

【签约玛莎拉蒂、阿尔法罗密欧品牌汽车4S店】9月18日，雨花经济开发区管委会与苏州天利和汽车实业有限公司签订“玛莎拉蒂、阿尔法罗密欧品牌汽车4S店”项目投资协议书。该项目用地位于汽贸区Soa010-01-07-16地块，规划面积0.53公顷，容积率2.0，总投资额1.2亿元。

【微信公众平台上线】 12月，“南京雨花国际汽车商贸区”微信公众平台上线，设有“雨花汽贸”“入驻4S店”“互动+”3个功能版块，定期发布雨花国际汽车商贸区最新动态，分享入驻品牌4S店实时资讯。至年末，平台发布动态信息16条，关注用户346户。（梁海山）

·板桥市场群·

【概况】 2017年，板桥市场群77.67公顷土地征转用工作全部办结。市场群2条主干道（三山矶路及跨线桥、中兴路南延）和4条内部道路（龙腾南路、三号街、南环路、北环路）建成。3条内部道路（龙飞南路、振兴西路、东环路）与新梅钢5号路完成管线综合规划、图审、招投标、施工许可等前期手续，累计进件审批40余件。振兴西路与205国道搭接许可审批手续完成。龙腾南路南侧与中兴路南延三期西侧新建绿化项目2500平方米。对中兴路南延段、三山矶路的乔灌木、草坪、绿篱实施绿化一级养护，成活率达95%以上。6.8公顷商办（商业和办公）剩余A地块出让被列入土地出让计划，正在进行项目招商、前期手续办理；5.93公顷G2地块商办调商住（商业和住宅）规划性质调整取得突破进展，正与规划部门协调报市政府审批。

【润泰市场管理服务】 年内，润泰市场1722间商铺开门率达65%。开展大走访活动期间，板桥街道走访市场经营户70家，收集涉及市场群建设和管理方面共性意见建议6条，提升市场管理服务。

【新普迪五金机电市场一期项目封顶】 12月，新普迪五金机电市场一期项目主体封顶。该项目占地7公顷，总投资额约8亿元，总建筑面积18万平方米，于上年12月6日开工建设。

【G1地块栖霞建设商住项目】 12月，G1地块栖霞建设商住项目完成可研、环评、立项、规划、招投标、质监与安监等前期手续，启动项目土方桩基施工。该项目占地7.6公顷，计划总投资额40亿元，建筑面积30万平方米，规划2期建设。 （张　瑛）

·外资外贸外包·

【概况】 2017年，全区新批外资项目29个（含增资项目5个、并购项目1个），投资总额2.06亿美元，协议利用外资1.98亿美元。其中，投资总额千万美元以上项目8个，分别为实力建业（南京）企业管理有限公司、南京大立云健康科技有限公司、南京运满满投资有限公司、安普瑞斯（南京）有限公司、莱绅通灵珠宝股份有限公司（增资）、南京德盈置业有限公司（增资）、南京泽天能源技术发展有限公司（外资并购）和雨开（南京）信息科技有限公司。实现注册外资实际到账2.4016亿美元。全年外贸进出口总额265.57亿元，同比增长26.42%。其中，出口总额178.78亿元，同比增长23.80%，出口总额占全市比重7.66%，位列全市第三。江苏舜天股份有限公司、上海梅山钢铁股份有限公司、南京康泊特进出口贸易有限公司、南京优思艾国际贸易有限公司、南京道尔医药科技有限公司、南京贸互达科技有限公司等重点外贸企业出口业绩同期增长。全年服务贸易进出口额2.52亿美元，同比增长23.2%，占全市比重5.9%。40家百万美元以上规模企业发展态势良好，累计实现服务贸易总额2.33亿美元，占全区比重92%。江苏苏宁体育产业有限公司、南京富士通南大软件技术有限公司、江苏舜天海外旅游有限公司、三星电子（中国）研发中心、江苏润和软件股份有限公司、诚迈科技（南京）股份有限公司等一批服务外包企业离岸外包发展迅速。

【雨花国家级服务外包基地入驻率100%】 2017年，雨花国家级服务外包基地形成以诚迈科技（南京）股份有限公司、南京百珏科技有限公司为主的软件服务外包，以泰立瑞信息技术有限公司为主的移动健康医疗，以南京兆米网络科技有限公司领军的电子商务3大特色产业集聚区，成功孵化江苏润和软件股份有限公司、诚迈科技（南京）股份有限公司、江苏吉美思股份有限公司3家上市企业。至年末，基地新增企业8家，入驻企业累计25家，入驻率100%，从业人员1600余人。

【外贸企业跟踪服务】 年内，雨花台区对市政府下发的各项外贸政策落实跟踪，沿用“雨花台区重点外贸企业联系服务小组”，为辖区外贸企业减负增效，加大稳增长政策落实力度，制定《雨花台区开放型经济考核奖励办法》。与市业务部门加强沟通，获市商务局、金陵海关等部门支持并与金陵海关签订《中华人民共和国金陵海关雨花台区人民政府备忘录》，推动全区外贸发展。走访舜天、苏豪、上海梅山钢铁、通孚礼品、康泊特等重点外贸企业，保证企业出口稳定。梅钢集团全年完成出口额28亿元，同比增长35%；舜天集团出口额41

亿元，同比增长18%；通孚礼品（含佳意得）业务量增长100%以上。利用网络平台，发布各类展会50余场，组织召开“外贸业务培训会”和“小微企业融资政策宣讲会”等专题培训会。帮助区内外经贸企业申报各类扶持资金累计1000余万元。办理外贸经营者备案登记企业50余家，变更企业150余家。

【服务贸易企业政策扶持】 年内，雨花台区推动制定区级服务贸易扶持政策。结合“大走访”活动，向服务贸易企业宣传《南京市国际服务贸易专项资金管理办法》，帮助企业争取扶持资金。调研三星电子、苏宁、凯易讯和富士通南大等在全区服务贸易占比较重企业，保障企业数据落地，确保服务贸易稳步增长。全年全区服务贸易进出口额2.52亿美元，同比增长23.2%。（刘小楚）

旅游业

·概　述·

【概　况】 2017年，雨花台区拥有雨花台风景区、南京科技馆2家AAAA级旅游景区，梅山宾馆1家三星级宾馆。各类旅行社有71家，包含新增旅行社4家、旅行社服务网点8家、旅行社分社4家。景区全年接待海内外旅游者611万人次，其中接待国内旅游者606.8万人次、入境旅游者4.2万人次，辖区旅游营业收入4.99亿元。

年内，雨花台区开展旅游市场“一日游、低价招徕、合法经营、文明旅游、不合理低价游”专项检查79次，累计检查旅行社、服务网点及分社61家，出动检查人员158人次。召开全区旅游质监工作会议和旅游安全工作会议，组织旅游从业人员参加市级旅游培训4次。发放文明旅游、抵制不合理低价游宣传单和宣传手册1500份。全年处理旅游投诉84件，其中“12345”旅游工单35件、市旅游行政执法支队转办工单44件、旅游电话投诉5件，处理率100%。“微游雨花”微信平台推出帖子157期、计471条，其中原创帖160条。江苏省中山国际旅行社获评四星级旅行社。

【全面摸底雨花旅游资源】 4—10月，由区文化局牵头编制的《雨花台区旅游资源调查》初稿完成。内容按照雨花台区自然旅游资源、人文旅游资源以及休闲旅游资源3大类，对辖区景点、文物古迹、山川河流、住宿餐饮和购物场所等实际摸底整理与补充，全面反映该区与旅游相关各类资源。

【2017春牛首踏青节】 5月20日，由区文化（旅游）局、区级机关工委联合主办，软件谷文化旅游发展有限公司协办的“雨花台区2017春牛首踏青节开幕式暨首届国际汉服展演”在雨花台区牛首山北坡景区举办。活动以欢乐跑为主线，同时举办汉服展示表演、古代趣味运动体验、民俗文化体验展示等。推出“三线、一园、多精品”旅游套餐以及“春满雨花”一日游活动，打造本土旅游文化品牌。开通“雨花美景随手拍”线上图片征集、“VR实景游雨花”活动，让游客足不出户领略雨花美景。春牛首活动期间参与人数近千人。（祁　栋）

2017年雨花台区新增旅行社（含服务网点、分社）一览表

表6

序号	旅行社名称	地址	备案时间
1	江苏全景国际旅行社有限公司	南京市雨花台区玉兰路99号明发商业广场1幢2499室	1月6日
2	四川蜀秀假期国际旅行社有限公司南京分公司	南京市雨花台区玉兰路99号1栋2281-2282室	1月19日
3	腾邦旅游集团有限公司南京分公司	南京雨花台区凤展路30号2幢2201室	2月7日
4	成都市中海旅行社有限公司南京分公司	南京雨花台区赛虹桥街道安德里30号玻纤院电子大厦406室	2月22日
5	江苏省中旅旅游航空服务有限公司赛虹桥营业部	南京市雨花台区赛虹桥街道雨花西路128号11幢103室	4月7日
6	江苏金陵商务国际旅行社有限责任公司小行路营业部	南京市雨花台区小行路6号创E梦工场4栋3楼	5月9日
7	中国康辉南京国际旅行社有限责任公司铁心桥营业部	南京市雨花台区铁心桥街道韩府山庄二期18号门面房	5月27日
8	南京驴妈妈国际旅行社有限公司雄风路营业部	南京市雨花台区板桥街道雄风路486号汪海商业街道南侧2号楼门面房2121号	5月27日
9	南京腾邦国际商务旅游有限公司	南京市雨花台凤展路30号2幢22楼	6月19日
10	江苏百事通国际旅行社有限公司板桥新城营业部	南京市雨花台区板桥新城管委会班谷路1号	7月6日
11	南京浩鼎星途旅行社	南京市雨花台区雨花街道绿都大道4号520室	7月7日
12	安邦南京国际旅行社有限公司	雨花台区小行路6号4号楼303室	8月4日
13	江苏金陵商务国际旅行社有限责任公司软件大道营业部	南京市雨花台区软件大道170-1号4幢601室	9月22日
14	南京德高国际旅游有限公司梅山营业部	南京市雨花台区梅山街道205国道梅山段203道口梅山商务楼	9月29日
15	江苏景尚国际旅行社有限公司长虹路营业部	南京市雨花台区赛虹桥街道长虹路222号1幢1314室（虹悦城内）	10月17日
16	福建中信国际旅行社有限公司南京分公司	南京市雨花台雨花街道玉兰路99号明发商业城1幢2445号	12月1日

·雨花台风景区·

【概　况】2017年,雨花台风景区重点实施雨花台烈士纪念馆展陈改造与核心景区景观提升改造两大工程,完善景区基础服务设施建设;发展红色文化事业。于清明节期间,开展"红色文化看传承·不忘初心大道行"主题活动,40余个雨花台烈士家庭、近180位烈士亲属参加;举办"纪念何宝珍诞辰115周年书法展暨座谈会"。省、市部门举办江苏省暨南京市青少年凭吊革命先烈、省公安厅公安英烈墙凭吊、越剧《丁香》演出等活动。"9·30"烈士纪念日期间,配合举办江苏省暨南京市各界向雨花台烈士敬献花篮活动、江苏省暨南京市新婚夫妇向革命烈士献花活动。配合话剧《雨花台》全国巡演,在省内7座城市8所高校举办《信仰的力量——雨花英烈事迹巡展》35场,观众量3.5万人次。与市地方志编纂委员会办公室合作举办纪念建军90周年"雨花碧血映军魂"专题展览。联合市委宣传部、市文联主办"金陵五月风"第11届南京文学艺术节开幕式之《信仰之歌——雨花颂系列歌曲》作品发布会与听评会。举办"2017阅读南京"《雨花英烈家书》领读系列活动,组织线上导读、线下寻访和专家讲座。联合凤凰网江苏频道打造"红色记忆·中国雨花台"宣传专题。推出"历史上的雨花台""口述史"等系列专栏,展示雨花台人文历史、红色故事、英烈文化等。与群众网联合策划推出《日诵经典》雨花英烈书信选诵专栏。与《南京日报》合作,在头版刊发雨花英烈近亲属口述史征集报道,与南京广播电台联合策划推出"南京名人名篇诵读"系列之雨花英烈专题。开展完成吕惠生、黄叔雷等10位烈士亲属口述史料采集与研究。征集到邹毅、于以振烈士遗物原件5套、计21件。编辑出版《雨花英烈家书》(卷二)、《雨花英烈诗词》《雨花英烈日记》书籍。以"不忘初心、牢记使命"为主题,启动《初心永恒》教育读本编撰。编写完成《全国爱国主义教育示范基地巡礼》系列图书雨花台册。全年景区接待游客531.49万人次,接待党政机关、企事业单位、社会团体参观169家。开展红色文化主题活动21场,雨花石展、生态文明教育活动24场。增挂雨花台干部学院、雨花台烈士纪念馆牌子,爱国主义教育和党性教育功能彰显突出。长效管理景区4个"南京市城市治理标准化示范单元",即雨花台烈士陵园区、雨花台烈士纪念馆、雨花石文化区、曦园办公区。年内,生态密林区被市城治委标准化示范单元评审工作小组评为"南京市城市治理标准化示范单元"。

5月4日,话剧《雨花台》在南京大学首演

(雨花台烈士陵园管理局　供稿)

【举办雨花石主题展】 2017年，雨花台烈士陵园管理局举办雨花石主题展2场。在雨花石博物馆举办“红红的雨花石”系列展，展出中国收藏家协会雨花石收藏家朱言荣收藏的祖国美之四季月份、民族大团结之人物集锦、祖国颂之统一大业等6大系列146枚雨花石。联合南京雨花石协会首次举办“石上飞虹” 2017庆国庆迎盛会雨花蛋白石展，展出68位收藏家雨花蛋白石藏品109组、雨花蛋白石雕件藏品40件。

【雨花台干部学院挂牌】 6月28日，雨花台干部学院在雨花台烈士陵园挂牌成立，学院由南京市委组织部负责管理。学院以“坚守信念、不忘初心”为校训，秉承“党字当头、特色立院、质量为本、管理求精”办学理念，初步设计开发独具特色主题课、专题课为主，特色课程为辅的“1+6+N教学课程体系”。依托社会力量，组建学院教学、师资、管理“3+3智力支撑团队”，形成《雨花台干部学院发展规划（2017—2021）》《雨花台干部学院课程体系设置》。年内，学院办学班次20余个，培训各级党员干部2500余人，组织“雨花英烈精神”课堂进高校并组织网上直播，点击率10万余人次。

【“雨花碧血映军魂”专题展】 7月26日，纪念建军90周年“雨花碧血映军魂”专题展览在雨花台烈士陵园纪念碑开幕，由中共南京市委宣传部、南京市雨花台烈士陵园管理局、南京市地方志编纂委员会办公室联合主办。展览分举义群英、红军骨干、抗日先锋、决战功臣4部分，展出近200张展现烈士生平事迹照片和史料图片，其中部分图片为首次公开。中共南京市委、中国第二历史档案馆、南京市妇联等单位相继组织参观。

【核心景区景观提升改造】 8月10日，雨花台烈士陵园核心景区景观提升改造工程开工建设，计划投资额3570万元。该工程主要包括陵园中轴线景观提升，东、西主干道环境提升，东殉难处、知名烈士墓、盆景园等重要节点景观提升，以及公厕、经营摊点、休闲座椅等基础服务设施升级改造等。

6月28日，市委副书记、市委党校校长龙翔（右一），江苏省委组织部副部长郑跃奇（右二）在雨花台烈士纪念馆为雨花台干部学院揭牌

（雨花台烈士陵园管理局　供稿）

【第二批《雨花忠魂》系列纪实文学丛书首发】 9月26日，《雨花忠魂》系列纪实文学丛书*第二批10本首发式在雨花台烈士纪念馆举行，撰写

雨花英烈有施滉、金佛庄、黄励、徐楚光、谢文锦、陈原道、侯绍裘、吕惠生、谭寿林、李耘生。

★链接 《雨花忠魂》系列纪实文学丛书是由省委宣传部、省作家协会联合组织的一项文学工程，自2015年启动，计划到2020年完成100位雨花台殉难英烈长篇纪实文学创作出版。

9月26日，《雨花忠魂》系列纪实文学丛书第二批首发式在雨花台烈士纪念馆举行

（雨花台烈士陵园管理局　供稿）

【雨花台烈士纪念馆展陈改造完工】 11月15日，雨花台烈士纪念馆展陈改造工程完工，总投资额约4500万元。该工程于3月启动，主要改造纪念馆4550平方米展厅，包括基本陈列展厅中基础装饰与电气改造、陈列专业改造、基础布展工程改造、多媒体交互展项改造、场景与艺术品提升改造、文物展柜设置，以及电子空间导览建设、网上数字纪念馆（网上虚拟展示）建设、展厅视频图片资料整理、历史图片数字修复、文物征集修复等。改造完成后，馆内上版陈列烈士179位，展出图片496张、文物藏品407套828件。（张亚蕾）

·南京科技馆·

【概　况】 2017年，南京科技馆免费开放268天，累计接待游客79.5万人次，年末从业人数109人。引进“遇见更好的你——心理学专题展”“虚拟现实技术主题科普展览”“百度AI人工智能展”“‘我们生活在南京’野生动物摄影科普展”等展览，举办全国“科技工作者日”、首届江苏省优秀科学实验和科学表演项目巡演、新春特别活动——“‘年’的传说”、“世界气象日”科普公益活动、“保护穿山甲”行动、“悦读彩虹”疯狂万圣节、海峡两岸青少年夏令营、科技馆奇妙夜、南京市民新能源汽车科普周等科普活动。打造品牌科普展教活动“一课一秀一探究”（即科学实验秀、玩转科学课、科学探究课），组织开展“科普报告进校园”“流动科技馆进校园”活动。年内，南京科技馆获江苏省科技服务业“百强”机构、江苏省公共文化设施学雷锋志愿服务示范单位、南京市“平安景区”示范单位等称号。

【景区常设展览升级改造】 年内，南京科技馆完成“机器人世界”展区和“610”展区升级改造，建成“红十字生命健康人道救助体验馆”。改造后，“机器人世界”包含“机器人劲舞团”“机器人剑客”“机器人钢琴王子”“买买提售货机器人”以及绘画机器人、迎宾机器人、机器人流水线、机器鱼、古代机器人、无人机等展项；“610”展区新增反邪教互动展项。“红十字生命健康人道救助体验馆”设立“三献展

区”“应急救护”“创伤救护”3个展区，展厅内播放的《白金十分钟》《海姆立克的拥抱》2支急救MV，网络点击率均超400万次。

【应急避难场所建成】 年内，南京科技馆应急避难场所工程完工。景区避难场所分“城市级综合功能区”和“应急篷宿区”2大功能区。综合功能区包括应急指挥中心1处、城市级应急医疗救护中心1处、城市级应急物资储备区1处、直升机停机坪1处、专业救灾队集散广场1处、大型救灾设备和应急停车场3处。直升机停机坪设置在礼仪广场。应急篷宿区设置在广场和树林草坪间，划分为6个避难管理单元和20个住宿组（住宿团），每个管理单元各设1个集中供水点、医疗救护站与卫生防疫站、物资分发点、管理服务点等。南京科技馆应急避难场所可供避难人数约4.35万人，属南京市最大应急避难场所。

【“遇见更好的你”心理学展】 4—6月，南京科技馆引进中国科协技术馆原创心理学展，在主体馆一楼展出。展览以“完善自我，理解他人，遇见更好的你”为主题，分“认识自己，发现与众不同的你”“管理情绪，塑造心境平和的你”“理解他人，成为善于沟通的你”“释放压力，追寻健康心态的你”“突破自我，创造幸福认识的你”5大板块，展览面积约800平方米，展出互动展品及系列图片35件，融入心理健康知识、心理科研成果，以互动游戏体验方式，引导观众客观认识自我，科学管理调节情绪。该展览累计吸引游客观展21万人次。

【VR虚拟现实技术展】 8—11月，南京科技馆主办“虚拟现实技术主题科普展”。展览以“VR改变未来生活”为主线，采用“互动体验+科普活动”形式，设置VR无人机体验区、VR创客脑力开发区、VR&AR主题教育区、全息魔盒观看区、VR互动体验区、MR观看体验区和AR技术展示区等7大主题体验区，通过展览展示、互动体验和五大科普教育活动3个维度分别介绍VR、AR、MR以及全息技术原理、发展历程与各行业应用。同时围绕“VR+科普教育”策划并设计VR+英语教育、专家课堂——HR、MR技术原理分析、VR专家沙龙、VR无人机竞技以及“当乐高遇上VR”等系列科普活动。展览吸引游客参观体验23万人次。

【第二届全国青少年陆地机器人大赛】 8月18—19日，第二届全国青少年陆地机器人大赛在南京科技馆举办，由国家体育总局社会体育指导中心、教育部体育卫生与艺术教育司、中国机器人运动工作委员会、全国学校体育联盟机器人工作委员会主办，中国机器人运动工作委员会江苏委员会、全国学校体育联盟机器人工作委员会驻江苏联络办公室、南京科技馆承办。比赛以“运动炫科技，智慧赢未来”为主题，分机器人科学主题创意赛、机器人障碍接力赛、机器人竞速赛3个赛事，全国各省、市地区100余支参赛队伍、计500余名选手参与竞技，决出冠、亚、季军队伍9支。

【第29届金钥匙科技竞赛南京地区团体赛】 10月21日，由南京市科协和市教育局主办，南京科技馆承办的“第29届国际科学与和平周全国中小学生金钥匙科技竞赛南京地区团体赛”在南京科技馆闭幕。该项赛事3月启动，全市各区组建的17支代表队，经过科学素养题、综合应用题和动手实践题3个环节角逐，雨花台区代表队、玄武区代表队、江宁区代表队和江北新区代表队获团体赛一等奖，并将代表南京市出战省级赛事。南京市天景山小学张娅彤、共青团路中学韩马成和雨花台中学郭瀚予分获小学组、初中组和高中组竞赛最佳选手奖。

【“我们生活在南京”野生动物摄影科普展】 12月23日，由南京市科协、南京科技馆等数十家单位联合举办的“我们生活在南京”野生动物摄影科普展在南京科技馆开幕，属南京市首次举办的本土野生动物综合类摄影科普展。展览分“多彩城市”“狂野森林”“魅力湿地”3个部分，展出南京境内哺乳动物、鸟类、昆虫、两栖爬行动物240余种、计300余幅作品，呈现南京城市、森林、湿地3个不同环境中各种不同野生动物。由南京林业大学广播电视学专业和南京守望自然科普中心联合出品的《万物有灵》系列微纪录片在开幕式上首映。该展览持续半年。（顾　璇）

农　业

【概　况】 2017年，雨花台区完成农林牧渔及农林牧渔服务业总产值1.28亿元，比上年下降15.4%。其中，农业产值完成2251万元，下降0.6%；林业产值完成9642万元，下降4.3%；渔业产值完成895万元，下降0.7%。年内，雨花台区建立健全农产品质量安全工作责任人网络，与5个涉农街道和园区签订农产品质量安全责任书，与16个村签订目标考核任务书，与6家农产品加工仓储企业签订农产品质量安全承诺书，与7家农资经营户签订诚信守法经营责任书。全年开展各类送科技下乡及业务培训活动6次，发布病虫防治信息9期，完成7个土壤监测点土壤、农产品采样。

【农村集体资产管理】 年内，雨花台区开展农村集体资产管理专项治理。督促各街道整改完善资产资源台账，组织清查不良资产和债权债务3179笔，涉及金额1.35亿元，解决农村资产管理家底不清、账实不符老大难问题。组织清查出179项问题合同，督促整改，规范合同管理。建设完成全区“新中大农村财务管理信息化”和“农村集体资产清产核资信息化系统”2个平台，清产核资工作率先实现数据上传，通过系统平衡检测，率先实现信息化管理，清产核资数据可查、可用、汇总平衡指标在市级考核验收中获评优秀。完成全区19个涉农社区清产核资。结合区情，对铁心桥街道高家库社区、板桥街道三山社区2个单位实行农村股份制改革试点，分别推进以“资产收益”“土地收益”为核心的股份合作制改革实践，形成两种类型股改案例。通过清产核资、资格界定、确权登记、股权设置、组建社区股份合作社等5个步骤盘活农村资源要素，壮大集体经济。在全市率先推进涉农资金“社务卡”结算改革试点，选举板桥街道作为“社务卡”结算试点取得成功，从源头上防范“四风”问题及腐败行为发生，为涉农资金管理探索新路径。

【农产品质量安全监管】 年内，雨花台区推行农产品质量安全监管网格化管理，建立“全面覆盖、全程监管、权责明晰、精细管理、科学高效”的区、街、村三级农产品质量安全网格化责任监管网络，农产品质量安全移动监管平台投入日常工作监管中。建立不使用禁用药物承诺制度和农产品质量安全承诺制度，落实生产记录档案制度，建立农产品产地准出制度。全年抽检出栏生猪“瘦肉精” 292份，合格率100%；速测蔬菜检测样品5000余个，未发现异样品；市、区相关部门抽检蔬菜（瓜果）样品64个、畜禽产品10个，未发现非法添加使用禁限用农药兽药行为，对部分样品超标现象整改处置，处置率100%。

【动物疫病防治】 年内，雨花台区完成重大动物疫病三大防疫突击战（春、夏、秋季免疫注射）和抗体抽样检测。春防免疫注射生猪671头、家禽18321只，抗体检测合格率100%；夏防免疫注射生猪107头、家禽6210只，抗体检测合格率93%；秋防免疫注射生猪442头、家禽8582只，送市检测采样40份，抗体检测合格率97.5%，总体优于省市标准。通过省、市级对农业血吸虫病消除评估验收，按序完成市级下达的家畜血吸虫病2次普查以及对畜禽实行预防性投药化疗。

【畜禽污染防治】 年内，雨花台区通过省、市环保部门对该区畜禽关停整治督查验收。通过制订《雨花台区畜禽养殖场所综合治理及长效管理实施方案》，“禁养区”安排专人联合各片区防治员不定期进行巡查，防止反弹；对“限养区”各街道自施压力，关停不符合环保排放条件养殖户，把生猪存栏50头以上、家禽存栏500羽以上养殖户列为整治对象，关停生猪养殖8户、家禽养殖1户，清理生猪1872头、家禽3420羽。

【农机安全监管】 年内，雨花台区与街道、村和农机手签订安全责任书92份，签订率100%。开展执法检查21次，出动检查人员95人次、检查车辆120余辆。组织开展农机安全生产隐患排查2次，排查各类农业机械138台，整改一般隐患农业机械4台，未发现重大安全隐患。培训农机人员63名，其中职业技能鉴定16人。全年未发生农机伤亡事故，农机监理业务和农机执法工作无违法违纪行为。

（赵　冰）

雨花台年鉴

2018 YUHUATAI ALMANAC

经济管理与监督

2018 YUHUATAI ALMANAC

Ecological Environment and Construction

财政管理

【概　况】2017年，全区一般公共预算收入（包括地方固定收入以及中央与地方共享收入中地方所得部分）完成72.4亿元，同口径增长12%。其中，税收收入完成66亿元，占收入总量91.16%，非税收入完成6.4亿元，占收入总量8.84%。收入总量主要集中在软件业、商贸服务业、房地产业、制造业和建筑业五大板块，共实现一般公共预算收入61.49亿元，占全区一般公共预算收入84.74%；收入增量主要集中在软件业、商贸服务业和建筑业三大板块，分别增幅5.48亿元、4.13亿元和0.94亿元。全区一般公共预算支出为63.3亿元，增长14.3%。其中，区本级支出28.8亿元，增长4%；街道（园区）支出21.9亿元，增长12.9%；新增债券支出3.5亿元，增长16.7%；上级转移支付支出9.1亿元，增长67.5%。“三公”经费同比下降29.8%。政府性基金预算支出为49.6亿元，其中上级专项转移支付37.7亿元，主要是土地出让金，全部用于拆迁、征收、安置和基础设施建设。

【民生事业发展】2017年，区财政部门科学调度民生保障资金，支持教育、卫生、民政、文化和体育等民生事业发展，增强民生保障的可持续性。教育支出10.4亿元，用于加快学校建设、深化集团化办学、优化师资队伍建设、普惠学前教育、加大公办幼儿园投入力度、推行政府购岗服务等；卫生支出2.3亿元，用于“院府合作”、保障基层医疗机构人才队伍建设和基本公共卫生；社会保障资金1.2亿元，用于补贴城乡居民养老保险、被征地人群生活保障、提高城乡低保和救助标准、补贴“三无”老年人员、支持智慧养老、居家养老及养老机构建设等。文化体育支出2亿元，用于提升公共文化体育服务能力；民生支出0.4亿元，用于加强应急管理、食品药品安全、安全生产等。

【城乡统筹发展】2017年，区财政部门进一步优化财政支出结构，深入提升社会治理能力，着力改善区域环境面貌，统筹推进城乡发展。安排1.7亿元，用于提高政府公共服务和社会治理能力；安排0.3亿元，用于着力推广新能源汽车和建设公共自行车站点；安排2.5亿元，用于市政道路整治、绿化管养、垃圾分类、环卫保洁等；安排1.2亿元，用于实施黑臭河整治、雨污分流、防汛消险和沿河环境整治等工程建设；安排0.3亿元，用于对全区47座公共厕所进行标准化改造；安排0.6亿元，用于分担污染减排、大气环境质量、地表水省考断面水质经费；安排0.1亿元，用于完成砂砾层生态保护区保护、耕地保护和地质矿产环境保护工作；安排0.1亿元，用于完成将军山风景区、三桥湿地公园界碑落地工作。

【政府采购管理】2017年，区财政部门规范政府采购预算管理，充分运用政府采购网络平台，实现对年初采购预算有效约束，全年组织采购活动1227次，采购预算金额5.8亿元，实际采购金额4.8亿元，资金节约率17.2%，其中公开招标项目预算占全年政府采购预算比重83.2%。

【绩效监督管理】2017年，区财政部门将绩效目标申报嵌入预算编制系统之中，年初申报绩效目标项目92个，涉及项目预算资金7.3亿元；试点预算绩效前评价，对区卫计局“府院合作”项目五大类28个子项目进行绩效综合评价，评价项目资金0.4亿元，核定项目预算0.2亿元；实施绩效目标跟踪，对已实施86个项目中填报绩效目标执行情况的48个项目进行绩效跟踪，涉及项目资金4.8亿元；开展绩效评价工作，对教师内涵发展专项、科技发展计划专项、科创人才引进计划专项开展财政绩效评价。督促区卫计局对“府院合作”项目开展部门绩效评价，评价项目资金1.1亿元。强化财政监督检查，对教育、产业发展、惠农补贴、城市管理等7个项目0.53亿元资金开展专项资金检查；与区纪委、区审计联合对全区31家行政事业单位、基层社区2014—2016年度“三公”经费支出和制度执行情况进行专项检查。

【财政综合改革】 2017年，区财政部门进一步完善全面规范、公开透明现代预算制度，公开53个区级一级预算单位和9个街道（园区）预决算信息，同步部署预决算公开情况检查工作。全面统筹财政存量资金，从财政专户资金、部门结余结转资金、当年未实施项目资金、往年结转项目资金四个方面盘活存量资金。加强预算执行支出进度管理，跟踪年初预算项目实施进度，督促全区项目尽早实施、尽快推进。完善预算管理机制，将政府性债务还本付息纳入年初预算，根据批准限额调整预算，建立地方政府债务限额和债务调整随同预算公开的常态机制。健全债务风险防范机制，成立地方政府性债务管理领导小组，出台债务应急处置预案、债务风险预警办法、债务风险化解方案等文件，依法依规、科学界定政府与平台公司间债务关系。（闫　平）

税务管理

·国家税务·

【概　况】 2017年，区国税局组织市级税收总收入80.37亿元，同比增收25.73亿元，增幅47.08%；组织市级公共财政预算收入38.56亿元，同比增收13.64亿元，增幅54.74%。组织区级税收总收入79.63亿元，同比增收25.53亿元，增幅47.18%；组织区级公共财政预算收入38.77亿元，同比增收13.67亿元，增幅54.46%。2017年，区国税局被市国税局评为2017年度系统先进基层领导班子和文明单位称号，被区委、区政府评为2017年度先进集体，区国税局工会被市总工会评为“模范职工之家”称号，区国税局办税服务厅被市国税局评为“2017年度优秀办税服务厅”称号。

【税收收入增长】 2017年，区国税局利用收入风险监控指标进行筛查，强化申报期内全过程监控，杜绝税款非正常征期提早入库，严格执行申报期后发生大额税款入库履行报告制度，严防关键节点严重违反组织收入原则行为的发生。落实年纳税额100万元以上重点税源企业定人定点联系制度，加强对重点税源企业动态监控，增强组织收入工作前瞻性和主动性，每月定点联系户590户。做好龙头行业等日常税收分析工作，推动国地税联合税收分析，结合区域经济税源状况与区相关部门开展跨部门专题经济分析，扩大税收分析的影响面，提高分析精准度和促收效果。年内，撰写各类分析130篇，实现应收尽收，不收“过头税”，真实反映经济发展状况，实现税收收入真实增长。

【纳税服务】 2017年，区国税局成立“电子税务局办税体验区”，通过办税厅电子显示屏、宣传单、短信平台、特殊服务号等多种方式进行宣传，确保电子税务局推广工作稳步推进；全面实行线上申请新办企业综合套餐，建立纳税服务集约化处理中心，实现新办企业办税全流程闭环运作，确保申请办理新办企业综合业务开始至发票发放之间办理时限缩短至0.5个工作日；将所有新办企业纳入实名采集范围，并在排队叫号环节全面实行实名取号，实名采集率持续上升；开展发票“网上领 邮递送”业务试行，为辖区内百户企业信用等级为B级以上用票大户进行集中推广和培训及现场解答。调整优化办税厅现场管理模式，逐步实现“上柜即办、办完即走”纳税服务管理理念，进一步规范办税服务场所建设，完善功能区域设置；推进“税邮合作”，与邮政集团雨花台区分公司对接，以围绕便民服务、设立“税邮共建便民服务窗口”方式开展合作。充分发挥税收服务热线、短信服务、电子邮件、QQ群等多媒介宣传手段，年内通过区国税局短信平台发送各类短信70.3万条，接听各类纳税咨询电话28711个，处理各类投诉471条，其中“12345”工单240个，“12366”电话工单187个。组织开展各类培训26场，发放各类宣传资料12000余份，自制宣传资料二维码32类。

【软件谷六项减税政策】 2017年，区国税局推出系列工作举措，全面提升宣传辅导实效，最大限度释放改革红利，助推地方经济转型升级。联合区工商联、区地税局、中国（南京）软件谷管委会、致公党雨花支部，赴中国（南京）软件谷联合开展政策宣传培训，解读简并增值税税率、扩大享受企业所得税优惠小微企业范围、提高科技型中小企业研发费用税前加计扣除比例、创投企业抵扣应纳税所得额优惠、商业健康保险个人所得税税前扣除试点政策及延续减税政策等内容，帮助纳税人准确理解、精准掌握政策关键和要领。

6月，区国税局联合多部门走进软件谷开展政策宣传培训。
（区国税局　供稿）

【税收政策支持“一带一路”】 2017年，区国税局深入贯彻《关于进一步做好税收服务“一带一路”建设工作的通知》精神，以税收服务“一带一路”建设。区国税局为中兴通讯有限公司、华为软件服务有限公司、诚迈科技有限公司等“走出去”企业开展非居民税收专场培训，就企业涉及到专有权利和许可、技术使用费、工程外包及境内外劳务费、税收协定等税收政策进行解读，帮助企业规避税收风险。根据“走出去”自主创新企业产品周期短、技术更新快等特点，区国税局设立“绿色通道”，配备业务骨干专门受理“走出去”自主创新企业纳税事项，提高服务质效；简化办税流程、缩短企业办税时间。针对中兴等“走出去”企业涉税事项复杂、税收优惠政策较多的特点，畅通与地税、工商、街道等部门沟通渠道，联合做好对“走出去”企业服务。

（翁晓宇）

·地方税务·

【概　况】 2017年，区地税分局全年累计完成税收收入60.51亿元，与去年同期相比（剔除“营改增”因素增长）13.33%。完成市县级一般预算收入36.57亿元（剔除“营改增”因素）增幅15.61%。完成区公共财政预算收入31.60亿元（剔除“营改增”因素）增幅15.33%。从行业看，软件业收入稳步提升，全区软件业入库税款214468.51元，同比增加38192万元，增幅22%，占税收收入比重35%。房地产业同去年持平（剔除“营改增”因素），全区房地产业税收入库187339万元，同比减少91585万元，减幅30%，同比增加674万元，基本持平。制造业入库税款71053万元，同比减少50399万元，全区制造业同比增加7700万元（剔除“营改增”因素），增幅12%。

【软件谷税收总量56.63亿元】 2017年，中国（南京）软件谷实现税收收入56.63亿元，同比增长9.89亿元，增幅21.2%；累计实现一般公共预算收入25.95亿元，同比增长4.81亿元，增幅22.7%。华为、中兴（全称）分别实现税收收入20.54亿元、14.59亿元，同比增长5.11亿元、1.36亿元，同比增幅33.16%、10.28%；分别实现一般公共预算收入8.67亿元、6.14亿元，同比增长2.26亿元、0.62亿元，同比增幅35.3%、11.2%。

【风险应对入库税款2.07亿元】 2017年，地税分局按照省局风险管理办法和市局风险管理工作指引要求，重新梳理《雨花台局风险应对流程》。强化计划管理，风险任务进度按周通报、按月完成，确保序时完成任务。强化税源查找，结合土增清算、股权转让管理工作要求、督审发现疑点制订风险计划，提高千元以上税款的贡献率。全年完成风险应对任务642户，组织风险应对税款2.07亿元，贡献率3.6%。

【股权转让个人所得税2.3亿元】 2017年，区地税分局根据区域经济情况，以税收管理为主线，以风险应对为抓手，加强对股权转让个税征管，对疑点企业财务资料进行延伸核查，加强资料逻辑关系审核。加强对股权转让个税征管，对于平价或者低价转让企业，对其财务资料进行延伸核查，加大财务资料之间逻辑关系审核，重点关注有房产、土地等不动产企业，根据其财务报表重点核实应收、应付等往来账科目、无形资产科目、未分配利润科目等，对疑点重大的，作为风险企业进行风险应对。2017年度，该局在抓好股权转让工作方面，取得突破性进展，股权转让税款2.3亿元，与2016年度的1.26亿元相比，增加1.04亿元，同比增幅82.53%。

【税种管理】 2017年，区地税分局强化税种管理，完成环保税开征各项工作；完成12万个税申报，完成申报39022人，完成申报面96.4%；完成多处工薪补申报合计人数1292人，补税合计363.87万元；完成个人股权转让补税3800余万元。完成企业所得税汇缴申报工作，查账征收户应申报2595户，核定征收474户，申报率100%。运用团队建设，做好申报表修订培训工作，强化对重大政策、重点问题跟踪问效。开展土增税清算审核，年内参与清算项目6个，企业土增税清算企业1家，补税1.5亿元。加强国际税收管理，对境外上市公司涉税情况进行梳理，有效实施反避税管理。

【服务型税政管理】 2017年，区地税分局落实国务院六项减税政策，加大减税宣传工作力度，会同区工商联、国税、软件谷等多家单位联合规划，统筹部署，在软件谷进行大规模的集中式培训，提高优惠政策惠及面，落实符合小型微利企业所得税减免510家，减免税款307.26万元，确保所有符合小微企业都享受减免，研发费加计扣除企业38家，加计扣除额14139万元。加速折旧申报27家，加速扣除金额120万元。推动“双创”税收服务政策，29户高新技术企业、软件企业办理所得税减免5674万元；落实残疾认个税减免优惠，对安置残疾认较多华为、梅山钢铁等大型企业进行上门服务，办理残疾人减免税552人次，金额46.38万元。 （张淑卿）

审　计

【概　况】 2017年，全区完成审计和审计调查项目238个，其中经济责任审计项目14个，预算执行审计项目1个，政府投资审计项目220个，其他审计调查项目3个。政府投资预结算审计核减金额2.62亿元，完成拆迁项目跟踪审计资金38.11亿元，涉及拆迁面积79.03万平方米。审计发现问题89个，提出审计意见和建议45条，查出管理不规范资金1.22亿元，督促收回往来借款5万元。《2016年度雨花台区本级财政预算执行和其他财政收支情况审计》项目被市审计局表彰优秀计算机审计项目二等奖；《雨花台区文化局原局长朱天燕同志任期经济责任审计》项目被市审计局评为表彰审计项目；局党支部被区级机关工委表彰为先进基层党组织。

【人财物管理改革】 2017年，全省审计机关人财物管理改革试点工作全面推开，区审计局召开全体人员会议，组织对审计机关人财物管理改革试点工作精神再学习、再解读。多次向区委、区政府领导作专题汇报，争取领导对管理改革工作重视和支持，主动对接和协调区委组织部、区编办、区人社局、区财政局等部门，改进干部管理、完善机构编制和人员管理、改进经费和资产管理等工作。区委成立区审计机关人财物管理改革领导小组，区委、区政府分别召开常委会和常务会研究部署人财物管理改革推进工作。

【重大政策措施落实情况跟踪审计】 2017年，区审计局重点对该区2016年以来国家、省市创新政策措施落实情况进行跟踪审计，延伸审计区财政局、区发改局、区科技局、软件谷等相关部门，走访南京泰通科技股份有限公司，对产业科技创新政策措施落实情况和涉及产业科技创新财政专项资金管理使用情况进行审计调查，审计涉及财政资金16307.8万元。

【预算执行审计】 2017年，区审计局对全区2016年度区级预算执行和其他财政收支情况进行审计。审查7个部门预算和专项资金、8个街道（园区）预算收支总体情况，对3所学校进行审计调查，审计专项资金占比27%，审计一二级预算单位占比25%。

【领导干部经济责任审计】 2017年，区审计局开展往年结转离任审计项目14个，开展新委托审计项目8个，其中离任审计项目6个，任中审计项目2个。重点关注领导干部任职期间重大经济决策情况、事业投入及实施效果、国家财经法规执行情况、内控制度的建立健全及执行情况以及个人遵守相关廉政规定情况。审计发现问题89个，提出审计意见和建议45条，查出管理不规范资金1.22亿元，督促收回往来借款5万元。

【政府投资审计】 2017年，区审计局完成预结算审计项目220个，涉及造价20.33亿元，核减2.62亿元；跟踪审计44个拆迁项目，房屋面积79.03万平方米，涉及补偿金额38.11亿元。2017年经全区23家建设单位申请，对其列入年度审计计划622个131亿元项目（其中预结算564个47.70亿元）南京市公共资源交易中心进行11次（打包共分32个项目）公开摇号，选取22家中介机构参与建设单位内部审计；同时对结算审计完成380个项目进行逐一备案，涉及金额1.90亿元。

【城镇居民医保基金和新农合基金清算审计】 2017年，区审计局实施城镇居民医保基金和新农合基金整合专项审计，对区卫计局、区财政局2家部门开展审计，延伸审计5家街道合作医疗办公室及3家区卫生服务中心。重点对城镇居民医保和新农合基金合并前的收、支、余及债权、债务等情况进行确认，并对合并前缺口或债权、债务由区政府弥补和清偿情况进行反映。审计结果表明，该区新农合经办机构能够贯彻中央决策部署和各项政策要求，履行法定职责，遵守相关法律法规，不断加强医保基金管理，提升医疗保障水平。

【省AAAAA级数字档案室创建】 2017年，区审计局在AAAA数字档案室创建基础上，立足于高标准、高起点、高要求扎实开展省AAAAA级数字档案室创建工作，对照《江苏省数字档案室等级评估办法》和《数字档案室评估细则》要求，于12月份通过专家评估得分98.3分，成功创建省AAAAA级数字档案室。

【《雨花台区关于实行审计全覆盖的实施意见》出台】 2017年，区委、区政府出台《雨花台区关于实行审计全覆盖的实施意见》，依法全面履行审计监督职责，不断提高工作成效，有力推进公共资金、国有资产、国有资源和领导干部履行经济责任情况实现有重点、有步骤、有深度、有成效的审计全覆盖。意见明确了审计对象、审计范围、审计内容、周期和频次的具体要求，建立健全数据定期报送、审计情况通报、审计整改联动、完善审计成果运用等工作机制，充分发挥审计在保障重大决策部署贯彻落实、推动深化改革、维护经济安全、促进廉政建设中的积极作用。

【《雨花台区党政主要领导干部离任经济责任事项交接管理实施办法》出台】 10月，区政府出台《雨花台区党政主要领导干部离任经济责任事项交接管理实施办法》，着力规范领导干部经济责任行为，增强领导干部特别是主要领导干部“四个意识”，强化责任和自律，实现对主要领导干部经济责任审计全覆盖。

（陆国顺）

价　格

【概　况】 2017年，区政府设立价格调节基金100万元，保障辖区价格总水平基本稳定。完成43家行政事业性单位2016年收费38956.5万元，与上年相比减少4957.5万元，降幅为11.3%，行政事业性收费大幅减少，降低企业成本，推进供给侧结构性改革；完成11家房地产企业19批次38万平方米普通商品住房、8家房地产企业11批次近5000个车位明码标价申报手续以及落实房地产调控新政，全区房地产价格平稳。完成4家一级公立医院、5家未定级公立医院医改政策的落实，完成4家物业合同备案，完成12家民办惠民幼儿园收费标准的核定、7家民办幼儿园收费标准备案，完成18家公共停车场、4条道路泊位等级申报；完成刑事案件涉案财产价格鉴证102件，案值37.49万元，价格纠纷调解38件，可统计争议金额2.7万元。全区建成农副产品平价直销店（区）18家，办理网络问政、市长信箱、“12345”工单、“12358”举报等294件，办结率100%。

【价格调控】 2017年，区物价管理部门落实区政府与24个责任单位签定价格稳定责任状，分解市政府下达的价格调控目标，强化价格调控责任制目标管理，把优惠政策落实到位。执行国家和省市取消、取缔的收费项目、降低收费标准及收费减免优惠政策，完成一级公立医疗价格综合改革测算和二级公立医院医疗价格综合改革评估工作。

【价格监测】 2017年，区物价管理部门对可能引发价格异动的倾向性、苗头性问题，实时向上级部门报告预警。全年上报“36个大中城市主副食品价格监测表”49个品种，15744组数据；“南京市主副食品价格对比表”33个品种，3168组数据；“南京市主副食品价格测报表”35个品种，6720组数据；“超市价格监测表”16个品种，3072组数据；微博比价48期1460组数据。

【价格收费】 2017年，区物价管理部门完成11家房地产企业19批次38万平方米普通商品住房、8家房地产企业11批次近5000个车位明码标价申报备案手续以及房地产调控新政的落实；完成4家一级公立医院、5家未定级公立医院医改政策的落实，完成4家物业合同备案，完成12家民办惠民幼儿园收费标准的核定、7家民办幼儿园收费标准备案，完成18家公共停车场、4条道路泊位等级申报。

【农副产品平价直销店管理】 2017年，区物价管理部门落实《雨花台区农副产品平价店日常管理考评细则》，加强18家农副产品平价直销店（区）日常管理，每月定期2次量化考核，不定期进行现场巡查；每月发布一期《平价店日常管理考核情况通报》，每季度进行一次考核评比。全年平价店销售平价蔬菜255万公斤,惠民139万元,平均让利幅度达17.8%。

【价格监督检查】 2017年,区物价管理部门组织开展商品房销售明码标价、停车设施管理收费、教育收费、涉企收费等专项检查。共出动检查人员480人次,检查单位360家次,立案查处违法行为3件,3家单位下达整改通知。督查全区61家中小学校、幼儿园的收费公示和收费政策执行情况。

【民生服务】 2017年,区物价部门完成民办学校收费标准调整。经调价条件审核、成本监审、听取学生家长和学校意见、法制审核、集体审议等规定程序,确定南京市力行小学调整收费标准学费标准每生每学期不超过1150元,新的收费标准从2017年秋季新学期开始执行。

【消费者权益日系列活动】 2017年,区物价管理部门联合市物价局在雨花街道花神庙社区举办价格为民社区行活动,在紫荆广场、弘阳广场、虹悦城和梅山街道梅岭社区、雨花街道翠竹园社区开展"3·15消费者权益保护日"和《江苏省价格条例》宣传活动,宣传价格政策,接受群众价格咨询,受理群众现场价格投诉,解答价格咨询,发放《价格指南》和《江苏省价格条例》宣传册2200多份,向梅岭社区赠送有关价格书籍500册。（康宽荣）

市场监督与管理

【概　况】 2017年,雨花台区发放"一照一码"营业执照11388份,企业名称网上自主申请率80%,核发5份全程电子化营业执照。结合进一步放宽住所登记改革,推进"工位注册"登记,扶持小微企业发展,发放"工位注册"执照260户。全区办理各类登记12208件,新增"双创企业"5261户,各类企业新增注册资本308.8亿元,股权出质35件,担保总额18.44亿;特种设备登记1731件;药品登记75件。全年事中事后监管进一步加强,启动市区两级统一公共信用信息归集平台,3259家、3328家市场主体分别被列入、移出经营异常名录,32个法定代表人或者股东列入黑名单,42家企业开具无违法违规信用证明。对连续两年未年报、未纳税的184户"僵尸"企业开展实地核查,拟吊销66家企业。全面推进"一中心一平台"应用,完成辖区内所有1458家经营性网站核查,排除淘汰557家有问题的经营性网站。指导网络经营主体按要求申领电子标识,推动901家经营性网站的亮照亮标工作。严格"守重"(守合同重信用)企业申报,推荐4家守重企业参与省级申报,6家守重企业参与市级申报,发展30家区级守重企业。办理动产抵押登记数10件,涉及金额2.05亿元。食品安全工作纳入全区经济社会发展考核目标,在全市考核中位居第三名,并再次荣获"食品安全优秀区";安德门食品安全快速检测中心正式运行,9家农贸市场农产品快检室建成,全市首家"协管员监管系统"上线,食品生产、流通、餐饮环节全过程监管实现全覆盖,麦德龙(雨花店)以全市第一名成绩创建成全省首批国家级放心肉菜示范超市;成功承办南京市Ⅲ级食品安全突发事件应急演练,率先探索食品安全责任保险工作和食品安全行业协会工作,完成105家学校食堂、大型以上餐饮单位、单位食堂,中央厨房、集体配送单位的食品安全责任险签约工作,在8个街道成立食品安全行业协会并开展活动,社会共治格局初步形成。全年生产环节新创建食品生产企业示范企业2家,食品生产企业电子追溯系统5家,食品小作坊示范点6家,在全市发放第一张食品摊贩公示卡,取缔无证小作坊15家;流通环节完成食品安全日常检查4070家次,检查覆盖率100%,建成食杂店示范一条街16条;餐饮环节大型以上餐饮服务单位餐饮明厨亮灶率88%,学校食堂双提升工程完成全年创建任务,创建A级食堂84%,消灭C级食堂,明厨亮灶率88%。抽检生产环节32批次,流通环节890批次,餐饮环节213批次,其中1089批次合格,合格率95.8%。创建紫荆广场、花生唐商业广场2家南京市餐饮服务食品安全示范工作站。全面推进食品药品科普宣传站建设工作,全区53个社区全部实现挂牌。2017年,全区有药品零售企业93家,医疗器械生产企业10家,批发企业195家,零售企业117家。保健食品经营企业178家,化妆品经营企业141家。全年完成药品监督抽检151批次,快检200批次,食品非法添加药物抽检47批次,医疗器械抽检4批次,保健食品抽检40批次,化妆品抽检20批次。全年开展非法医疗美容专项检查,避孕套流通环节专项检查,角膜塑形用硬性透气接触镜专项检查,无菌和植入性医疗器械经营使用专项检查,医用耗材专项检查,隐形眼镜流通领域专项检查,保健食品会议营销专项检查,美容美发场所化妆品专项整治,保健食品欺诈和虚假宣传专项整治,医院制剂安全专项检查,农村和城乡结合部市场假冒伪劣药械专项整治行动,疫苗流通和使用专项检查,二级及以下医疗机构药品使用专项检查等13个专项行动。全年进行药品零售企业GSP认证、开办、延续、变更等现场验收20家次,医疗器械经营备案、许可、体系考核等现场验收48家次。开展零售药店、医疗器械生产、经营企业诚信等级评定394家。2017年收集药品不良反应报告267例,达到并超过世界卫生组织每百万人口400~600份的收集标准,医疗器械不良事件MDR256例,达到并超过世界卫生组织每百万人口100份的收集标准。质量强区工作在全市保持前列,2017年争创了区长质量奖,并评选出1家组织奖和2家提名奖,指导中国电子科技集团公司第十四研究所获得市长质量奖。完成市长质量奖组织奖申报4家、市长质量奖个人奖2人、江苏省质量信用双A级1家。完成了对全区4家质量体系企业、1家强制性产品认证企业、5家食品生产企业和3家生产许可证危化品企业的专项检查,组织全区7家安检机构进行比对试验和年度审查。商标品牌战略稳步推进,全年新申报省著名商标16件,市著名商标16件。对全区143台(件)在用医用计量器具、1723台农贸市场强制性计量器具进行了免费检定。消费维权惠民力度进一步增强,增设22家企业投诉站,在南京南站设立南京市放心消费工作领导小组放心消费工作站。全年受理各类工单4338件,其中"12315"平台899件、"12345"工单999件、"12331"工单130件、"12365"工单210、信件工单214件,争议金额521万元,挽回经济损失330.88万元。全年办结一般程序案件143起,罚没入库204.5万元;简易程序案件206起。移送公安机关案件16起,其中食品类13起,假药类3起。接收涉传举报信息37起,接待群众来访30人次,核查地点85处,向公安机关通报情况13起,联合公安分局对西善桥岱善地区展开打击“1040”传销行动。电梯安全责任保险工作有序推进，“双百分考核制”获全区优秀书记项目。

【春节食品专项检查】 1月5日，区食安办、区市场局对南京雨花台区好味道火锅底料厂、江苏永辉超市有限公司南京玉兰路分公司、南京口外羊餐饮有限公司进行检查，并抽样检验。结合节日消费特点，区市管局对重点品种、重点区域、节日热销食品、民俗特色食品和节日餐饮服务食品全面展开监督检查，并建立各类应急机制，切实保障全区人民群众饮食安全。

【电梯高困人率整治协调会召开】 3月16日，区市场监督管理局特设科在西善桥街道七彩星城小区内召开电梯高困人率整治协调会，雨花台区市场监督管理局、市特检院、安监部门、街道负责人、小区开发商、物业公司、电梯维保单位等共计20余人参加。会上，市场监督管理局要求电梯维保单位对电梯进行全面检查，分析原因，及时修理，消除隐患。特检院负责人就电梯安全使用方法以及电梯的安全保障措施进行普及讲解。

【省市联合督查春季学校周边餐饮服务食品安全】 3月15日，省教育厅金剑处长、省食药监局、南京市食药监局相关领导来我区督查春季学校校园周边餐饮服务食品安全工作情况。督查组听取该区学校食堂食品安全专项检查汇报，查阅了相关台账资料，并对雨花台中学明厨亮灶情况进行现场检查，对该区校园食品安全工作给予肯定。

【保健食品会议营销专项检查】 5—8月，区市场监管局对设在宾馆、会议中心、现场体验和咨询店内的保健食品会销企业开展为期4个多月专项检查，检查企业是否取得含保健食品许可范围食品经营许可证，并在许可地点从事经营活动。检查企业广告宣传用语是否真实、合法，不得夸大功能范围，不得明示或暗示保健食品具有疾病预防或治疗功能；通过传单、海报等发布广告时，应取得合法有效保健食品广告批准文号，同时不得擅自变更或者篡改经审查批准保健食品广告内容。检查会销的保健食品合法性、索证索票、进货查验等。专项行动检查保健食品销售企业140家次，督促企业对不符合要求的营销行为进行整改。

【互联网药品医疗器械经营专项检查】 5—8月，区市场监管局组织实施互联网药械经营监督专项检查，以处方药、注射用透明质酸纳、软性角膜接触镜、避孕套等医疗器械（特别是通过网络销售未取得注册证的进口美瞳及避孕套产品）为重点品种，以网络监测和投诉举报信息为重点线索，经多次网上巡查，雨花台区有互联网药品信息服务资格证书4个网站均在主页显著位置标注互联网药品信息服务资格证书证书编号，网站中文名称符合要求；未在网站上发现违规药械广告及违规发布的信息；未发现实体店在本行政区域内的违法互联网药械经营单位。

【隐形眼镜流通领域专项监督检查】 6—10月，区市场监督管理局在全区范围内开展隐形眼镜（含“装饰性彩色平光隐形眼镜”）流通领域专项监督检查。对取得医疗器械经营许可证隐形眼镜批发、零售企业，检查内容包括是否在原址经营、擅自缩减经营场地面积，验配仪器完备，验配人员在岗在位，销售产品是否具有合法资质，进口产品是否有中文标识，购进渠道是否合法，是否建立进货查验制度，购销记录、验配记录是否真实、完整、可追溯，是否销售过期、淘汰、假冒伪劣产品等。检查小商品批发市场、学校周边饰品店铺、繁华街区、眼镜店等重点区域非法经营隐形眼镜，特别是装饰性彩色平光隐形眼镜行为，对无证经营、超范围经营、经营无注册证产品等违法行为依法严肃查处，并追踪进货源头，坚决打击制假销假窝点。专项行动共检查相关企业18家次，查出1家有证企业擅自变更经营场所；1家无证经营隐形眼镜及护理液企业被立案处理。

【营业执照免费寄递服务开通】 7月17日，区政务服务中心和EMS合作推出便民举措“营业执照寄递服务”启动。开通寄递服务之后，申请人只需在提交申办材料时提供《江苏省政务专递服务委托书》及EMS面单，待营业执照核准完毕，营业执照和核准通知书通过EMS邮政速递直接送达到申请人手中，有效减少企业往返次数和现场等待时间，提高企业办事效率，使企业办理营业执照的时间、人力、交通成本明显降低。速递费用由区政务服务中心统一支付。南京云里电子商务有限公司成为第一家营业执照政务专递服务的企业。

【国家文明城市创建迎检】 7月19日，全区迎接南京市创建国家文明城市检查工作，加大督查力度，抽查8个街道、192家小餐饮店、小食杂店，涵盖高铁南站、雨花台风景区等重点区域，雨花台中学、小行小学等学校周边，发现并通报55起问题菜单，发布9期督察通报。印制文明就餐标贴、禁烟标贴4000份，现场整改问题菜单40余件。根据自查及国家、省市文明办明察暗访通报，及时召开会议、积极进行整改，促进全区文明城市建设。

【可燃气体报警器专项检查】 7月19日，区市场监督管理局与南京市计量院在全市开展燃气使用场所（餐饮店）的可燃气体报警器专项检查。本次专项检查涉及餐饮店20家，执法人员每到一处都向被检单位负责人讲解计量法相关知识及强制检定计量器具的检定要求，督促各使用单位主动申报可燃气体报警器台件数。同时，还针对检测中发现的报警器防护罩堵塞、防爆设施损坏、位置安装不当等问题，向各使用单位进行现场培训和指导。

【疫苗流通和使用专项监督检查】 7月—10月，全区开展疫苗流通和使用单位专项检查。雨花台区疾病预防控制机构1家，疫苗预防接种单位11家，接种疫苗均由上级疾控单位向区疾控供给，11家疫苗接种单位根据实际需要，通过网络平台申请品种及数量，进销存台账完善，账物相符；存贮条件符合疫苗标示要求；有疫苗冷链运输及交接记录。

【加油机专项计量监督检查】 8月9—10日，区市场监督局与市计量院在全区范围内集中组织开展加油机专项计量监督检查，两天检查加油站8家，执法人员现场进行监督检查，有关专家对加油站实施监督抽查。检查过程中，执法人员重点检查在用加油机计量检定证书有效期，各部位铅封完整性；是否存在擅自改动或拆装加油机；是否存在使用擅自改动或拆装的加油机；是否存在利用计量芯片等计量作弊行为；是否向社会做出公开诚信计量自我承诺等。按照《燃油加油机》（JJF443-2015）计量检定规程使用POS机进行查验，强化加油机自锁功能的检查力度，详细核验防作弊系统及加油机状态。同时，积极宣传计量法律法规，增强企业的主体责任意识，保证加油机的受检率。通过检查，全区在用加油机总体状况良好，都能按照监管部门的要求开展工作，16台加油机计量全部合格。

【市创建办督查雨花台区创建食品安全示范城市】 8月28—31日，南京市创建办组织督察组对全区国家级食品安全示范城市创建工作进行暗访督查，检查雨花台区板桥雄风农贸市场、小餐饮店，并指出个别小餐饮店存在问题。在2017年全市食品安全工作综合考评中，综合自查自评、年度评议、现场考核、公众评价及加分情况，该区得分99.06分，居全市第三名，获全市食品安全优秀示范区称号。

【美容美发单位化妆品专项检查】 8月—11月，市场监督管理局对美容美发行业化妆品经营使用单位进行现场检查。对化妆品经营单位执照是否上墙、化妆品使用单位卫生许可证及从业人员健康证是否齐全；经营使用化妆品是否索证索票，进货验收；化妆品包装、标识是否合法；是否存在非法使用禁限用物质、过期、冒用盗用批准文号或生产许可证号的化妆品；是否使用未取得批准文号的特殊用途化妆品、未经备案的进口非特殊用途化妆品、擅自配制的化妆品等。专项行动检查经营使用单位83家，对23家不符合要求的经营使用单位责令限期整改。

（裴志华）

安全生产与监督管理

【概　况】 2017年，雨花台区安全生产工作围绕区委、区政府中心工作，严格落实安全生产责任制，突出问题导向，推进依法治安，大力开展企业安全标准化、智慧安监、打非治违、隐患整治等重点工作，建立健全安全生产长效管理机制，督查50余家生产经营单位，全区各街道（园区）和各相关部门检查企业5611家次，排查出隐患3910项，整改3849项，整改率98.45%。未发生较大以上或有影响生产安全责任事故，事故起数和死亡人数均控制在市政府下达的指标之内。

【危险化学品监管】 2017年，雨花台区现有危化品生产企业3家（标准化已全部达标，二级标准2家）、一般经营企业173家、加油站19家、气体分装企业2家、气体零售企业1家，易制毒经营企业15家。3家危化品生产企业、2家气体分装企业和19家加油站在显著区域设置LED显示屏，每天发布《安全承诺公告》。严把准入门槛，梳理危险化学品经营许可工作流程，许可35家，三类易制毒备案3家。推动小微企业标准化建设4家，三级企业标准化建设8家。开展危化品领域装卸作业、粉尘作业、动火作业等专项检查，部署6次全区危险危化品季节性和综合性大检查。开出《责令改正指令书》40份，检查出隐患143处，整改130处。

【职业卫生监管】 2017年，组织职业卫生专家以街道为单位，深入到企业进行排查和辨识，经对8个街道和一个园区历时一个月的排查辨识，仅有3家铸造企业在治理范围，其中2家企业已于2016年6月前关停，梅山钢铁公司也按照治理要求全面进行治理，基本达到治理要求。

【工贸企业安全监管】 2017年，全区有工贸企业479家，非煤矿山1家（南京梅山冶金发展有限公司矿业分公司）、冶金煤气企业1家（上海梅山钢铁有限公司），涉氨制冷企业4家，粉尘涉爆企业3家，其余均为一般工贸企业。至年末，全区工贸企业存在有限空间1040处，全年排查各类生产经营单位8073家（次），排查整治一般事故隐患3769处。

【职业健康安全监管】 2017年，区安监局对全区351家企业建立职业健康监护档案。对存在职业病危害企业按照规范要求定期开展检测、评价，发现问题及时整改，全区376家企业按要求开展职业病危害因素检测，33家企业开展职业病危害项目现状评价。28家工业企业将职业卫生工作纳入其工作职责，实行总监负责制。全年各类人员参加职业卫生知识培训27840人。督促工矿企业落实安全生产报告书义务，全年发放职业病危害防治责任告知书5000份，收回承诺书3243份，全面落实职业病危害防治的企业主体责任。

【企业事故隐患自查自报】 2017年，区安监局构建风险管控和隐患排查双重预防机制，全区建立企业隐患排查自查自报系统，指导企业按照《危险化学品企业事故隐患排查治理实施导则》制定隐患排查治理制度，定期开展隐患排查工作，对隐患排查情况定期通过系统上报。同时根据生产企业风险特性，按照红色、橙色、蓝色3个等级实施监督检查。“智慧安监”信息系统覆盖辖区企业352家，推动企业在信息系统内录入事故隐患排查情况，年内排查隐患4217项，整改4199项。

【商贸服务行业专项整治】 2017年，区安监局加强商贸流通领域安全专项检查组织推进力度，督促商贸委员会各成员单位定期开展安全检查，督促辖区内餐饮单位安装餐饮燃气报警器3319个，实现餐饮行业全覆盖。商贸服务安全生产委员会下发文件16份，组织联合检查督查11次，督查商贸服务行业企业126家/次，发现排除安全隐患256处，下达整改通知26份。

【交通安全专项整治】 2017年，区安监局对辖区路灯杆、信号灯杆、标志杆、监控杆和电子警察杆进行整合，推进辖区管线下地和杆线并杆工作，完成36个路口和10条道路施工，整改交通安全隐患26处。在16个路口新增信号灯，增设路口视频监控设备12套、货车禁行监控设备1套、公交专用道禁行抓拍设备5套，新增电子警察14套、隔离护栏430套。通过科学调整路口渠化，优化信号灯配时，取消不合理路内停车泊位，强化日常交通标志标线、信号灯、机非隔离护栏等设施管理维护。

【汽车维修行业尘毒危害专项治理】 2017年，该区有喷漆和钣金汽车维修店97家，其中20人以上27家，经过宣传发动、自查、组织专家抽查，开展现状评价21家，签订委托第三方评价协议6家，人员培训率80%，申报率100%，劳动者作业健康体检率85%。年内，检查单位137家次，下发执法文书97份，立案调查13家单位，给予警告处罚5家，给予行政罚款处罚8家，罚款4.2万元。

【安全生产宣传培训】 2017年，区安监局利用“安全生产月”和“职业病防治法宣传周”活动，发放“致全区生产经营单位的一封信”12000余张，普及安全知识和技能。举办企业主要负责人、安全管理人员培训班8期，培训932人，特种作业人员培训班1期，培训41人，组织开展全区监管干部安全培训班，培训人数98人。 （赵 文）

统 计

【概 况】 2017年，雨花台区地区生产总值511.17亿元，同比增长8.5%。其中，服务业增加值完成431.06亿元，同比增长10.3%，三次产业结构进一步优化为0.1∶15.6∶84.3；全社会固定资产投资270.14亿元，同比增长13.2%；社会消费品零售总额403.65亿元，同比增长10.1%；城镇居民人均可支配收入52780.2元，同比增长9.3%。全区常住人口45.45万人，城镇化率92.27%。开展南京市居民出行抽样调查、南京市体育人口抽样调查、网购用户网上购物消费习惯调查、农民工监测季度调查、幸福都市调查、大走访满意度调查、省级机关绩效管理社会公众满意度调查、人口变动调查、月度劳动力调查等专项调查。全年统计系统被采用信息233篇次，其中，区委办、区政府办采用5篇次，市统计局网站采用228篇次。完成并被采用分析、调研报告23篇次。

【统计培训】 2017年，组织培训33场约808人次（其中培训街道、社区统计员26场383人次，企业统计员7场425人次），参加2017年度全市街镇统计培训班，组织参加全市季度培训周活动。继续开展“每月一讲，发知识红包”活动，发放“知识红包”4次，分别邀请区文化局局长朱向东讲述雨花历史、小行社区书记管崇军介绍社区党建基础工作和为民服务工作、市局核算处史明处长浅谈地区生产总值核算方法体系、区商务局局长陈正儒简析雨花开放型经济情况。

【基本单位名录库建设】 2017年，区统计局以市编办、市统计局《关于做好统计工作编外辅助人员配备工作的通知》（宁编办字[2016]236号）文件要求，在全区首批增配13名专职基本单位统计工作人员，向社会公开招录，137人报名，88人参加笔试，39人参加面试。在分管区领导和区税源办、国税局、商务局、科技局、软件谷战略发展局等有关部门支持下，开展区税库与企业名录库和“四上”（解释）企业库比对工作。8月，邀请市统计局局相关处室领导为名录库新上岗人员及全区名录库统计人员作专题培训。按季度召开街道（园区）名录库统计员培训会议，督促基层做好属地单位梳理、排查。

【统计督查与监审】 2017年，区统计局配合市统计局完成对西善桥街道统计督查，给予2家企业警告处罚，分别是南京筑康医药有限公司和南京阿黑物资有限公司；区局完成对赛虹桥街道统计督查，给予南京万谷企业管理有限公司警告处罚；完成区内30家联网直报企业统计监审。制定并下发《2017年雨花台区各专业统计工作考核办法》，定期召开季度统计工作例会，通报对街道（园区）考核结果。

【第三次全国农业普查】 2017年，区统计局全面推进第三次全国农业普查，成立农业普查试点工作小组，开展农业普查试点宣传工作、制作并悬挂农业普查宣传标语，对选聘指导员普查员进行农业普查业务培训，开展农业普查区、普查小区地图绘制工作。按照市统计局要求，选聘农业普查指导员和普查调查员，准备调查物品和调查表。开展农业普查户表、规模户表、单位表、村表、乡表的审核、录入、查询和修订，各街道检查农普“三落实”情况。按照市农业普查办公室要求做好农业普查扫尾工作。

6月22日，第三次全国农业普查工作推进 （区统计局 供稿）

【“大走访”活动】 2017年，区统计局建立领导班子成员及科室“大走访”统计工作联系点制度。开展结对社区走访，9名党员干部与小行社区10名工作人员走访辖区内36户困难群众。局全体党员利用周末或节假日时间到结对社区入户走访，开展“统一活动日”，每名党员干部走访10户普通群众家庭。深入企业走访，围绕统计中心工作，开展调查研究，安排走访10家重点工业企业。 （严 欣）

雨花台年鉴

2018 YUHUATAI ALMANAC

城市建设与管理

2018 YUHUATAI ALMANAC

Urban Construction and Management

城市规划

·概　述·

【概　况】2017年，雨花台区开展《雨花台区2035发展规划大纲》《板桥新城总体规划修编（2017—2035）》《板桥新城东北组团控制性详细规划及重点地段城市设计》等控制性详细规划编制16项，其中板桥新城05单元图则获市政府批复。开展规划性研究7项，其中《岱山公园周边地区规划研究》《梅山老生活区保护与城市更新研究》2项规划研究对塑造雨花台区城市特色具有重大意义，《雨花台区邻避设施布局规划》《雨花台区轨道交通线网优化研究》等5项规划研究有效指导该区发展与建设。全区控详法定化覆盖率68.5%。

【《雨花台区2035发展规划大纲》编制】年内，雨花台区组织编制《雨花台区2035发展规划大纲》。该规划大纲明确2035年区发展目标、定位和发展策略，提出区空间发展框架、发展重点及重大功能布局设想，为雨花台区发展提供战略性、方向性引领，且与南京市总体规划编制对接，体现总体规划作为城乡规划体系引领作用。

【建设审批】2017年，南京市规划局雨花台分局办理“一书两证”137件次。其中，建设项目选址意见书14件次，总用地面积79.54万平方米；建设用地规划许可证16件次，总用地面积105.99万平方米；建筑类建设工程规划许可证42件次，总建筑面积172.31万平方米；市政类建设工程规划许可证65件次，总面积58.36万平方米。办理规划核实21件次，总建筑面积96.29万平方米。

【地下管线数据库动态维护】2017年，雨花台区管线中心出台《雨花台区城市地下管线空间数据信息更新与成果使用规定》，启动全区公共区域地下管线动态维护，完成动态维护修、补测916千米。全年免费供图5890千米。实现与管线权属单位管线数据公建共享。核查排水管线存在错接、混接问题29处，呈报区政府供相关部门开展雨污分流参考。与市港华燃气公司对接，标注燃气废弃管线213段，总长5.95千米。实现管线数据动态更新。管线竣工汇交更新入库项目累计37项，长度134千米。开展完成全区非公共区域地下管线普查第一阶段探测普查、竣工测量数据整合及入库，出台《雨花台区非公共区域地下管线探测普查实施方案》，完成2017年度秦淮新河以北36平方千米地下管线普查，涉及5个街道、186个小区、472家企事业单位，累计收集整理入库非公共区域地下管线3332千米。（徐　智）

城市建设

·概　述·

【概　况】2017年，雨花台区确定4大类、计169个城市建设项目，计划总投资额252亿元，本年度完成投资额约111亿元。其中，交通基础设施建设项目37个，列入市级项目19个，本年度完成投资额32.86亿元，包含公路建设项目2个、城市道路建设项目20个、桥隧建设项目11个、主次干道整治项目4个；生态环境建设项目64个，列入市级项目43个，本年度投资额11.71亿元，包含黑臭河道整治项目24个、排水达标区建设项目11个、积淹水片区改造项目11个、河道蓝线环境综合整治项目2个、游园绿地建设项目13个、环卫设施建设项目3个；安居保障建设项目43个项目，列入市级项目28个，本年度投资额65.33亿元，包包含保障房建设项目7个、棚户区改造项目18个、老旧小区整治出新项目18个；公用基础设施建设项目25个，列入市级项目27个，本年度投资额1.45亿元，含公共停车场建设项目3个、公交场站建设项目2个、二次供水改造项目20个。确定为民办实事项目14个方面、计51个，主要涉及辖区10个部门、8个街道（园区管委会），计划总投资额14.83亿元。

【城建项目行政审批】2017年，雨花台区受理政府投资城建项目工程立项申请11项、建设工程初步设计审查申请2项、相关业务咨询40项。完成雨花西路206号、普德村118号、西善花苑一期（家和园）小区整治出新在内的18个政府投资城建项目立项审批。完成板东路（新城大街—华新路）建设工程、南京NO.2012G83-1号地块1号楼及地下车库工程项目初步设施审查。完成包括9件不见面施工许可审批在内的38件建设工程施工许可材料受理、现场勘察、审批和发放。

【推进政府投资代建项目6个】2017年，区住建局推进政府投资代建项目6个。其中，雨花台区实验小学二期项目竣工交付；区看守所迁建工程完成施工定位放线；潘窑保障房办理前期手续，进入设计方案招标阶段；小行里51号危旧房改造项目主体建设施工封顶；雨花办公房消险改造项目进行加固改造施工。

【工程招投标监管】2017年，区住建局完成招投标项目450个，其中区限额以下明标明投项目184个，合计中标价约1亿元；施工公开招标项目114个，合计中标价约34.65亿元；监理公开招标项目49个，合计中标价约3915.27万元；设计勘察类公开招标项目50个，合计中标价约5591.42万元；施工直接发包项目29个，合计中标价约22.77亿元；监理直接发包项目21个，合计中标价约1869.82万元；设计勘察类直接发包项目3个，合计中标价约239.62万元。（周　睿）

·征收与拆迁·

【概　况】2017年，雨花台区制定《雨花台区国有土地上房屋征收补偿、补助、奖励规定》，并经市政府审批下发。成立区重大项目征收拆迁指挥部，设立"'铁心桥—西善桥'两桥地区、软件谷、人居森林"三大指挥平台。全年区征拆办完成征收拆迁项目17个，征拆房屋面积120万平方米。巡查全区范围拆除工地100余次，下达整改通知单20余次，现场拍照保留影像300余张。办理人大政协提案1件，处理信访及督办件40件，接待群众来电来访460人次，协助法院办理债务执行案件2件，办理"12345"工单216件，办结率100%。组织全区征拆从业人员参加市征收政策业务培训1次，开展各项目进场前政策业务培训10次，按时整理归档征收拆迁项目相关档案资料。

【古雄积淹水片区水利改造征拆项目】 2月，古雄积淹水片区水利改造一期项目用地征拆完成。该项目位于板桥新城，东起板桥河街心古桥段上游防洪堤建设达标终点处，南至河下泵站，西至宁芜铁路桥，北起板桥河街心古桥段左岸，属国有土地征收，征收住户89户，总建筑面积9000平方米。

【铁路203道口平改立工程】 4—5月，铁路203道口平改立项目用地征拆完成。该项目位于板桥街道，东至宁芜铁路，西至宁芜公路，南至居民区，北至梅山商业区，属集体土地涉及房屋拆迁，涉及企业2户、计建筑面积6120平方米，住户6户、计建筑面积2260平方米。

【军港市场搬迁】 4—5月，军港建材市场搬迁完工。凤台南路拓宽改造工程属南京市精细化建设管理专项行动重点项目，范围搬迁涉及军港建材市场。其间，搬迁市场全部经营户177户，拆除市场总建筑面积12000平方米。

（尹如玥）

2017年雨花台区实施征收拆迁项目一览表

表7

序号	所属街道		项目名称	土地性质	项目基本情况						2017年完成情况
					房屋面积（万平方米）	企业		居民		2017年完工面积（万平方米）	
						家数（家）	面积（万平方米）	户数（户）	面积（万平方米）		
合计					165.87	359	126.223	1501	39.6495	120.0759	—
1	雨花街道	1	软件大道以南宁南汽配城一期	集体	4.23	3	4.23	—	—	—	结转
2		2	雨花热处理厂	国有	0.44	2	0.28	27	0.16	0.1049	结转
3		3	玉兰路东侧环境综合整治项目	国有	0.5	1	0.5	—	—	—	结转
4		4	宁南小学（承租户）	国有	0.1283	—	—	20	0.1283	0.1283	完成
5	赛虹桥街道	1	华为路地块（自行车厂南地块）	集体	4.53	13	4.1665	28	0.3635	3.24	结转
6		2	机场二通道北段	国有、集体	2.4	4	2.4	—	—	1.21	结转
7		3	安德门城中村改造地块（金陵花卉市场）	国有	2	4	2	—	—	0	结转
8		4	安德门民工市场	国有	0.5	1	0.5	—	—	0.5	完成
9		5	凤台南路环境整治项目（军港市场）	国有、集体	1.2	177	1.2	—	—	1.2	完成
10		6	南河南环境综合整治（大桥汽修）	国有	0.746	4	0.746	—	—	0	结转

续表

序号	所属街道	项目名称		土地性质	项目基本情况						2017年完成情况
					房屋面积（万平方米）	企业 家数（家）	企业 面积（万平方米）	居民 户数（户）	居民 面积（万平方米）	2017年完工面积（万平方米）	
11	铁心桥街道	1	阅宁路北延、规二路及周边地块	集体	3.5314	7	3.5314	—	—	3.5314	完成
12		2	中华职教中心旁企业及8户农户	集体	2.7282	3	2.2482	8	0.48	2.7282	结转
13		3	启动区三期	集体	6.1	4	6.1	—	—	4.8955	结转
14		4	徐工片区	集体	10	1	10	—	—	0.3157	结转
15		5	中药饮片厂	国有	1.175	1	1.175	—	—	1.175	完成
16		6	定坊水科路旁剩余企业	集体	2.3018	5	2.3018	—	—	1.7884	结转
17		7	荷塘村城中村改造地块（吴尚二）	国有、集体	11.19	12	9.59	90	1.6	0.9025	结转
18	西善桥街道	1	顾家庄	国有	0.7	—	—	20	0.7	0.7	完成
19		2	郑家组	集体	2.4	—	—	55	2.4	2.18	结转
20		3	胡家庄、曹家洼	集体	3.5	—	—	124	3.5	3.1	结转
21		4	管道路西段	集体	2.24	2	2.24	—	—	2.24	完成
22		5	龙翔南片区（结转）	集体	1.42	4	1.42	—	—	1.42	结转
23		6	圣戈班片区（岱山一期）结转	国有	4.45	3	4.45	—	—	3.55	结转
24		7	新工集团纸箱厂	国有	0.09	—	—	18	0.09	0.09	完成
25		8	新工集团梅化	国有	0.5	—	—	98	0.5	0.5	完成
26		9	建宁组	集体	0.96	—	—	27	0.96	0.94	结转
27		10	西善桥老街河堤改造	国有	0.58	—	—	54	0.58	0.58	完成
28		11	森燃地块	集体	4.63	5	4.63	—	—	4.63	完成
29		12	梅山矿业塌陷区安全整治	集体	1.8	3	1.8	—	—	1.8	完成
30	板桥街道	1	203道口平改立工程	集体	0.838	2	0.612	6	0.226	0.838	完成
31		2	板桥杨戴三组、黄家洼组地块拆迁项目	集体	3.2	—	—	203	3.2	3.2	完成
32		3	潘窑地块保障房项目	国有、集体	4.5	11	4.5	—	—	1.3	结转
33	板桥新城	1	大方工业园搬迁	集体	6	7	6	—	—	6	完成
34		2	古雄积淹水片区水利改造一期	国有	0.9	—	—	89	0.9	0.9	完成
35		3	古雄积淹水片区改造二期北岸及柿子树沟前董段	集体	3.1	—	—	110	3.1	2.98	结转

续表

序号	所属街道	项目名称		土地性质	项目基本情况					2017年完工面积（万平方米）	2017年完成情况
					房屋面积（万平方米）	企业		居民			
						家数（家）	面积（万平方米）	户数（户）	面积（万平方米）		
36		4	古雄积淹水片区改造二期南岸	集体	2.2268	—	—	112	2.2268	2.09	结转
37	雨花开发区	1	天后农户	集体	18.53	—	—	412	18.53	17.5	结转
38	雨花开发区	2	天后企业	集体	37	54	37	—	—	29.218	结转
39	雨花开发区	3	西寇企业	国有、集体	12.6	25	12.6	—	—	12.6	完成
40	雨花开发区	4	潘窑地块企业组	集体	0.007	1	0.007	—	—	0	结转

·市政建设·

【小区整治出新】 2017年，雨花台区完成老旧小区整治出新项目21个，其中市级考核项目14个、自加压力项目7个。全年整治楼宇99幢，出新建筑面积27万平方米，立项投资额1.37亿元，惠及住户3767户。

【既有住宅增设电梯】 2017年，雨花台区获批全市首张增设电梯规划许可证，获全市首个政府补贴。全年签订书面增梯项目协议33个，通过规划初审增梯项目29个，办理规划审批增梯手续项目23个，正在施工增梯项目11个，竣工投入使用增梯项目2个，超额完成年度既有住宅增设20部电梯目标。 （周　睿）

【公共基础设施建设】 2017年，雨花台区新增加密公共自行车站点36个，覆盖西善桥街道、板桥街道和雨花经济开发区。截至年末，该区共建公共自行车站点238处、计车桩数9241个，覆盖区域各个街道；安装新能源充电桩188个，购买新能源车辆77台。 （费　琦）

【南京南站市政设施及配套设备养护】 2017年，南站综管办养护范围内道路有14条、道路总面积42万平方米，桥梁23座、总长度10.07千米，排水管道3.4万米，雨水检查井689座。年内，南站综管办出动各类养护机械5500台班，外运建筑垃圾及土方2万立方米。维修出新沥青路面1120平方米，调整道路、落客平台防撞护栏240米，更换原花岗岩明沟盖板为不锈钢盖板1200块。维修调整排水养护各类井盖389座、雨水明沟盖板551块、排水管道明沟436米。疏通道路明沟、排水管道63千米，清掏雨水检查井934座，清理淤泥705立方米，改造排水管道230米，改造路面积水2处。清理混凝土桥梁伸缩缝730米，修复桥梁伸缩缝渗水51处，安装北落客平台直行道不锈钢挡板270平方米，修复防撞墙表面1374平方米，观测桥梁沉降140次。疏通排水设施1.31万米，维修清掏检查井203座，清理积淤84立方米。清理河岸人行道淤积物、漂浮物429立方米，清理河面漂浮物175立方米，整修河岸两侧人行道230平方米，块石挡墙维修300平方米。 （任姝婕）

·房产建设与管理·

【概　况】2017年，雨花台区房屋安全排查8124幢、计建筑面积450万平方米，新增疑似危房4幢、计建筑面积4880平方米，鉴定需治理继续使用房屋25幢、计13640平方米。其中，安全等级鉴定C级房屋24幢、计13340平方米，安全等级鉴定D级房屋1幢、计300平方米。完成雨花西路98号家属楼加固消险、小行地区尤家凹3号2幢疑似危房安全鉴定。全年全区累计处理房屋拆改案件121件，受理房屋结构变动审核11件，经市房产局审批核准10件，房屋安全处理结案率98%以上。

【保障性住房】2017年，雨花台区保障性住房建设开工22.43万平方米、竣工4万平方米。锦华新城南片二期6.7万平方米新建工程、中兴人才公寓8.4万平方米新建工程、梅山危旧房7.33万平方米改造工程开工，古雄新林芳庭四期4万平方米工程竣工。

中兴人才公寓二期　　（区住建局　供稿）

【棚户区（危旧房）改造】2017年，雨花台区列入棚户区改造项目15个，上年扫尾项目4个，总占地面积348.04万平方米，房屋面积93.74万平方米，其中住宅面积38.73万平方米、非住宅面积55.01万平方米，居民户数1517户，工企单位34家。至年末，棚户区（危旧房）改造完成涉及居民户数1267户、工企单位27家，累计完成拆迁面积67.38万平方米。

【房产物业管理】2017年，区住建局联合属地街道对37个小区开展区级物业专项检查，下发整改通知单5份。树立宋都南郡商品房、翠岭银河经济适用房小区和郁金香花园老旧小区3种整治类型标杆，打造老旧小区整治方向和标准。完成养回红村4—6幢、安德里20号、板北村5号、龙福小区8幢等公房大中维修项目、计面积3700平方米。

【物业维修资金审批】2017年，雨花台区审批完结物业维修资金使用申请431件，审批完结428件，累计拨付维修资金852.92万元。其中应急审批206件，拨款149.64万元。

【住房保障】2017年，雨花台区发放租赁补贴100户、计90.8万元。组织开展2次公共租赁住房选房，完成208户困难家庭户申请公共租赁房材料受理、初审、上报及选房。办结建宁一村、梅山化工总厂宿舍、纸箱总厂、刘家村等项目731户，计1190套征收安置房安置审核。

【建筑工地管理】 2017年,雨花台区累计受理质量监督备案工程317个,建筑面积438万平方米,巡查工地361次,下发各类整改通知单163份,其中局部停工整改通知单59份。约谈建设工程参建三方主要负责人6次,给与建设工程黄牌警示2起、红牌警示5起,惩戒单位7个,惩戒个人7名。处理建筑工地举报、投诉事件6起,投诉处理率100%。全区通过市级标准化文明工地验收单位16家,含申报省级标准化文明工地验收单位14家。 (周 睿)

·“两桥”地区改造·

【概 况】 2017年,铁心桥社区卫生服务中心改造完成,马家店保障房B、C地块开工;龙翔大道一期完工通车,机场二通道及跨秦淮新河桥、龙翔路二期、竹苑路、“两桥”商务区规划四号路和梅苑南路北段开工建设;龙翔西立交具备开工条件,吴山路、梅欣路等9条道路按序推进方案设计和前期手续办理。“铁心桥—西善桥”地区(简称“两桥”地区)全年启动征收拆迁206.93万平方米,累计完成190.91万平方米。

【完成“两桥”地区成片区拆迁】 2017年,“两桥”地区启动征收拆迁建筑面积206.93万平方米,完成征收拆迁面积190.91万平方米,涉及企业130家、居民3450户,拆出土地2996公顷。启动征地205公顷,完成征地82公顷。自2014—2017年末,“两桥”地区完成龙翔启动区近3平方千米、圣戈班片区31.2公顷、徐工片区27.8公顷土地整体拆迁,基本完成“两桥”地区主要框架道路、保障房片区、可出让经营性用地拆迁目标。

【安置房源保障】 2017年,雨花台区面对全市保障房政策调整,主动对接协调各方,筹措资金2.62亿元支付转性差价,将1070套拆迁安置房房源转性为征收安置房,保障房源不丢失。至年末,累计安置拆迁群众521户,交付安置房807套,实现对拆迁群众“当年拆迁、当年安置”承诺。 (谢梦苑)

【马家店拆迁安置房施工进展】 至2017年末,马家店拆迁安置房项目B、C片区封顶,建筑总面积22.7万平方米;A片区建筑面积12.2万平方米,因技术规范调整,正在变更设计,土建施工单位招投标工作延期;D片区12.4万平方米建筑面积正在办理拆迁。马家店拆迁安置房项目总占地总面积17.83公顷,建设用地面积12.83公顷,总建筑面积47.3万平方米,分A、B、C、D片区建设。 (周 睿)

【龙翔大道工程】 年内,龙翔大道★一期西春路至油坊中心路段通车,龙翔大道二期进场施工。至年末,道路清运渣土36.4万立方米,完成路床灰土回填4.8万立方米、雨污水管道排铺1900米、宁和城际铁心桥站4号出口过街通道桩基与冠梁施工以及主体结构浇筑。龙翔西立交具备开工条件。涉及地铁地段与有关公司签订代建协议,正在进行主体工程招投标。

★链接 龙翔大道:西起绕城公路(接河西江山大街),东至花神大道(接南站宏运大道),全长6.03千米,规划红线宽60米,道路规划等级为城市快速路,计划分龙翔大道一期、二期、龙翔西立交3期建设。该道路是全市“经六纬十”干网中纬十路,属“两桥”地区框架骨干道路之一，是联系河西新城、南部新城重要通道，串联软件谷、南部新城、东山副城、麒麟新城、新港经济开发区等多个功能经济板块。

【土地收储和开发】 2017年，雨花台区排定“两桥”地区2017—2021年土地收储和出让计划，年内完成地块收储30个。其中，吴尚一组A地块被明发集团南京房地产开发有限公司明发公司摘牌，出让价8.1亿元；圣戈班C1、C2、C3、C4、C5地块以及龙翔启动区A8、A10等地块正在办理文勘、渣土清运等各项前期手续。

【机场二通道地面段及跨秦淮新河大桥工程】 6月，机场二通道地面段及跨秦淮新河桥工程全线开工。至年末，该项目完成土方挖运132万立方米，施工完成187根桩基、承台20座、墩柱2座。该项目北起绕城公路，南至大周路，全长4.2千米，全程高架桥敷设，道路规划等级为城市一级公路，双向6车道，设计时速80千米/小时，高架桥下设地面道路系统，分3段立项，分别是地面北段、跨秦淮新河大桥中段和地面南段。 （谢梦苑）

城市管理

·概　述·

【概　况】 2017年，区城管局在全市率先完成全区47座公共厕所一、二类改造，以及50条背街小巷整治。在全市首推“路长制”管理模式，在整治完工的50条背街小巷悬挂城市管理“路长牌”，公示路长及相关人员信息，明确责任分工，促进齐抓共管。全年接收各类工单3018件，退单595件，其余2423件全部办结，综合办结率100%，综合满意率97.85%。区城管政务微博解决网络投诉举报29件。年内，雨花台区在全市“遇见最美金陵”南京城市精细化管理评选中获评“最美环境奖”，区环卫工作获2017年度南京市环卫行业机械化保洁技能竞赛突出贡献奖和优秀组织奖。

【城市治理问题整改】 2017年，区城管局完善《区城市治理考核实施办法》，调整考核权重，加大惩处力度，促进城市治理问题整改。以市查案件为主，综合分析市、区数字化城市管理系统平台数据。定期召开城市治理考核讲评推进会，推进责任倒逼，提升整改问题时效性。实现与区视频监控系统相对接，制定出台“首接责任制”“提示责任制”“督办责任制”，提升解决城市治理问题效率。全年发出预警短信10000余条，有效避免近600个案件超时，超时案件较上年同比下降92.65%。验收通过市级城市治理标准化15个示范单元、1个示范片区和48个达标单元创建，超额完成年度目标。

【城市精细化管理】 2017年，雨花台区列入改造的50条背街小巷全部通过市级考核验收。春熙路、雨花东路创建为南京市示范路，雨花街道农花社区创建为市级示范社区。全区成立451个“门前三包”自治联盟，建立自治联盟微信群，发送“门前三包”管理信息和动态，提升“门前三包”管理水平。全年新签、换发“门前三包”责任书6429份，以道路为单位，对全区所有“门前三包”责任书拍照、统计登记，建立台账资料库。全年开展“门前三包”专项整治110余次，规范、劝导商家2410户，处罚违反门前三包管理规定商家230户，创建南京南站门前三包示范点1个。启动新一轮户外广告信息普查，结合户外广告市场化运营和道路环境综合整治，整治店招标牌1297处。“100%拆除”新增违法户外广告，拆除户外广告136处、计2023.5平方米。公开招标拍卖户外广告8处。全年查处违规洗车场和占道洗车点26处，建设完成自助洗车点12个。出动1.28万余人次清理地面、门面房门头和卷帘门等违规行为，清理牛皮癣1.5万余处，完成楼宇清洗登记拍照信息化管理工作。通过积分兑换实物方式，增强小区居民参与垃圾分类意识。开展新一轮雨花台区城市景观亮化提升。每逢重大节日，开启公共建筑、行道树木、公园绿地、立交、高架沿线等全部动态照明、表演照明。

年内，区城管局开展”门前三包“宣传　　（区城管局　供稿）

倚门出摊2800余起，清理违规堆放垃圾、物料900余起。对新增违建“零容忍”。全年拆除各类违建1458起、计面积42.43万平方米。其中，拆除新增违建207起，计面积8683平方米；拆除存量违建1251处，计面积41.56万平方米。规范渣土车辆运输秩序，渣土车密闭化率100%。全年开展各类渣土联合专项整治行动69次，出动渣土执法巡查人员7200多人次，车辆1800多台次，检查渣土运输车辆1万多台次，查扣违规车辆435台（含扣证），处理渣土违章案件720起。

【行政执法】 2017年，区城管局开展“城管进社区”行动。全区57个社区全部挂牌设立城管工作室，执法队员定期上门服务，受理居民城管执法诉求，依法查处相关违法行为，整治“脏、乱、差”问题，提升社区环境品质。通过不定期开展占道经营整治、校园周边环境联合整治、机动车违停专项整治、门前三包专项执法等系列整治行动，提升辖区市容环境秩序。全年取缔违规午、夜市排挡1600余个（次），教育整改各类占道经营行为6500余次，规范

【环卫保洁】 2017年，区城管局完成全区47座公共厕所一、二类改造。新建宁南垃圾中转站、凤翔垃圾中转站。新购置环卫车辆装备15台，洒水车、机扫车、洗扫车等各类机械化车辆160余辆，辖区机械化率95%以上。全区134条主次干道全部采以机械化清扫、冲洗为主、人工快速保洁为辅清扫模式，实行人车配合、大小车协同作业方式。将全区责任范围内环卫作业区域分成4个独立项目部，实行“分片管理，定点强化”，分片区进行资源整合、细化

责任、量化考核，创新环卫管理模式。针对部分路段停车较多、很难开展大规模作业难题，采取错时、分路段作业，推进背街小巷深度清洗保洁，彻底改变部分道路脏乱差现象。高标准完成国家卫生文明城市检查、南京马拉松等重大活动保障。

区环卫工清扫落叶　　（区城管局　供稿）

【停车管理】 2017年，全区支路街巷违停有效贴单12.6万张。针对共享单车乱停放问题，建立联动机制，清理乱停放共享单车3.5万余辆。新建非机动车示范点50个，新增非机动车停放区域42处，增划非机动车停放区域1.1万平方米。新增收费道路20条、计1800个泊位，对部分拥堵道路取消收费。安装道路收费自助缴费机50台。

【城市防汛】 6月10日，南京遭遇特大暴雨，区城管局和直属单位出动500余人，奔赴一线指挥、巡查和处置汛情。各点人员按照防汛预案进入各自责任路段架设泵车，设立安全警示标志，实施人工助排，疏导交通，帮助涉水车辆排险。区城管局岱山城管队员，接到辖区西善花苑小学求救信息，会同西善桥街道及时带水泵到学校抽水，确保配电房安全，学校电力设备获保障。（沙云云）

·南京南站地区管理·

【概　况】 2017年，南站综管办以城市精细化建设管理为重点，高标准完成站区环境综合整治。建成全市首条鲜花匝道、首家垃圾分类中转站，完成南京南站北侧玉兰路两边4个地块7万平方米绿化提升工程以及玉兰路南北岛头大型精品绿雕工程，建设完成共享单车专用停车位，站区环境面貌进一步改善。在全市城市治理工作考核中实现城市治理窗口组“四连冠”，在南京市园林绿化管理考评中实现园林绿化管理窗口组“两连冠”。南站综管办获春运工作先进集体、环卫重大保障有功单位、政务信息工作先进集体、先进基层党组织等称号。

维持站区执法管理高压态势。通过优化人员配置，灵活调整岗位力量，确保常态化联合执法“24小时”不间断。对于日常巡查中长途客车违规上下客等突出问题，通过开展“春雨行动”等专项整治，规范站区交通秩序。年内，南站综管办牵头组织联合执法300余次，查处出租车违规站外带客911起，纠正机动车违停现象5000余起。周密部署清明、国庆、春节等节假日大客流应急保障，安全有序疏散到站旅客。完成江苏省发展大会、中共十九大、国家公祭日等重大活动安保维稳。针对共享单车无序停放等新管理难题,率先探索出“共享单车企业参与+行政执法人员巡查”管理模式。

常态化开展两级督查。职能部门一日两巡查,督查部门每日督查,发现隐患立即落实整改。发放整改通知书11份,办结市级数字城管菜单536条,办理市“12345”平台转办投诉工单433件,及时联系率和按时办结率均100%,作风满意率、结果满意率、办结提速率等重点考核指标排名全区前列。

【特种设备保障】 年内,南站综管办执行日常工作及维护作业计划,月度开展高危巡检、安全隐患排查,保障电力稳定。累计更换各类泛光灯、照明灯650盏,整流器93个,插座55个,排除各类照明故障45处,铺设电缆1200余米。牵头对南京南站消防给水漏点进行排查,自检、联合站区单位排查修复6处,更换消火栓设施54处、灭火器60余个,更换火灾报警系统主板3块,修复高铁桥墩上方结构漏水2处,完成消防养护招标。更换电梯主板2块、直梯变频器1个,调整排水、照明、提示系统5处,对江南路人行天桥实施大修作业。每天3次定时监控巡检,每月1次外部设备清洁保养,每季度1次全系统检测。更换摄像头20余只、监控电源37个、光电转换器28对,光纤熔接200余处,处理各类故障76次,构建特种设备监控平台92路,铺设电缆1600余米、光纤700余米。

【汽车客运南站、高铁南京南站实现售票窗口互设】 1月11日,汽车客运南站与高铁南京南站在春运期间首次互设售票窗口。高铁南站一楼北售票大厅“长途汽车售票专窗”(1号窗口)售卖全市所有汽车客运站汽车票,汽车客运南站一楼售票大厅“铁路售票专窗”(13号窗口)售卖全国各站火车票,实现售票互通。

【全市首家垃圾分类中转站项目竣工】 2月,南京南站垃圾分类中转站竣工。该项目于2016年8月开工,地点位于六朝路以东、毓秀街以南、明城大道以西、高铁桥边,占地面积4091.08平方米,建筑面积1813.97平方米,总投资910万元。设计日处理生活垃圾150吨,收集范围覆盖车站主站房及南、北广场。配套公厕面积160平方米,总蹲位46个。该项目投入使用彻底解决原中转站垃圾积压、异味严重、旅客如厕难等问题,提升南京南站地区窗口形象。

【春雨行动】 4月10日—5月10日,南站综管办联合运管、客管、公安、交警等多个部门联合开展“春雨行动”专项交通整治,对南站地区内不按核定线路行驶、违规站外上下客、没有营运资质上路等各类问题车辆展开彻底清理。治理区域包括明城大道、六朝路、玉兰路、江南路、绿都大道、锦绣街、毓秀街、金阳东(西)街和南北落客平台。整治方法采取定点与流动检查、定时与不定时检查、交叉检查与联动检查、明察与暗访相结合方式。其间,查获违规营运大巴车17辆。

【全市首条“鲜花匝道”竣工】 4月25日,南京南站“鲜花匝道”竣工,涵盖北平台东、西两侧10条匝道,全长6000米,是旅客自市区到南京南站主要道路,属全市首条“鲜花匝道”。匝道外侧累计悬挂花箱5000个,种植鲜花10万盆,主要道路交汇口穿插花镜园林小品和立体花墙；且同步建设6000米“匝道滴灌系统”，配合挂箱安装分龙头5000个，每个分龙头连接滴管4个，自动控制浇水时间，降低养护成本。

8月1日，南站综管办志愿者服务站试运行　　（南站综管办　供稿）

【南站综管办志愿服务站投入试运行】 8月1日，南京南站210名注册志愿者经文明礼仪、专业知识培训考核后在南站综管办志愿服务站上岗，地点位于南京南站北广场红色岗亭。服务时间自上午9点至下午5点，分早、晚两班，每班在岗志愿者2人。服务站内配置饮水机、急救箱、站区地图、服务卡等必备物品，提供进站引导、站内设施咨询、公共交通引导、英语翻译、简单急救、手机充电等服务。

【南站南广场项目通过竣工验收】 9月15日，市铁投公司组织召开南京南站南广场竣工验收会议，通过市园林质监站竣工验收监督。作为南京市重点城建项目之一，该项目于2013年开工，用地总面积6.67万平方米，总建筑面积17.44万平方米，总投资约4616万元，是集铁路枢纽、公交地铁换乘、高档商场、餐饮、展示等多功能为一体综合体建筑，有效改善北广场客流压力。

【玉兰路两侧景观提升工程竣工】 9月25日，南京南站北侧玉兰路两边4个地块、计7万平方米绿地景观提升工程完工。南站综管办效仿自然界溪水河流景色，在全市市政系统中首次打造“旱溪枯水”景观。在旱溪两侧，依据河岸地形设置十余处黄石景观和特色花境，栽植植物150余种。各个花镜交替开花，营造出四季有花城市园林景观。为降低养护成本，首次采取自动喷灌和冷雾系统相结合灌溉方式。

【汽车客运南站旅游集散中心启用】 12月29日，南京汽车客运南站旅游集散中心启用，主

12月29日，南京汽车客运南站旅游集散中心启用　（南站综管办　供稿）

要解决高铁、空港落地和长途客运旅客旅游集散。依托南京南站枢纽平台，实现高铁、地铁、城市公交之间无缝对接。同时该中心为南京市民周边游提供交通和旅游信息等配套服务。启动仪式上，“南京环城游”观光巴士第10条线路同步开通，途经雨花台烈士陵园、侵华日军南京大屠杀遇难同胞纪念馆等旅游景点。

（任姝婕）

城市环境综合整治

【概　况】 2017年，雨花台区完成凤台南路“四位一体”综合整治和50条背街小巷整治，实施完成工农河、农花河沿河环境整治，完成42个交叉路口架空杆线整理下地。建成建宁一村、天隆寺、梅山文化公园等地游园绿地、重要节点绿雕以及道路街头绿色景观，新增绿地面积3.8万平方米，栽植灌木10万余株。整治出新老旧小区项目18个，出新住宅外立面面积25.88万平方米。对南京南站地区交通秩序开展整治，自加压力建设绕城公路两侧7万平方米绿化景观提升工程。完成公厕标准化改造47座。拆除违建164处，计建筑面积239421平方米。年内，雨花台区打造出凤台南路月季大道、普德村“摩天轮”立体停车库、普德村128号和132号精品整治小区、建宁一村街头游园、农花河景观河道、南京南站江南路绿化带等精品工程，区域生态环境获改善。

【城市精细化建设管理十项行动】 年内，雨花台区梳理开展城市精细化建设管理十项行动，计119个项目，总投资额10.7亿元，主要包括：主干道整治项目2个、街巷整治项目30个、沿河环境整治项目2个、绿化景观提升项目7个、老旧小区整治项目18个、城市公厕改造项目47个、建筑立面整治项目2个、管线下地改造项目2个、交通秩序整治项目4个、城市亮化项目1个，强化建设管理项目4个。同时实施市级追加的街巷整治任务20条、交叉路口管线下地改造42个。除因市供电部门电力管线改造计划调整，雨花东路综合整治项目调整至下一年实施，其余全面完成整治任务。（卞新凤）

国土资源管理

【概　况】 2017年，区国土分局为30个市重大项目提供用地保障。全年办理区级用地预审44件，计面积227.4公顷，完成岱山西路北延等11个项目市级预审初审、地铁七号线等2个项目省级预审初审。组卷报批完成2个批次6个单选20个项目，报批面积111.59公顷。存量土地清理116.47公顷，闲置土地清理6宗。49个低效用地再开发项目完成序时进度，计面积418.8公顷。3宗科技研发用地出让，计面积9.4公顷。查处违规违法用地专项整治涉及用地7宗，计面积8.03公顷，其中2宗取得征转用批文、5宗落实整改。办理市、区“12345”工单61件，其他来信、来访5件，复查复核1件，督办件4件，依法定途径分类4件，有效化解区委主要领导包案的南京助剂厂信访积案。年内，雨花台区被省国土资源厅授予“国土资源节约集约模范区”“土地执法模范区”称号，区国土分局被市国土资源局评为南京市国土资源系统2016年度工作先进单位。

【耕地和基本农田保护】 2017年,区国土分局提请区政府与各街道、街道与村签订年度耕地目标责任状25份;新划定永久基本农田面积45.4公顷,其中城市周边永久性基本农田10.73公顷,完成保护牌、界桩设立。

【用地保障】 2017年,区国土分局组卷报批完成2个批次6个单选20个项目,报批面积111.59公顷。年内获批项目7个,总面积85.05公顷,其中6个项目签订征地事务办理协议和征地补偿安置协议。

【不动产登记发证】 2017年,区国土分局开展全区集体土地不动产登记发证试点工作,完成12个村民组959宗测绘工作,颁发首批不动产证。（朱　佳）

水　务

【概　况】 2017年,雨花台区完成24条黑臭河道整治、18项防汛消险、19个小区二次供水改造以及2个沿河环境整治等重点水务项目,有序开展186个雨污分流项目。加快推进"互联网+政务服务"工作实施,规范受理各项涉水行政审批。围绕第25届"世界水日"和第30届"中国水周"活动,推行"河长制"主题宣传活动,提升驻区群众水资源保护意识和水法制观念。落实闸站维修养护、防汛检查、防汛责任制,保障全区安全度汛。是年,区水务局被南京市水务局评为2017年度全市水务工作优秀单位、2017年度全市水务工作先进单位。

【水资源管理】 2017年,雨花台区加强水资源节约保护和优化配置,开展整治黑臭河,提升水功能区水质,落实水资源管理"三条红线"管控要求,建立起水资源管理运行机制。对照市考核评分标准,水资源管理四项指标★自评总分95.5分。投资20万元完成长江、南南河水功能达标整治方案,分析计算全区水资源供给、河道水环境等现状,针对水资源、水安全、水生态等方面存在问题,制定利用与保护水生态与水景观等具体实施措施。制定完成《南京市雨花台区"十三五"水资源消耗总量和强度双控行动实施方案》,构建市、区重点取用水户用水总量控制体系,年初下达取用水计划3.3亿立方米,实际使用1.79亿立方米。对地下水资源管理落实"四个一"管理制度,即一证（取水许可证）、一表（计量设施）、一牌（自备水源井牌号）、一卡（档案管理卡）管理,全年地下水位未超地下水控制红线。

★**链接**　水资源管理四项指标:用水总量指标、万元国内生产总值用水量降幅指标、万元工业增加值用水量降幅指标和农田灌溉水有效利用系数指标、水功能区水质达标率指标和重要水功能区污染物总量减排量指标。

【水务行政管理】 2017年,区水务局完成7件水土保持方案行政审批,办结宁芜线K44、203道口平改立工程跨铁路沟河道管理范围内建设项目审批。受理排水许可申请79件、准予许可68件，不予许可11件。全年依法征收河道工程占用补偿费、水土保持补偿费等行政规费17.9万元。区水政监察大队出动执法督察68次、计239人次，巡查每段堤防及河道，发现违章立即查处，保障江河堤防安全。累计清除河道各类杂草、杂物1.02万平方米，清除垃圾堆放、沿河违章建筑物搭建260平方米，堤防道路表面清理、河道清淤4.47万立方米，清理打捞、清运各类垃圾杂物112吨。依法查处水事案件1起，组织开展水务联合执法行动5次，保障水事良好秩序。

【管网闸站管理】 年内，雨花台区完成绞拉干管178.8207千米，疏通支管127.645千米，清理检查井18052座、雨水井26579座、出水口74座，清运淤泥4733立方米，更换维修检查井盖41座，更换维修雨水井盖框290座。日常检查养护城市排涝泵站4座，汛期发挥排涝效益，完成泵站升级改造3座。受理“12345”工单诉求239件。

【黑臭河道整治】 2017年，雨花台区河道治理遵循“标本兼治、重在治本”原则，按照“拆、截、清、修、引、测、管、景”8项措施，将黑臭河道整治与打造水景观相结合，制定黑臭河道整治方案。全年整治完成黑臭河道24条，其中农花河为省级考核河道。24条黑臭河河道整治总长36.5千米，累计清淤17万立方米，总投资2亿元。

【防汛防旱】 年内，雨花台区防汛办公室多次组织区级防汛检查，排查出各类险工隐患地段16处、易积淹水地段48处，全部明确防汛责任，逐项落实解决方案和措施。落实以行政首长负责制为核心责任制，将责任落实到工程建设、汛前准备、阶段组织、物资储备、抢险救灾等各个环节；且组织召开全区防汛工作会议，区政府与各街道（园区）签订防汛工作责任状。汛前，储备防汛草包17.5万只、编织袋53.28万只、水泵61台，配备车载便携式应急水泵3台套。成立由民兵、机关干部和当地群众组成的巡堤查险抢险队伍68支。组织开展全区防汛知识培训及防汛抢险实战演练。累计完成全区河道清淤13.4万立方米，清疏排水管网179千米，更换窨井盖38套、雨水井盖69套。雨花台区安全度汛。

【推行“河长制”】 年内，雨花台区印发《关于印发〈雨花台区全面推行“河长制”的实施意见〉的通知》，对全区59条河道全部建立和推行“河长制”。完成河长名单公示，树立36块区级、23块街道级河长制公示牌。成立区、街两级河长制办公室，设立区级河长制办公室1个、区级河长22名、区级河长联系部门16个，设立街道级河长制办公室8个、河长41名，设立社区级河长54名。区河长制办公室印发《全面推行河长制工作督导检查制度》等“河长制五项制度和一个办法”。完成59条河道“一河一策”行动计划初稿编制。全年区级总河长、区级河长开展巡查河60余次。

【水利机制体制改革深化】 年内，雨花台区对纳入改革范围的159处小型水利工程实现明晰工程产权、确立管护责任及主体、落实资金经费、创新管护模式等各项措施，159处小型水利工程全部通过市级项目验收。编制《雨花台区河道和水利工程管理范围划定实施方案》，对此次确权划界实施方案内3条河道、15座闸站实行测绘，实施板桥河管理范围划界，完成界桩埋设190根、告示牌埋设18块。

（朱天瑶）

·南京市自来水板桥有限责任公司·

【概　况】2017年，南京市自来水板桥有限责任公司供水总量2575万立方米，售水总量2217万立方米，回收率89.04%，产销差13.90%。新增用水小区5个，新增户表用水户4027户、企业表用户57户。自来水在册用户96846户、贸易结算大户表761户。全年敷设自来水管道长度9962.5米，累计自来水总管网346千米。全年接收工单992张，其中“12345”工单176张，回访率、办结率均100%，未出现有责投诉和责任曝光。

板桥公司城南污水厂全年处理污水7092783吨，COD（化学需氧量）削减量900吨，氨氮削减量211吨，生产污泥6327.27吨，COD、氨氮等主要水质指标接受环保监督性检测12次，污水处理水质合格率100%，设备完好率98.33%。

【供水保障】年内，自来水厂定期巡查自来水增压生产泵房，维护保养设备，确保泵站正常运行。在节假日高峰供水期，开展安全生产大检查，查出问题整改落实；夏季用水高峰期，调整3个泵房出水压力，改造供水模式程序；对主要电气设备进行预防性试验及防雷装置检测，保障各供水期安全保供及安全生产。委托南京水务集团站库管理所管理运行板桥地区40个二次供水增压站，比上年增加5个。组织生产员工开展突发停电应急操作演练，在多次供电部门故障停电中，发挥应急处置能力。全年完成清洗二次供水站水箱78个，容积12610立方米。

【城南污水处理厂管理】年内，城南污水处理厂通过各级环保监察单位常规及夜间突击检查20余次，对接各类环保、住建、安全平台40余次，通过市水务局组织的2017年度省厅污水厂季度考核。实施中水改造，城南污水处理厂处理后水经管道向工农河实施补水，补水清澈见底，截至年末，累计向工农河补水582万立方米，改善河道生态环境。水利部水资源司副司长石秋池一行到城南污水处理厂中水回用补水口现场督查给予高度评价。（万贵明）

交通运输

【概　况】2017年，雨花台区境内公路总里程281.297千米，公路密度208.37千米/百平方千米，其中高速公路12.216千米、一级公路94.41千米、二级公路40.426千米、三级公路25.864千米、四级公路108.381千米。

城市道路管理。全区有快速路1条，主路46条（其中街道、园区自管36条），次路74条（其中街道、园区自管64条），支路136条（其中街道、园区自管113条），街道372条（其中街道、园区自管325条），桥梁86座（其中街道、园区自管79座）。完成42个路口架空杆线下地，总投资4000万元。

公路养护。全年全区县乡村道养护总投入329.5万元（含大中修），县道养护维修投入178.3万元。农村公路总养护31千米。小修保养投资93.2万元，维修县道面积4520平方米。城市道路养护包括：岱山西路东延、卡子门大街、紫荆花路、雨花北路、雨花小区二号路、花神渡桥、南河大桥（西桥）实施养护维修，总投资额528万元。干线公路优良路率保持100%，县乡公路优良路率87.7%。

运输管理。全区有道路运输业户4372户，营运车辆8248辆、吨位44406，持有从业资格证1946本（人）。全年办理行政许可新增业户618户，办理新增车辆2087辆，年审业户3953户，道路运输年审驾照8398本。区运管所发放南京市首张无车承运人经营许可证。

汽修、驾培业管理。全区有机动车维修企业249家，其中一类企业30家、二类企业77家、三类专项维修业户137户、汽车快修业户5户。

航运管理。辖区内水路普通货物航运企业2家，营运船舶11艘，总载重吨357194吨。水运辅助业9家，船舶代理量205艘次，货物代理量37万吨。3家港口码头内河吞吐量总计7.2万吨

安全监管。组织开展在建工程安全检查79次，对4家危险品运输企业实施排查36家次。全年辖区无交通系统事故发生。

交通法治建设。全年区交通局累计办理行政许可案件660件、行政处罚597件，无行政复议和行政诉讼败诉案件。办理“12345”工单和“96196”工单1729件，办结率100%。21项行政许可、行政审批事项全部进驻区政务中心。

【宁芜铁路道口改造】 2017年，雨花台区规划5个铁路道口平改立建设项目。截至年末，二窑（炭黑厂）和天保桥道口完成改造；小行桥道口加快推进拆迁；晓庄道口建成通车；203道口进行管线迁改设计和规划上报，380伏农电杆线完成迁改合同签署、预算审计，施工单位进场施工。

【“五项行动”整治效果显著】 2017年，区交通局开展完成辖区交通干线沿线环境综合整治“五项行动”，累计梳理16大类问题47处。整治问题包括普通国省道周边环境“脏乱差”、非法侵占公路、危旧房屋改造、违法建筑物等4大类问题9处，高速公路用地范围内、外缘100米范围内违法广告设施、非法堆积物、非法搭建设施、非法种植物4大类问题13处，内河干线航道范围内生活垃圾、违章建筑、绿化缺失、护岸损毁4大类问题5处，铁路沿线违章搭建、乱停乱放、绿地缺失、交通安全隐患4大类问题20处。截至年末，16大类47处整治任务全部完成。

【散装建材工程运输车辆专项整治】 年内，区交通局结合“263”专项行动★和散装建材工程运输车辆专项整治，以S001汽渡线——梅山9号路段为重点，治理公路货车非法改装、超限超载、抛洒滴漏、道路扬尘等环境突出问题，消除道路交通安全事故隐患。其间，出动执法人员2040人，发放宣传材料800余份，拦截劝返不符合装载要求货运车辆571辆，查处非法改型货车59辆、无道路运输从业资格3人，配合相关交管部门查处严重超限超载运输车辆79辆，卸驳载货物2013.8吨。

★链接 “263”专项行动即“两减六治三提升”专项行动。其中，“两减”是指减少煤炭消费总量和减少落后化工产能，“六治”

是指治理太湖及长江流域水环境、生活垃圾、黑臭水体、畜禽养殖污染、挥发性有机物和环境隐患，“三提升”是指提升生态保护水平、环境经济政策调控水平和环境执法监管水平。

【铁心桥改扩建工程完工】 2月，铁心桥改扩建工程完工通车。新桥在老桥基础上进行改扩建，桥面设计采用三跨变截面连续钢箱梁，分4幅建造，全长153米，外侧2幅桥宽8米，供行人和非机动车通行，内侧2幅桥梁宽13米，供机动车通行。建成后新桥总宽45米，比老桥增宽20米，设置双向6车道。桥下通航等级由Ⅴ级提升为Ⅳ级，通航净空比老桥增高2米，通航净宽增加15米。工程总投资额2.72亿元。

【凤台南路环境综合整治工程完工】 10月12日，凤台南路环境综合整治工程完工，全线通车。工程总投资额3.45亿元。凤台南路北起赛虹桥立交，南至西善桥北街，道路宽度45~58米，全长约5300米，途中与长虹路、西营村北路、兴隆大街、梦都大街、雨花南路、新安江街、河西大街相交，属连接城西干道与绕城公路的城市快速通道。主要整治内容包括：强弱电杆线下地，道路横断面优化实现机动车道、行人、非机动车道分离，道路病害处置，景观绿化品质提升，建筑立面出新，桥梁及重要节点建筑楼宇亮化等。整治后，凤台南路被打造成全市首条月季大道。 （费　琦）

凤台南路环境综合整治后新貌 （区交通局　供稿）

环境保护

【概　况】 2017年，空气优良天数255天，较上年同期上升5.8%；PM2.5均值为41微克/立方米，较上年同期下降15.5%，超标天数大部分出现在春季、冬季。国考秦淮新河节制闸断面水质达III类，省考秦淮新河铁心桥断面水质均值优于V类，省考秦淮新河宁芜公路桥断面水质达III类，市考江宁河江宁河闸断面水质达Ⅳ类。功能区噪声达标率100%，区域环境噪声平均值53.7分贝，交通噪声平均值66.9分贝，均优于考核标准。

【“263”专项行动】 年内，区环保局开展“263”专项行动。“两减”整治行动中，全区累计消耗原煤514万吨，同比下降12.73%，其中梅钢煤炭消耗总量378万吨、华润热电煤炭消耗总量136万吨；关停南京旭日精细化工有限公司、南京费隆符合材料有限公司2家化工企业，以及南京华磊铸造厂、南京乐安机械设备制造有限公司2家铸造企业。在“六治”整治行动中，完成59个雨污分流点和农花河水环境整治；新增24个垃圾分类示范小区，完成大件垃圾分拣中心建设；完成24条黑臭河道整治，开工建设186个雨污分流工程并完工140个，完成26千米雨污管网建设，整治秦淮新河雨花段等水体重点排污口71个；关停限养区内8户畜禽养殖户；完成VOCs（挥发性有机物）治理企业115家，其中工业企业15家、印刷企业27家和汽修企业73家，工地文明施工达标率93.86%，城市主次干道机扫率90.01%，渣土运输车辆密闭化率100%；取缔小型散乱污染企业9家，办理城市巡查问题35批236件。在“三提升”行动中，完成园林绿化整治项目30个，建设及改造绿地面积74.4万平方米；完成游园绿地建设工程9个，全区绿化覆盖率49.04%，林木覆盖率30.1%；提高扬尘、VOCs排污费征收标准，完成全区27家重点工业企业初始排污权核定；建成并运行区环保联合执法指挥中心，设立主城区第一家检察官工作站，开展联合执法和错时执法，累计出动执法人员2896人次，检查各类企业、施工工地1000余家次，处罚环境违法企业124家次，处罚执行总额401.38万元，查封扣押企业（个体户）20家，其中按日计罚4家、限产停产1家。全区生态环境得到有效提升。

【环保专项整治行动】 年内，区环保局开展砖瓦行业专项整治，取缔关闭7家环保不达标企业（作坊）；开展地条钢、小铸造专项整治，对南京华磊公司和南京乐安机械公司的铸造生产线实施关闭与拆除；且开展涉重企业等环境风险行业综合整治以及重大活动和节假日期间环境安全大检查。“六查”★环境执法检查专项行动期间，累计出动执法人员796人次，检查各类单位282家，覆盖全区重点工业企业和IT重点企业、医疗机构、餐饮企业、危险废物经营单位、汽车维修、VOCs产生单位以及全区建筑施工工地、码头沙场等。整改单位204家，立案查处违法案件35件，查封企业违法排污生产设备6家，累计行政处罚金额101.6万元。

★链接 “六查”即检查污染治理设施不正常运转情况，检查私设暗管偷排偷放情况，检查自动监控数据造假、监测数据造假情况，检查危险废物、一般工业固废偷排、偷倒情况，检查建设项目违法行为情况，检查各类建筑工地、企业堆场扬尘和夜间违法施工等。

【环境监察】 年内，区环保局推行“双随机一公开”制度★，规范使用移动执法记录仪，确保区环保联合执法指挥中心高效运行。推进区、街、社区三级网格化环境监管机制，加大环境问题巡查督查，实施统一指挥协调、统一派单处理、统一监督考核，及时有效处置各类环境问题。编发全区城市环境问题巡查通报8期，通报环境问题251个。开辟环境案件移送绿色通道，从重、从快、从严打击严重环境违法行为，行政处罚案件数量和质量均排全市主城区第一名。全年累计接诉并处理各类环境信访件5295件，区人大建议和政协提案6件，按期办结率和综合办结率100%。

★链接 “双随机一公开”制度即在监管过程中随机抽取检查对象，随机选派执法检查人员，及时将抽查情况及查处结果向社会公开。

【危险废物环境监管】 年内，区环保局严格按照危险废物规范化管理标准和要求，开展70余家产废企业和90余家医疗机构危险废物申报转移，危险废物库存同比减量25%以上。与70余家汽修行业和190余家涉及使用感光材料企业签订“环境管理告知书”。协调相关单位跨市转移查封电子危险废物9.2吨。开展辖区环境应急演练，安全处置南京旭日精细化工有限公司、南京费隆符合材料有限公司2家化工企业关停后产生的危险废物160余吨。

【梅钢片区环境综合整治】 年内，区政府成立专项行动指挥部，制定梅钢片区环境综合整治“1+4+X”方案，开展环境整治和土地复绿工程，联合执法，关停企业8家，取缔各类废旧收购站点89家、塑料破碎站点8家、拆解站点6家、食品“黑作坊”2家。完成源水输水管改造、道路主体改造、道路立面出新和梅钢公司廊道封闭等综合性工程改造。开展驻点联合执法和不间断巡查，重点打击散装砂石等违法运输车辆，整治砂场码头、企业堆场56家。

【建设工程环保审批验收】 年内，区环保局为全区河道整治、排水达标区与“两桥”地区道路建设工程提供项目环保审批服务。全年审批建设项目88项，其中报告表85项、报告书3项，“三同时”★验收建设项目37家，严格控制新污染源产生。

★链接 “三同时”验收指对环境造成污染和破坏的环境工程和主体工程项目同时设计、同时施工、同时投产。

【备战省环保督察】 9月，省环保督察期间，区委、区政府2次召开省环保督察动员部署会，区政府分管领导多次召开推进会和现场协调会，完成省环保督查迎查。其间，完成调阅资料11批80件，上报市协调联络组工作信息28期，查办省环保督察信访交办件53件。累计出动执法人员855人次，检查企业72家次（含餐饮48家次），累计责令整改57家次、查封扣押1家、停产29家、关停取缔5家，立案处罚17起，处罚金额33.75万元，约谈12人，解决一批群众身边环境突出问题。在省环保督察组对南京市委、市政府反馈意见大会上，雨花台区成为极少数没有被省环保督察联络组提出问题的区。

（王　媛）

生态建设

【概　况】 2017年，雨花台区以“放大生态雨花效应，建设美丽雨花”为目标，以环境综合整治行动和精细化建设管理为抓手，突出打造雨花亮点绿化项目，提升绿化管养水平。全年完成园林绿化整治项目36个，新建及改造绿地面积83.54万平方米，完成投资额1.2亿元。新增绿化造林14.13公顷，“森林抚育”66.67公顷，“四旁”（路旁、沟旁、渠旁和宅旁）植树3万株。

【绿化整治项目36个】 2017年，雨花台区列入绿化整治的项目聘请专业设计、专家评审，从源头上保障绿化建设水准。对苗木规格、栽植及工地安全等相关问题实行全程监督，执行“监理+审计”双轨制，以质量保成活，以成活保成效。全区实施环境综合整治园林绿化整治项目36个，其中道路绿化7个、游园广场建设项目12个、绿地建设项目13个、公园改造建设项目4个，新建及改造绿地面积83.54万平方米，完成投资额1.2亿元。

【道路绿化景观提升】 年内，雨花台区完成京沪高铁雨花段沿线防护林建设，栽植栾树、樱花、银杏、桂花等苗木800余株。提档升级绕城公路沿线绿化，栽植榉树、香樟、樱花等苗木500余株。在花神大道、软件大道等主干道岛头设置节点彩化，增加景观效果，栽植樱花、垂丝海棠、桂花等乔灌木780株，栽植红叶石楠、红花檵木、小叶栀子等灌木8万株，铺设草坪3万平方米，摆放一串红、矮牵牛、万寿菊等时令花卉10万盆。

【绿化养护】 年内，雨花台区绿化养护管理面积555万平方米。全年辖区补植更换乔木268株、灌木2.6万株、草坪地被2.7万平方米，清除枯枝6538处、垃圾3860吨、小广告372处，修剪乔木（抹芽）4.8万株、灌木280.6万平方米、草坪265.8万平方米，大树腐株修补2796株，病虫害防治使用药水1169公斤。

【森林防火】 年内，雨花台区实行防火承诺制，将森林防火工作列入区委、区政府年度考核目标。实现铁心桥地区森林防火远程监控全覆盖，完成静明寺纪念林到人武学校段1千米防火通道建设。通过在林区出入口播放电视专题片、悬挂横幅、发放防火联系卡，在铁心桥、西善桥等重点林区新增24台森林防火语音播报及视频抓拍设备，增强居民防火意识。对辖区内山林清杂、消防队伍体系建设、灭火设备是否完好、护林员是否到位到岗、防火资金投入等情况实施系统检查，全年辖区未发生火灾事故。区农业局被江苏省森林防火指挥部办公室评为省级森林防火先进单位。

（赵　冰）

【生态红线管理】 年内，雨花台区制定《雨花台区提升生态保护水平专项行动实施方案》，开展生态红线区域3年清理整治行动，确保辖区一级管控区内无违法违规项目、二级管控区内违法违规项目“零新增”。完成砂砾石层自然保护区、三桥湿地公园、将军山风景区、牛首山风景区4个省级生态红线保护区内5块界碑、181根界桩落地。

（王　媛）

公共服务

2018 YUHUATAI ALMANAC

Public Service

教　育

·概　述·

【概　况】2017年，雨花台区教育现代化发展水平综合得分89分，高于南京市88.5分考核要求，接受省政府对区政府教育专项督导，综合得分92.6分，评价格次优秀；接受市政府督导组对区政府职业教育发展责任状落实情况专项督导、教育部加快青少年校园足球工作督察获好评；与教育部签署《全国青少年校园足球试点县（区）改革发展备忘录》，中华中等专业学校被评为省高水平现代化职业学校。

学校新建扩建项目。区实验小学东校区扩建工程竣工交付使用，小行小学异地新建工程主体封顶，新林规划小学（原古雄小学校址）扩建工程进场施工。板桥中学三期、区实验小学西校区扩建、宁南规划小学、马家店规划中小学及中华中专新校区的前期工作如期推进，板桥中学三期完成校内拆除，实小西校区拆除全部旧校舍，宁南规划小学建设等项目有序推进。

集团化办学。出台《雨花台区教育局关于深入推进集团化办学工作的实施意见》，完善优化集团化办学管理机制、办学模式、干部教师交流、奖励考核等，鼓励集团学校深化一体化办学和紧密型办学探索，实行理事会管理，形成“独立设置、集团运行、资源共享、特色发展”的集团化发展模式，推进基础教育优质均衡发展。全区中小学教育集团4个，幼教集团3个。集团内学校14所，开办金陵中学华兴实验学校。

教育教学质量。雨花台中学普通类本科达线率98.35%，其中海安班本一达线率80%，一名同学被清华美院录取。板桥中学普通类本科达线率38.46%，体育艺术类（含兼报）本科达线率87.5%。梅山高级中学有221人参加上海市高考，本科达线率80.75%。

学前教育。推进以区为主、区街共建的学前教育管理机制，完善学前教育联席会议制度，出台《雨花台区学前教育第二期“三项工程”实施办法》，进一步实施“增量、创优、普惠”三项工程，8所公办幼儿园明确为独立法人单位，新开办公办幼儿园4所（琥珀森林幼儿园、金陵华兴实验幼儿园、岱山实小附属幼儿园和区实验幼儿园康盛分园），新增民办惠民幼儿园2所（家和齐修幼儿园、锦华新城幼儿园），全区省、市优质园占比84%，在公办园和民办惠民园就读幼儿比例80%。区实验幼儿园等7所幼儿园被认定为市依法治园示范园。

职业教育和社会教育稳步推进。推进职业教育校企合作融通，学校与中国电信、中国联通、苏宁物流基地、江苏舜天、南京云锦博物馆等9家知名企业签订联合办学协议，举办企业冠名班8个，中华中等专业学校学生参加省级技能大赛共取得3金6银5铜，全国技能大赛取得1金1银。全区居民年参与社区教育活动参与率50.3%，老年教育受众面占老年人比例12%以上，居民网上注册学习人员占全区常住人口10%以上。板桥街道社区教育中心接受省标准化社区教育中心创建工作考核通过。

【学校建设项目全面推进】 2017年，雨花台区财政共安排校舍修建经费17925万元，其中校舍日常维修3000万元，新校开办1730万元，结转项目1205万元，新校建设11990万元。雨花台区实验小学东校区扩建工程完成，该工程占地4700平方米，新建校舍8500平方米，投资概算4200万元。小行小学异地新建工程，占地27600平方米，新建校舍29346平方米，投资概算1亿元，5月全面动工建设，实现主体工程封顶。新林规划小学建设工程，占地26044平方米，新建校舍19623平方米，投资概算7700万元，旧校舍已全部拆除。雨花台区实验小学西校区扩建、宁南规划小学新建工程、板桥中学扩建三期工程等前期工作加快推进。富力尚悦居初中、石林规划学校、岱山24号小学、岱山高中宿舍、九都荟幼儿园、蓝光幼儿园、中南锦苑幼儿园、吉庆里幼儿园、大都会幼儿园等教育配套设施建设工作有序推进。

【教育技术装备水平实现新提升】 2017年，去教育部门围绕"装备结构合理化、装备管理现代化、装备配备公平化、装备使用规范化"工作目标，对照《江苏省中小学教育技术》Ⅱ类标准，合理配备装备项目。全年共投入4937.4万元，其中信息技术1739.3万元，实验室976万元，仪器249.5万元，图书190.6万元，课桌椅及木器324.5万元，空调329万元，食堂设备415.2万元，办公设备214.8万元，监控286元，录播系统96万元。

以教育信息化促进教育现代化，推进智慧校园建设。2017年，全区更新多媒体设备187套，视频展台120套，空调528台，新配备教师办公电脑770台，更新课桌椅5400套，新增科学、劳技、音舞美、团队室、图书室等22个专用教室，全区共有数字化实验室15个，全区义务教育阶段学校基于教育城域网的"班班通"实现100%，100%的学校建立校园网，100%中小学老师可以通过计算机进行网络办公和教学，全区计算机和图书配置均高于市规定的配备标准，小学生均教学仪器设备值2259.82元，生均计算机0.18台，生均图书27.14册；初中生均教学仪器值3241.58元，生均计算机0.31台，生均图书39.44册，均高于南京市规定的配备标准。

【第九届中国·南京—新加坡中小学校长圆桌会议】 4月26—27日，由市教育局和新加坡教育部学校司主办、区教育局、雨花台中学和市教科所共同承办"第九届中国·南京—新加坡中小学校长圆桌会议"在雨花台中学举行，以新加坡教育部学校司（东区）校群督导黄绣婷为领队新加坡校长代表团一行7人，与南京40余所中小学校长代表围绕"培育学校特色，引领学生成长"主题进行交流研讨。

4月26日，市教育局副局长张生、副区长余清，区教育局局长、工委书记刘善海，区教育局调研员、雨花台中学校长穆耕森，市教育科学研究所所长肖林元等出席开幕式。开幕式及主题演讲由雨花台区教育局副局长、副书记盛云生主持。副区长余清、市教育局张生副局长和新加坡教育部学校司（东区）校群督导黄绣婷先后致辞。会议期间，区教育局局长、工委书记刘善海，新加坡道南学校校长陈京文，雨花台区教育局调研员、雨花台中学校长穆耕森，南京师范大学附中树人学校校长张建波，南京市岱山实验小学校长郭卫星，南京市雨花台中学校长穆耕森，新加坡圣安东尼女校校长麦丽英围绕本届大会主题先后发表主题演讲。会后，新加坡校长代表团及与会者参观雨花台中学雨花石文化赏石博物馆。4月27日，新加坡校长代表团一行先后深入到南京市铁心桥小学、南京市岱山实验小学等学校进行实地考察。

【接受教育部青少年校园足球督察组专项督导检查】 5月16日，教育部加快青少年校园足球工作督察组一行，在国家督学、韶关学院院长、督查组组长廖益带领下到区检查。省教育厅体卫艺处处长张鲤鲤，省教育厅体卫艺处副主任科员常治国，市教育局副局长张利明，市教育局体卫艺处副处长张萍，市体育局副巡视员王庆，市体育局足球发展办公室主任张宁生，区政府副区长江磊，区教育局局长刘善海、副局长周福卫，区体育局局长刘光琴，以及区校园足球领导小组成员单位有关负责人参加汇报会。汇报会上，市教育局副局长张利明简要汇报全市校园足球工作开展情况以及取得成效。区教育局刘善海局长汇报该区自成为全国青少年校园足球试点区以来工作情况及下一阶段校园足球工作重点和措施。教育部督察组成员、全国青少年校园足球专家组成员、广东第二师范学院体育系主任臧连明教授和全国青少年校园足球专家组成员邓世俊教练分别就雨花台区校园足球相关工作进行提问。督察组组长廖益督学对南京市和雨花台区高度重视、部门联动、措施具体明确并取得明显成效给予充分肯定，就进一步创新举措，促进校园足球高水平推进提出建议。督查期间，督查组专家成员及省教育厅、市教育局、市体育局领导先后深入到雨花台区中学等7所学校和幼儿园实地进行检查。

【古雄小学搬迁新址】 7月，古雄小学实施整体搬迁，新校址位于绿洲南路经适房片区内，校园占地面积2.8万平方米，校舍建筑面积2.17万平方米，设计办学规模6轨36班，彻底解决原校舍存在的安全隐患，学校办学条件全面提升。学校现有24个教学班，教职工82人，学生1066人。原校址用于新建新林规划小学。

【金陵华兴实验学校开办】 9月1日，金陵华兴实验学校正式开办。学校坐落在雨花台区板桥新城华兴大街103号，为雨花台区人民政府举办的全日制九年一贯制公办学校。校园占地面积28400平方米，建筑面积19304平方米，设计办学规模8轨24个教学班。首任校长由南京市金陵中学岱山分校王敬怀校长担任。首批招生248名学生，其中小学一年级80人，初中一年级68人。金陵华兴实验学校与南京市金陵中学岱山分校实行一体化管理，共享金陵中学优质教育资源，将传承金中百年文脉，秉承“诚真勤仁”的校训，建设“求真博爱”的校风，“以中华复兴为己任”，培养“有文化、真爱国、勇担当、会创造”的优秀公民；坚持立德树人，以爱国主义教育为主线，落实“守时、礼貌、勤学、守纪、修身、健体、责任、安全”八项常规，培养国家需要的、全面发展的有用人才。

【第33个教师节庆祝表彰大会】 9月8日，雨花台区庆祝第33个教师节暨表彰大会在雨花台中学学术报告厅举行。会上，对2017年获市、区级称号先进集体和优秀教师给予表彰。此次庆祝表彰大会的主题是《遇见最美的你》，雨花台区实验小学表演情景剧《点赞我的老师》、雨花台中学表演《沙画与歌曲表演》和《教育是诗性的事业》朗读，梅山第一小学音舞诗画《遇见你》、雨花台区实验幼儿园教师合唱《眼睛》和《飞来的花瓣》等节目。区领导与获得市级表彰优秀教师代表合影留念。

【全国“校园足球新长征”系列活动江苏站启动仪式】 9月24日，全国“校园足球新长征”江苏站启动仪式在雨花台区实验小学举行。省教育厅副巡视员尹伟民、市教育局副巡视员杨林国、副区长余清、中国人寿江苏分公司副总经理王者元、省教育厅体卫艺处副处长金伟、市教育局体卫艺处处长秦雯、市校园足球办公室主任张宁生、区教育局局长刘善海等出席启动仪式。省、市校园足球办公室，省内部分校园足球试点校校长代表、教师代表、学生代表、家长代表和企业代表600余人参加活动。启动仪式上，杨林国代表南京市教育局致辞，尹伟民宣布“校园足球新长征”江苏站活动启动。中国人寿保险江苏分公司副总经理王者元代表公司向雨花台区实验小学捐赠足球和队服。南京市翠屏山小学、南京市长江路小学和雨花台区实验小学的同学们表演集体舞、街舞和校园足球情景剧。随后，举行“足球带给了我们什么”校园足球成果分享会，分享会由南京电视台著名主持人大刚主持。江苏省校园足球办公室负责人，雨花台中学、雨花台区实验小学、雨花台区梅山第一小学等全国校园足球试点校的校长代表，中国女足国家队队员王丽思，雨花台区实验小学校友、清华大学卫雨行同学接受访谈。

【雨花台区举行第25届区中小学生运动会】 11月5—6日，雨花台区第25届中小学生运动会在梅山高级中学田径场举行。来自全区24所中小学代表队近800名运动员参加比赛。本届运动会设群体项目和田径单项项目，共计三个组别、十个大项。经过两天激烈角逐，雨花台中学高中部、梅山高级中学获高中组团体冠、亚军；雨花台中学初中部、梅山第一中学、板桥中学分获初中组团体一、二、三名；铁心桥小学、雨花实验小学、雨花外国语小学勇夺小学团体前三名。

11月5日上午举行开幕式，区教育局局长、教育工委书记刘善海，区教育局副局长、教育工委副书记、纪工委书记盛云生，副局长盛红霞、周福卫，区教育局调研员穆耕森，副调研员刘立龙，以及梅山街道的有关领导，全区各学校校长等出席开幕式。西善桥小学、雨花台中学春江分校、雨花外国语小学、雨花台区实验小学分别表演了舞龙《龙腾盛世》、武术《了不起的孩子》和《球舞飞扬》等节目。

·学前教育·

【概　况】 2017年，以办人民满意的学前教育为目标，以安全办园、规范办园和优质办园为重点，努力构建“广覆盖、保基本、有质量”的学前教育公共服务体系，推进学前教育优质普惠发展。

学前教育投入保障到位。落实幼儿助学券、学前一年基本免费教育政策和特困生资助制度，建立生均公用经费拨付制度，学前教育三项工程经费奖补制度。全年区财政对实施“三项工程”总投入达到2409.74万元，其中公办园补助经费1435.28万元，民办惠民园购买服务经费784.46万元，创优园奖励经费190万元，拨付“幼儿助学券”和“学前一年基本免费教育”政策经费1798.5万元，拨付特困生减免经费71万元。

2017年，全区有幼儿园56所，其中公办园20所、民办惠民幼儿园17所、纯民办幼儿园19所，在园幼儿总计16877人，平均每所幼儿园覆盖人口为0.77万人；有省优质园38所，市优质园9所，省、市优质园比例为84%。幼儿园教职工总数2367人，其中专任教师1308人，均具有岗位任职资格，专任教师大专及以上学历达90%以上。区域内适龄户籍儿童学前三年毛入园率达100%，幼儿在公办园和惠民园就读的比例达80.5%。

是年，雨花台区教育局荣获南京市学前教育改革创新‘三项工程’贡献奖、南京市学前教育改革制度创新奖，1名园长被评为南京市陶行知奖，4名教师被评为区学科带头人，5名教师被评为区教坛新秀，40名教师被评为区优秀教育工作者，38名教师被评为区师德先进个人。

【“雨花台区学前教育宣传月”主题活动开展】 2017年，区教育局以“幼小协同、科学衔接”为主题，举办“雨花台区学前教育宣传月”走进岱善社区大型活动。市教育局副处长王磊，区教育局局长刘善海、副局长盛红霞，西善桥街道和社区的主要领导出席会议；江苏省特级教师魏洁、曲新陵，南京市幼儿高等师范学校杭梅副校长等应邀出席活动；来自全区各幼儿园园长、该片区的幼儿和家长代表800多人参加活动。活动内容有特级教师讲座，专家现场咨询，幼儿文艺表演，亲子游戏活动等。活动现场开设10个活动区域，布置60块展板展示全区56所幼儿园办园成果和全区幼儿优秀美术作品。

【推进学前教育“三项工程”】 2017年，区教育局根据《雨花台区学前教育区街两级管理工作实施办法》，落实公办园独立法人登记制度，区街两级管理的小行幼儿园、西善花苑幼儿园、板桥新城幼儿园、金叶花园幼儿园、铁心桥幼儿园、花神美境幼儿园6所幼儿园，经区政府批准设立为全民事业独立法人单位，其中小行幼儿园、西善花苑幼儿园、金叶花园幼儿园、和铁心桥幼儿园4所小学附属幼儿园分别从小行小学、西善桥小学、板桥小学和铁心桥小学剥离出来。6月份申领到南京市事业单位登记管理局下发的统一社会信用代码证，完成6所公办幼儿园的资产独立登记工作。

【召开学前教育总结表彰会】 3月4日，雨花台区学前教育2015年度总结表彰会在雨花台中学高中部和谐厅召开，区委教育工委书记、区教育局局长刘善海，区红十字会会长孙红霞，区委教育工委副书记、区教育局副局长、纪工委书记盛云生，区宣传部副部长沈晓莺，区妇联副主席张烨，区教育局副局长盛红霞、周福卫，团区委葛丽霞科长等出席会议，全区各幼儿园园长 、教师、家长和幼儿代表等300多人参加会议。

会上播放《2015年学前教育工作总结》视频短片，短片全面回顾2015年推进学前教育普惠优质发展工作中取得新成果。会上对获得2015年度雨花幼教学科教研组优秀教研组组长、优秀组员，在“共筑雨花幼教梦”征文评比活动中获奖教师和家长代表，在保育员知识技能大赛中获奖的保育员代表，在“江苏省青年教师基本功大赛”和“南京市幼儿园青年教师基本功大赛”中获奖教师；在2015年度幼儿园发展性综合考评中获得单项奖和综合奖的幼儿园进行表彰。随后进行文艺表演。金叶花园幼儿园、普德村幼儿园、区实验幼儿园、春江幼儿园等幼儿园老师们把“共筑雨花幼教梦”征文中的发生在区内幼儿园里的故事搬上舞台，充分展现出雨花幼教教师们无私奉献、勇于争先的感人事迹。

·初等教育·

【概　况】2017年,雨花台区小学坚持“以学生发展为核心,以培养学生健全的人格”为工作目标,深入实施素质教育,以深化课堂改革,提高教学质量为重点,不断促进义务教育优质均衡发展。是年,全区小学阶段入学率、巩固率100%,残疾儿童入学率100%。至年末,全区有小学20所（含雨花台中学春江分校小学部和南京民办实验学校小学部),在校学生20527人;教育部门办小学18所,在校学生18193人;民办小学2所（含力行小学、南京民办实验学校小学部),在校学生2334人。

【庆祝“六一”国际儿童节暨第五届鼓号展演】5月25日,由雨花台区教育局、共青团雨花台区委员会联合主办的“鼓号嘹亮梦想起航”——雨花台区庆祝第67个“六一”国际儿童节暨第五届鼓号展演活动在雨花外国语小学西善花苑分校举行,全区12所小学的1000余名师生参加展演活动,区教育局局长、区委教育工委书记刘善海,团区委副书记、区少工委主任赵冉,区教育局副局长盛红霞,区教育局副局长、区少工委主任周福卫等领导出席本次活动。江苏演艺集团交响乐团、南京艺术学院、江苏省管乐学会的专家担任展演活动评审工作。??经过角逐,梅山第一小学、雨花外国语小学、力学小学金地自在城分校、铁心桥小学、雨花台区实验小学、梅山第二小学荣获特等奖;雨花台中学春江分校小学部、景明佳园小学、板桥小学、西善桥小学、小行小学、古雄小学荣获一等奖;此外,有5所学校分别获得最佳组织奖、最佳精神风貌奖、最佳创意奖、最佳表演奖、最佳指导奖。

【雨花台区第三届“区长杯”校园足球联赛】11月7日—12月3日,第三届“区长杯”校园足球联赛举行,全区小学共有52支参赛队伍800名运动员,按小学低、中、高三个年段组及初中组和高中组五个组别,在全区6个赛点进行比赛,总计进行61场比赛。雨花台区实验小学夺得小学1—2年级混合组、小学3—4年级男子组和小学5—6年级男子组三项冠军,梅山第一小学和梅山第二小学分别夺得小学3-4年级组女子和小学5—6年级组女子冠军;雨花台中学足球队夺得初中男子组和高中组冠军,孙家中学夺得初中女子组冠军。

【承办第二届斯霞“童心母爱”教育思想研究论坛】12月24日,由江苏省斯霞教育思想研究所主办第二届斯霞“童心母爱”教育思想研究论坛活动在雨花台区小行小学举行。江苏省教育厅基础教育处处长马斌、南京市教育局副巡视员杨林国,雨花台区教育局局长刘善海、副局长周福卫;江苏省教育学会副会长陆志平、江苏省教育科学规划办主任彭钢、南京师范大学教育科学学院博士生导师吴永军、《江苏教育》副主编蒋保华,以及来自省内“童心母爱”教育联盟学校的校长和教师代表100多人参加活动。开幕式上,江苏省教育厅马斌处长、市教育局杨林国副巡视员和雨花台区教育局刘善海局长分别致辞。马斌对“童心母爱联盟”在斯霞教育思想引领下进行的课堂改革实践予给予高度评价。刘善海对小行小学坚持以办人民满意的学校为追求,着力内涵发展和办学品质的提升所取得的成绩给予充分肯定。

本届“童心母爱”论坛活动主题为“像斯霞那样做老师”，与会专家、教师围绕“我为一辈子做小学老师而自豪”进行交流研讨。小行小学校长王静以《学校文化建设，与童心母爱相伴》为题，汇报学校在践行斯霞“童心母爱”教育思想，传承学校文化，构建课程文化、管理文化、教师文化，以及科技特色多方面的做法和思考情况。来自联盟学校八位教师分别围绕“热爱教育、教学改革、课堂教学、师生关系”进行精彩的演讲。江苏省教育学会副会长陆志平、江苏省教育科学规划办主任彭钢、南京师范大学教育科学学院博士生导师吴永军分别对八位教师的演讲给予点评。

·中等教育·

【概　况】 2017年，全区有普通中学12所，在校生12950人。其中：初级中学8所（含雨花台区青少年活动中心、雨花台中学春江分校初中部），在校生10688人；完全中学2所，高级中学1所，民办中学（高中）1所；普通高中在校生3929人（教育部门办学校在校生3270人、民办学校在校生659人）。普通中学有教职工1220人，其中：公办教师992人、民办学校教职工228人。初中在校生巩固率100%，普通高中阶段教育毛入学率100%。

【区级中学生优秀社团评选】 2017年雨花台教育局区中学生优秀社团评选中，全区11个社团参加申报，经评审，评出一等奖7个，二等奖4个，8名教师获“优秀社团指导教师”称号。其中7个获一等奖的社团推荐参加市级评审，雨花台中学、共青团路中学、梅山一中3所学校5个社团入围南京市60个优秀中学生社团，共青团路中学“雨花蝴蝶监测爱好者”社团获“南京市十佳中学生社团（初中组）”称号；雨花台中学“高立足球社”获“南京市十佳中学生社团（高中组）”称号，“雨花石讲解社”获“南京市优秀中学生社团（高中组）”称号；雨花台中学“蔚之舞梦”舞蹈社、梅山第一中学小茉莉合唱社团荣获“南京市优秀中学生社团（初中组）”称号，同时“蔚之舞梦”舞蹈社获南京市中学生社团最佳人气奖称号。

【古雄小学艺术团出访非洲两国】 2017年春节前夕，受文化部委派，南京市古雄小学艺术团赴赞比亚、津巴布韦进行为期10天的访问演出。

1月24日，“欢乐春节”——南京市古雄小学艺术团访问赞比亚演出2017中国春节庙会在赞比亚首都卢萨卡市举行。赞比亚开国总统卡翁达、赞比亚总统夫人埃斯特·伦古、中国文化部副部长丁伟、中国驻赞比亚大使杨优明，以及赞比亚多位部长及议员、各国驻赞比亚使节和联合国机构工作人员、华侨华人和中资机构代表等近2000人一同观看演出。

1月29日和30日，由文化部和中国驻津巴布韦大使馆联合主办的2017津巴布韦“欢乐春节”文艺演出在首都哈拉雷七艺剧场上演两场。中国驻津大使黄屏和津巴布韦农村发展与国家文化遗产促进保护部部长阿贝德尼克·钮比出席观看首演并致辞，文化部副部长丁伟和津巴布韦新闻部部长马绍威、老兵部部长姆茨万格瓦、哈拉雷省长奇库夸等两国政府高官，津巴布韦各界人士、驻津外国使节、驻津中资机构及华侨华人代表观看演出。

艺术团小演员们的表演，结合中国传统

春节，以中国民族民间吹打乐为主，融入非洲元素，演奏了民乐合奏《金蛇狂舞》、中国民歌《茉莉花》和非洲民歌《咿呀呀欧雷欧》等曲目，给当地华侨华人送上新春文化盛宴，向非洲人民展示中国传统文化，促进中非文化交流。

【雨花台中学获评“南京市高中校长培训基地”】 3月25日，南京市校长培训基地工作实施推进会在雨花台中学举行。南京市委教育工委书记刘莅、副书记夏莹、市教育局副局长张利明、副调研员杨林国等出席会议，市教育局有关处室负责人、市直属学校校长及各区部分中小学校长等170人参加会议。会议由夏莹副主持。会上，宣读“南京市高中校长培训基地”学校名单并授牌，南京市第一中学、南京市金陵中学、南京师范大学附属中学、南京市第十三中学、南京市雨花台中学和江苏省高淳高级中学被认定为首批“南京市高中校长培训基地”（普通高中）。雨花台中学校长穆耕森作题为《学校现实发展中的价值取向与策略抉择》的主题报告。刘莅书记在讲话中，对进一步加强全市校长培训工作，发挥南京市高中校长培训基地的作用提出要求。

【“教师发展地图与教师个性化成长”主题现场会】 4月8—9日，由江苏教育报刊总社、苏派教育研究中心主办“教师发展地图与教师个性化成长”主题展示现场会在雨花台中学举行。省内中学校长、骨干教师300余人参加活动。活动分两个阶段进行。在教学活动展示阶段，雨花台中学孙进、刘蓓蓓等七位老师开设国家课程、校本课程及主题班会等展示课，与会专家与授课教师专家进行互动点评。在交流研讨阶段，举行“教师发展地图与教师个性化成长”大会主题交流暨“教师发展学院”揭牌仪式。江苏省教育厅基教处处长马斌、南京市教育局副局长张生、江苏教育报刊总社社长、党总支书记孙其华、南京市教育局中教处处长周鹏、南京市教科所所长肖林元、江苏省基础教育专家、天一中学校长沈茂德、江苏省基础教育专家、省特级教师芮火才、雨花台区教育局局长、区委教育工委书记刘善海应邀出席交流会。张生、刘善海分别致欢迎词。孙其华与穆耕森共同为“教师发展学院”揭牌。会上，穆耕森作《让教师在“发展地图”中个性化行走》主题报告，详细介绍雨花台中学省级规划课题《基于个性化成长的“教师发展地图”的校本建构研究》实施过程与阶段成果；徐俊、曹颖两位教师做“我的成长故事”教育分享。江苏省教育厅基教处处长马斌作《教师专业化成长的新视野》专题报告，阐述教师的专业化发展的四个路径：激发学生内心喜欢的学习追求、问题引导的实践创新，精准实施课程标准，基于大数据的智慧教学。

【“新优质初中”创建项目年度评估】 11月，雨花台中学春江分校、板桥中学和孙家中学接受南京市“新优质初中”项目学校年度考评。南京市教育局新优质初中评估组依据区级评估总结、学校上报资料以及实地考察情况进行综合评估。评估内容包括改革举措、队伍建设、课程建设、教学改革、学生发展、质量推进等九个方面。雨花台中学春江分校语文组校本课程“春江花月夜”成功申报“南京市课程基地”，板桥中学先后开发编印《南京史话》《速写》等学科系列校本教材，孙家中学成为为江苏省数学学科课程改革基地。雨花台区教育局荣获区级质量建设推进奖，区教研室荣获区级质量建设贡献奖，雨花台中学春江分校荣获综合发展奖二等奖和学科质量推进奖，板桥中学荣获综合发展奖二等奖。

·职业教育与社会教育·

【概　况】 2017年，雨花台区职业教育坚持走特色发展、校企合作办学之路，建立健全政府主导、行业指导、企业参与的办学机制，积极推进学校专业品牌建设，持续提升办学质量。接受南京市人民政府督查组对市、区两级签订职业教育责任状落实情况督查受到好评。

雨花台区有职业学校2所，南京中华中等专业学校和南京开放大学雨花分校。在校学生2305人，其中中华中等专业学校2251人（含中职1239人，高职1009人），南京开放大学雨花分校57人；教职工131人。

南京中华中等专业学校以创建江苏省高水平现代化职业学校为引领，推进职业教育校企合作融通工作。学校毕业生95%以上取得本专业或相关专业国家职业资格四级以上证书；参加省学业水平测试或技能抽测通过率达95%以上，2017年毕业生就业率达98%以上，学生参加江苏省2017年职业院校技能大赛获得1金5银5铜。夏倪慧同学参加全国职业院校技能大赛荣获模特表演项目一等奖第一名，余苏楠同学参加“世界小姐”江苏总决赛获“十佳”同时获南京赛区冠军，王雨婷同学获得2017年第十六届中国职业模特大赛江苏赛区“十强”。12月，学校被省教育厅省财政厅认定为江苏省高水平现代化职业学校、江苏省职业教育高水平示范性实训基地。是年南京中华中等专业学校新校区改扩建项目有序推进，已完成该项目建议书批复、节能评估、项目可行性研究报告、环境评估、用地预审等工作。

社会教育深入发展。举办全区全民终身学习活动周启动仪式，对全区学习之星、社区教育优秀志愿者进行表彰。雨花街道、赛虹桥街道成功创建省级社区教育中心，板桥街道、板桥新城成功创建市级社区教育中心。开展多种形式的青少年校外素质教育培训、在职人员岗位技能培训、社区居民文化教育培训、下岗人员技能培训和新市民文明素质培训活动。全年市民参加职业技术培训达10万人次，居民参加社区教育培训活动达27万人次，社区教育活动参与率达65%以上，老年教育受众面占老年人比例达22%以上。

【职业教育专业建设不断加强】 2017年，南京中华中等专业学校成立职业教育专家咨询委员会和各大类专业建设指导委员会，促进学校专业转型，在原有电脑艺术设计和电子商务两个专业，分别嵌入软件测试、网络营销、游戏动漫方向专业课程的设置，成功申报“软件技术”（服务外包方向）和“文化创意”（艺术品设计和品牌策划与推广方向）专业五年制高职通过评审并如期开班，学校与常州纺织学院、江苏理工学院（服装专业）分别签订3+3，5+2分段培养协议，初步形成“文化创意与艺术设计、软件技术与电子商务和服饰与形象设计”三大专业群。

【南京中华中等专业学校新增“文化创意与策划”专业】 4月，根据江苏省教育厅《关于公布2017年全省五年制高等职业教育专业设置评审结果的通知》(苏教职〔2017〕9号),南京中华中等专业学校申报的“文化创意与策划”专业,顺利通过专家初审和江苏省五年制高等职业教育专业设置与建设指导委员会评审,被江苏省教育厅批准为江苏省五年制高等职业教育新增专业,专业代码650401。此专业本是在学校现有五年一贯制高职“数字媒体艺术设计”及中职“美术设计与制作”特色专业基础上开设的,培养掌握文化创意与策划的相关知识与技能,能在各类文化企事业单位从事文化创意产品设计、文案策划与品牌营销等方面工作的应用型、复合型、发展型、创新型的技术技能人才。此专业重点与南京多家知名文化创意有限公司进行合作,借助合作企业,为本专业学生搭建校外实训平台,共同培养应用型、复合型、创新型高素质技术技能人才。主干课程包括素描、色彩、平面构成、立体构成、图形创意、数字绘画基础、文化创意与策划、商业插画设计制作、UI设计、文化创意产品设计、文化创意包装设计、平面广告设计与制作、广告策划与创意、Photoshop、Illustrator、编排设计、文化产业市场营销、标识设计与制作、多媒体设计与制作、商业摄影、设计素描等。

【雨花台区接受区域职业教育发展市级专项督导】 9月14日,南京市区域职业教育发展专项督导组组长、南京市教育局副局长潘东标一行对雨花台区职业教育发展进行专项督导。雨花台区政府副区长余清,雨花台区教育局局长刘善海、副局长盛红霞,区政府办公室、区编办、区发改局、区财政局、区人社局分管领导等参加工作汇报会。

督导汇报会上,督导组专家听取了余清所作题为《趁势而为奋力推进雨花职教新跨越》雨花职业教育发展工作汇报。近几年来,区委、区政府坚持“面向市场,面向社会,服务学生就业创业,服务地方经济建设、办人民满意的职业教育”的办学方向,建立政府主导、学习主体、社会参与的职业教育办学机制,积极构建现代职业教育体系,加大人财物保障力度,深入推进校企合作,着力整合区内职业教育资源,职教办学规模不断扩大,办学条件不断改善,教师队伍专业化建设成效明显,教育教学质量持续提升。

督查期间,督导检查组通过深入中华中等专业学校安德门校区和将军山校区进行实地考察,查看台账资料,召开区教育局、区编办、区发改局、区财政局、学校领导和教师代表、行业企业代表座谈会,对雨花台区委、区政府高度重视职业教育的发展,基本完成2014年向市政府递交的职业教育发展的各项目标任务给予充分肯定;对进一步促进南京中华中等专业学校发展提出建议。

【两街道社区教育中心接受省标准化评估】 11月3日,江苏省标准化社区教育中心评估组在省成教协会副会长马良生带领下,对雨花街道和赛虹桥街道社区教育中心进行评估验收并获通过。市教育局职社处副处长于强、区教育局局长刘善海、副局长盛红霞等参加检查。雨花街道主任翟红军以题为《以人为本,资源共享,教育惠民》作了省标准化社区教育中心创建工作汇报,查阅街道社区教育中心三年来的社区教育工作台账资料,实地考察街道社区教育中心各功能站(室)建设情况,认为雨花街道通过建网络、筑阵地、创队伍,社区教育工作有规划、有目标、有措施、有成效,形成社区教育活动品牌。赛虹桥街道董善龙副主任汇报了街道创建省标准化社区教育中心工作情况，街道徐立主任就发挥社区教育“三个抓手”的功能作了介绍，实地察看街道社区教育中心安德门校区和赛虹桥校区，专家组认为赛虹桥街道有文化特色，社区教育活动丰富，工作特色明显。

【中华中等职业学校成功创建省高水平现代化职业学校】 12月6日，中华中专接受江苏省高水平现代化职业学校创建及省高水平示范性实训基地建设终期评估。省评估专家组通过听取汇报、随堂听课、召开座谈会、查阅资料、察看校园等，认为学校在管理方面创建工作目标明确，思路清晰，专业设置与区域主导产业能有机结合（软件技术专业），积极推进校企合作和境外合作；积极深化教学改革，探究多元化的教学方式；坚持高标准高水平提升教师队伍素质，师资队伍建设有目标、有措施、有经费保障；课堂听课反馈评价高；德育管理体制完备。经过网络评审、专项审核和现场考察，2017年12月27日，中华中等专业学校被省教育厅省财政厅认定为江苏省高水平现代化职业学校（苏职教〔2017〕33号）。

·教师管理·

【概　况】 2017年，雨花台区在职公办教师2251人。其中：中学教师992人、小学教师1104人、职业学校102人、区教师发展中心29人、幼儿园20人、招考办4人；幼儿园教职工2370人；离退休人员906人。2017年共招聘、引进录用教师148名，其中共招聘新教师129名。

全区有306名教师在受到市、区级表彰。其中，江苏省特级教师3名，南京市“行知奖”2名，南京市学科教学带头人7名，南京市首届德育带头人5名、雨花台区首席班主任12名，第九届雨花台区学科教学带头人61名，第九届雨花台区教坛新秀46名，雨花台区2017年师德先进个人79名，雨花台区2017年优秀教育工作者100名。

全区22名教师被评为高级教师职称，58名教师被评为中级教师职称，123名教师被定为初级或中级教师职称。全区有省特级教师12名，市级学科带头人34人，市优秀青年61人。全区79名教师参与区内交流，占应交流教师数15.8%，其中校级领导19人，骨干教师40人。区内教师在市志愿者联盟注册确认教师926人，注册服务团队19个，注册服务项目20个。

是年，全区专任教师参加全员培训6000人次，28个学校建有名师工作室，27个学校建有学科基地，教师参加省、市教学竞赛和评比活动有213人次获奖；在全省2017教育研究成果评审中有2项成果获奖；教师撰写的教育教学论文有423篇在市级以上评比中获奖，在各级专业刊物上发表226篇。

雨花台区以加强师德建设为引领，深入实施教师队伍建设“三航工程”，健全教师管理制度，制定《雨花台区教育系统自聘教师管理办法》，加强对学校自聘教师管理，注重教师专业化建设，加大名特优教师的培养、考核和引进力度，分3批共引进省特级教师1名，市区骨干教师10名。全区教师在南京市志愿者联盟注册确认达926人，注册服务团队19个，注册服务项目20个。

加强教育系统干部队伍建设，举办全区教育系统负责干部暑期研修班、校长发展研修日活动、后备干部培训班等，促进干部队伍整体素质的提升。全系统提拔任用校级干部17人，调整14人。

【全区教师资格证定期注册工作完成】 2017年，根据省、市部署，雨花台区开展中小学教师资格证定期注册（首次）试点工作，注册对象为全区公办普通中小学、幼儿园、中等职业学校在编在岗教师；区教研室、教师发展中心、少年宫、电化教育馆等教育机构中专门从事教育教学相关工作并可评聘中小学（中等职业学校）教师系列职称的在编在岗人员。该区教育局成立教师资格证注册工作领导小组，制定《雨花台区中小学教师资格证定期注册试点工作实施方案》。全区共设31个注册点，9月份前完成148名教师资格证信息更正或补发换证，2086名注册范围内教师全部在规定时间内完成注册报名，完成了注册工作专题培训，11月完成全区教师资格证定期注册申报和初审公示，12月完成全区教师资格证定期注册材料上报。

教师资格定期注册是对教师入职后从教资格的定期核查，中小学教师资格实行5年一周期的定期注册。注册范围内教师通过“中国教师资格网”进行定期注册申请，并准备各项书面材料；所在学校在规定时间内完成材料初审；经区教育局完成初审工作公示后报市教育局复核，并经市教育局完成复核工作后报省教育厅终审。

【全区教育系统负责干部暑期研修班举行】 8月5—7日，雨花台区教育系统2017年负责干部暑期研修班在华东师范大学举行。雨花台区教育局领导班子全体成员，全区各中小学校长、书记和公办幼儿园园长，教育局机关各科室的负责同志参加研修活动。开班仪式由华东师范大学继续教育学院张俊博士主持，区教育局局长刘善海作开班动员。本次研修班围绕新时期校长专业素养、学校德育顶层设计、课程建设、学校管理变革等专题，展开学习和交流。研修期间，华师大教育管理系冯大鸣教授，华师大教育管理系胡东芳副教授，原上海浦东新区教育发展研究院顾志跃院长，上海市特级教师、特级校长周凤林等专家作系列讲座。8月7日，进行分组讨论交流，大家围绕学习内容、结合学校实际，谈收获、谈感悟、谈变革。华师大教育学部教授、教育部中学校长培训中心副主任沈玉顺对大组三位代表的发言作点评。8月7日上午，全体学员参观了中共二大会址纪念馆。

【雨花台区骨干教师专业发展协同推进项目启动】 11月16日，雨花台区“骨干教师专业发展协同推进”启动会议在雨花台中学召开。市教育局高师处处长陈向京、市教学研究室主任严必友，市教师培训中心主任左坤，区教育局局长刘善海、副局长盛云生等出席会议，全区各中小学（幼儿园）校长（园长）、分管副校长，区教师发展中心的领导和教研员，以及全区骨干教师和指导教师代表等200余人参加启动会。

会上，雨花台区教师发展中心校长张红解读《雨花台区骨干教师专业发展协同推进工作指导意见》，板桥中学副校长毛海玲、雨花外国语小学瞿庆亚老师分别代表学校和骨干教师作交流发言。陈向京在会上高度评价雨花台区骨干教师专业发展协同推进项目的意义。与会领导为骨干教师的指导教师颁发聘书。南京市教学研究室主任严必友为首批骨干教师开设题为《优秀教师的特质》专题讲座。

该计划通过实施“区域帮扶、一校一策、一人一案”策略，以“教科信训一体化”发展为主线，以“三航工程”为载体，以全面提升教师专业化发展水平为总体目标，建立完备的省、市、区骨干教师梯队和专业发展档案，形成“个人、校级、区级”三级教师队伍协同发展网络，到2020年，全区教师队伍整体素质大幅度提升。第一批骨干教师经教师个人申报、所在学校推荐、教师发展中心审核并经区教育局批准，产生115位名特优教师后备作为培养对象。

·三江学院·

【概　况】 2017年，三江学院设二级学院13个、公共教学单位3个，另设创新创业学院、历史与文化地图研究院。开设经济学、法学、文学、理学、工学、农学、管理学、艺术学8个学科49个本科专业。有全日制本专科在校生21394人，其中本科生21387人，专科生7人。年内招收本科生5875人，本科毕业生4677人，就业率97.03%。2017年度新增机器人工程、知识产权、会计学3个专业。获批硕士学位授予培育建设单位。新闻传播学、信息与通信工程、管理科学与工程、设计学4个学科入选“十三五”一级学科省重点建设学科立项项目。新闻传播学类、电子信息类2个省级重点建设专业通过验收，新闻学、电子信息工程2个省级品牌专业完成年度建设任务。

学院有教职工1231人，专任教师926人。引进教师48人，高级职称14人，博士12人。晋升高级职称40人，其中正高职称2人，副高职称38人。被录取为国内访问学者1人。入选2017年省高校“青蓝工程”中青年学术带头人1人、入选优秀青年骨干教师2人。入选省中青年骨干教师出国研修项目3人。入选教育部优秀创新创业导师1人。获江苏省教学成果二等奖1项，新增省高等教育改革研究课题2项。获国家社科基金项目1项，教育部人文社科项目2项。散文集《荞麦》获江苏省第六届紫金山文学奖。《软件测试之基本路径法》获2017年度江苏省教师现代教育技术应用作品大赛微课作品本科院校一等奖。《共产党员的家国情——刘伯坚给亲属的遗书》和《不忘初心，继续前行》获全省高校“微党课”优秀视频三等奖。

年内，教职工发表省级以上期刊论文260余篇，其中EI论文4篇，CSSCI论文10篇，CSCD论文1篇，北大核心收录论文33篇，获得专利授权15项，发明专利3项。获纵向科研项目立项59项，获横向科研项立项34项，获资助经费289.76万元。

【在校大学生专业比赛中获佳绩】 2017年，学生参加各类学科竞赛共获奖220项，其中全国一等奖5项，全国二等奖21项，全国三等奖29项，省级特等奖1项，省级一等奖7项。学生在2017年全国计算机设计大赛中获全国一等奖。在2017年全国高校商业精英挑战赛酒店管理实践竞赛中获全国总决赛冠军。在第十二届全国大学生“恩智浦”杯智能汽车竞赛（华东赛区）中获3项华东赛区一等奖、2项全国二等奖。江苏省普通高校本专科优秀毕业设计（论文）一等奖。在第八届中国大学生服务外包创新创业大赛中获二等奖1项。在第四届中华茶奥会中获两银一铜。

【承办第十二届全国大学生“恩智浦杯”智

能汽车竞赛（华东赛区）】 7月12—15日，第十二届全国大学生“恩智浦杯”智能汽车竞赛（华东赛区）在三江学院举行，由教育部高等学校自动化专业教学指导委员会主办、恩智浦（中国）管理有限公司协办、三江学院承办，66所高校1200余名师生参赛。大赛设一等奖、二等奖、三等奖和优胜奖，有28所高校获一等奖。

【全国民办高校马克思主义学院建设研讨会】 12月23日，全国民办高校马克思主义学院建设研讨会在三江学院举行。中国人民大学、南京大学、南京师范大学、无锡太湖学院、浙江越秀外国语学院、上海建桥学院等13所高校38位马克思主义理论学科专家学者参加，就民办高校马克思主义学院学科建设、队伍建设、教学改革、课程建设、条件保障等问题开展学术交流与研讨。（周勤瑾）

·江苏省新闻出版学校·

【概　况】 2017年，江苏省新闻出版学校教职工总数101人。五年制高职开设数字图文信息技术、广告设计与制作、出版商务和视觉传播设计与制作4个专业，；三年制中专开设平面媒体印制技术、计算机平面设计和美术设计与制作3个专业；三年制技工开设印刷（印刷技术）、印刷（图文信息处理）、电子商务、建筑装饰和计算机动画制作5个专业。全年，在校生1490人，高职420人，中专481人、技工589人；招收新生443人，毕业学生373人。中专学生升入大专29名，高职学生升入本科学习3名。

【师资队伍建设】 2017年，江苏新闻出版学校公开招聘引进7名教师，40余名教师参加市级教师网络培训和省级教师培训，暑期举办校本班主任培训、专任教师培训，组织开展“青蓝工程”师徒结对活动，6名新老师与老教师结对，组织新教师开设汇报课6次。开展校本课题研究，提升教师科研水平和教育教学能力。全年教师公开发表论文12篇。

【专业建设】 2017年，江苏新闻出版学校对原有3个高职专业人才培养方案进行修订，新开发高职“视觉传播设计与制作”专业人才培养方案，新设置专业通过江苏联合职业技术学院审批，并成功招生。同步加快专业转型发展步伐，专业建设由传统出版逐步向数字出版、数字文化和数字传媒转型，初步确立印刷出版群、新闻传播群、媒体艺术群、文化影视群和基础部“四群一部”格局。印刷图文信息处理（现为数字图文信息技术）专业被全国新闻出版职业教育教学指导委员会评为全国新闻出版行业院校示范专业。

【行业重点实验室申报成功】 2017年，江苏新闻出版学校牵头联合江苏兆物数字文化传媒有限公司、南京大学多媒体科教制作中心、江苏凤凰教育出版社、江苏省广播电视总台教育频道、南京大学出版社等6家单位，联合申报“内容呈现与表达智媒体实验室”，经过国家新闻出版广电总局评审，入选全国26家“首批新闻出版业科技与标准重点实验室”。

【德育工作】 2017年，江苏新闻出版学校开展学雷锋活动，利用橱窗举办中华传统读书故事展，开展学生经典诵读比赛、“我最喜爱的一本书征文比赛”，参加江苏读书节启动仪式、江苏版权贸易博览会、省道德模范颁奖仪式。清明节前夕，该校师生凭吊雨花台革命烈士、举行成人宣誓仪式和德育基地揭牌仪式，“五四”青年节前后开展新团员入团宣誓仪式。重组8个学生社团，与驻地派出所联建“关工站”，聘请法制副校长、举办法制报告会、举行消防安全知识讲座、组织学生学习安全知识。1名优秀毕业生事迹入选“国家中等职业教育资助育人百名成才典型”并在《人民日报》专版刊登。在第八届江苏省中等职业学校“文明风采”竞赛中获18个奖项，取得优良成绩，学生征文作品《用双手传递书香》在第13届全国中等职业学校“文明风采”竞赛决赛中获二等奖。15级21班获省级机关“五四红旗团支部”称号。2位同学被评为“省级机关优秀共青团员”，1名教师被评为“省级机关优秀共青团干部”。

【教学设施与条件改善】 2017年，江苏新闻出版学校完成计算机中心机房改造4个、计算机设备更新247台、办公用计算机部分更新。校内给排水系统改造，校园道路全部出新，学生报告厅添置学生活动音响灯光设备，教学楼东侧新建大型卫生间，教学实验工厂完成VOCs（挥发性有机化合物）综合治理。

【毕业生供需见面洽谈会】 5月18日，江苏在校内举办2017届毕业生供需见面洽谈会，全省各地出版、印刷、发行、广告设计、文化传媒、数字出版与网络企业近50家到场，上海、深圳、浙江杭州等外地企业到校招聘。

【第六届学生技能比赛】 6月，江苏新闻出版学校开展第六届学生技能比赛，此次比赛设赛事13项，包括文化基础类“英文词汇竞赛”“职业英语——看图讲故事比赛”，专业基本技能类“印刷技能竞赛”“五笔字型录入比赛”，专业综合能力类“贺卡设计竞赛”“广告软文写作技能比赛”“双十二户外海报设计大赛”；与全国行业大赛对接平版制版竞赛（部分内容）；专业拓展类“CG数字绘画竞赛”“GIF动画表情包设计竞赛”“美食类手机APP界面设计竞赛”；协调兴趣类“手机主题摄影竞赛”“冬季踢毽子比赛”。参加比赛学生748名，获奖241名，获奖率32%。（毕大良）

科　技

·概　述·

【概　况】 2017年，雨花台区大力推进科技创新提质增效各项工作，全区实现高新技术产值1520亿元，达年计划101.3%；完成独立研究与开发机构研发经费支出4.2亿元，达年计划100%；新认定国家高新技术企业32家，达年计划213%；培育市创新型企业5人，达年计划166%；认定科技顶尖专家1人。新增科技创业孵化面积6万平方米，完成年计划150%；新增在孵企业211家，达年计划117.2%；建设众创空间共29家，其中市级众创空间13家、省级备案9家、国家级备案7家；全区完成专利申请量5616件，授权量1424件，其中发明专利申请量2915件，授权量452件。获省重大创新载体建设项目1项、市级科技成果转化专项资金项目3项；获得江苏省科技进步奖3项、市科技进步奖11项。区科技局被评为

2017年度全省科技管理工作先进集体、知识产权执法工作先进集体、防震减灾工作目标管理先进集体单位。

【国家级孵化器考评优秀（A类）】 2017年，区科技局推进区内科技企业孵化器提档升级，获孵化器升级奖励3家，其中国家级1家、省级2家。提升孵化器和众创空间建设水平，得孵化器绩效评价优秀2家、良好3家、合格11家；众创空间绩效评价优秀4家，良好10家，合格2家，获双创载体各类奖励奖金485万元。该区科技成果转化服务中心全年完成全口径税收收入0.96亿元，同比增加0.23亿元，增幅31.3%。在2017年全国国家级科技企业孵化器考核评价中获A类优秀，并进入全国百强孵化器序列。

【国际科技交流与合作】 2017年，区科技局搭建国际科技交流合作平台，组织法国—江苏空气质量研讨会、法国电力集团和俄罗斯软件信息通信代表团参观考察、第六届全球（南京）研发峰会、举办紫金知识产权国际峰会雨花分会场活动等；组织企业参加香港国际博览会、女性企业家创业者培训、中德青年创新创业合作交流会和南京科技创新创业大赛等活动。

【研发载体建设】 2017年，区科技局组织推荐申报省、市级工程技术研究中心企业23家，新增市级以上工程技术研究中心19家，其中获批省级工程技术研究中心建设1家、获批市级建设18家，达年计划475%。

【产学研协同创新】 2017年，区科技局针对科技成果转化率低、新型研发载体数量少问题，全面调研52家与国内外高校、科研院所合作企业，梳理合作项目77个，征集江苏创新发展建言10份。落实大院大所对接会任务要求，组织十四所、三星电子等5家企业参展，联合软件谷举办软件及信息技术专场推介会，邀请丘成桐、倪光南等30位国内外知名院士和专家出席会议并做主题报告，50余所知名院所机构代表和300余家软件与信息技术企业代表参会，成功签约项目14项，金额5000万元，其中，中兴通讯、亿嘉和等7家企业合作项目落地推进；组织北大创新研究院完成并获南京市新型研发机构奖补40万元，东大光传感中心完成南京市新型研发机构建设项目申报并获立项100万元。北京大学南京创新研究院通过省重大创新载体建设中期检查，获专项资金后补助250万元。新增江苏三维智能制造研究院和西安电子科技大学南京网络安全研究院2家新型研发机构注册落户。

【创新创业人才】 2017年，区科技局依托各街道、园区、部门，对区内企业进行摸底、调研和走访，收集掌握全区创新人才和创新团队资源情况，建立完善创新型企业家培育库和国家万人计划培育库，入库企业70余家。年内，组织指导全市创新型企业家30家，入选5家；南京互联网研究院院士张钹入选科技顶尖专家；组织申报省双创计划双创博士14人，其中7人获批入选科研院所世界名校类双创博士。

【科技经费使用】 2017年，区科技局投入659万元，对高新技术、知识产权、孵化器等3大类、12小类、3039个项目给予经费支持；协同区财政局，组织20个2015年度区级科技创新实施类项目开展绩效考核评价，确保资金划拨到位、企业使用到位、项目成效到位。

·高新技术产业·

【概 况】2017年,全区遴选40家企业纳入2017年高企培育库进行重点培育;组织申报对象参加高企政策培训会,邀请多名专家面对面辅导企业申报工作;组织27家企业参加复审,推荐56家企业参加申报,新认定高企数量32家;支持科技创新创业,新认定民营科技企业56家。

【科技金融服务】2017年,区科技局审核通过科技型企业申报科技贷款277项,获批贷款额度14.292亿余元、已放款6.912亿余元,其中“苏科贷”35项、审批和放款额度1.092亿元,“宁科贷”242项、贷款额度13.2亿余元、已放款5.82亿余元;20余家企业获天使投资和风险机构投资,新增投资额超2.5亿元。推进知识产权质押和担保增信方式融资,促进企业利用自身核心技术获得资本注入,开通“麦金一号”知识产权贷绿色审批通道,5家企业通过审核,审批贷款1000万元;创建“江苏省科技企业融资路演服务南京分中心”,引导金融机构创新科技金融产品,拓宽科技企业融资路径,组织路演活动11场,服务科技企业200余家,达成融资意向1.5亿元。构建完善“信息收集–融资路演–现场对接–追踪服务”全链条式服务,组织“江苏省最具成长性高技术百强企业”评选活动,力促银企深入对接;起草雨花台区《科技贷款工作操作细则》和《科技成果转化风险补偿专项资金不良贷款风险补偿操作规程》等系列文件,进一步规范科技贷款申报程序,提升不良贷款风险把控能力,雨花台区连续3年被评为“苏科贷”A类地区。

【科技项目培育管理】2017年,区科技局推荐申报省、市科技成果转化专项资金项目重点企业20余家,其中3家企业获批2017年南京市科技成果转化专项资金项目,落实项目资金300万元;推荐入围2018年市级科技成果转化项目最终评审企业3家;为103家企业兑现南京市科委创新券奖励资金523万元;及时兑现2016年度3项省科学技术进步奖和10项南京科学技术进步奖奖金35万元。申报省、市科技进步奖20项,其中获省级三等奖3项,市级一等奖2项、二等奖2项、三等奖7项。推进40余个项目申报省级重点研发计划、科技服务骨干机构能力提升计划、国际合作、创新能力建设和南京社会发展科技储备等项目,亿嘉和、安迅科技等5家企业获批立项;组织60家企业申报93项高新技术产品,80项获批;先后引建60余家科技服务中介平台,推进南京华捷艾米、南京泽众等一批销售过亿、估值数十亿企业快速发展。年内,完成2014年和2016年2个省科技成果转化项目中期检查工作,各划拨剩余资金100万元。

·知识产权·

【概 况】2017年,区科技局举办国家安全与知识产权保护研讨会、商业技术保密培训会,知识产权讲座10余场、企业贯标培训2场,组织100余人参加知识产权工程师培训、总监班、研修班等,联合区教育局举办“院士报告进校园”活动,邀请中国工程院士院士赉德作《我的科技人生》主题报告。创建区知识产权管理标准化企业10家,通过国家中知机构认证企业13家，统筹调配349万元，支持3039个知识产权申报、维护、保护和产业化项。

【知识产权示范奖励】 2017年，区科技局推荐申报南京市知识产权示范企业11家，获批重大专利二次开发计划项目企业2家，获南京市电子商务平台知识产权工作推进奖励企业1家，3获南京专利大户奖励企业35家，获南京市优秀专利奖专利3件，获南京市奖励授权专利30件、获省级奖励授权专利104件。

【知识产权执法】 2017年，区科技局对板桥新城、楚翘城、紫荆广场等商户进行专利执法检查活动，对50件涉嫌假冒专利商品进行立案核查。新增2家示范企业，组织指导南京虹悦城顺利通过省级“正版正货”示范街区验收。

·科　普·

【概　况】 2017年，区科技局开展防震减灾科普宣传活动，组织“5·12”防灾减灾日，“7·28”唐山大地震等大型主题宣传和大金山地震应急实战训练等活动；研究制定雨花台区《全民科学素质行动计划纲要实施方案（2016—2020年）》和《科协系统深化改革实施方案》。

【科学技术普及推广】 2017年，区科技局开播《每日科普》电视栏目，开辟科普传播新途径；加大财政补助力度，推进科普大学建设，按每场补足4000元标准，累计资助5.7万元，支持科普大学举办“科协大讲堂”等15场活动。

【夯实防震减灾社会基础】 2017年，全区开展板桥生态园地震宏观观测常态化检查工作，组织推荐1人参加市级社区地震科普宣传员演讲比赛，获市三等奖；联合区教育局开展小学生防震减灾手抄报创作比赛，获市二等奖2项、三等奖3项；报送市地震局网站信息35篇，获市防震减灾特色宣传活动评比第一名；创建国家级地震安全示范社区2家，省级地震安全示范社区1家，推荐梅山二小申报省级科普示范学校。年内，区科技局度被市科技局评为“防震减灾工作目标先进单位”称号。

（王娟娟）

文　化

·公共文化服务·

【概　况】 2017年，区文化局对照国家、省、市标准，在全区实施《雨花台区街道级综合文化站建设与管理办法》，全力推进街道综合文化站规范化建设与管理，提升社区综合性文化服务中心服务水平。继续指导街道、社区开展创建工作。根据市文广局要求创建“江苏省公共文化服务体系示范街道”1个、指导社区创建“省级社区综合性文化服务中心”15个。

【文化惠民活动】 2017年，区文化局举办“多彩雨花·和谐文化社区行”、2017莲花湖之夏纳凉晚会等品牌文化活动，承办市百场公益演出广场行活动9场；举办第五届群众文化艺术展演月，包括舞蹈比赛、合唱比赛、戏曲专场、窦鉴小提琴音乐会、崔存白师生书画展、展演月闭幕式五大专场，21支基层合唱队伍、

600余人参加合唱比赛；44支舞蹈队伍，1300余人参加舞蹈比赛。举办“不忘初心·砥砺奋进”——庆祝建党96周年暨喜迎党的十九大文艺演出、“颂歌庆七一 喜迎十九大”文艺演出，组织参加“喜迎十九大 幸福舞起来”江苏省广场舞展演比赛。

【全民阅读推广】 2017年，区文化局以“书香雨花”为主线，开展特色阅读活动30余场次。1月，联合相关部门、街道（社区）组织“书香雨花进万家——迎新春读书知识有奖竞答”活动13场；4月，结合第23个世界读书日组织第二届书香雨花读书节启动仪式暨经典诗文朗诵会、《雨花英烈家书》线上线下领读、“海丝遗迹——南京浡泥国王墓”实地寻访与专家讲座，与教育局联合组织“讲英雄故事、做红色传人”区小学生故事大王比赛等活动；以“4·23”世界读书日有利契机，借助《南京日报》《金陵晚报》《扬子晚报》、雨花电视台和书香南京、金陵微雨花、雨花大看台等市区两级媒体平台，开设全民阅读活动专栏、播报专题阅读节目；通过区图书馆网站、微信公众号、室外宣传大屏、橱窗等，定期发布全民阅读活动信息。

【基层培训指导】 2017年，区文化局根据基层文化动态及需求，启动“雨花艺术大学堂”系列培训工作。“雨花艺术大学堂”培训班增值11个，举办课程110次；开展文化馆声乐沙龙活动，定期聘请声乐专家进行授课指导，开展沙龙成员互动交流展示，组织沙龙成员参加市区级比赛展演；充分发挥该区文艺志愿者作用，开展基层培训辅导、文艺演出、展示等一系列活动，并有重点、有针对性地指导基层开展诸多特色培训辅导服务，形成各类社会单位共同参与文艺志愿者组织形态。至年末，该区有文艺志愿者40名，其中市级文艺志愿者13名。

·文化遗产保护·

【概　况】 2017年，区文化局完成浡泥国王墓环境整治工程与文物本体修缮施工方案及国家文物专项补助资金申请和能量评估报告的编制，启动工程代建，为“‘海丝（海上丝绸之路）’遗迹——南京浡泥国王墓”申报工作奠定基础。结合国际博物馆日、中国文化遗产日等重要时点与市文化节局遗产处合作，举办走进“古浡泥国王墓”活动，对社会公众介绍该区海丝申遗工作情况。

【可移动文物普查】 2017年，区文化局对西善桥历史文化博物馆、中华指纹博物馆、雨花台烈士纪念馆3家收藏单位近4000件藏品进行梳理、登记，全面完善藏品信息。为确保2875件馆藏文物信息准确性和完整性，对所采集信息逐条进行审核、上报，编制完成《雨花台区全国第一次可移动文物普查工作报告》，完成全国第一次可移动文物普查工作。

【文物保护双“100”任务】 2017年，区文化局完善区、街道、村社三级文物保护网络，发挥文保员作用，坚持每年2次全面检查，每季1次重点详查，每月1次全面巡查，确保地面文物保护完好率和地下文物发现上报率实现“两个100%”。全年，完成省市文物安全监管情况、国保级文物安全监管情况平台及区重大项目管理平台填报工作；全年为二桥办、软件谷做好二桥改造、机场二通道、G43地块挂牌等市、区重点项目做好考古勘探与发掘工作；对随园食单、金陵石锁、字画装裱、古字画修复等项目进行摸底调查，配合西善桥文化中心，为申请西善民歌传承基地做好基础资料准备工作。

·文化市场管理·

【概　况】2017年，区文化局完成审批事项36个，变更事项13个，换发2017版新证59个。其中，出版物26家，影院7个，歌舞娱乐场所26个。完成全区68家网吧、52家出版物零售店（含网上销售）、48家印刷企业、26家歌舞娱乐场所、7家影院年度核验工作，完成12家影视剧制作单位初审工作。

【文化执法】2017年，区文化局开展全行业整顿。出动执法人员2300多人次对辖区内65家网吧、14家歌舞娱乐场所进行巡查，杜绝“黑网吧”和接纳未成年人等行为。先后开展“清源2017”“净网2017”“护苗2017”“包装印刷企业VOCs治理”“几餐桌”整治等专项治理行动，对板桥地区涉嫌长期无证经营4家歌厅实施责令整改、关停；对板桥新城大方社区一家涉嫌无证经营黑网吧暂扣所有设备；对板桥小学、共青团路小学等4处涉嫌无证经营出版物门店予以取缔，没收各类教辅教材272本。全年，通过行业管理群向业主推送安全警示信息133条，现场检查、排查各类安全隐患48个，当场整改31个，对存在安全隐患17家文化经营单位实施限期整改，并全部整改到位。

·文化产业·

【概　况】2017年，区文化局积极引导，优质服务促产业发展，完善文化产业名录库总入库企业500余家，“四上”企业39家。走访、接待南京开心印、迪杰特文化传媒等企业20余家次；联合相关部门赴江宁调研“苏家文创小镇”，横向了解兄弟区文化加旅游园区运作模式。

【文化产业企业扶持】2017年，区文化局组织迪杰特文化传媒、麦德文化传媒、西格玛网络等6家企业参与省新广局文化产业引导资金项目申报，同步申报省文化厅项目工作。为文化企业吸引人才，组织雄国文化产业集团、课欣通教育科技、魔力多网络等6家企业参加市第六届文化人才专场招聘会，收到简历200余份，半数以上达成合作意向。

【服务助推企业】2017年，区文化局提供长期针对性服务，配合江苏润和软件股份有限公司获评江苏民营文化企业30强称号，江苏华博创意产业有限公司获南京“金梧桐”奖十强称号。帮助南京艾迪亚动漫艺术有限公司协调申请文化金融贷款500万元。动员组织企业参加2017年文化产业交易博览会、资源对接会以及各类评优评比活动。

·广播电视·

【概　况】2017年，区文化局承担办区朗诵协会经典诵读活动、全区全民阅读活动启动仪式、群众文化艺术展演月等活动拍摄、主持、宣传报道任务。为全区各相关单位办好联办栏目及专题节目，配合相关职能部门开展电视宣教，播出每日科普宣教片、河长制宣教片，拍摄制作河长制专题片、环保宣传专题片等。全年采编播放广播电视新闻4000条。

【弘扬主旋律】 2017年，区文化局围绕全区“两会”、安全生产工作、区委扩大会、全区“攻坚之星”、帮困助学、经济和民生重点项目、工程落实推进情况等进行全方位的新闻宣传报导，在新闻节目中开设《聚焦两会》《喜迎十九大》《“263”雨花在行动》《烈日下的劳动者》等子栏目。至年末，采编播放广播电视新闻3284条；播出《周末去哪儿》《雨花娇点好味道》《法治雨花》等专题栏目112档；摄制完成《花神助学》等优秀专题片9部。

【广播电视安全播出品质保障】 2017年，区文化局保障节假日等特殊时段有线电视传输安全。组织协调参加业务技能培训8人次；督促开展行业安全专项检查6次，配合公安分局拆除非法电台9套，发现并向市无线电委员会上报非法电台20余个。推进有线电视服务保障，发展高清互动电视节目和宽带接入，先后组织开展板桥、雨花、铁心桥、西善桥等四个街道近万名用户网络双向化改造。全年，全区新增用户3400余户，互动用户6800余户，宽带用户数3800余户，网络双向覆盖率85%以上。

（杨　华）

·档案管理·

【概　况】 2017年，区档案局组织开展档案馆异地搬迁工作；完成全区58家一级立档单位2017年度归档指导检查工作；依法开展到期档案鉴定开放工作；以“6·9”国际档案日为契机，组织开展档案法治宣传活动；推进家庭建档工作，确立家庭建档示范户；开展2003年（含）前老照片征集工作；区人民检察院、审计局通过江苏省AAAAA数字档案室评估；推行首问负责制、限时办结制和午休不间断服务、查档零收费制度，自觉接受社会监督，多次受到利用者表扬。全年接待查档2180人次，调卷2465卷次，其中，利用馆际共享平台提供利用21人次。

【馆藏档案数据抽检与核校】 2017年，区档案局整理2015年80万页档案全文扫描件相关文件级目录数据222575条；按照20%抽检率，检查2016年档案全文扫描件345卷并完成全部10万页抽查工作；对馆藏58块档案数据硬盘，进行数据复读安全检查并建立档案数据索引目录；分检并单独保存密级电子档案目录数据2119条；对馆藏婚姻档案专题目录数据进行核校，检查、修改数据5818条。

【家庭建档工作推进】 年初，区档案局“推进家庭建档，探索家庭档案服务和谐社会建设、丰富档案资源新机制”列入雨花台区2017年全面深化改革（文化体制改革部分）工作要点。一季度，根据《南京市家庭档案管理规范（试行）》，结合全区实际，制定家庭建档规范。5月，与区妇联联合，在全区“最美家庭”中开展建档活动。6月6日，在西善桥街道福润社区与市档案局联动开展“国际档案日”进社区暨家庭建档培训活动，为10户“最美家庭”建档示范户代表授牌，向现场街道、社区人员发放家庭建档宣传资料80册、档案装具80套，并进行家庭建档培训。“6·9”国际档案日宣传期间，在区政府电子大屏滚动播放家庭建档小常识，向机关干部宣传家庭建档工作。10月，在板桥街道殷富社区举办“喜迎十九大，党建联盟进万家”启动仪式暨“家庭建档、见证发展”专题培训，现场播放“彩韵雨花”“凤鸣板桥”“家中有档”微电影，为家庭建档代表发放档案装具50套，并进行建档培训。

【档案开放鉴定】 1—3月，区档案局启动并开展馆藏满30年（1987年）1160卷到期档案的开放鉴定工作。经逐卷逐页鉴定审查，85卷计1725份文件材料向社会开放。此批开放档案涉及主要内容有：精神文明工作要点；区机关部门工作总结；工资标准；普教系统调查表；机关事业单位职工人数增减表；人大换届选举材料；蔬菜上市表；资金平衡表；财务情况分析表；开办企业的申请与批复；基层工会组织统计表；经济工作规划汇编；工业产值完成情况；农业基础资料和农业固定资产投资等。

【指导检查全区机关年度归档工作】 3月，区档案局下发《关于开展2017年度归档文件整理工作综合检查的通知》，启动年度归档指导检查工作。自4月10日起，对全区58家一级立档单位2017年度归档文件整理工作，从组织管理、基础业务、信息化建设、开发利用等四方面进行综合检查。经过一轮检查、二轮复查，截至10月底，综检工作全部结束，全区形成档案18432件（盘·张）和13575卷。其中，文书档案17321件，照片档案992张，实物档案97件，光盘档案22张，诉讼档案10068卷，会计档案3439卷，拆迁、审计档案68卷。

【数字档案室创建】 4月，区档案局组织区人民检察院、法院、审计局、司法局等创建单位进行专题培训，全面启动2017年数字档案室建设工作。8月，区人民检察院通过江苏省AAAAA数字档案室评估；12月，区审计局通过江苏省AAAAA数字档案室评估。至年末，区人民法院、区司法局先后制定创建工作方案，区人民法院完成室藏档案全文数字化工作，区司法局完成室藏目录数据库校对。

【档案馆异地搬迁】 5月，根据区委、区政府搬迁工作要求，区档案局进行调研、选址，按照档案局馆需求对搬迁过渡馆进行改造；成立搬迁工作领导小组，制定搬迁工作实施方案，明确职责分工，做到责任到人，目标到位；对照固定资产台账和实体，核对、清理现有的橱柜、办公桌椅、空调、电脑等资产，准确掌握家底；做好档案资料搬迁前的清点、编号和搬迁后的入库上架工作，9月底完成档案馆异地搬迁工作，进驻过渡馆并有序开展业务工作。

【档案法治宣传活动】 6月，以“6·9”国际档案日为契机，围绕“档案——我们共同的记忆”主题，以街道（园区）为主阵地，组织开展广场宣传服务、档案进社区、家庭建档培训等档案宣传服务活动，广泛宣传档案知识。6月9日当天，接待现场咨询60余人，制作宣传横幅11条，张贴宣传画30余幅，发放宣传册840余份。

【老照片征集活动】 10月，在《扬子晚报》《金陵晚报》《南京晨报》、区政府网站、金陵微雨花等传统媒体和新媒体刊登、发布照片征集启事；印制征集启事海报100份、宣传单1万份，在区政务中心、卫生服务中心和社区服务中心摆放，利用老年大学平台多形式、多途径向社会有偿征集2003年（含）前照片资料，保护珍贵历史资料图片。至年末，征集到反映雨花历史上重大事件、重要活动和重要人物照片近百张、实物20件。

【社区档案工作】 11月2日，下发《关于开展2017年社区档案管理检查的通知》，要求各街道（园区）组织所辖社区开展2017年档案管理工作，并做好监督指导、检查考核和备案工作，强化社区档案的规范化管理。综合各街道（园区）指导检查完成情况和对16个社区的抽检情况进行考核评估，12月27日，下发《关于2017年社区档案管理检查情况的通报》。2017年，全区54个社区（雨花、板桥厂矿社区不在之列）形成档案11696件（张）。其中，文书档案10446件，照片档案1133张，实物档案115件，光盘档案2张。（沈国艾）

·地方志·

【概　况】 2017年，雨花台区地方志编纂委员会办公室（简称区志办）贯彻落实《地方志工作条例》精神，围绕区委、区政府中心工作和省市志办工作部署，完成既定年度工作任务。调整年鉴框架，开展年鉴业务培训，完成《雨花年鉴（2016）》编纂出版任务；筹备、启动全区资料长编编纂工作，搭建组织架构、制定工作方案，并通过区委办、政府办转发各相关部门和单位，完成篇目大纲（征求意见稿）的讨论、修改和定稿。年内，《雨花年鉴（2016）》参加江苏省第四届年鉴奖评选，获全省综合类年鉴一等奖，并获框架设计类年鉴一等奖。

【《雨花年鉴（2017）》出版】 2017年，《雨花年鉴（2017）》经印刷厂排版制作后，报送北京方志出版社审阅。《雨花年鉴（2017）》初稿文字约50万字，内设13个类目，根据全区年度工作要点，将原先“工业”“商贸·旅游”“农业”类目整合成“城市经济”板块，将“教育”“科技”“文化·体育”“医疗卫生”“人力资源和社会保障”“社会生活”整合成“公共服务”板块，将“党政机关”“民主党派·工商联·人民团体”“法治·军事”类目整合成“政治”板块，将“环境保护与生态建设”类目纳入“城市建设与管理”板块，更加准确地记录2016年雨花台区自然、经济、政治、文化、社会和生态等各方面的基本情况、重大事件和新发展，突出全区上下以“三严三实”专题教育为契机，在决胜软件谷建设、决战“两桥”地区改造和提升五项民生工程等三件大事过程中取得的工作成就，为各级领导科学决策提供了参考依据，为社会各界提供准确丰富资料信息。

【《雨花年鉴（2017）》编纂动员大会召开】 1月23日，区方志办在区委党校4楼会议室召开《雨花年鉴（2017）》编纂动员大会，区方志办全体编辑人员及全区机关各部门、街道（园区）、直属单位、大专院校、科研院所代表90余人参加会议。总结2016年《雨花年鉴》编纂工作，并针对全区方志工作实际情况部署2017年年鉴编纂任务，对进一步做好《雨花年鉴（2017）》编纂组稿工作提出要求。会上，区地方志办公室发放《<雨花年鉴（2017）>编纂工作方案》及《南京年鉴编纂规则》，把年鉴编撰任务细化到各撰稿单位，规范各撰稿单位年鉴编写内容。

【《雨花年鉴（2016）》获全国优秀成果奖】 9月，五年一度全国地方志优秀成果年鉴类评比结果揭晓，雨花台区获全国地方志优秀成果年鉴类评比一等奖。本次全国仅有58家单位获奖，其中，雨花台区成为全国县区级综合年鉴先进代表。在8月8—9日召开2017年全国年鉴工作会议暨年鉴研究会年度会议、精品年鉴与年鉴编纂创新研讨会上受到表彰。《雨花年鉴（2016）》充分展示出雨花特色，增加软件谷、生态雨花等内容。（张　玄）

卫生与计划生育

【概　况】 2017年，全区医疗卫生机构105个，二级以上公立医院3所（市第一医院南院、梅山医院、雨花医院），雨花医院为区政府办二级医院。全区社区卫生服务中心7所（下属25家社区卫生服务站），其中政府办5所（下属19个社区卫生服务站）。全区公共卫生单位3所（区疾病预防控制中心、区妇幼保健所、区卫生监督所）。全区政府办医疗卫生机构9所，职工780人，其中卫生技术人员646人，其中副高职称97人、正高职称5人。新型农村合作医疗人均实际筹资970元，自2017年6月起，新农合与医保制度整合，相关工作正式移交区人社局。该区户籍居民人均预期寿命82.11岁。婴儿死亡率2.03‰，孕产妇死亡率16.94/10万，甲乙类传染病发病率81.72/10万。

【医疗机构与管理】 2017年，区卫生部门开展“府院合作”（解释），新建医联体（解释）5个。累计与9家省、市“三甲”医院建成医联体17个，实现基层医疗机构医联体建设全覆盖。全年接受上级医院专家对口支援2630人次；社区卫生服务中心总诊疗人次数同比增长19.4%。新建市级基层医疗机构特色科室5个（累计14个），实现基层医疗机构特色科室建设全覆盖。铁心桥社区卫生服务中心慢性疼痛康复科通过省级特色科室初审。雨花医院初步建立全区骨科中心、影像诊断中心、临床检验中心。推进“三名三进”，不断完善中医馆等基础设施建设，开展中医药健康巡讲、中医义诊18场次，受益2500余人。公开招录卫生专业技术人员50名。选送12名全科医师到“三甲”医院参加全科医生和住院医师规范化培训，遴选产生区级基层医疗机构骨干人才29名。举办各类专业培训20余场次，累计培训1300余人次。

【社区卫生】 2017年，雨花台区建成首批“江苏省基层卫生十强区”；铁心桥社区卫生服务中心再次被评为“全国百强社区卫生服务中心”，并获“全国卫生计生系统先进集体”称号；铁心桥、西善桥、赛虹桥3家社区卫生服务中心被评为“全国优质服务示范社区卫生服务中心”。铁心桥、赛虹桥社区卫生服务中心建成江苏省人民医院全科医生规范化培训社区实践基地，并成功申报江苏省社区医院建设试点项目。岱山社区卫生服务中心建成南京中医药大学社区实践教育基地，1项科研课题在市科委立项。在全市率先研究推行22种“个性化签约服务包”，家庭医生全人群签约率36.7%；重点人群签约率73.1%。全面实施14类55项基本公共卫生服务项目，探索居民电子健康档案向公众开放。全区建立居民电子健康档案380870份，建档率87.3%，发现并管理高血压患者40519人、糖尿病患者12788人、严重精神障碍患者1134人。

【妇幼保健】 2017年，区卫计局创成“江苏省妇幼健康优质服务示范区”,新建妇幼健康规范化门诊4家、示范母婴室3个。区妇幼保健所科研项目获市科学技术进步二等奖。对全区托幼机构开展经常性卫生保健指导。掌握各幼儿园卫生保健情况、膳食营养情况、环境卫生状况、饮用水安全及疾病控制情况,依法督促幼儿园履行卫生保健职责,保障在园幼儿身心健康。推进重大妇幼卫生项目实施,完成妇女宫颈癌和乳腺癌筛查初筛10388名,推进任务进展率103.9%;开展阴道镜复诊340人,开展钼靶复诊230人。完成孕产妇增补叶酸服务150人,推进任务进展率126.0%,住院分娩补助49人,推进率100%。实行属地化管理,按服务街道(园区)分片,调动全区妇幼卫生服务技术资源,完成全区“六一”儿童健康体检16315人。通过开展技能实训和竞赛、普训与轮训、现场指导等方式,注重提升基层妇幼专业人员专业素养与服务能力,促进全区妇幼保健整体水平提升。全年,该区孕产妇死亡率16.94/10万,婴儿死亡率2.03‰、5周岁以下儿童死亡率2.71‰,新生儿出生缺陷发生率4.6‰。

【疾病预防与控制】 2017年,区卫计局巩固“江苏省卫生应急示范区”创建成果,完成国家公祭日、南京马拉松等重大活动医疗卫生保障工作,修订《南京市雨花台区突发公共卫生事件应急预案》(雨政办发〔2017〕49号),全年开展各类卫生应急方面培训班26场次,培训卫生应急专业人员528人次,应急演练14次。全年,建成“国家血吸虫病消除达标区”,查螺面积1136万平方米,未发现活螺;巩固灭螺面积240万平方米;完成查病任务3000人;下发血吸虫病诊断试剂3000人(份),全年无“急感”发生。全区累计管理存活艾滋病病人/感染者247例,发病率62/10万;其中艾滋病感染者182人,艾滋病病人65人;其中80%为男男同性性接触途径传播。全区管理肺结核患者104例,其中结核性胸膜炎患者2例,新发涂阳肺结核患者39例,复发涂阳结核病患者8例。强化严重精神障碍患者管理,全区建档1134人,在管患者1122人,管理率98.94%,同比增长39.48%。全区无甲类传染病发生,报告乙类传染病8种,总发病数337例,发病率83.36/10万,死亡病例2例,为艾滋病患者。发病率与2016年87.67/10万相比下降7.03%。全区10家接种单位接种一类疫苗139341针次,二类疫苗47892针次,监测和报告疑似预防接种异常反应120例(其中一般反应100例、异常反应17例,偶合症3例),一类疫苗预防接种异常反应补偿保险参保儿童2879人,获全区市预防接种技能竞赛团队二等奖。通过“国家慢性病综合防控示范区”复审,开展国家心脑血管监测项目,报告监测病例发病总数1004例,发病率361.26/10万。开展国家脑卒中筛查项目,完成初筛人群4023人,其中高危人群366人,高危人群占筛查人群9.1%。完成2016—2017年度江苏省儿童口腔疾病干预项目和“健康口腔,幸福家庭”二期项目任务。“中国健康知识传播激励计划(胆固醇管理·2017)”雨花台区知识共享会在板桥小学举行,《南京日报》等媒体予以报道。通过竞标,区卫计局承担区市场监督管理局2017年雨花台区大中型集中供餐单位食品、餐饮具的监测检验工作。通过南京市食品安全风险监测区级检测中心验收并挂牌。完成食品化学污染物、微生物监测采样以及食源性疾病监测病例审核任务;处置食源性疾病暴发事件

1起，各类投诉举报5起；食品安全专项宣传2场。完成公共场所卫生监测139家、公共用品480份、游泳池水18份；二次供水检测1480份；从业人员健康体检40254人次。完成职业卫生网络监测工作。

【卫生监督】 2017年，全区实施各类许可审批508起，发放《区卫生监督所"双随机、一公开"监管工作方案》《2017年雨花台区公共卫生"双随机"监督抽检工作方案》，推进"双随机、一公开"监管工作稳步开展。推行不见面审批（改革）工作，公布不见面审批事项44项，为6家申请告知承诺制公共场所单位发放卫生许可证。开展医疗美容专项整治行动，检查生活美容机构57家，组织专项检查100户次。开展医疗机构专项整治行动，全区医疗机构专项检查59家，医疗废物专项检查83户次，没收医疗药品及器械约2万余元，开具不良执业行为记分通知书11户次。加大对宾馆、理发等公共场所经营单位检查力度，监督户数510户。完成全区79所中小学和托幼机构分户档案，对全区15家中小学学校学校、托幼机构开展进行卫生监督检查和样品抽检。全年开展卫生监督检查2318余户次，监督覆盖率100%，平均监督频次360%，全区"四小行业"卫生许可证、健康证持证率98%和98%，通过国家创文迎复审考核工作。开展各类专项执法20次，立案查处13起，罚款金额10万元。规范处理"12345"等各类投诉举报19件，规范办结率、及时率100%，全区无突发公共卫生事件及安全责任事故。

【爱国卫生】 2017年，区卫生系统以爱国卫生运动65周年为主题、开展爱国卫生宣传活动。在铁心桥街道景明佳园市民广场开展第29个爱卫月大型广场宣传活动，开展6场广场义诊活动。爱卫月期间，全区更新健康教育橱窗30余块，发放"健康66条""慢性病防治""如何有效控制三高"等健康知识宣传彩页1500余份，接待咨询700余人，义诊200余人，开办健康讲座进社区10余场，制作横幅16条，投放电子屏20余处，展出健康教育展板40块。通过申报、初审全区推荐出39户家庭参加全市"健康家庭"评选候选。参加全市纪念爱国卫生运动65周年知识近代，获团体一等奖。以建设健康雨花为引领、推进健康教育和促进工作，建成健康支持性环境健康社区6个，健康单位2家，建成1个区级健康科普展示体验馆，居民健康素养水平提升。巩固国家卫生城市成果，形成常态化齐抓共管良好局面。通过国家"灭蝇、灭蚊、灭鼠、灭蟑"先进城区迎复查，开展病媒生物防制队伍专业化和市场化，做好病媒生物防制工作。加强公共场所控制吸烟专项督导工作，全区累计发放禁止吸烟标志8000余份，禁烟标志卡座500个，检查各类公共场所260家，下发整改意见书19份，督促各公共场所落实控烟吸烟措施，继续巩固"无烟学校""无烟医院"创建成果，并拓展"无烟单位""无烟餐厅""无烟商场"等控烟活动。

【人口和计划生育】 2017年，区卫计局在全市率先对计生特殊家庭给予医疗扶助，创新实施特殊家庭联系人制度，开展西善桥街道省级"连心家园-失独家庭关爱行动"项目，建成板桥生态园省级"生育关怀基地"，创建"江苏省幸福家庭项目区"。依法实施全面两孩政策，生育服务管理不断加强。婴幼儿早期发展服务体系更加完善，建成铁心桥街道0–3周岁婴幼儿早期发展示范指导服务站，新建4个社区级亲子活动室，培育1个优质育儿园。全区人口与计划生育工作位居全市前列，流动人口计划生育工作被市流动人口管理办公室评为2014—2016年度先进集体。

【智慧医疗】 2017年，雨花台区人口健康信息平台通过省定三级标准。建成全区预防接种安全管理云平台，对传染病报病等一批基层业务系统进行升级改造。做好全省“三个一”工程试点工作，探索基层医疗机构实名制就医，向建档居民开放电子健康档案查询，推动电子健康档案务实应用。

【综合改革】 2017年，区卫计局在全市率先开展公共场所卫生许可“告知承诺制”改革试点。做好合作医疗与居民医保整合工作。根据国家、省、市部署安排，按照“总体规划、同步推进，落实责任、属地负责，分步实施、积极稳妥”原则，协同区人社局做好制度整合前后衔接工作。6月，完成全区整合城乡居民基本医疗保险职能、机构、编制、人员、信息系统、审计等整合移交工作，确保城乡居民医保待遇不受影响，医保基金安全和制度运行平稳。上半年合作医疗参保人数9856人，贫困人口1244人，全年筹资958.52万元全部到位，人均实际筹资970元，农民参保率100%，资金到位率100%。

【中央改革办督察组调研岱山社区卫生服务中心】 3月2日，中央改革办督察组林尚立一行，在省卫计委副主任陈亦江，省卫计委基层卫生处处长姜伦，副市长胡万进，市卫计委副主任丁小平，区政府区长李世峰、副区长余清，区卫计局局长褚堂琴、副局长刘文江陪同下，调研岱山社区卫生服务中心家庭医生签约服务工作。林尚立一行肯定该中心建设以来取得成绩，并针对下一步工作提出扎根社区，服务百姓，创新改革，价值导向等要求。

【国家卫计委副主任王培安考察区医养融合工作】 3月18日，国家卫计委副主任王培安一行到区赛虹桥社区卫生服务中心考察指导医养融合工作。省卫计委副主任何小鹏，副市长胡万进，市卫计委主任孙家兴、副主任丁小平，区政府副区长余清，区卫计局局长褚堂琴、副局长刘文江等陪同考察。王培安一行参观赛虹桥社区卫生服务中心远程会诊中心、健康小屋、国医馆、老年照顾中心和安宁病房等，考察医养结合、健康管理、家庭医生签约服务开展情况，对该中心在医养结合服务方面进行积极探索，具有前瞻性，符合健康养老需求给予肯定。

【澳大利亚卫生代表团到区参观交流】 7月11日，澳大利亚维多利亚州卫生和民政服务厅厅长凯姆·皮克（Kym Peake）、卫生和民政厅副厅长特里·西蒙德（Terry Symonds）、政府贸易投资代表处总监龚晓玮（Jessie Gong）一行，在省卫计委基层卫生处处长姜仑、副处长曹扬、省卫计委国际合作处负责人王慧银、市卫计委副主任丁小平以及区政府副区长余清、区卫计局局长褚堂琴、副局长刘文江等领导陪同下，赴赛虹桥社区卫生服务中心参观，并就两省州在基层医疗卫生服务方面工作情况进行座谈交流。

【铁心桥社区卫生服务中心获“全国卫生计生

系统先进集体”称号】 8月17日，全国卫生计生系统表彰大会在北京召开。铁心桥社区卫生服务中心获“全国卫生计生系统先进集体”称号。2017年，该中心建成外科、糖尿病专科、疼痛康复科、口腔科等4个市级基层医疗机构特色科室，成为江苏省人民医院“全科医生社区规范化培训实践基地”，与江苏省人民医院、江苏省中医院和南京市第一医院等多家“三甲”医院建立紧密型医联体。

（姚欣雅）

体　育

【概　况】 2017年，区体育局组织100余名体育指导员参加23批次省、市级社会体育指导员技能培训，涉及空竹、手拍鼓、排舞、健身秧歌等15个项目。全年培养三级社会体育指导员168名，向市优秀运动队输送运动员16人：武术4人、跆拳道3人、游泳2人、网球3人、田径2人、乒乓球1人、篮球1人。区雨花台中学、雨花台区实验小学和春江学校被评为“江苏省体育传统项目学校”，共青团路小学、共青团中学、雨花外国语小学等9所中小学被命名为“南京市阳光体育学校”。2017年，全区（含街道、社区）举办群众性体育健身活动170场（次）。2017年，区体育局被授予2013—2016年度全国群众体育先进单位、市第二十二届体育科学论文报告会优秀组织奖一等奖。

【体育基础设施改善】 2017年，区体育局出新改造23套健身路径（20套更新，3套新建）。除区体育中心、莲花湖体育公园两大区级体育活动中心外，全区有室内体育健身点67个，晨（晚）练点（室外健身广场）430个，室内外游泳场馆7处，健身路径130套，健身步道9条。新建3个健身游园，其中，梅山体育公园成为具备全省一流全人群智能型体育公园。

【雨花台区首届校园足球邀请赛举行】 6月29日，江苏南京“三胞”杯雨花台区首届校园足球邀请赛在南京市雨花外国语小学西善花苑分校举行。本次邀请赛由雨花台区教育局、雨花台区体育局和三胞集团有限公司主办，雨花外国语小学西善花苑分校、南京市岱山实验小学和宏图城市新产业运营集团承办。赛事分为初中和小学两个组别，统一采用8人制竞赛规则，来自省内七个城市12支代表队166名队员参加本次邀请赛。比赛共历时3天，进行20场比赛。姜堰东桥教育集团凤凰桥校区，常州局前街教育集团天宁华润小学和淮安袁集中心小学分获小学组前三名，雨花台中学获初中组冠军。

【2017年南京市游泳救生职业技能大赛】 6月3日，2017年市游泳救生职业技能大赛在梅钢公司游泳馆举行。比赛由市体育局主办，区体育局、市体育市场监督管理办公室承办，区梅山游泳运动协会协办。全市11个区75名选手参加比赛，本次赛事设游泳基本技能和游泳救生技能竞赛两项内容，项目分为蛙泳、自由泳各50米速度游，50米救生全能赛（3人一组2×25米接力），心肺复苏3个单项。该区获得团体总分二等奖、优秀组织奖、个人一等奖、个人三等奖，梅山游泳馆获特别贡献奖。

【中国（南京）软件谷IT精英足球赛举行】 7

月15日—8月26日，"IT精英，不止精彩"——2017年中国（南京）软件谷IT精英足球赛举行。比赛由中国（南京）软件谷管委会主办，区体育局、中国（南京）软件谷科技人才局承办。比赛有24支球队，600名参赛队员、教练、领队、裁判及工作人员参加，3000多人到现场观看、2万余人通过微信公众号等新媒体观看关注比赛。南京郎盟智能科技、南京南米信息技术有限责任公司分别获冠亚军。南京南米信息技术有限公司潘晋、南京恩加网络技术有限公司张亚军、南京郎盟智能科技林波获最佳射手称号，南京郎盟智能科技李臣获最佳门将称号。

【"2017全国航空模型公开赛（南京站）暨中国南京'雨花杯'航空模型国际邀请赛"举办】 11月18日，2017全国航空模型公开赛（南京站）暨中国南京"雨花杯"国际航空模型邀请赛在板桥新城莲花湖体育公园举行。大赛由国家体育总局无线电模型运动管理中心、中国航空运动协会主办，南京市雨花台区人民政府、南京市体育总会承办，江苏省航空运动协会、南京市航空运动协会、雨花台区体育局、南京市板桥新城管委会等协办。来自11个国家和地区以及来自各省市11个代表队，共22支队伍，近百名航模爱好者参加比赛。全国航空模型公开赛（南京站）比赛8个项目，包括水上飞机竞赛项目5个，无线电遥控第一视角飞行项目2个，无线电遥控纸飞机项目1个，各种参赛航空模型飞机及器材100多架。

【第六届中国（南京）软件谷乒羽联赛举行】 11月11–12日，第六届中国（南京）软件谷乒羽联赛在雨花体育中心举行。比赛由中国（南京）软件谷管委会主办，区体育局和软件谷科技人才局联合承办，36家谷内企业近500位人员报名参赛。本次比赛设乒乓球和羽毛球两个大项，乒乓球设团体、男单和女单三个小项；羽毛球设团体、男单、女单、男双和混双五个小项。机关一队、纳龙科技队分获乒乓球团体冠亚军；区政府机关队周卫东、国电南自程届云分获乒乓球男单、女单冠军；区政府机关、谷德运维队分获羽毛球团体冠亚军，华为获男双冠军，谷德运维获混双冠军；区政府机关队向江山、华为队秦巧梅分获羽毛球男单、女单冠军。 （周 坤）

人力资源

·概 述·

【概 况】 2017年，雨花台区全年新增城镇就业13010人，实现再就业6494人，援助困难人员就业408人，分别完成目标任务154.9%、180.4%、136.0%；培育自主创业3011人，其中青年大学生创业580人，实现创业带动就业12622人，完成目标任务376.4%、175.8%、274.4%。开展享受政府补贴培训7188人次，完成率235.7%。创业南京高层次人才引进28人，完成率、入选率全市第一。亿嘉和、中博信息技术研究院2家企业入选市高端人才团队。全年审查集体合同数630份，首创劳务派遣行业性工资集体协商，签订劳务派遣企业50家，涉及职工人数近2万人，并规定区劳务派遣用工工资增幅3%。劳动保障书面审查用人单位3546家，涉及劳动者人数10.63万人，调处简易案件411件，发放劳动法律法规宣传手册1800余册。劳动仲裁立案处理案件563件，案件数同比下降45.1%，结案率100%。

·劳动就业·

【概　况】2017年，区人社局出台《关于印发“雨花台区创业场地租金补贴实施细则”及“本区户籍初始型创业项目基本运营综合补贴实施细则”的通知》（雨人社〔2017〕5号），通过就业资金引导、优惠政策扶持、创业带动就业等措施促进城乡劳动者就业。全年发放灵活就业人员社会保险补贴2320万元，发放单位岗位补贴93.24万元、社保补贴245万元，小微企业社保补贴94万元。1560家企业稳岗享受补贴8500万元，3907人次大学生享受住房补贴2060万元。

年内，区人社局开展城镇失业人员职业培训1537人次，完成年度目标102.5%；城乡新成长劳动力职业培训863人次，完成年度目标287.7%；农村劳动力职业培训1109人次，完成年度目标100.8%；在职职工培训8339人次，完成年度目标101.7%；创业培训4491人次，完成年度目标1497.0%。职业技能鉴定取证1139人，完成年度目标113.9%。新增高技能人才463人，完成年度目标103.3%。

【人力资源市场提档升级】2017年，区人力资源市场软硬件更新改造完成，在全市区级市场中率先启用市人才市场应用软件并联网应用。区、街道、社区三级联动采集空岗信息，共享岗位资源、人力资源，就近、就便开展招聘活动。全年举办现场招聘会99场，提供岗位3.2万个，实现本区户籍劳动力单位就业1.6万人次以上，吸纳各类劳动力登记就业5.6万人次。

【跟踪援助扶持就业】2017年，区人社局面向就业困难人员、新生劳动力、失地农民等人群，开展制度化跟踪援助，月跟踪服务率90%以上，全区夫妻双失等各类困难人员全部实现就业。针对有就业愿望高校毕业生和新生劳动力，开展技能培训、创业培训，优先推荐实现保底就业，本区户籍应届高校毕业生登记就业率95%以上，就业困难人员通过援助100%实现就业。

【扶持创业带动就业】2017年，全区、街道联动开展创业政策宣传，鼓励有创业愿望和创业条件城乡劳动力尤其是青年大学生自主创业，实施“创业实名制”制度，加强对创业园、创业人员和创业典型的培育、服务和管理工作。全年发放小额担保贷款10笔、金额300万元。以建设创业型街道、社区为契机，带着政策走进7个街道、15个社区、6个创业园区，1200多家企业进行宣传。创建1个省级创业示范基地（万谷移动互联科技园），1个创业型街道（铁心桥街道）和6个创业型社区。

·劳动权益保护·

【概　况】2017年，区人社局联合区总工会，制定雨花台区平等协商签订集体合同工作手册，并在全区推广。全年审查集体合同630家，完成年度目标任务，保证全区签订工资集体合同员工工资增幅5%以上。开展各类专项检查，摸底全区41家重点企业，涉及农民工4128人；督查24处重点工地，涉及农民工

2017年雨花台区就业再就业目标完成情况一览表

表8

序号	年度目标任务	完成数（人）	完成进度（%）
1	新增城镇就业8700人	13010	154.9
2	实现再就业3600人	6494	180.4
3	援助困难人员就业300人	408	136.0
4	农村劳动力转移就业180人	249	138.3
5	培育自主创业800人	3011	376.4
6	大学生创业330人	580	175.8
7	创业带动就业4600人	12622	274.4

2017年雨花台区职业培训目标完成情况一览表

表9

序号	年度目标任务	完成数（人）	完成进度（%）
1	政府补贴性职业培训3050人次	7188	235.7
2	创业培训300人次	4491	1497.0
3	城镇失业人员职业培训1500人次	1537	102.5
4	城乡新成长劳动力培训300人次	863	287.7
5	农村劳动力职业培训1100人次	1109	100.8
6	在职职工培训8200人次	8339	101.7
7	新增高技能人才448人	463	103.3
8	职业技能鉴定取证1000人	1139	113.9

2160人；走进21家劳务派遣企业及45家用人单位，调查派遣用工情况。全年办理“12345”工单729件，综合排名全区第一。

【劳动监察执法】 2017年，区劳动保障监察大队接待咨询2900人次，主动巡查562户，书面审查3565户，涉及劳动者10.63万人，与2016年相比上升9.48%。处理群体性欠薪案件19起，涉及劳动者514人，涉及欠薪金额639.88万元。其中13家被诉单位已经支付劳动报酬；3家单位（新建酒楼、慢慢来酒店、从巧餐饮店）通过公安机关协调，相关责任人已接受调查；1家单位（万馨德纸制品）涉嫌拒不支付劳动报酬犯罪，移送公安机关；2家单位（圣骥网络、百服家政）申请人民法院强制执行。各街道监察中队简易案件调处411件，区劳动保障监察大队受理举报投诉案件464件，其中疏导化解简易案件107件，立案357件（工资类203件，占比56.8%；社会保险类97件，占比27.1%；加班工资类25件，占比7%；年休假类15件，占比4.2%）；对2家企业处以行政处罚（南京嘉联志诚建设工程有限公司，南京市宁逸席冷冻食品有限公司），罚款金额3.3万元。

【治欠保支专项行动】 2017年，雨花台区政府办公室印发《关于全面治理拖欠农民工工资问题的实施意见》(雨政办发〔2017〕99号)、《关于印发〈雨花台区开展劳资矛盾隐患排查整治暨治欠保支工作专项行动实施方案〉的通知》(雨政办发〔2017〕100号)和《关于建立雨花台区解决企业工资拖欠问题部门联席会议制度的通知》(雨政办发〔2017〕96号)。由区委常委、常务副区长孙中华召集，区政府办、区人社局牵头，区政法委、区发改局、区公安分局等11家成员单位组成专项行动组，年内召开3次联席会议，共同研讨解决区内企业工资拖欠问题。

雨花台区通过设立农民工工资专户、推进工程建设领域农民工分账及实名制管理制度、推行银行代发工资等措施确保农民工工资支付到位；通过加强工程验收、加大对施工单位财务监管力度、对问题企业采取信用评价降级等措施建立解决拖欠工资问题的长效机制；通过做好政府投资工程项目资金预算，建立政府投资工程项目农民工工资支付应急周转金制度，保证政府投资项目资金零拖欠。2017年至2018年区财政累计安排应急周转金1.2亿元。全年，通过“绿色通道”处置涉及农民工的群体性事件17件，涉案人数292人，涉及讨薪案件14件，为外来务工人员挽回经济损失750万元。

【劳动仲裁】 2017年，区人社局实行人性化仲裁服务，全年处理劳动纠纷案563件，同比下降45.1%，调解、撤诉结案成功率84%，一裁终局案件占裁决案件总数71.8%，立案、结案率100%。区劳动争议仲裁委与非公企业党组织互联共建，聘请企业党组织党员出任“党员志愿调解员”，促进劳动争议化解在源头。铁心桥、板桥街道巡回仲裁庭全年审理劳动争议41起，板桥街道所辖12个社区建立劳动争议调解室，劳动保障协理员兼任调解员，使大量劳动纠纷在基层得到调处。

【省级和谐劳动关系综合试验区】 2017年，区人社局“雨花劳动关系online”微信公众号，累计发布93条资讯、5期劳动关系月报，为企业预警劳资风险点，提供掌上服务；通过人社软件谷网上分局等形式，优化公共服务，全年发放住房补贴1547.5万元，惠及谷内高校毕业生超过10600人次；发布软件行业工资指导线，为规范工资增长建立新机制。联动谷相关部门、区总工会等多家单位，建立企业CEO微信群，举办9期HR智享会，选派优秀师资为企业讲解政策法规，中国（南京）谷内320家企业400多名管理者参与交流互动；为软件人才打造菁英公寓，1479套投入使用，入住员工超过3500人；建立健全职工代表大会制度，推进企业职工民主管理工作制度化，促成谷内江苏润和等多家大型企业劳资双方，签订集体合同，约定职工薪酬涨幅年化5%以上。12月底，经过省人社厅、省经信委等多个部门联合评估，中国（南京）软件谷被确认为全市首个省级和谐劳动关系综合试验区。

【行政审批】 2017年，区人社局通过微信公众号等形式，在线提供行政审批查询、政策法规宣传等多项服务，编印外卖行业、软件行业、机关事业单位等3期宣传手册，发放2000余份。通过网络预审材料等方式缩减审批时限，加快审批速度，各项行政审批时限比法定时限缩短80%，行政审批窗口被政务中心评为优秀窗口。同时严关行政审批案卷质量，强化年检效能，先后2次在法制办案卷检查中被评为优秀。组织清理职业培训学校培训项目，指导职业培训机构及时调整培训项目、健全培训收费公示，对职业资格清单以外停止审批，确保培训项目合法合规，推动民办职业培训在规范中健康发展。全年办理劳务派遣审批9家，人力资源新审批9家，特殊工时新审批5家，民办职业培训学校新审批5家，经济性裁员备案2家，全年完成各种审批76件，受理工伤认定申请758件。

2017年雨花台区劳动维权工作完成情况一览表

表10

序号	年度目标任务	完成数	完成进度（%）
1	集体合同审查630份	630	100
2	仲裁委立案处理案件结案率94%	100	—
3	劳动保障书面审查单位1800户	3546	197.0
4	联动平台举报投诉案件按期运行率95%	99.6	—

·人才建设·

【概　况】2017年，区人社局落实市委“赋予产业载体评价人才权利”要求，改进人才评价办法，实行专家评审与载体评价相结合双评分机制。人才引进注重产才融合，年内，与区域产业方向高度契合进入终审项目120个，进阶市级评审优秀项目56个，入选“创业南京”高层次人才28人，完成率、入选率全市第一。区级评审过程，邀请纪检部门把关，评审机构采用竞争性磋商、单一来源采购等方式公开招投标确定，确保评审公开公正公平。人才档案管理按年、季、月对档案进行核对清点；按期对室内档案进行分类整理，对未装袋档案进行重新装袋、标号、上架；事业单位人员档案分类排序，装订入盒。全年接收档案949份，转出档案222份，查阅档案91份，档案转（出）入正确无误，全年零投诉。

【高端人才团队申报】2017年，区人社局提前宣传推广团队申报，3月起开始摸排和走访辖区企业，强化政策宣传。建立人才专员一对一“包干”申报团队，组织申报企业模拟答辩，邀请评审专家现场点评指导。年内，5家企业完成申报，亿嘉和、中博信息技术研究院2家企业最终入选市高端人才团队。

【留交会雨花专场推荐活动】4月24—26日，第十届中国留学人员南京国际交流与合作大会（简称留交会）在南京国际博览中心举办。本次留交会主会场，全区2家成功创业企业现场布展展示发展情况，3家企业提供年薪30万元以上高端人才需求58人次。留交会当天10名专业人才工作者现场对接海内外人才110人，开展包含“走近雨花·系列参观”“走进雨花·深度推介”“创业接力·分享惠”“创业助力·加速惠”“街道园区洽谈”五大板块“筑梦雨花—2017海外人才雨花行”专题活动。“雨择菁才，花迎创客”--创意雨花精品创客路演大赛，首次尝试与“万创奔腾”众创空间合作，联合南京大学、东南大学、南京航天航空大学等8大院校，搜集近百支创业团队，精选5支优秀创业团队，角逐“互联网+”、文化创意、医疗健康、智能生活等四个领域的“雨花创客”一、二、三等奖，对接“创业南京高层次创业人才项目”申报评选。

·人事管理·

【概　况】 2017年，区人社局综合全区编制空缺、人员需求情况，编制2017年公务员招录计划，并在省市组织人社部门统一部署下公开招录公务员32名，会同区委组织部，对2016年度招录18名试用期公务员进行跟踪管理考核。组织2017年新招录公务员及事业单位管理人员59名进行区级初任培训，提高新录用公务员实际工作水平及实践能力。全年，区内安置军转干部50名，其中团职以上15名，技术九级及以上21名，行政营以下10名，事业单位4名。组织召开军转干部座谈会，推动转业干部迅速解雨花区情。通过单位申报、初审、复核等程序，任命科级非领导职务104人，其中2016年度军转干部任命非领导职务27人，试用期满公务员转正定级18人，参公管理事业单位人员初定职59人。办理政府部门副处以上公务员职务任免手续99人次，提请区人大任免议案37人次。办理公务员调动及转任手续41人次，办结公务员调任手续2人次。办理政府部门公务员登记手续44人次。

事业单位方面，2017年全区公开招录计划278人，其中教育系统182人，卫生系统77人（公开招聘69人，含编制备案管理40人。高层次人才引进8人），其他事业单位19人。实际落实招聘计划228人（编制内219人，备案制9人）。其中教育系统公开招聘180人。卫计系统公开招聘卫技人员27人（编制内18人，备案制9人），高层次人才引进2人。其他事业单位公开招聘19人。卫计系统下半年计划招聘41人（编制内11人，备案制30人）。

【人事制度改革】 2017年，区人社局完成街道公务员职务职级实施工作，5个街道5名公务员晋升职级，其中晋升正处级1人，副处级4人。完成区城管执法大队参照公务员法管理申报、169名拟参公管理人员身份审核、参公培训及考试工作。

【岗位设置】 2017年，区人社局对全区131家事业单位岗位设置情况进行梳理，做好基础台账的整理设置及岗位管理工作。广泛征求各事业单位意见，科学设置岗位。与市局协调，对区属9家事业单位的岗位进行合理设置，报市局核准备案。完成2017年度教育、卫计系列岗位变更人员核岗及待遇兑现，教育及卫计系统38家单位完成岗位变更核准工作。

【职称管理】 2017年，区人社局继续实行职称初定工作无纸化运作，初审职称申报材料394份，其中通过初级初定242人，中级初定38人；申报中高级职称320人。审核职称申报人员继续教育材料805人次，打印审验单608份。

社会保障

【概　况】 2017年，雨花台区企业职工基本养老保险净增缴费12749人，完成全年目标749.9%，完成率全市第一。征收社会保险费25.537亿元，完成全年目标112.5%。全年中断续保1600人，清理历年社保欠费636.02万元，完成全年目标177.8%。城乡居民基本养老保险参保缴费1722人，完成全年目标110.5%，城镇居民基本医疗保险参保缴费56780人，完成全年目标114.7%，组织22736名企业退休职工参加免费体检，完成全年目标108.3%。

【城乡居民医保整合】 2017年，根据国家和省、市统一部署，雨花台区区政府印发《雨花台区关于整合城乡居民基本医疗保险制度重点工作任务的分解方案》（雨政发〔2017〕103号）和《区政府关于成立雨花台区城乡居民医保制度整合工作领导小组的通知》（雨政发〔2017〕131号），启动了城乡居民医保整合工作。全区医保制度整合涉及参保人员60858人。其中，新农合9856人，居民医保51002人。区人社局联合区卫计局、财政局完成区级层面新农合工作移交，按照“人随事走”原则，区卫计局借专人至区人社局开展职能移交后业务操作、系统维护等工作。街道、社区各级按实际分工情况，人员、档案、业务资料全部调整到位。改革后，区人社局统一承担居民医保和新农合管理职责，各项业务经办工作正常有序开展。

【企业年金】 2017年，区人社局组织全区企业开展政策培训，深入企业开展政策宣传，对热点、难点问题答疑解惑。备案建立企业年金制度的企业新增5家，惠及职工人数1.1万人。全区机关事业单位职业年金实行预扣，待全市机关事业单位参保缴费工作启动后实现征缴结算。

【全民参保计划】 2017年，区人社局健全完善相关部门业务数据、智慧社区平台、新“五证合一”基础信息与全民参保登记个人参保数据、单位参保数据和电子地图数据对接比对机制，实现全民参保登记数据动态更新。本市户籍中断缴费人员信息根据归属地分解落实到各街道（园区），完成中断缴费人员续保缴费1600人。加强对缴费基数申报质量控制，准确掌握单位情况。年内，全区主动申报社保基数4984户单位，人均社保缴费基数提升至5620元，居全市六城区第一。

2016年雨花台区社会保障工作完成情况表

表11

序号	年度目标任务	完成数	完成进度（%）
1	企业职工基本养老保险净增缴费人数1700人	12749（人）	749.9
2	社会保险中断缴费人员续保人数900人	1600（人）	177.8
3	五项社会保险费征收总额227000万元	255370（万元）	112.5
4	五项社会保险清理历年欠费210万元	480.53（万元）	228.8
5	企业退休人员免费体检人数21000人	22736（人）	108.3
6	城镇居民基本医疗保险缴费人数49500人	56780（人）	114.7
7	城乡居民基本养老保险参保缴费人数1559人	1722（人）	110.5

民政工作

【概　况】2017年，雨花台区不断深化“全国社区治理和服务创新”实验区成果，激发社会活力，创新社区治理。以争创省双拥模范区“六连冠”为抓手，推进军民深度融合发展。围绕“南京市居家护理床位试点区”和“南京市医护型居家护理中心试点区”工作，养老服务不断取得新突破。深入开展“走千企入万户、助发展促富民”大走访活动，密切了干群关系，温暖了基层人心。

【社区治理】2017年，雨花台区社区工作以深入推进社区治理和服务创新工作为主线，以提升社区服务内涵和品质为重点，社区治理取得了显著成效。印制《南京市雨花台区“三社联动”机制建设》一书，因地制宜推广研究成果。组织开展首届雨花台区十佳社会工作案例、项目征集评比活动，评选出全区十佳社会工作项目与案例。推动形成梅山街道“提案大赛”、景明佳园社区“公益微基金”等特色品牌，指导梅欣、春江等社区启动微项目参与社区治理。“依托‘公益创客学院’，推进社会工作人才队伍建设”被列为2017年市级创新试点项目，试点累计开展各类培训20多场，累计服务1232人次，同时长虹路社区“善行邻里，友爱服务”志愿服务项目等3个试点项目进展顺利。积极推进社会工作者职业水平认证，稳步提升持证社工上岗率，累计290多人获得专业证书并进行注册登记。组织骨干力量完成《雨花公益众创空间专家库》和《雨花公益众创空间专家库管理办法》，雨花社工人才队伍体系日益完善。年内，26家社区在进行精品社区建设，已通过评定为精品社区21家，其中16年通过13家，17年通过8家，加强精品社区提优阶段以及齐修、锦华新城等社区启动建设阶段的指导。同时，该区通过南京市和谐社区合格率抽查验收，合格率达到96%。根据市局对“智慧社区”平台升级新要求，积极组织全区8个街道（园区）、59个社区的智慧社区管理员进行了全面的线下培训和线上指导，推动全区“智慧社区”使用率大幅提高并力争达到100%，进一步通过科技化、信息化手段强化社区治理。

【社会组织】2017年，雨花台区社会组织管理与服务工作紧紧围绕“党建引领，四化提升”的发展主线，促进社会组织健康有序发展。成立雨花台区社会组织党委，推动8个街道（园区）社会组织服务中心成立党总支，成立43个社区社会组织联合党支部，搭建起社会组织党建工作区-街-社三级平台，实现社会组织党的组织和党的工作有效覆盖，创新党组织工作内容和活动方式，切实提高了社会组织党建工作整体水平。在推进社会组织党建工作过程中，该区探索形成“三双”“五同步”特色工作机制——即推进实施“双孵化”（在培育社会组织的同时，大力培养社会组织党建人才，实现社会组织和党的组织同步“孵化”）、“双共建”（在社区组建“一会一支部”的同时，共享社区资源，凝聚力量，搭建社会组织与社区和驻地企业的互促共建平台）、“双提升”（建立党员评议机制，开展服务对象满意度测评，实现社会组织发展和党组织服务水平双提升）的“三双机制”，完善社会组织与党组织的同步培育组建、同步登记承诺、同步年检述职、同步评估评议、同步换届调整的“五同步”机制。特色工作机制有力强化社会组织自身建设，促进了社会组织宗旨和目标的实现。按照上级单位要求，按时、保质、平稳有序的完成全区社会组织统一社会信用代码的赋码及新版登记证书的发放工作。截至12月底，承接社会组织各类行政许可事项199件，登记社会组织84家，全区登记类社会组织总数达到921家，每万人拥有社会组织22.15个，排名全市前列。继续开展社会组织年检和评估工作，全年社会组织实际参检717家，年检率高达90%。评估率72%。制定出台《雨花台区社会组织发展（2017—2020年）四年行动规划》，推动全区社会组织朝着品牌化、专业化、规范化、信息化的方向发展。大力开展招投标项目，开展省市区公益创投和公益招投标等近60个公益服务项目，涉及资金近500万元，为居民提供专业化服务，促进政府职能进一步转变。

【养老服务】 2017年，雨花台区老龄工作以市医护型社区综合居家护理中心建设试验区和市家庭养老床位工作试验区两项工作为抓手，形成多服务的养老服务体系。年内，全区建立区级智慧养老信息中心并与市“12349”系统对接，各类专业服务人员及社工130余人，加盟服务商20家，整合线上线下服务的信息流和实体社会组织，为居民提供上门服务。2017年新建4个省级日间照料中心，1个市AAAAA级居家养老服务中心，3个市AAAA级居家养老服务中心，9个市AAA级居家养老服务中心，3个街道级中心厨房，10个社区助餐点。居家养老服务中心在全区59个社区均已建成，实现全覆盖。全区累计建成养老机构18个，其中公办1家，民营17家，民营率94%。今年新增和怡老年照护中心、九如城失能康复中心等，新增床位300张。全面实现高中低档配置齐全，覆盖城乡的机构养老新格局。2017年，为全区8024名80周岁以上老人发放尊老金近520万元。免费培训初、中、高级养老护理员、营养配餐师和保健按摩师等专业人才200名。全年举办“12349”助老嘉年华40余场，全面实施“温暖空巢”“舞动夕阳”等关爱项目，鼓励和支持老年群体组建老年文艺团体丰富老年人的精神生活。

【社会救助】 2017年，雨花台区低保和救灾救济工作紧紧围绕保障和改善困难群众基本生活，进一步健全和完善了以城乡低保为基础、专项救助和灾害救助为补充的一体化社会救助体系。严把低保工作入口关，规范审批程序，根据金融比对做好动态管理工作。截至12月，全区共有城乡低保对象2758户4126人，其中城市低保对象2466户3698人，农村低保对象292户428人。全年为多类重病患者办理医疗救助达2.1万人次，发放救助金1100.9万元；办理临时救助92人，发放临时救助金16.9万元。认真开展低收入住房困难家庭认定工作，惠及315户困难家庭。指导防灾减灾演练70场次，组织“5·12”防灾减灾宣传周大型广场活动，做好社区防灾减灾宣传。今年再次为全区在册9.02万户25.1万名居民购买人身和家庭财产保险，投保资金79.29万元，理赔18万元，惠及家庭110户。残疾人生活补贴惠及1682人，发放资金83.80万元；残疾人护理补贴惠及1843人，发放资金49.12万元。同时为全区71名困境儿童等群体发放生活补贴19.8万元。

【婚姻家庭】 2017年，雨花台区完成婚姻登记7439对，其中结婚3679对，离婚登记2800对。补发结婚证821对、离婚证116对，出具婚姻登记记录5对，婚姻登记准确率达到100%。全年共整理装订婚姻登记档案7439份，帮助南京市公积金管理中心核查婚姻登记信息2000余条，接受公安、法院、银行、公证等部门查阅当事人婚姻登记档案200余次，回函20余件。婚姻登记处开展专业的婚姻家庭辅导服务，劝和离婚者70对，成功率高达85%。

【殡葬管理】 2017年，组织开展清明祭扫安全保障活动，顺利接待祭扫群众近?180多万人次，确保50余万辆机动车的安全畅通，圆满完成清明祭扫服务工作。投入资金40余万元对板桥街道永安纪念堂进行提档升级改造。投入20万元使300多人享受到惠民殡葬减免政策。

（张　柯）

老龄工作

【概　况】 2017年底，雨花60周岁以上老年人口为56150人，占户籍人口的19.4%。2017年，雨花养老工作始终坚持围绕落实好党和政府惠老政策托底保障职责，积极推进养老服务体系建设，坚持市场化、专业化、规模化运作，大力支持社会力量参与；突出抓好居家养老、医养融合、组织培训等关键环节，形成了以居家养老为基础，社区养老为依托，机构养老为支撑，医养融合相结合的养老服务体系，打造具有雨花特色的养老服务品牌，取得了明显成效。该区被市民政局评为南京市居家和社区养老改革试点先进单位（4个名额，分别是市民政局福善处局处室、雨花、江宁、栖霞），同时，2017年，南京市被民政部、财政部评为“全国居家和社区养老服务改革试点”优秀地区，该区作为“真抓实干成效明显”的6个区（栖霞、江宁、雨花、秦淮、玄武、鼓楼）之一受到了市民政局的表彰和嘉奖。再次被省老龄办评为全省老龄宣传工作先进单位。

【居家养老】 2017年，雨花台区的59个社区均建成了社区居家养老服务中心，实现了社区居家养老服务的全覆盖，创办有老年人日间照料中心、社区居家养老服务中心、中心厨房、助餐点等小型分散、就近就便、服务多样的为老服务场所，其中主城区域已基本形成了10–15分钟社区养老服务半径。现全区已建有8个省级日间照料中心，8个街道级中心厨房，51个社区助餐点，1个市AAAAA级居家养老服务中心，4个市AAAA级居家养老服务中心，27个市AAA级居家养老服务中心，15个市2A级居家养老服务中心，民营覆盖率79%。其中，具备助餐功能51个，助洁功能45个，助浴功能39个，助医功能45个，助急功能42个，助乐功能44个，助学功能45个，助购帮办等43个。

【机构养老】 2017年，养老服务载体建设不断加强，全区已建成养老机构19个，其中公办1家，民营18家，民营率94%，核定床位1740张（护理型床位1338张）。同时，该区分别有2家养老机构被评为AAAA级养老机构，5家养老机构被评为AAA级养老机构。年内，全面实现高中低档配置齐全，覆盖城乡的机构养老新格局。

【医养融合形式多样】 2017年,雨花台区在“医养融合”方面进行有益尝试,探索“医院-养老院-家庭”融合的养老新模式,通过医疗和养老并举,将就医与养老进行深度对接,试点了三种可操作的“医养结合”的养老服务方式。医疗反哺养老的“医养一体”模式,即养老机构兼具养老和医疗功能,实现全面高效的医养融合式服务,以雨花瑞海博老年康复中心为典型代表。养老机构与社区卫生服务中心的“联合协作”模式,以和怡老年照护中心和小行社区卫生服务中心的联合协作为代表。家门口的“综合护理”模式,居家养老服务中心增加医疗护理设施和医疗护理服务,为老人提供集居家养老、医疗护理、文化娱乐三大类功能于一体的为老服务,以悦心景明佳园居家养老综合护理中心为代表,积极将医疗、康复、护理、保健和养老融于一体,以更好满足老年人的养老与医疗需求。

【多样服务,为老活动勤开展】 2017,区养老工作以政府购买服务方式与专业组织合作,让康复走进社区、家庭、机构,对失能及半失能老人开展居家康复、中医养生;培训一大批养老管理服务人员及优秀养老护理员,其中10家单位被评为“敬老文明号”,10人被评为“老龄工作先进个人”,10人被评为“孝亲敬老之星”;为8022名80周岁及以上老人发放“尊老金”520万元;继续开展“福彩助老”活动,为全区500名特困老人发放生活补助金;扩大“安康关爱”老人安怀工程覆盖面,为2万名老年人购买“意外伤害保险”和“意外伤害住院津贴”;积极开展“法律援助便民服务活动”,扩大老年法律援助服务站覆盖面,努力为老年人提供更加便捷高效的法律援助;有组织、有规模地开展了老年人异地休闲养老活动。借助社会力量,举办好全国第五个敬老月暨南京市第三十一个“老人节”等系列活动。

（邹巍巍）

残疾人工作

【概　况】 2017年区残联开展“走千企入万户、助发展促富民”大走访活动,对全区1390户一、二级重残家庭开展条线走访。走访覆盖率98%,解决各类问题135件次。全年处理市委书记信箱来信1件,市残联转来的信访件1件,完成区政协提案及督办件3件,办理“12345”工单12件,有效维护残疾人合法权益。全年,区残联在区有线电视台全年播出手语新闻节目46档、“关爱”专题栏目12档。协助区盲人协会、聋人协会、肢残协会开展活动7场。年内,办理残疾人证588人,开通残疾人免费乘车证366人次,对194名残疾车主发放燃油补贴50440元,对4名残疾车主发放更新补贴8000元。2017年,梅利达残疾人之家、梅山爱康残疾人之家、景明家园社区残疾人之家、雨花农花社区等9家残疾人之家建成并投入使用。

【扶贫救助】 2017年,区残联为608名残疾人发放养老保险补贴,为586名残疾人发放医疗保险补贴,发放补贴金74.9万元。审核困难生活补贴1523人;重度残疾人护理补贴1843人。为350名“重度残、老养残、一户多残”残疾人发放救助41.58万元,完成85家安置残疾人企事业年审工作,为42家超比例安置残疾人就业单位申报奖励金额52.39万元。组织76名残疾人参加各类培训，为6名残疾人专职委员报名参加清华大学基层残疾人就业指导员中级培训班，为20名农村残疾人举办农业实用技术培训。建成区、街道（园区）两级托养机构13个，全年集中全托32人，日间照料184人。区残联联合市基金会公益项目，为贫困残疾人发放手动轮椅70辆、彩电100台、台式电脑40台、安装太阳能热水器10台，使用区级配套经费10.56万元。为5名符合残疾车申购条件的肢体残疾人购置新车。

【助学补贴奖励】 2017年，区残联为17名中高等院校残疾学生发放省教育专项补贴2.2万元，为10名中高等院校残疾学生发放区级助学补贴3.1万元，为10名中高等院校残疾学生发放市级助学奖励2万元，为10名残疾学生及残疾人家庭子女申领"郭氏爱心助学金"6000元。全区残疾学生均享受"两免一补"（免费提供教科书、免除杂费，补助一定生活费）政策。

【康复服务】 2017年，区残联开展江苏省0–14周岁残疾儿童抢救性康复项目。完成112名残疾儿童提供儿童康复政策咨询、签订康复训练协议、审批康复训练经费工作，拨付残疾儿童康复训练经费135万元。区残联联合区卫计局制定《雨花台区残疾人精准康复服务行动实施方案（2016—2020年）》，利用社区卫生服务中心资源，并依托爱乐思康复服务机构，为400余名肢体、智力、视力残疾人提供专业的康复治疗和康复训练指导。为302名贫困肢体、视力残疾人发放生活类辅具540件，为33户贫困残疾人家庭开展无障碍环境改造工作。为全区贫困肢体残疾人提供免费安装假肢8例、成人矫型器2例，为肢体残疾儿童适配矫形鞋16例，为贫困视力残疾人验配助视器57例。

【南京雨花睿泽障碍人士服务中心】 2017年，该中心接收全托残疾人15人，日托残疾人8人。开展庇护性劳动项目有"社区慈善茶吧"、社区便民服务（包括办理IC卡充值、代收快递）、蘑菇庄园、"麦初乐"烘焙、空中花园等项目，解决残疾人庇护性、辅助性就业15人。该中心寻求多方合作，以"自然交友，自然为师"的教育方式，促进心智障碍人融入社会、享受生活，开发"阿甘途程 为梦行走"、徒步徽杭、"牵着蜗牛去散步"等户外活动。

【黄丝带助残关爱中心】 2017年，黄丝带常态化开放服务，组织各类活动40场，户外拓展活动4场，各级领导、其他社会组织参观10次，残障人士最多者增收4800元，技能培训13场，康复服务960人次，总服务人次为2182人次。黄丝带助残关爱中心立足于板桥新城柿子树社区，服务于板桥新城辖区内残障人士的大学生村干部项目，2016年下半年通过招投标方式引进专业社会组织爱乐思进行运营打造。主要开展医疗康复、庇护性加工项目、技能培训、志愿者时间银行四大模块服务，打造综合性残障人士服务阵地。

【助残招聘】 1月，区残联开展以"就业帮扶、真情相助"为主题残疾人就业援助月活动。活动期间走访登记残疾失业人员家庭10户、失业残疾人员15人，组织残疾人专场招聘会3次，帮助残疾失业人员实现就业10人，帮助残疾人享受专项扶持政策20人。2月22日，在由省、市残联主办残疾人专场招聘会中，区残联进场招聘企业2家，提供工种2个、岗位4个，到场咨询残疾人50人，与单位达成就业意向10人，与单位签约8人。5月18日，在由省、市残联主办残疾人专场招聘会中，进场招聘企业1家，提供工种2个、岗位2个，到场咨询残疾人39人，与单位达成就业意向8人，与单位签约2人。10月27日，在市残疾大学生专场招聘会中，进场招聘企业2家，提供工种6个、岗位12个，到场咨询残疾人30人，与单位达成就业意向15人，与单位签约1人。

【全国“爱耳日”】 3月3日，第18次全国“爱耳日”期间，区残联以“防聋治聋，精准服务”主题，采取多种形式为社区居民及青少年儿童普及爱耳护耳知识。3月3日上午，区残联参加由区机关工委等部门举办“走千企入万户 助发展促富民”大走访进社区活动，到西善桥街道岱善中路奥南城广场为近百名居民提供推拿、理发以及眼科义诊等服务；3月3日下午，区残联、区教育局联合承办“爱耳护眼”校园行系列活动，邀请儿童听力康复机构和南京东南眼科医院专家到雨花台区实验小学西校区为70余名小学生开展爱耳护眼知识讲座；区、街道、社区三级联动举办政策咨询宣传会；区残联在岱善中路奥南城广场，为社区居民开展听力残疾康复政策咨询及“防聋治聋，精准服务”政策宣传活动。

3月3日，区残联开展“爱耳日“活动 （区残联 供稿）

【残疾人农业技术培训班举办】 3月7日，区残联在板桥新城黄丝带助残关爱中心举办残疾人农业实用技术培训班。20名残疾人参加培训。本次培训邀请南京澳新职业培训学校专业培训管理人员讲授蔬菜种植知识，采取分散授课4天，基地实地考核交流1天的方式进行并颁发结业证书。

【全国“助残日”】 5月21日，第27次全国“助残日”期间，区残联联合区卫计局举办多种形式服务活动。邀请各社区卫生服务机构组织医务人员50余人，深入社区、居民点开展广场宣传服务活动，配合专家、医务人员义诊、咨询活动。利用健康教育课堂、讲座，积极宣传残疾预防教育、普及残疾预防知识，加强出生缺陷综合防治等知识讲座。利用康复诊疗现场活动，对残疾人、孕产妇、儿童家长进行康复保健知识讲解，告知居家康复常识。

【残疾人工作者培训班举办】 6月15日，区残联在南京中华中等专业学校举办残疾人工作者培训班，启动全区残疾人工作者素质提升计划。培训班邀请市残联各业务处室负责人对全区残疾人基本服务状况和需求信息数据动态更新工作进行部署、对残疾人信访维权工作、残疾人康复、就业指导和宣传文体等工作进行授课。培训对象为各街道残联理事长、专职委员以及社区残疾人工作者。100余名残疾人工作者参加培训。

（马 莉）

红十字工作

【概 况】 2017年，雨花台区含红十字基层组织74个，街道6个、社区32个、学校15个、机关1个、单位4个、团体13个、园区2个，志愿者服务基地1个；红十字会员2441人，成人会员532人，青少年会员1605人，团体会员304人，志愿者906人。七月召开市雨花台区红十字会第七次会员代表大会，按照新颁发《中华人民共和国红十字会会法》，选举产生第七届理事会和第一届监事会，聘请名誉会长。会议审议通过《雨花台区红十字会第七届理事会调整会长、部分副会长、常务理事、理事的报告》、会议表彰博爱单位、博爱个人、先进集体、先进个人、优秀会员、优秀志愿者，通过了第六届理事会工作报告、2016–2020年雨花台区红十字事业发展规划等决议。

【人道救助】 2017年，区红十字会申报和实施博爱项目，成功申报省红十字会“上怡新村阳光驿站”项目，红基会“手牵手”养老中心项目，市红十字会春江社区“康乐之家红十字志愿者服务站”项目后，翠竹园社区“博爱之家”红十字志愿服务站。启动区级博爱项目，与殷富社区、悦心居家养老服务中心、雨花健行社会组织服务中心、南京雨花蓝豹减灾救援公益促进中心四家项目单位进行合作并签订协议。推进红十字文化传播，救灾、救助、应急救护、养老照护，无偿捐献、志愿服务等核心业务；在全区投放红十字衣物捐赠箱50个，协助省红十字医院开展博爱光明行项目，惠及困难群体。春节“博爱送万家”期间，全区各级红十字会深入社区、敬老院、困境儿童、大病患者、困难志愿者、困难捐献者家庭进行慰问，发放助困资金34.2万元、毛毯120床，受益困难群众千余人。按照《雨花台区红十字备灾救助资金募集、表彰、管理办法 》管理捐赠资金和物资。全年区红十字会筹集资金29.6万元，物资76万元，实施救助79.24万元。

【应急救护】 2017年，区红十字会在机关、社区、学校、企业、社团举办以心肺复苏、创伤救护及意外伤害等急救知识和养老照护技能为主要内容专题培训。举办培训班60期，普及培训7514人；开展红十字养老照护培训班10期，收益500余人。开展志愿服务30次，受益居家养老家庭60户。参加2017年度南京市职工（行业）技能大赛应急救技能竞赛，获团体二等奖，个人第二名，两名参赛人员被授予“南京市红十字应急救护能手”称号。规范高一新生军训期间普及救护培训，于8月11日、23日、24日和28日分别对南京市板桥中学、梅山高级中学、雨花台中学和中华中等专业学校四所学校45个班近2000名新生开展救护培训。

【应急救援】 2017年，区红十字会加强对101

支“应急救援志愿服务队”管理，定期进行复训、演练，提高救援队伍实战能力；深入各企事业单位开展防灾演练，在“5·12”防灾减灾日期间，板桥新城红十字会、翠竹园社区组织大型防灾演练活动，梅山一小、板桥小学、雨花实验幼儿园等学校都组织学生开展应急逃生演练。

【无偿捐献活动】 2017年，区红十字会拓展造血干细胞捐献志愿者报名新渠道，通过发放宣传资料、广场宣传、媒体传播等方式开展以“让生命在爱中延续”为主题造血干细胞宣传活动。将造血干细胞宣传资料纳入急救培训课堂，发放“外周血造血干细胞捐献无损健康、挽救生命”宣传册，广泛征集有意愿加入造血干细胞捐献资料库的、志愿者填写捐献意愿卡，区红十字会集中时间、地点统一进行抽血采样，成功采样43人。积极支持捐献遗体志愿者开展活动，制作旗帜，印发宣传资料，提供活动经费等，组织参加广场宣传活动20场。通过开展各种主题活动，开展无偿献血宣传，世界献血者日期间，在铁心桥春江社区举办“青年献血志愿者”献血知识讲座，组织机关志愿者举办“献血者之友诗歌朗诵会”，组织800余名机关干部开展献血活动，650人献血14.933万毫升。

【红十字系列活动】 2017年，全区通过电视、电子屏、展板、黑板报、横幅、发放资料等形式广泛宣传红十字精神，宣传防灾减灾、卫生救护、无偿献血、捐献造血干细胞和遗体器官等知识，发放宣传资料8000余份。“5·8”博爱周期间，区红十字会在春江社区、翠竹园社区举办“携手人道 关爱生命”、“5·8”世界红十字日大型广场宣传活动。9月9日，区红十字会在翠竹园社区开展以“急救及家庭意外伤害”为主题嘉年华暨九月跳蚤市场活动。现场组织居民进行现场救护知识讲座，为居民讲解创伤救护基本技能——心肺复苏、伤口止血、创伤包扎等。（张文忠）

政治

2018 YUHUATAI ALMANAC

Politics

中国共产党南京市雨花台区委员会

·概　述·

【概　况】2017年,区委在以习近平总书记为核心的党中央和省、市委领导下,贯彻习近平总书记系列重要讲话精神和治国理政新理念新思想新战略,按照省、市委决策部署,统筹做好各方面工作。全年实现地区生产总值511.17亿元,同比增长8.5%,其中服务业增加值436.4亿元,同比增长10.5%;一般公共预算收入72.40亿元,同比增长12%;全社会固定资产投资270.14亿元,同比增长13.20%;社会消费品零售总额403.65亿元,同比增长10.1%;注册外资实际到账2.40亿美元;外贸出口总额178.78亿元。成立区重大项目招商和推进服务中心,推进区人代会项目110个,完成13个市重大项目投资75.2亿元,投资完成率87.4%,进度全市第一,引进嘉烨软件、博雷环保、南瑞微电子等重大项目20个。研发经费支出达2.36亿元,完成发明专利申请539件,估值超10亿美元"独角兽企业"运满满落户,诚迈科技创业板上市,南大先腾、赛诚智慧等5家企业新三板挂牌,全区累计挂牌上市企业达32家。实现软件和信息服务业收入2210亿元,同比增长16.3%,新增软件产业建筑面积80万平方米、涉软企业2086家、涉软从业人员2万人。A5信息安全产业园主体封顶,中兴人才公寓二期项目主体施工,紫金(雨花)科创特区东片区三、四期开工建设,创业创新城、大数据产业基地等一批特色园中园运作顺畅,软件谷北园自持楼宇、楚翘城出租率分别为97%和100%。新建杨家坟地块规划支路等道路9条,建成天隆寺地下过街通道。举办江苏大院大所合作对接会软件与信息技术领域专题推介会,中兴光电子、亿嘉和等14个产学研项目现场签约。完成119个城市精细化建设管理项目立项和招标工作。梅山街道海福圩沟等8条黑臭河道整治工程竣工。成立区重大项目征收拆迁指挥部,推进人居森林等项目拆迁工作,全区完成拆迁建筑面积66.55万平方米。龙翔路二期、机场二通道地面段全线开工,吴尚一组A地块正式挂牌公示。推进梅钢9号路整治、中小企业关停等工作。开工保障性住房15.43万平方米,完成棚户区改造建筑面积63.75万平方米。新增城镇就业6389人,培育自主创业678人,城镇居民人均可支配收入达27157元,同比增长9.1%,增幅位居全市前列。推进学前教育"三项工程"、集团化办学和一批学校新建扩建项目,实验小学东校区交付使用,雨花台中学高考本科以上达线率98.35%。新建南医大二附院板桥诊疗中心等3个医联体,5个专科通过市级基层医疗机构特色科室专家评审。开展群众性文化体育活动500余场,中小学足球队在"省长杯"比赛中成绩优异。开展"走千企入万户、助发展促富民"大走访活动,推进信访积案化解,妥善处理市交办该区信访积案19件,化解率73.7%,结案率94.7%。

【常委分工】2016年8月,根据雨委〔2016〕83号文,区委常委分工如下:

区委书记黄河主持区委、软件谷党工委全面工作,分管区人大、区政协工作。

区委副书记、区长李世峰主持区政府全面工作,分管经济建设、生态文明建设工作,分管机构编制、人民武装、"两桥" 地区城市更新改造工作。

区委副书记袁传军协助书记负责党的建设工作，负责全面深化改革领导小组办公室日常工作，负责社会建设工作。分管农业农村和城乡统筹、党校、党史办、双拥、科技创新、机关思想作风建设、综合考核考评、机要、保密工作，协助分管机构编制工作。

常务副区长孙中华负责区政府常务工作。分管发展计划、经济体制改革、工业经济、民营经济、重大项目、财政（国有资产管理）、税收、人力资源和社会保障、统计、安全生产、消防、机关事务、政府政务、智慧雨花建设、应急、信息化工作。

区委宣传部部长谢山负责区委宣传部工作。分管意识形态、精神文明建设、文明城区建设、文化产业工作，教育、科技、文化旅游、卫生和计划生育、体育方面党的工作，分管区网络信息、文联、科协工作。

区委统战部部长艾长青负责区委统战部工作。分管统一战线、民族宗教、民主党派、工商联、侨、台工作。

区纪委书记仲兆林负责区纪律检查委员会工作。分管党风廉政建设、行风建设、督查工作。

副区长蒋冰负责城市规划建设、南京南站综合管理工作。分管环境保护、城市管理、交通运输、拆迁、人防、为民办实事工作。

杨昌生外派暂不参与分工。

区人武部政委金宏负责人民武装工作。协助分管双拥工作和协调服务驻区部队。

区委政法委书记凌向前负责区委政法委工作。负责 "两桥" 地区城市更新改造日常工作，负责南京国开雨花城市更新发展有限公司工作。分管政法、维护稳定、社会管理综合治理工作。

区委组织部部长袁迅负责区委组织部（人才办、组织员办）工作。分管组织、干部、人才、基层党建工作，分管工会、共青团、妇联、老干部、关工委工作。

【综合协调】 2017年，区委办围绕区委中心工作，按照热情周到、规范高效、安全廉洁工作原则，完成区委十一届七次和八次全委会及中央、省、市领导来该区调研等重要工作保障。全年流转中央、省、市、区、街各级文件和领导批示1000余件，举办区委常委会、常委扩大会、专项工作会议等各类重要会议150余次。

【调研工作】 2017年，区委办做好区委全会、区委工作务虚会、全区负责干部大会、区委常委会等各类会议和重大活动文稿工作。全年编发《雨委办通报》17期、《区委常委会议纪要》19期、《专题会议纪要》9期、《雨花内参》17期。重点围绕攻坚三个主战场和年度四项难点任务，做好全年调研工作，并在日常工作中加强与基层调研骨干联系，不断提高调研文稿质量，上报市级重点调研课题4篇，在省市级刊物发表调研文章4篇。

【信息工作】 2017年，区委信息工作围绕全区攻坚三个主战场等中心工作，将该区经济社会发展、软件谷建设、"两桥" 地区更新改造以及信访积案化解、黑臭河道整治、城市精细化建设管理和党的建设四项难点任务等工作的开展落实情况编发信息并上报省、市。全年刊发《雨花信息》80期，《雨花专刊》42期；《南京快报》采用信息172篇、《南京快报专刊》采用7篇、《今日重要信息》采用437篇、《直报点信息》采用32篇，及时上报市委总值班室重要紧急情况10条。省委办公厅采用信息总计206篇，中央办公厅采用信息6篇，上报信息中获得市级以上领导批示7件。

【督察工作】 2017年，区委督查工作紧紧围绕市委和区委中心工作，以督促检查作为促进工作落实的重要手段，真督实查、狠抓落实，确保党委政令畅通、决策落地生根。围绕攻坚三大攻坚战和信访稳定、黑臭河道整治、城市精细化管理、党的建设等年度四项难点任务开展专项督查，紧密结合目标责任制，细化分解落实督查任务，量化为20项重点工作，实行动态跟踪督查，开展实地督查，每月向主要领导汇报工作进展，确保党委决策部署落到实处。全年办理区委主要领导批示件37件、省市交办件24件，做到“批必查、查必果、果必报”。

【领导考察】 2月10日，教育部部长陈宝生、工业和信息化部部长苗圩率中央调研组一行调研中国（南京）软件谷科技创新等情况，实地调研南京软件产业博览馆。市委常委、宣传部部长蔡丽新，市经济和信息化委员会党工委书记陈光，区、软件谷领导黄河、谢祖国等参加调研。2月17日，国家安监总局司长吴宗之率水泥玻璃行业淘汰落后产能专项督查组督查板桥水泥厂去产能情况。区委常委、常务副区长孙中华参加督查。2月22日，陕西省省委书记、省人大常委会主任娄勤俭，省委副书记、省长胡和平率党政代表团一行52人考察中国（南京）软件谷。省、市、区、软件谷领导李强、吴政隆、杨学鹏、黄河、谢祖国等参加考察。3月2日，中央改革办督察组秘书长林尚立率督查组一行调研岱山社区卫生服务中心。省卫计委副主任陈亦江、省卫计委基层卫生处处长姜伦，副市长胡万进、市卫计委副主任丁小平，区领导李世峰、余清参加调研。3月18日，国家卫计委副主任王培安一行，考察指导赛虹桥社区卫生服务中心医养结合工作。省卫计委副主任何小鹏，副市长胡万进、市卫计委主任孙家兴、副主任丁小平，副区长余清参加考察。4月7日，省委副书记、市委书记吴政隆调研华为软件技术有限公司。区委书记黄河参加调研。4月10日，省委副书记、市委书记吴政隆调研该区卫生与健康工作，实地调研岱山社区卫生服务中心和西善花苑社区卫生服务站。区委书记黄河、副区长余清参加调研。4月11日，常州市市委书记费高云、市长丁纯率党政代表团一行参观考察中国（南京）软件谷，实地察看南京软件产业博览馆、软件谷垠坤·南京大数据产业基地和信息安全产业园。区、软件谷领导黄河、卞艳艳参加考察。4月26日省委副书记、市委书记吴政隆调研该区双创工作，实地调研货易帮物流、南京安普瑞斯等。区、软件谷领导黄河、谢祖国、彭金斌参加调研。5月24日，全国总工会副主席焦开河来该区走访调研，实地调研紫荆广场花漫里。区人大常委会副主任、总工会主席郭幼佩参加调研。7月6日广西壮族自治区副主席陈刚率考察团考察该区产业发展情况，实地察看丰盛商汇雨花客厅。区委书记黄河，区委常委、常务副区长孙中华参加考察。7月25日，省委常委、市委书记张敬华到雨花台区调研，实地调研“两桥”城市更新改造项目、南京软件产业博览馆、江苏润和软件股份有限公司、华为软件技术有限公司。市、区、软件谷领导杨学鹏、黄河、李世峰、谢祖国参加调研。8月5日，张敬华调研梅钢9号路建通大院“散乱污”企业关停迁情况及大件垃圾贮存分拣中心垃圾分类、处理情况。区领导李世峰、孙中华、蒋冰、王金玉参加调研。8月29日，柬埔寨人民党中央委员、青年联合会主席、国会议员洪玛尼率柬埔寨人民党青年干部考察团考察雨花台区人工智能及“互联网+”等相关工作。区、软件谷领导李世峰、谢祖国、徐文进、卞艳艳参加调研。10日10日，张敬华调研全市基层卫生工作，实地调研花神庙社区卫生服务站。市委常委、秘书长杨学鹏，副市长胡万进，副区长余清参加调研。10月12日，副省长马秋林调研该区软件产业发展情况，实地调研江苏满运软件科技有限公司、江苏润和软件股份有限公司、华为南京研究所、中兴全球云计算中心等。市、区、软件谷领导蒋跃建、黄河、李世峰、谢祖国、徐文进参加调研。10月24日，荷兰北布拉邦省省长范德东克一行参观考察中国（南京）软件谷电子信息化及大数据等相关工作，实地察看南京软件谷软件产业博览馆和亿嘉和科技股份有限公司，并召开座谈会。区委常委、副区长徐文进，中国（南京）软件谷管委会副主任黄敖齐参加考察。11月15日，省委副书记、常务副省长黄莉新率省政府一行考察该区加快培育新动能情况，实地察看江苏满运软件科技有限公司和亿嘉和科技股份有限公司。区、软件谷领导李世峰、谢祖国、卞艳艳参加考察。12月11日，贵州省代省长谌贻琴一行到雨花台区调研，实地走访亿嘉和科技股份有限公司。江苏省政府副秘书长王志忠，区、软件谷领导孙中华、彭金斌参加调研。

【区委十一届七次全体（扩大）会议】 8月3日，区委十一届七次全体（扩大）会议召开。全会贯彻习近平总书记系列重要讲话精神和治国理政新理念新思想新战略，落实省、市委决策部署，总结上半年工作，明确下半年任务，动员全区上下以改革创新精神，加快节奏、合力攻坚，完成全年各项目标任务，在高水平全面建成小康社会进程中，迈出更加坚实的步伐，以优异成绩迎接党的十九大胜利召开。会议听取审议区委书记黄河代表区委常委会作《全力以赴完成下半年各项工作任务以优异成绩迎接党的十九大胜利召开》的工作报告。全会提出，2017年下半年围绕以优异成绩迎接党的十九大召开为工作大局，准确把握三大攻坚战的目标定位和四项难点任务的工作要求，坚持把“精神振、作风实、节奏快、胸襟宽”要求贯穿于打好攻坚战、建设新雨花实践始终。围绕打好“抓产业发展”攻坚战，进一步放大产业优势、提升品牌影响；围绕打好“促城市建设”攻坚战，进一步强化攻坚突破、提升功能品质；围绕打好“补民生短板”攻坚战，进一步强化富民导向、增进民生福祉。

【区委十一届八次全体（扩大）会议】 12月29日，区委十一届八次全体（扩大）会议召开。回顾总结2017年工作，分析当前形势，部署2018年任务，动员全区各级党组织和广大党员干部，不忘初心、牢记使命，奋力开创雨花改革发展新局面，加快建设“强富美高”新雨花。会议听取审议区委书记黄河代表区委常委会所作《全面贯彻落实党的十九大精神为雨花高水平全面建成小康社会而努力奋斗》的工作报告。明确2018年，全区全面贯彻党的十九大精神，以习近平新时代中国特色社会主义思想为指导，围绕“五位一体”总体布局和“四个全面”战略布局，贯彻落实新发展理念，把握高质量发展根本要求，坚决执行省、市委决策部署，全力攻坚“抓产业发展、促城市建设、补民生短板”三个主战场，在强化改革创新中提高发展质量和效益，在强化产城融合中提升城市功能和品质，在强化富民惠民中增强群众获得感和幸福感，在高水平全面建成小康社会的进程中创造出新的更大业绩，加快建设“强富美高”新雨花。（李兴时）

·组　织·

【概　况】2017年，区委组织部围绕迎接党的十九大、贯彻落实党的十九大精神和省市区委党代会目标任务，按照全国全省全市组织部长会议部署和区委要求，推进领导班子和干部队伍、基层党组织和党员队伍、人才队伍建设。

领导班子和干部队伍建设。贯彻落实《党政领导干部选拔任用工作条例》，从严执行干部选任职数预审和“凡提四必”要求，实施实名推荐、选任全程纪实等制度，把好干部选任关。结合年度考核、无任用考核等，定期开展综合分析研判，把握领导班子和干部整体情况。注重调动不同年龄段、不同类型干部积极性，全年调配干部216人次。注重实践锤炼，稳步推进年轻干部“四个一线”跟踪培养、外派挂职工作，选派15名干部到“四个一线”挂职，选派6名干部赴青海大通、江苏盱眙、甘肃丹凤艰苦岗位挂职锻炼。

干部监督工作。结合年初人大、政协换届，发放、张贴“一片一书”“九个严禁”和“承诺书”签字，结合全区负责干部大会、人大代表等学习培训会落实警示教育700余人次。严格落实个人有关事项报告制度，按照“首次填报”要求，完成463名区管领导干部个人有关事项报告表信息审核、上报等工作。对100名拟提拔对象开展重点核查，对48名区管干部进行随机抽查，提醒谈话32人，函询谈话9人，2人被取消提拔资格。加强权力运行监督，委托审计局开展11名领导干部离任、任中等审计工作。

干部教育培训。加强理论培训，把习近平总书记重要讲话精神纳入各主体班次学习，举办学习贯彻十八届六中全会精神专题培训班、学习贯彻党的十九大精神专题轮训班。坚持分类培训，分期分批对区管干部、社区书记、“两新”党组织书记等党员干部进行集中轮训，围绕区委“三大攻坚战”，分产业发展、城建城管、民生工作三个专题开展培训，与南京大学、浙江大学、上海交大合作办班，同时举办高质量“雨花讲坛”，以精准培训、精品课程，提升干部专业化能力。大力培养年轻干部，制订青年干部专项培训计划，开展“3+3”培鹰行动，举办“雏鹰”“飞鹰”培训班，实施“周期性”选拔、“常态化”锻炼、“动态式”管理，打造干部发展“成长链”。

基层组织建设。发挥书记领办基层党建项目的示范引领作用，健全区、街、社三级“书记项目”制度，建成全区“书记项目”库，确定党工委书记项目23个、社区书记项目65个、“两新”组织党建项目28个。以开展“两新”组织党建提质增效“百日攻坚行动”为契机，成立雨花台区社会组织党委和雨花经济开发区企业综合党委，建立健全组织架构、运行机制、工作制度和阵地建设，新成立非公有制企业党组织26家、社会组织党组织53家。探索构建企地互融“大党建”，落实非公企业党建项目经费补助和党组织书记特殊津贴制度。在机关部门中新建党组13个，并指导制定《党组议事规则》。

党员队伍建设。党员队伍建设。至年末，全区有党员19470名，较上年净增1088名。其中，预备党员247名，占党员总数1.27%，较上年增加16名；少数民族党员199名，较上年增加19名，占党员总数1%；女党员6650名，较上年增加459名，占党员总数34.2%。台湾省籍党员1名。35周岁以下党员5273名，占党员总数28.1%，比上年净增267名；具有大专以上学历党员11022名，占党员总数56.6%；非公有制经济组织党员2688名，占党员总数13.8%，比上年减少0.8%。全年新发展党员100名，其中女性党员47名、35周岁以下党员70名、具有大专及以上学历党员94名。建立全区困难党员信息库，出台《雨花台区党内关爱资金管理使用暂行办法》，优化党内关爱帮扶机制。

人才队伍建设。坚持组织部门牵头抓总、职能部门密切配合的人才工作格局，定期召开人才工作联席会议，提升人才工作整体合力。制定出台人才工作目标考评办法、高层次创业人才引进计划申报评审工作方案、高层次创业人才创业扶持资金管理细则。开展人才企业"大走访"，精准对接服务人才企业需求。按序时推进重点人才计划申报辅导，新落户区级高层次人才54人（其中入选市级高层次创业人才28人）、创新型企业家5人、科技顶尖专家1人、省双创计划4人（其中重点资助对象1人）。提高人才企业落地孵化后成长性，累计实现上市挂牌9家，32家被认定为高新技术企业。

【"两学一做"学习教育常态化制度化】 5月22日，根据中央和省委市委部署要求，全区开展推进"两学一做"学习教育常态化制度化座谈会，研究部署学习教育常态化制度化工作。利用"雨花先锋"微信公众平台，开设"应知荟萃"党员干部应知应会知识学习专栏，上线"自测答题系统"，吸引全区5608名党员主动学、积极测。把"大走访"作为学习教育重要实践，推行"三色标注法"，安排全区2661名党员干部下沉到69个企业网格和436个居民网格，对6400家企业和13.4万户居民家庭实现走访全覆盖，收集问题5820个，推动解决5484个，解决率94.23%。由区委成立督导组3个，采取不打招呼、直接到点方式，随机抽查22个党工委197个党支部学习教育情况，与600余名党员"一对一"访谈。

【"攻坚之星"推选】 2017年，区委组织部启动第二批"攻坚之星"推选。坚持把推选作为推进"两学一做"常态化制度化长效举措，把推荐范围扩大到组织关系在该区的全体党员、工作在该区的群众骨干。注重把攻坚一线作为锤炼党性的实践课堂、选树典型的阵地赛场，把推选工作与全年攻坚任务高度契合，通过一线倾斜、事迹发布、部门联审、层层遴选、区委常委会研究，选出全区首批"产业发展之星""城市建设之星""社会事业之星""和谐文明之星"各10名。通过隆重表彰、制作《群星闪耀》专题片、组织事迹宣讲、关爱重用攻坚干部，让"攻坚之星"成为掀起干事创业、比学赶超热潮催化剂。

【城市基层党建共融共建加快】 2017年，区委组织部坚持党建引领，注重"开放融合"，加快城市基层党建共融共建。针对南京南站枢组经济区跨行业多、党建资源较分散等实际情况，成立“南京南站区域党建联盟360”，初步打造区域党建共同体，形成示范辐射效应，与市委研究室签订研究项目合同，列为市委研究室重点调研课题。聚焦高端产业，强化软件产业党委、街道党工委统筹功能，整合企地资源，建成“一中心多站点”党建阵地集群，实现组织和工作两个全覆盖。健全区、街、社三级联动发力机制，提档“一委一园一中心”的社会组织党建雨花模式，探索建立“三双”“五同步”党建工作机制。年内，景明佳园社区党委“党建引领，由乱到治”的做法，作为南京市唯一一个区在全省城市基层党建经验座谈会上作交流发言。

【人才政策体系创新】 2017年，区委组织部围绕双创基地建设，以“市场认可”深化人才引进、评价、管理制度改革。优化人才评价办法，赋予产业园区一定比例“推荐权重”，新入选人才创业项目56个，其中互联网和软件信息类项目39个，申报时招商落地项目20个。试点对申报落地时暂不符合出资份额条件但已获得大额风投创投的项目，开展一事一议，特例支持美篇、果酱音乐2个项目。印发《区高层次创业人才创业扶持资金管理细则》，细化资金适用范围、使用程序，并在全市率先引入第三方审计机制，形成定点托管、定向使用、定期审核、定期评估、定标退出的“五定”绩效管理法。

【社区为民服务专项资金落实】 2017年，根据市委组织部统一部署，区委组织部按照“20+X”资金拨付方案（其中每个社区15万元为市专项资金；5万元为街道专项资金；“X”为区级差别化再补助资金，全区共560万元），设立为民服务专项资金。联合区民政局、财政局等部门具体实施，落实56个社区为民服务专项资金1680万元。结合《南京市社区（村）为民服务专项资金使用管理办法（试行）》文件，细化4大类29项二级子菜单，明确“四准七不准”经费使用范围，严格执行了解需求、确定项目、备案、核拨资金、公示结果“五步工作流程”，督促指导各社区为民服务项目实施和推进，全区8个街道（园区）完成涉及环境类、活动类、管理类、公益类等4类项目473个，搭建党员居民议事平台12个；吸引各类资源投入200余万元；培育社会组织，开展各类活动，直接或间接惠及群众20余万人次。

（谭倩倩）

·宣　传·

【概　况】 2017年，区委宣传部深入贯彻落实中共十八大、十八届六中、七中全会及十九大和习近平总书记系列重要讲话精神，按照省市和区委决策部署，推进全区宣传思想文化工作，为全区打好“抓产业发展、促城市建设、补民生短板”三大攻坚战，提供思想保证、舆论支持、精神动力和文化条件。落实意识形态领域情况分析研判联席会议制度，将“规范化、目标化、常态化推进意识形态工作责任制”列入党建创新重点项目；创新基层党员冬训工作做法，赛虹桥街道“两地联姻、共建共管”流动党员冬训机制被评选为全省基层党员冬训工作创新项目；组织召开全区社会组织践行社会主义核心价值观项目发布会并举办专题培训班，提高社会组织践行核心价值观的能力和自觉；选树一批市民典型，戴军明获评“江苏好人”、崔圣菊获评第六届南京市道德模范；做好“砥砺奋进的五年·雨花”系列宣传报道，完善重大事项舆论风险评估机制和操作办法，全区舆论环境健康平稳；着力打造文化科技融合特色，文化科技融合率超过70%，主要经济指标完成达到序时进度。

【理论武装】2017年，区委宣传部专题研究意识形态工作2次，研究重点问题，明确突破方向。认真落实意识形态领域情况分析研判联席会议制度，筹备召开分析研判会。将“规范化、目标化、常态化推进意识形态工作责任制”列入党建创新重点项目，明确具体任务和实施举措6项。出台《雨花台区公开类讲座讲坛管理办法》，将意识形态工作相关职责落小落细落实。筹备成立雨花台区社科联，通过区社科联章程，选举产生主席、副主席、秘书长、副秘书长及51名理事，指导、协调、服务全区社科界各学术团体，助力社科事业发展与繁荣。区委中心组全年开展学习12次，围绕十九大、全国“两会”、市党代会等重要会议精神进行专题学习。做好理论书籍推荐工作，全年为区委中心组成员、各级党（工）委配发理论学习书籍2000余册。结合“攻坚之星”宣传、大走访等重点工作和“精品课堂”、“百姓名嘴”、“理论宣讲文艺作品”评选、市委理论宣讲团下基层等活动。加强理论学习成果转化，制定《2017年区委中心组调研课题》。起草下发《关于开展2016—2017年度全区党员干部冬训工作的实施意见》，强化“一把手”责任制，全区22家党（工）委、60余个社区党组织主要负责人做到“三个必须”：必须亲自过问冬训工作，必须认真做好冬训动员部署，必须带头上讲台讲党课。冬训期间，举办《十八届六中全会精神解读》等各类理论宣讲进街道、进社区培训班200余期，印制发放各类理论书籍1400余册，1.8万名党员参与学习，参训率超过98%，冬训内容完成率100%。全区涌现出“两地联姻、共建共管”流动党员冬训机制、“三微”冬训新模式、冬训学分制等一批创新做法，其中赛虹桥街道“两地联姻、共建共管”流动党员冬训机制被评选为全省基层党员冬训工作创新项目。

【文明创建】2017年，区委宣传部推进社会主义核心价值观培育和践行工作，使社会主义核心价值观融入干部群众的工作生活和精神世界，《“幸福家庭故事会”系列活动案例》获全市第一批社会主义核心价值观教育实践创新案例提名奖。在巩固原有核心价值观宣传阵地基础上，注重公益广告美观与协调，在全区设计安装“善行雨花”道旗665面、核心价值观广告牌245个，将社会主义核心价值观有机融入城市公共空间。利用城市精细化建设管理契机，在雨花街道盐业路改造时，加入好人宣传元素，打造好人文化街，营造道德风尚高地建设氛围。组织全区干部群众参观“砥砺奋进的江苏”大型主题图片展和“喜迎十九大，幸福舞起来”全省广场舞大赛展演活动。利用电子大屏、广告牌、公告栏、工地围挡等渠道发布相关海报、标语、口号等，营造喜迎十九大、贯彻十九大良好社会氛围。与市社科院合作，开展“借助社会组织力量推动社会主义核心价值观践行”课题研究，组织召开社会组织践行社会主义核心价值观项目发布会并举办专题培训班，提高全区社会组织践行核心价值观的能力和自觉。成立区级道德讲堂总堂，并举办首场报告宣讲活动，邀请“攻坚之星”之

"产业发展之星"和"社会和谐之星"代表各1人，为全区各级文明单位代表和区级机关党员干部代表作事迹报告。加大"南京好人365"全媒体宣传力度，推荐朱金祥等16位基层典型，分4批次参加"南京好人365"访谈。年内，汪长秀、缪素珍、闫志强、盛厚旗、王桂红、戴军明、潘寿亮7人当选"南京好人"；戴军明获8月"江苏好人"称号；西善桥社区民警崔圣菊获"第六届南京市道德模范"称号，王秀芳、王宪朋获道德模范提名奖；百岁老人王桂红当选南京市2017年度十大孝亲人物。举办"小传承人·大梦想家"传统文化主题展示大赛暨端午节嘉年华游园会活动。开展2017年度"美德少年"评选活动，马杨倩等7名同学获第四届南京市"百名美德少年"称号，方欣悦等28名同学获区级"美德少年"称号。牵头开展校园周边环境专项整治，清除全区中小学校周边200米以内的歌厅、舞厅、游艺厅等娱乐场所。对销售"三无"食品、不良玩具的游商和无证照摊点一律查禁。对照2017年《全国文明城市测评体系》标准，找准薄弱环节与短板，逐条整改、逐项落实，牵头做好全区迎"省查""国查"工作。宣传推广南京市民文明规范"八个不"，开展文明餐桌、文明交通、文明旅游、文明上网等系列行动，普及文明礼仪规范，引导市民养成文明行为习惯。深化文明单位、文明家庭、文明校园等各类基层群众性创建活动。做好"农贸市场早点名"等文明创建品牌试点和推广工作，用好微博、微信等新媒体，广泛收集群众意见建议，搭建群众便于参与、乐于参与的创建载体，激发群众创建自觉。举办宣传思想文化工作培训班，组织各党（工）委分管领导和宣传干事近40人赴河南省洛阳市学习核心价值观宣传和文明城市创建先进经验。

【志愿者服务】 2017年，区委宣传部加快全区各街道（园区）志愿服务总站及各社区分站建设，围绕"十有"基本标准，打造一批有品牌特色和项目特点的志愿服务总站。结合全国文明城市测评最新要求，做好志愿者在"志愿江苏平台"注册登记及管理工作。全年，全区志愿者注册人数69264人，占常住人口比例15.88%，活跃志愿者人数46539人，占全区志愿者总数67.19%。开展"文明交通"行动，推行社区志愿者定人定岗，疏导校园门口交通，解决每天上学放学时段因"接送大军"引起的校园门口拥堵问题。年内，张秀兰获江苏省2017年度"优秀志愿者"称号；南京南站志愿者服务站被命名为首批南京市志愿服务驿站；雨花台区文化馆被评为首批公共文化设施学雷锋志愿服务示范单位。

【媒体宣传】 2017年，区委宣传部围绕全区"三大攻坚战"及当前四项重点工作，重点做好学习宣传贯彻的党的十九大精神、省市及区"两会"、大走访活动、水环境整治、城市精细化建设管理、"263"专项行动、"攻坚之星"、软博会、民生重大成就等主题宣传报道。6月21日，中央电视台《新闻联播》报道该区获评全国建设第二批大众创业万众创新区域示范基地；7月24日，《人民日报》第2版"要闻"报道雨花台区"家庭医生签约服务"情况；8月11日，新华社江苏分社就"雨花"医改成就专访区长李世峰，并实地走访赛虹桥和铁心桥2家社区卫生服务中心；9月29日，区委副书记袁传军走进南京市机关作风建设"网络面对面"第21期龙虎访谈直播间，围绕雨花台区大走访活动开展情况，与网友在线交流；11月6日，中央宣讲团成员、中央财经领导小组办公室副主任易纲来到润和软件宣讲党的十九大精神。11月7日，区委书记黄河就“贯彻落实党的十九大精神”接受市属主要媒体“两报两台一端”专题采访。制定《关于党的十九大宣传报道工作实施方案》，协调做好省市主要媒体“十九大”专题报道对接，重点做好全区5年来砥砺奋进所取得成绩，如软件谷建设、“两桥”改造、南京南站、民生成就等内容宣传报道。十九大胜利闭幕后，及时、详细报道全区上下学习宣传贯彻会议精神的各种举措。制作播放“全面学习十九大报告精神”PPT，设计主题海报张贴覆盖全区各街道社区。全年在各类新闻媒体发稿1100余篇次，其中《新华日报》43篇（头版5篇），《南京日报》403篇（头版54篇）。加强“金陵微雨花”品牌建设，获2016年度南京优秀政务微博”和“南京优秀政务微信”称号。全年“金陵微雨花”微博发布信息7320条，其中原创微博6840条，微信推送信息1191条。围绕全区“三大攻坚战”，开设“雨花大走访”“聚焦精细化”“软件谷·软博会”“砥砺奋进的五年·雨花”“喜迎十九大”“学习十九大”等专题专栏，微信功能版块新增开辟“十九大”专栏。省市及区“两会”期间，运用H5页面动态解读政府工作报告，与龙虎网、南报网等媒体公众号互动。打通线上线下主题宣传，策划“金陵微雨花”线上活动15场，组织“金陵微雨花”线下互动活动3场。

【舆论引导】 2017年，区委宣传部实施“雨花”干部队伍媒体素养提升计划，重新梳理、规范网评员队伍建设，举办全区骨干网评员培训班、全区新闻发言人及助理培训班。实现街道（园区）和重点民生部门培训全覆盖，邀请省市专家和资深媒体人授课12场，培训人员近2000人，人民网舆情监测室秘书长祝华新登上《雨花讲坛》，为全区区管干部和部分科级干部约600余人作题为《当前舆论生态和舆情应对》的专题讲座。完善区—街道（部门）联动机制，完善《雨花台区重大事项舆情风险评估工作操作办法》，实施全区互联网舆情研判预警月例会制度，定期召集各街道（园区）、重点部门回顾总结上月舆情处置情况，研判预警下月舆情风险，撰写月度《网络舆情分析》。严格舆情值班制度，对重要会议（如十九大）、重大节庆（如国庆节）及其他敏感节点，强化24小时舆情值班和应急响应，制订雨花台区《党的十九大宣传报道工作实施方案》，严格贯彻落实十九大期间网络安全应急协调、网络舆情应急处置、网上调控管控、LED屏控制系统安全管理等相关工作要求。组织全区政务新媒体矩阵、网评员队伍开展“砥砺奋进的五年·雨花”系列宣传报道、“#发条微博赞江苏#”微博话题、大走访、迎十九大等主题宣传活动的网络评论和舆论引导工作，区级政务新媒体“金陵微雨花”微博、微信累计发布相关信息430余条。坚持每日跟踪监测全区热点问题，及时梳理反馈媒体曝光、网络问政、微博及网帖投诉等内容，做到早发现、早研判、早报告、早处置。全年稳妥处置各类负面新闻、网帖、微博等1700余条，其中网络问政帖文1391条。积极应对、妥善处置区“263”督查、区政务中心窗口被曝收“加急费”等重大负面舆情事件。

【文化产业】 2017年，区委宣传部做好年度主要经济指标分解，调整优化考核细则，为全年目标任务完成提供文件依据和制度保证。坚持召开季度例会，区委分管领导召集，相关部门和街道（园区）及其职能科室参加，结合实地看项目、行业监测分析、座谈等多种形式，研究推进文化产业工作。每季度组织区、软件谷项目会商1次，在文化产业项目引进落地阶段就主动对接，推进服务前移。跟踪推进雨花台区文化大厦、移动互联网数字文化基地等5个市文化产业“七个一批”项目建设。加强文化创意“四上”企业统计工作，全年新增“四上”文化企业29家，占“四上”文化企业总数58%。为企业争取省市区文化产业专项资金扶持130万元；协助区内文化企业申请贷款融资1.8亿元，同比提高12%。万圣伟业获江苏省重点文化科技企业和市“金梧桐”民营企业十强称号。组织7家企业参加全市文化人才专场招聘会，提供岗位70余个。借助金洽会、软博会、文交会等平台，推动文化园区和企业与项目、资本对接。利用“创意雨花”公众号为主要平台，借助企业资源优势，开展创意速递、有奖荐书、以书易书、文创沙龙等各项活动，聚集一大批文创企业，成立“雨花文创联盟”。重点打造文化创意众创空间，响应党和国家“大众创业、万众创新”号召，在深入调研基础上，依托软件谷资源优势，与支点信息、36氪、中国手游联盟等企业合作，打造区级示范文化创意的众创空间，合作开展多领域、多层次活动，加快孵化文创项目和小微企业，建设运营水平位于全市前列。打造软件谷核心区文化科技融合功能区、开发区数字教育、数字出版功能区。全年，全区有文化企业800余家，文化科技类企业560余家，文化科技融合率超过70%。引进培养一批领军型龙头企业，在数字内容研发生产（含动漫游戏、数字教育）、互联网信息服务（移动互联）、文化创意和设计服务三大细分领域，培育新兴文化业态，增强产业集聚。 （杨毅君）

·统　战·

【概　况】 2017年，区委统战部围绕全区攻坚“三大主战场”中心工作，以深入学习贯彻落实中央统战工作会议精神和《中国共产党统一战线工作条例（试行）》为统领，深刻领会习近平总书记系列重要讲话精神和对统战工作新要求，发挥统一战线优势，为全区经济社会发展提供力量支持。成立全区统一战线工作领导小组，建立健全统战工作联席会议制度。组织各民主党派、工商联和无党派人士围绕全区经济建设和社会发展开展调研，全年确定调研课题8个，完成调研文章12篇，收集党外人士意见建议90余条。在区社会主义学院举办全区统一战线代表人士培训班，就学习十九大精神和习近平新时代中国特色社会主义思想、统一战线知识、贯彻落实统战工作会议精神和《条例》精神进行系统学习。推进理想信念教育实践活动，引导非公经济代表人士建言献策，推进光彩事业和“同心工程”，参与企业115家，促进就业家庭43户、扶持创业家庭25户、解决助学家庭88户、紧急救助家庭97户、解决困难家庭209户。走访民营企业81家，商会组织9家，完成7家上规模企业和4批次22家私营企业调查问卷工作。联合区国税局、地税局、软件谷软件产业党委、致公党雨花总支，开展国务院税收优惠政策培训，区内171家中小微企业财务管理人员参加培训。贯彻落实《南京市少数民族权益保护条例》，发挥区委民族宗教工作领导小组牵头协调作用，依托社区做好少数民族流动人口管理服务工作，完成少数民族居民牛羊肉补贴发放工作，落实少数民族学生在报考中学、中专升学考试中的照顾政策。协调推进天隆寺复建工作，加强对宗教界代表人士和信教群众的教育引导。

【无党派医疗专家开展大型义诊活动】 4月16日，区农工民主党组织医疗专家在西善桥街道油坊社区开展义诊活动，针对距离市区较远、远离优质医疗资源的城郊社区，免费为居民诊疗。来自南京胸科医院、鼓楼医院、东南眼科医院、脑科医院数十名无党派医疗专家，在社区设立眼科、中医科、呼吸道科、心血管科等窗口，为居民们提供诊疗服务。

【百度成长峰会召开】 6月18日，区委统战部与百度公司在戴斯国际酒店联合举办“创赢移动时代 直达营销巅峰—2017百度‘翔计划’助力中小企业成长峰会”，帮助企业拓展市场，把握移动营销新商机，创赢移动时代新未来。全区100余家中小微企业参加活动，现场与百度公司达成推广协议企业2家。

【陈勇调研雨花台区统战工作】 7月26日，市委常委、统战部部长陈勇一行调研雨花台区统战工作情况，先后来到板桥新城社会中介组织、润和软件、宏图三胞集团总部等地，详细了解雨花台区新社会阶层、民营企业非公党建等工作情况。区委常委、统战部部长艾长青陪同调研。

【为民营企业破解融资难题】 8月28日，区委统战部举办银企对接会，为中小微企业“私人定制”融资方案，94家区内企业参加会议。对接会上，民生银行根据中小微企业特点，有针对性推荐银行信贷、贸易融资、资金管理等服务。与国内银行不同，渣打银行推出的无抵押小额贷款服务不需要公司抵押，只需要企业达到3年以上经营年限，并提供年营业额600到8000万元证明。全年，区委统战部、区工商联通过开展银企对接活动为全区中小微企业实现融资额2.6亿元。　（王　翔）

·党史研究·

【概　况】 2017年，中共雨花台区委党史工作坚持围绕中心、着力服务大局，完成党史征编研究和党史宣传普及等各项工作。年内主要完成三项党史征编研究工作，即《中共江苏省南京市雨花台区组织史资料（1995.01—2017.03）》（第三卷）初稿、《雨花台区红色遗址遗迹一览》及《雨花台区党史资料长编》。同步开展筹建区史馆项目，继续开展党史宣传教育“六进”系列活动，并参与省委、市委党史办组织的各项党史宣教调研工作。

【《中共江苏省南京市雨花台区组织史资料（1995.01—2017.03）》（第三卷）初稿编纂工作完成】 1月和8月，区委党史办分别召开《中国共产党江苏省南京市雨花台区组织史资料（第三卷）》征求意见座谈会，与会领导和专家认为该书编排布局合理、写作思路清晰、文字叙述准确、资料翔实可靠，并对书稿收录范围和时限、编纂规范等方面提出建议。1—6月，重新查阅区委组织部和区档案局相关文件，增加12个部门机构的党组，修改书稿表格、概述等附件，并增加1995年至2016年中共雨花台区党组织统计表。与区委组织部、区编办对接，修改核对组织机构设置与沿革历史内容。7—8月，再次梳理核查并统计1995年至2017年街道（乡镇）、园区负责治安工作的非区管副主任，查阅并统计1995年至2017年少数民族领导干部名单。书稿经印厂排版后送区主要领导审核。至年末，完成初稿编纂工作，收录中共雨花台区党组织、雨花台区区级政权机构、雨花台区政协机构、地方军事系统、群众团体系统、中国（南京）软件谷共466个组织机构1995年以来沿革发展情况，7973条领导人任职时间名录，全书约21万字。

【《雨花台区红色遗址遗迹一览》编写工作完成】 2017年，为使社会公众了解南京红色遗址遗迹，加深对南京党史认知，为建设“强富美高”新南京提供强大精神动力，根据市委党史办要求，区委党史办开展《雨花台区红色遗址遗迹一览》编写工作。5—6月，制定《雨花台区红色遗址遗迹一览》编纂方案，启动调研，完成编写大纲，确定最终编写体例；7—10月，撰写书稿，完成初稿；11—12月，报送市委党史办。书稿分别介绍雨花台烈士陵园、皖南事变三烈士墓和西天寺公墓烈士墓区3处红色遗址遗迹，并各配两幅图片，一张老照片（资料照片），一张新照片。

【雨花台区党史资料长编撰写完成】 2017年，区委党史办完成雨花台区党史资料长编撰写。雨花台区党史资料长编系《雨花台区资料长编（2000—2014）》第三十二编第一章，设综述、大事记、机构队伍、党史编纂、人物与荣誉、照片等6节约1万字。全面系统记述2000—2014年间，在区委领导和上级党史部门指导下，区委党史办开展党史征编研究和党史宣传教育工作，把广征资料、认真修改、写好本子、资政育人作为主要任务抓好，为该区发展提供有力精神动力和智力支持，探索出一条适合雨花台区党史工作发展之路。

【区史馆筹建】 3月，区委党史办着手筹建区史馆准备工作。先后组织参观学习《中国共产党在南京》展、南京市方志馆、玄武区史馆、鼓楼区城市建设展、高淳档案局陈列展、武家嘴村史馆、高淳区党员生活馆等展馆。5月，依据《雨花台区志》《中共南京市雨花台区地方史（1949—2008）》等史料，启动大纲撰写工作。12月，形成区史馆布展纲要。联合雨花台区档案馆向社会发布有偿征集2003年（含）前照片资料启事，先后接待50余人次，征集照片909张、实物146件。

【党史宣传教育“六进”活动】 2017年，区委党史办继续开展党史宣传教育“六进”活动。6月15日，联合区政协文化组在金陵中学岱山分校举办大型捐书活动，捐赠图书600余册，总价值超3万元。本次活动以“读好书，铭记历史”为主题，旨在丰富校园文化知识，促进书香校园气氛，有效分配利用资源，建设积极向上、美好和谐校园。同时，拓宽在校学生历史知识面，纪念革命先烈，学习民族英雄，珍惜幸福生活，为学生发展打下思想基础，树立报效祖国的雄心壮志。（徐清平）

·党　校·

【概　况】 2017年，区委党校学习中共十八大和十八届系列全会及十九大精神，贯彻习近平总书记新时代中国特色社会主义思想，落实中央、省、市、区委决策部署，助力"抓产业发展、促城市建设、补民生短板"三大攻坚战，以提升全区干部执政能力为目标，发挥党校党员干部教育主阵地，理论研究集中地，政策制定建言地，决策宣传宣讲地作用，完成年度各项工作任务。全年举办区委党校主体班15个、雨花讲坛4期，举办社会培训班14个，赴基层宣传讲座34场次；完成省市调研课题4项；出版专著《雨花发展研究报告》。

【党员教育】 2017年，区委党校围绕贯彻十八届六中全会、省市区党代会精神，举办全面从严治党暨贯彻中央省市区精神培训班、抓产业发展专题班、促城市建设专题班、补民生短板培训班、全区青年干部"飞鹰"培训班、入党积极分子培训班、党务干部（组工）培训班、区管干部十九大精神轮训班等主体班15个，举办雨花讲坛4期，培训、轮训干部约2400人次。推出基层理论宣讲"全覆盖"计划，围绕学习贯彻十八届六中全会精神、十九大精神和省市区党代会精神，重点对机关党员宣讲如何加强作风建设、对街道（社区）党员宣讲如何推进社会治理创新和改善民生、对企业党员重点宣讲如何创新驱动和争当岗位标本、对离退休党员重点宣讲如何为和谐社会建设做贡献等。全年送教34场次。

【科研调研】 2017年，为发挥科研工作支撑教学作用、思想引领作用和决策咨询作用，区委党校强化科研协作机制建设。借助省市委党校研究力量，对涉及全区建设和发展重大问题进行集体调研攻坚；完善决策调研的挖掘、采写和奖励保障机制，提高教师参与决策调研的主动性、创造性，增强决策调研针对性、实效性。全年完成省市调研课题4项，其中省委党校立项课题"加强社会组织帮扶推动社区治理创新"发表在《金陵瞭望》2017年第13期；市委党校立项课题"供给侧结构性改革背景下城镇居民养老问题研究"完成结项，课题类别为重点；市委党校立项课题"关于'村改居'社区党建的路径思考"完成结项；全区重点课题"关于促进我区社区养老服务业健康发展的调查与思考"被《雨花内参》2017年第11期采用。《南京早期共产党人的精神价值及当代启示》入选"江苏党组织的创建及其历史贡献"学术研讨会并编入《党史资料与研究》（2017年第2期），且受邀参会。区委党校首部区域发展专著《雨花发展研究报告》由南京大学出版社出版。

【社会培训】 2017年，区委党校继续实施合作办学拓展工程，提升党校综合影响。开展区内部门合作培训，承接全区机关部门、街道（园区）的业务培训，按需提供课程设置、师资邀请、现场教学等全程服务；做好省市委党校及兄弟区委党校培训班相关服务工作，以异地重建为契机，与兄弟党校保持合作，开展雨花红色资源对外宣传推介活动，做大做强对外合作培训。全年举办各种培训14场次，接受培训人数829人次。

【师资建设】 2017年，区委党校加强师资建设。落实领导干部上党课规定，按照领导干部进党校授课课时不少于20%的要求，在主体班课程中邀请7位区领导前来授课动员；构建开放式师资库，组建起由省市委党校知名专家学者、优秀企业家、先进模范人物和优秀基层干部等60余人担任兼职教师的区委党校师资库；加快年轻教师培养力度，安排年轻教师到中央党校、人民大学、省市委党校参观学习，派遣年轻教师赴花神庙、翠竹园等社区挂职锻炼，提高理论联系实际和教学相长能力。

（吕冰洁）

2017年雨花台区委党校主体班培训一览表

表 12

序号	班　　别	人数（人）	时　　间
1	村官选拔培训	25	1月10日
2	纪委第一纪检工作室联系部门培训	25	1月17日
3	商务局系统党员冬训	65	3月9日至3月10日
4	入党积极分子培训班	95	5月4日至5月12日
5	安全生产管理培训班	90	5月10日
6	产业发展培训班	38	5月24日至6月6日
7	青年干部“飞鹰”培训班	37	7月21日至7月27日
8	党务干部培训班	50	7月27日
9	雏鹰班	50	9月6日至9月15日
10	新录用人员培训班	55	9月5日至9月8日
11	民生培训班	38	10月17日至10月19日
12	城建培训班	44	10月27日至10月29日
13	入党积极分子培训班	22	11月1日至11月3日
14	区管干部十九大精神轮训1期	205	12月5日
15	陕西丹凤县管干部培训班	50	12月13日
1	村官选拔培训	25	1月10日

2017年雨花台区社会培训班一览表

表 13

序号	班　　别	人数（人）	时　　间
1	区卫生系统新进人员面试	50	1月21日
2	区档案局培训班	50	2月14日
3	统计局区规模以上工业企业年定报业务培训班	60	2月15日
4	区信访局培训班	60	3月3日

续表

序号	班　别	人数（人）	时　间
5	区档案局机关档案工作会议	90	3月7日
6	区审计局招聘面试	9	4月22日
7	区档案局信息化培训班	40	5月5日
8	区第一批新增执法（监督）人员培训班	70	5月11日
9	区12345政务热线业务培训班	100	5月19日
10	区统计局新进人员招聘面试	30	5月21日
11	区水务局防汛知识培训班	80	6月2日
12	武汉市武昌区委党校社区书记培训班	50	6月22日
13	区卫生局新聘人员面试	80	7月15日
14	区医疗机构负责人培训会	60	8月31日

·老干部工作·

【概　况】2017年，雨花台区老干部工作坚持以贯彻落实中共中央办公厅、国务院办公厅《关于进一步加强和改进离退休干部工作的意见》为主线，深入学习贯彻习近平总书记在全国离退休干部工作"双先"表彰大会上的重要指示，抓好中办发〔2016〕3号文件贯彻落实，深化"两学一做"学习教育，坚持以人为本，服务为先工作理念，落实离退休干部"两项待遇"（政治待遇、生活待遇），改进离退休干部服务管理，完成全年各项工作任务。至年末，全区有离退休干部75人，其中四套班子离退休领导39人（离休3人，退休36人），部门和街道离休干部31人，异地安置的离休干部5人；四套班子离退休正职领导9人；在离休干部中，享受副省级医疗费报销待遇1人，享受地市级两项待遇5人；参加抗日战争的有8人，参加解放战争的有26人，当年去世的离休干部1人。

【老干部政治待遇落实】2017年，区委老干部局坚持每月组织老干部学习，向老干部传达中央、省、市、区委有关文件精神，对身体状况差、行动不便的老干部，采取寄送学习资料、上门面对面交流的"送学上门"方式，让离休干部能够及时在家阅读文件、学习理论。由活动中心每年为老干部订阅报刊杂志22种，并为每位老干部免费订阅《南京日报》和《银潮》杂志，做到送报刊到户。8月25日，举办形势报告会，邀请解放军国际关系学院教授宋德星作《当前中印关系及周边国际形势》专题报告，50余名离退休老干部参加。

【老干部生活待遇落实】2017年，区委老干部局在确保"三个机制"（离退休保障机制、医药费保障机制和财政支持机制）正常运转情况下，及时按月发放企业离休干部生活补贴差额部分。4月22日至5月9日，分4批8天组织老干部例行健康检查，并邀请市第一医院和瑞慈体检中心医学专家对老干部健康体检结果进行一对一咨询答疑和健康养生指导。解决老干部"因病致贫、因病返贫"问题，协调设立离休老干部大病求助专项资金，用于补助老干部重病费用自付部分，为6名离退休老干部补助解决自付医疗费179602元。妥善处理1名去世离休老干部后事，走访慰问离退休干部225人次、探视生病住院老干部47人次，慰问老干部遗孀16人次。发放慰问金、慰问品32万余元。7—8月，开展"用真情换真心"活动，走访全区73名退休四套班子老领导及离休干部，变开门服务为上门服务，并为每一位老干部送上防暑降温用品。11月6日，组织17名70周岁以下区四套班子退休老领导赴海南健康休养。整合社区资源，指导完善社区活动中心功能，为老干部提供文化娱乐和学习服务。

【老干部服务管理】 2017年，区委老干部局执行"三对一"挂钩联系制度。每位老干部由一名局领导、一名老干部局工作人员、一名社区干部挂钩联系。老干部局工作人员每季度上门走访挂钩联系老干部至少1次、每月电话联系至少1次。在联系过程中，记好随访日记，了解老干部生活情况和实际困难。全年，通过实行挂钩联系制度，建立老干部需求"台账"10条，帮助6名离退休干部补助解决自付医疗费17.96万元，帮助1名老干部解决家庭纠纷，帮助1名遗属解决定期补助发放不及时问题。

【老干部活动】 2017年，区委老干部局开展各类老干部活动。4月15日和11月22日，分别组织部分离退休老干部赴溧水柘塘镇开展垂钓活动。5月9日和9月29日分别组织离退休老干部参观考察句容千华古村、无锡拈花湾。4月24日，联合金陵老年大学和雨花老年大学举办巾帼书画展，展出作品80余幅。8月，选送10篇稿件参加省、市委老干部局组织开展的"党啊，我想对您说"征文活动，其中1篇获优秀奖、2篇获优胜奖。9月，选送15幅书法、摄影作品参加市委老干部局喜迎十九大书画展，5幅作品获优胜奖。12月27日，举办老干部扑克牌比赛，30余名老干部参加，其中张志强、宜恒礼组获得冠军，贺福荣、李南组获得亚军。

【雨花老年大学】 2017年，雨花台区老年大学继续坚持"以人为本"的办学方向，以"增长知识、丰富生活、陶冶情操、促进健康、服务社会"为办学宗旨，围绕"教、学、乐、为"的教学方针，不断改善办学条件，规范学校管理，加强队伍建设，扩大社会效应，发展成为拥有书法、声乐、舞蹈、戏曲、绘画、篆刻等7个专业17个班级和250多名学员的综合性老年大学。

（钟　芳）

·关心下一代工作·

【概　况】 2017年，区关工委利用纪念建军90周年、迎接党的十九大召开、建设"强富美高"新南京等重大时代主题开展活动，引导青少年树立和践行社会主义核心价值观，加强青少年思想道德教育、法制教育、科技教育，加强校外辅导站阵地建设、五老队伍建设和区、街道关工委领导班子建设，全面提升工作水平。打造"三个一"百场故事会、区少年法学院等"雨花"品牌，利用雨花台烈士陵园红色资源对青少年加强红色教育，传承红色基因。加强校外教育辅导站内涵建设，提高办站水平，梅清苑校外辅导站被评为江苏省校外教育工作示范站。

【“弘扬雨花英烈精神——穿越时空对话”主题教育活动开展】 4月1日，区关工委、教育局在雨花台烈士陵园北大门广场烈士雕塑前举办题为“弘扬雨花英烈精神——穿越时空的对话”主题教育活动。来自区实验小学13支以烈士名字命名的中队700余名少先队员参加活动。孙津川中队、卢志英中队、何宝珍中队的少先队员以朗诵诗形式朗诵烈士的格言并联系各自感悟体会开展“穿越时空的对话”。随后，各中队还举着中队旗来到所命名的烈士墓前开展祭扫活动。

【“我心中的人民解放军”诗歌征集朗诵活动举办】 8月31日，区关工委联合区文化局、区教育局、区民政局、区妇联、团区委、江苏有线雨花分公司等部门单位，在该区境内73911部队礼堂举行“我心中的人民解放军——纪念中国人民解放军建军90周年”诗歌征文朗诵比赛活动。解放军官兵、中小学生、机关干部共600余人参加活动。朗诵会演出节目14个，分别获“创新奖”“风采奖”“演出奖”。该活动是在2月举办的“我心中的人民解放军”诗歌征集活动的基础上举办的，活动征集歌颂人民解放军的原创诗歌200余首，评出一等奖2名、二等奖5名、三等奖10名、优秀奖10名。市关工委副主任钱继红，副秘书长穆桂英出席活动并给优胜者颁奖。

【“暑期百场故事会”启动仪式举办】 6月9日，区关工委在中华职业学校小礼堂举办“2017年暑期百场故事会”启动仪式。邀请市关工委德育讲师团班海滨教授作题为“谁是最可爱的人”主题教育讲座。中华职校400名学生，区“五老”讲师团成员及各街道关工委负责人参加活动。

【“2017新春网络寄语”获优秀组织奖】 2017年春节前夕，市关工委、市文明办、市教育局联合举办“强富美高新南京·2017新春网络寄语”活动，区关工委获“优秀组织奖”。所谓“新春寄语”，就是用简短精练的语言围绕主题说出自己的梦想和祝福，是加强青少年教育的道德实践活动。2017年雨花台区投稿1.2万条，同期增长约30%。

【《开设创客空间，培养科技小创客》视频获省、市特等奖】 10月11日，反映梅山街道梅清苑社区科技教育的8分钟视频《开设创客空间，培养科技小创客》获全市校外辅导站优秀特色活动视频推广项目特等奖。该视频由市关工委推荐上报给省关工委，又被评为全省校外辅导站优秀特色活动视频特等奖。梅清苑校外教育辅导站秉持科技兴国理念，将思想道德教育和科技教育有机结合，开设机器人、“3D打印”、月球车、航天器、古帆船等创客空间5个，引导孩子动手动脑，鼓励孩子成长成才。

【“红色之旅”活动】 11月16—20日，区关工委常务副主任迟延安率街道关工委、系统关工委负责人一行27人，赴福建古田参观考察，接受红色教育。参观古田会议旧址和古田会议纪念馆，深入了解中国人民解放军发展成长历史，领会“思想建党，政治建军”历史意义及习近平总书记新时代强军思想现实意义。该次“红色之旅”活动旨在增强各级关工委做好关心下一代工作的责任感和使命感。　（谢家宝）

·机构编制工作·

【概　况】 2017年，区编办推进机构改革，深化行政审批制度改革和“放管服”改革，加强机构编制实名制管理，严格领导职数管理，建立机构编制问题台账，提高机构编制管理水平。开展事业单位信用等级评价，完成事业单位年度报告公开，推进事业单位分类改革，制定副处以上事业单位“三定”规定，保障中小学和幼儿园编制，开展教育系统编制调研，提升事业单位管理工作水平。推进综合行政执法体制改革，开展“告知承诺制”“预审代办制”“不见面审批”制度改革，编制区级部门公共服务事项目录清单，细化落实“3550”工作目标，加强事中事后监管，为全区营造更优创业创新环境。

【机构编制实名制管理】 2017年，区编办继续做好对机构编制实名制管理信息系统、中文域名管理系统、工资统发管理系统的日常维护，综合运用3个系统信息数据，做好机构名称、机构编制、领导职数、在编人员进出等数据的动态调整和补充完善，确保数据准确、工作连续，发挥信息系统在机构编制管理中作用。

【领导职数管理】 2017年，区编办严格落实中组部、中编办《关于进一步规范领导职数管理的意见》，从健全制度、强化措施入手，建立完善领导职数数据库，会同区委组织部做好区管领导职数管理工作，并对超职数配备领导干部情况进行检查、整改和监督。推行机关事业单位科级干部竞争上岗职数审核制度。年内，完成科级干部职数审批70余批次。

【中小学和幼儿园编制保障】 2017年，区编办针对岱山保障房片区人员逐步入住、学校暂不具备核编条件等实际情况，做好对岱山保障房片区教育配套所需的人员编制实行预控数管理办法。至年末，核定教育编制预控数215名，预核增岱山保障房片区学校、幼儿园编制预控数88名。新设立金陵华兴学校1家，按照编制数只减不增原则，进行动态调整。

【事业单位信用等级评价】 2017年，区编办按照省编办等部门《关于印发〈江苏省事业单位信用等级评价办法（试行）〉的通知》（苏编办发〔2015〕19号）、《南京市雨花台区事业单位信用等级评价工作实施意见》，开展事业单位信用等级评价，依托南京市事业单位监管与服务云平台信用等级评价系统，会同区发改局、市场监督管理局、财政局、法院、税务局等11家监管部门，对全区121家事业单位进行首次信用等级评价。依据事业单位信用等级评价结果，对事业单位失信行为实施分类监管和联运惩戒。全区事业单位评价得分均90分以上，全部达到A级。

【事业单位年度报告公开】 2017年，区编办根据要求，对全区所有事业单位进行网上年审，在雨花政府门户网站上对全区事业单位年度报告书进行公开。按照清理规范要求，做好事业单位设立、变更、注销等工作。至年末，全区有129家事业单位参加年度报告公开，新设立事业单位10家、变更登记事业单位35家、注销事业单位1家，按照省、市编办标准，公开合格率100%。

【政府职能转变和机构改革】 2017年，区编办优化部门职责运行，对改革后政府部门“三定”规定执行情况进行检查和综合评估，梳理深化行政管理体制改革过程中需要改进的问题。结合“三定”规定及职责清单，完成区商务局与市场监管局“社会培训机构管理职责”和区住建局、水务局、交通局、农业局等“职能移交工程项目的管理职责”等“12345”疑难工单的民意“110”职责界定。推进街道行政管理体制改革，重新修订街道“三定”规定，综合设置党政机关内设机构6个，理清区、街两级政府职责分工，提升基层统筹区域发展、组织公共服务和加强社会治理能力。

【综合行政执法体制改革】 2017年，区编办按照“坚持改革、因地制宜、磨合完善、效果导向”十六字方针，推进综合行政执法体制改革工作。出台《雨花台区综合行政执法体制改革实施方案》并下放检查事项清单，涉及9个部门1199项。组建6个街道综合行政检查执法大队，会同区法制办、区人社局等部门起草印发7项配套制度。合理划分执法网格，下沉执法队伍，分层次、分批次进行专业培训和业务培训。完成各相关部门和街道的网络平台搭建和系统培训工作，信息平台、手机APP已上线试运行。初步建立街道综合行政检查、平台分类处置、区政府相关部门实施行政处罚的高效执法机制。印发《雨花台区综合行政执法体制改革责任分工》清单，建立督查问责机制。

【事中事后监管工作】 2017年，区编办重点通过“双随机一公开”行政执法抽查，加强对市场主体经营行为的事中事后监管。落实“1+5+X”权力运行监管体系，会同区法制办印发“双随机一公开”监管工作方案，编制《雨花台区随机抽查事项清单》（雨审改办〔2017〕1号），明确23个部门170项随机抽查事项，将全区61501家检查对象、300余名检查人员纳入名录库。配合区法制办开展“双随机一公开监管”工作落实情况督查，并对工作落实不力单位进行通报并督促整改。

（张师嘉）

·机关党建·

【概　况】 2017年，区级机关工委辖55个党（总）支部（其中包含8个党总支），机关在职和离退休党员1725名。年内，组织120名机关党务干部开展业务培训及赴江宁汤山反腐倡廉警示教育基地开展党性教育。组织130名优秀共产党员、优秀党务工作者赴红安进行党性教育专题培训。组织庆祝建党九十六周年、迎接十九大系列活动，举办“诗书雨花”朗诵、书法、摄影系列专题讲座，建党九十六周年“机关好声音”歌诵比赛、“书画摄影征文”比赛。深化机关各部门“两学一做”学习教育，制定《关于推进“两学一做”学习教育常态化制度化的实施方案》。结合“走千企入万户助发展促富民”大走访活动，在西善桥岱善保障房小区开展区级机关进社区暨机关党员学雷锋“春风行动”，机关部门与结对社区现场签订帮建协议，成立区级机关党员“雨花石365”志愿者服务站点，成立区级机关党建工作第六片区“雨花石365”党员志愿者服务团，服务群众843人次，现场解决群众困难29件。与55个基层党（总）支部签订年度《党建工作目标责任书》，年终开展第十二期“支部论坛”进行“书记述职评议”，将机关党建考核内容纳入机关作风建设考核范畴。对95家含二级支部在内的党（总）支部组织生活制度落实情况进行拉网“地毯式”检查。推进和健全“承诺践诺评诺”量化评价体系建设，依托机关预备党员、入党积极分子“微信群”和机关党建网页等载体，建立健全机关预备党员全过程、网络化教育考察管理新模式，实现承诺公开化、践诺同步化、评诺广泛化。全年，发展党员7名，预备党员转正3名。

年内，《全力打造区域党建共享平台》获全市机关党建课题调研一等奖。

【机关党建工作】 2017年，区级机关工委围绕“支部建设年”活动主题，强化“两融合”（即政治担当和责任落实融合、组织功能和服务功能融合）。与55个直属机关党（总）支部书记签订《党建工作责任书》和《党风廉政建设责任书》，强化责任落实的刚性要求。以机关党建“书记项目”为抓手，对机关一、二级107个党支部“两学一做”进行专项拉网地毯式检查。借助“支部论坛”进行优秀“书记项目”评比活动。结合“两学一做”督促机关支部书记到基层送廉政专题党课，组织160名机关党务干部到江宁廉政教育基地进行现场警示教育。以机关党建“支部建设年”活动为契机，通过开展“五好党支部”创建活动，举办“旗帜鲜明讲政治”专题讨论、“三会一课”公开示范培训课，发挥区委办党支部等优秀支部示范作用。

【党建品牌优势发挥】 2017年，区级机关工委以“大走访”活动为契机，深化区级机关“雨花石365”志愿服务、“组团式”服务等载体建设，提升“雨花红色听吧”等机关党建品牌影响力。完善机关党建工作分片管理新机制，完善区级机关“工委、片区、支部、党员”四级管理网络，增强指导服务效能。发挥机关党建“书记项目”牵引作用，运用项目推进模式落实“书记项目”40个，开展“旗帜鲜明讲政治”专题学习讨论、第二片区级机关大走访“民情故事汇”观摩示范活动，规范机关党日活动。夯实南京南站区域党建联盟品牌，以南站枢纽经济党建联盟启动仪式为契机，召开南站党建联盟年度工作座谈会，丰富南站党建联盟内涵。开展机关党建“书记项目”认领活动，以“五好”支部、“书香机关”创建及“为民办实事优秀案例”评选活动为重点内容，推动党（总）支部书记抓机关党建第一责任的有效落实，推动机关党建工作创新发展。年内，区发改局机关被南京市评为“书香机关”示范点。

【机关作风建设】 2017年，区级机关工委秉承“发扬钉子精神求善始善终，注重建章立制保常态长效”精神，做好作风建设。组织区级机关1145名党员干部全员参加“大走访”活动，及时承办解决并反馈结果群众诉求4995件。开辟《一线身影》电视专栏，对群众评议机关排名靠后的部门，用镜头真实反映工作人员工作常态，推动机关部门改进作风、转变形象。通过“民情故事”“网络面对面”访谈节目及“一线身影”电视专栏的采编展播，邀请市作风监督员召开专题督查调研，有效推进“岱山血透站”“大板桥地区公交出行难题”等为民办实事项目的问题解决和化解。根据需要调整聘请培训区机关作风监督员队伍，对群众反映强烈推诿扯皮的个案、“12345”办件不满意工单、窗口服务不满意投诉等进行明察暗访，召开专题作风建设推进会，促进作风转变。调整改革《机关作风建设综合评议方案》及评议工作，以评促改提升区街作风建设水平。

【机关群团组织建设】 2017年，区级机关工委按照党建带工建、带团建、带妇建原则，加强机关工会组织、团组织和妇女组织建设。发挥群团工作优势和作用，组织开展脑力大赛、跳绳、羽毛球、玄武湖环湖跑、拔河比赛等系列文化体育活动；举办“颂歌庆七一喜迎十九大”文艺会演、“诗书雨花精彩机关人”摄影书画征文比赛；组织328名区级机关党员干部成功献血65.6万毫升。联合区体校为200余名机关干部职工提供体质测定与健身指导服务，并为机关干部免费开展成年人国民体质测试活动。开展送温暖活动，为特困和急重病党员发放困难补助资金27000元，为困难和生病住院职工发放困难补助资金50000元。在“七一”前夕，表彰一批先进个人和先进基层党组织；以培训代奖励，组织近130余名机关优秀党务工作者、优秀共产党员，赴湖北红安进行专题党性教育培训。（孙　莉）

雨花台区人民代表大会及其常务委员会

【概　况】 2017年，区人大常委会召开常委会会议7次，主任会议13次，听取和审议“一府两院”工作报告44项，开展执法检查3次，开展专项履职评议和专题询问1次，作出决议决定6项，形成审议意见书16份，依法任免国家机关工作人员238人次，补选区人大代表15名。

2017年雨花台区第十八届人大常委会会议一览表

表14

时　间	会议名称	主　要　议　题
3月1日	第1次会议	通过区第十八届人大常委会代表资格审查委员会以及各工作委员会成员名单；通过有关人事任免事项
4月25日	第2次会议	听取和审议区人民法院关于婚姻家庭案件审理情况的报告、区人民检察院关于刑事检察工作情况的报告；听取和审议区政府关于全区2017年城市建设情况的报告、关于全区数字化城管建设情况的报告和关于全区公共文化服务体系建设情况的报告；审议人事任免事项
7月27日	第3次会议	听取和审议区政府关于2017年上半年工作情况的报告、关于2017年上半年国民经济和社会发展计划执行情况的报告、关于2017年上半年财政预算执行情况的报告、区政府关于2016年财政预算执行和其他财政收支情况的审计报告；审查和批准区2016年财政决算（报告单位：区财政局）；听取和审议区2017年省转贷新增地方政府债券安排及区本级预算调整方案（草案）和地方政府债务限额的报告和《南京市蔬菜使用农药管理规定》执法检查情况的报告；审议通过雨花台区人民代表大会代表履职管理及监督办法和人事任免事项
9月27日	第4次会议	听取和审议区政府关于代表建议办理工作情况的报告、关于严格环保监管执法情况的报告、近两年来全区外资和项目引进情况的报告；听取和审议软件谷建设和发展情况的报告和《南京市住宅物业管理条例》执法检查情况的报告；组织部分驻区市人大代表向区人大常委会报告履职情况；表决人事任免事项；五个部门主要负责人报告履职情况并接受专题询问

续表

时　间	会议名称	主　要　议　题
11 月 28 日	第 5 次会议	听取和审议“两桥”地区基础设施建设情况的报告；听取和审议区政府关于审计问题整改情况的报告、关于全区养老服务体系建设情况的报告、关于全区社区矫正工作情况的报告和关于全区教师及干部队伍建设情况的报告；审议和通过关于召开区第十八届人民代表大会第二次会议的决定；审议人事任免事项
12 月 14 日	第 6 次会议	研究有关代表辞职事项
12 月 27 日	第 7 次会议	初审区政府关于 2017 年国民经济和社会发展计划完成情况及 2018 年目标编制情况的报告、关于 2017 年财政预算执行情况及 2018 年预算（草案）编制情况的报告；讨论区人大常委会工作报告（草案）；听取区第十八届人民代表大会第二次会议筹备工作情况的报告；讨论区第十八届人民代表大会第二次会议各项建

2017 年雨花台区第十八届人大常委会主任会议一览表

表 15

时　间	会议名称	主　要　议　题
3 月 1 日	第 1 次会议	讨论研究区人大常委会 2017 年主要议题安排；初审区第十八届人大常委会代表资格审查委员会以及各工作委员会成员名单；初审有关人事任免事项
3 月 17 日	第 2 次会议	组织考察安德门人力资源市场搬迁和板桥人力资源市场运营工作情况并听取相关报告；研究确定 2017 年区人大常委会领导和各工委重点督办代表建议条目；研究制订关于开展《南京市蔬菜使用农药管理规定》执法检查的方案
4 月 21 日	第 3 次会议	组织考察《南京市华侨权益保护条例》贯彻落实情况并听取相关报告；考察全区公共文化服务体系建设情况；研究制定关于开展《南京市住宅物业管理条例》执法检查的方案
4 月 25 日	第 4 次会议	初审有关人事任免事宜
5 月 25 日	第 5 次会议	组织考察全区水利工程管理和黑臭河道治理及防汛防旱准备工作情况并听取相关报告；听取全区涉农村（社区）“三资”工作情况的报告和全区贯彻落实《南京市蔬菜使用农药管理规定》工作情况的报告；研究第二轮“双定”工作计划安排
6 月 27 日	第 6 次会议	组织考察全区律师事务所建设情况和全区科技企业孵化器发展情况并听取相关报告；听取区政府贯彻执行《南京市住宅物业管理条例》情况的报告
7 月 20 日	第 7 次会议	初审区政府关于 2017 年国民经济和社会发展计划上半年执行情况的报告、关于 2017 年财政预算上半年执行情况的报告、关于 2016 年财政预算执行情况和其他财政收支情况的审计报告、关于 2016 年财政决算的报告；初审雨花台区 2017 年省转贷新增地方政府债券安排及区本级预算调整初步方案和地方政府债务限额的报告；研究关于区政府工作部门主要负责人向区人大常委会报告履职情况的实施方案；初审有关人事任免事项
8 月 22 日	第 8 次会议	考察全区价格管理工作情况和全区社区侨务工作情况并听取相关报告；听取区政府关于近三年来全区债务管理和使用及存量债化解情况的报告和有关单位关于办理 2017 年区人大常委会领导和各工委重点督办代表建议工作情况的汇报
9 月 14 日	第 9 次会议	组织考察全区重大项目推进情况和软件谷城建重点项目情况并听取相关报告；听取区政府关于全区城市地下管线数据收集与成果使用情况的报告和关于加快分级诊疗制度建设情况的报告；初审有关人事任免事项
10 月 25 日	第 10 次会议	组织考察全区清真食品生产供应、基督教活动场所复建、公益众创空间建设情况；听取区政府关于基督教发展情况的报告和关于公益众创空间建设情况的报告

续表

时　间	会议名称	主　要　议　题
11月21日	第11次会议	考察全区为民办实事项目进展情况并听取相关报告；考察全区城市精细化建设管理工作；初审关于召开区第十八届人民代表大会第二次会议的决定；研究通过区人大代表优秀建议和有关人事任免事宜
12月4日	第12次会议	研究区第十八届人大代表补选事宜及其他
12月27日	第13次会议	初审区政府关于2017年国民经济和社会发展计划完成情况及2018年目标制定情况的报告；预审区政府关于2017年财政预算执行情况及2018年预算（草案）编制情况的报告；讨论区人大常委会工作报告

【雨花台区第十八届人民代表大会第一次会议】 1月5—7日，雨花台区第十八届人民代表大会第一次会议在雨花台中学学术报告厅举行。会议听取和审议区人民政府工作报告；审查和批准区2016年国民经济和社会发展计划执行情况与2017年国民经济和社会发展计划草案的报告，批准区2017年国民经济和社会发展计划；审查和批准区2016年财政预算执行情况和2017年财政预算草案的报告，批准区2017年财政预算；听取和审议区人大常委会工作报告、区人民法院工作报告和区人民检察院工作报告。大会选举杨明为区第十八届人大常委会主任，郭幼佩、张虎、顾晓春、杨宝龙为人大常委会副主任；选举马丽敏等28人为区第十八届人大常委会委员；选举李世峰为区人民政府区长，孙中华、蒋冰、陆一、余清、江磊、王金玉为区人民政府副区长；选举陶红为区人民法院院长，选举韩晓帆为区人民检察院检察长并根据《中华人民共和国地方各级人民代表大会和地方各级人民政府组织法》有关规定报市人民检察院检察长提请市人大常委会批准。大会通过区第十八届人民代表大会法制委员会和财政经济委员会主任委员、副主任委员、委员人选。

【省、市人大领导到区考察调研】 3月17日，市人大常委会副主任单景南一行到雨花台区接待市人大代表，区人大常委会主任杨明、党组成员陈苏宁陪同参加。5月17日，该区市人大代表小组对市商务局关于企业“走出去”情况开展考察和检查活动，在市商务局领导陪同下，参观考察三胞集团。市人大常委会办公厅副巡视员王云、市人大财经委办公室调研员陈玉海，区人大常委会主任杨明，副主任顾晓春、杨宝龙等参加活动。6月7日，市人大常委会副主任臧正金率市人大常委会部分组成人员和市人大代表，对雨花台区防汛准备工作情况进行考察。7月28日，《南京市旅游条例（草案）》座谈会在雨花台区召开，市人大常委会党组副书记、副主任单景南参加会议。座谈会上，区人大常委会副主任张虎介绍雨花台区旅游资源和发展情况，并就《条例（草案）》的相关内容进行交流发言。9月18日，原市人大财经委副主任委员、常委会预算工委主任丛跃滋一行到雨花台区，考察南京南站地区建设情况和软件谷科技企业发展情况。区人大常委会主任杨明、副主任郭幼佩参加考察。受全国人大常委会委托，为在市开展《网络安全法》《全国人大常委会关于加强网络信息保护的决定》执法检查工作，9月26日，省人大执法检查组到雨花台区邦宁科技有限公司考察信息安全综合管理工作开展情况。省人大常委会内务司法委员会主任委员刘成林、副主任委员顾汉萍，财经委员会副主任委员王晨曦，教科文卫副主任陈海燕，环资城建委员会副主任陈为民及部分省人大常委会委员参加考察活动。市人大常委会副主任单景南，市人大常委会内务司法委员会主任委员吴平，区人大常委会主任杨明、副主任张虎等陪同考察。10月31日，市人大常委会副秘书长陈学荣一行来雨花台区调研，了解市人大代表换届选举工作开展情况。区人大常委会主任杨明、副主任杨宝龙陪同参加。

【重要会议】 1月20日，区人大常委会组织召开全区人大工作座谈会，交流各工作机构和工委2016年度特色工作和2017年度工作思路及重点工作安排，征求对区人大常委会的工作建议。2月13日，全区召开区人大常委会与"一府两院"联席会议，通报区人大常委会2017年主要议题和有关工作，并征求"一府两院"领导意见建议。5月10日，区人大常委会召开非专职组成人员座谈会，各位组成人员结合工作实际围绕如何依法有效履行职责，推动常委会工作等方面进行交流研讨，并就如何提高审议质量、加强民生监督等提出建议意见。5月16日，区十八届人大常委会召开街道人大工作第2次会议，考察铁心桥街道吴尚拆迁现场、春江社区好日子公益服务中心及路线河河道整治现场。各街道（园区）就第一轮定向定点考察和检查活动工作成效、存在问题及今后整改建议等进行交流发言。会议还对《雨花台区人民代表大会代表履职管理及监督办法》、关于印发《雨花台区人大常委会关于街道园区人大年度工作考核办法》的通知等四份文件进行起草说明和解读。5月19日，区人大常委会联合区住建局举办《南京市住宅物业管理条例》执法检查培训会，邀请市物业办相关负责人围绕《市物管条例》贯彻落实情况、全市物业管理概况和面临的热点难点问题及本次执法检查工作重点等进行专题培训讲解，并与会人员就有关问题进行讨论交流。6月20日，区人大常委会召开区人大代表组定向定点考察和检查活动第一轮总结暨第二轮部署会，区人大常委会副主任杨宝龙总结第一轮"双定"活动情况并对第二轮"双定"活动进行动员部署，区委常委、常务副区长孙中华就区政府及其各部门自觉接受并继续做好第二轮人大代表定向定点考察和检查工作作表态发言，区人大常委会主任杨明对第一轮"双定"活动取得成效给予肯定并对启动第二轮"双定"活动提出具体要求。6月20—21日，区人大常委会组织开办换届后首期财经（预算）工作专题培训班。7月13日，区人大财经委召开全体组成人员会议和专业组会议，听取区政府关于2017年国民经济和社会发展计划上半年执行情况的报告、关于2017年财政预算上半年执行情况的报告、关于2016年财政预算执行和其他财政收支情况的审计报告、关于2016年财政决算报告、关于2017年省转贷新增地方政府债券安排及区本级预算调整方案（草案）和地方政府债务限额的报告等五个报告，针对报告内容进行深入审议，提出了修改意见。7月18日，区人大系统召开上半年工作座谈会，区人大及其常委会各内设机构和各街道（园区）人大工委及板桥新城人大工委筹备组分别汇报上半年工作情况及下半年工作计划。8月30日，区十八届人大常委会在雨花经济开发区召开第3次街道人大工作会议，考察天保社区人大代表工作联络室、中兴路北延跨秦淮新河大桥项目、圩区小河河道整治情况、海能达项目和开发区人大代表之家，各街道（园区）就“一家一室一平台”标准化、规范化建设和使用情况进行交流发言。12月14日，区人大召开第十八届人大第二次会议会前代表履职学习会，组织全区部分区人大代表、街道人大工委主任及区、街相关工作人员考察全区经济社会发展变化和取得的成绩，并进行履职学习。

【代表考察调研】 2017年，根据《关于转发<雨花台区人大常委会2017年常委会会议及主任会议议题安排>的通知》（雨委发[2017]14号）文件精神，围绕年初议题安排，区第十七届人大常委会组织各项考察活动并听取相关工作报告，先后就安德门人力资源市场搬迁和板桥人力资源市场运营工作情况、《南京市华侨权益保护条例》贯彻落实情况、全区公共文化服务体系建设情况、全区水利工程管理和黑臭河道治理及防汛防旱准备工作情况、全区律师事务所建设情况、全区科技企业孵化器发展情况、全区价格管理工作情况、全区社区侨务工作情况、全区重大项目推进情况、软件谷城建重点项目情况、全区清真食品生产供应情况、基督教活动场所复建情况、公益众创空间建设情况、全区为民办实事项目进展情况及全区城市精细化建设管理工作组织考察活动。

3月22日，区人大常委会考察安德门人力资源市场搬停拆迁工作
（区人大办　供稿）

【监督工作】 2017年，区人大常委会先后对《南京市华侨权益保护条例》《市蔬菜使用农药管理规定》和《市住宅物业管理条例》的贯彻落实情况开展执法检查。在做好旁听庭审、涉法涉诉信访、规范性文件备案审查等工作基础上，听取和审议“一府两院”关于社区矫正、婚姻家庭案件审理、刑事检察等工作情况专项报告，督促和支持“一府两院”依法行政、公正司法、文明执法。

2017年雨花台区第十八届人大常委会工作监督情况一览表

表16

时　间	监　督　内　容
3月17日	听取安德门人力资源市场搬迁和板桥人力资源市场运营工作情况报告，研究确定2017年区人大常委会领导和各工委重点督办代表建议条目

续表

时间	监督内容
4月21日	听取《南京市华侨权益保护条例》贯彻落实情况相关报告
4月25日	听取和审议区人民法院关于婚姻家庭案件审理情况的报告、区人民检察院关于刑事检察工作情况的报告，听取和审议区政府关于全区2017年城市建设情况的报告、关于全区数字化城管建设情况的报告和关于全区公共文化服务体系建设情况的报告
5月25日	听取全区水利工程管理和黑臭河道治理及防汛防旱准备工作情况的报告,听取全区涉农村（社区）“三资”工作情况的报告和全区贯彻落实《南京市蔬菜使用农药管理规定》工作情况的报告
6月27日	听取全区律师事务所建设情况和全区科技企业孵化器发展情况的报告，听取区政府贯彻执行《南京市住宅物业管理条例》情况的报告
7月27日	听取和审议区政府关于2017年上半年工作情况的报告、关于2017年上半年国民经济和社会发展计划执行情况的报告、关于2017年上半年财政预算执行情况的报告、区政府关于2016年财政预算执行和其他财政收支情况的审计报告，审查和批准区2016年财政决算（报告单位：区财政局），听取和审议区2017年省转贷新增地方政府债券安排及区本级预算调整方案（草案）和地方政府债务限额的报告和《南京市蔬菜使用农药管理规定》执法检查情况的报告，审议通过雨花台区人民代表大会代表履职管理及监督办法
8月22日	听取全区价格管理工作情况和全区社区侨务工作情况的报告，听取区政府关于近三年来全区债务管理和使用及存量债化解情况的报告和有关单位关于办理2017年区人大常委会领导和各工委重点督办代表建议工作情况的汇报
9月14日	听取全区重大项目推进情况和软件谷城建重点项目情况的报告，听取区政府关于全区城市地下管线数据收集与成果使用情况的报告和关于加快分级诊疗制度建设情况的报告
9月27日	听取和审议区政府关于代表建议办理工作情况的报告、关于严格环保监管执法情况的报告、近两年来全区外资和项目引进情况的报告，听取和审议软件谷建设和发展情况的报告和《南京市住宅物业管理条例》执法检查情况的报告，组织部分驻区市人大代表向区人大常委会报告履职情况，组织五个部门主要负责人报告履职情况并接受专题询问
10月25日	听取区政府关于基督教发展情况的报告和关于公益众创空间建设情况的报告
11月21日	听取为民办实事项目进展情况的报告
11月28日	听取和审议“两桥”地区基础设施建设情况的报告，听取和审议区政府关于审计问题整改情况的报告、关于全区养老服务体系建设情况的报告、关于全区社区矫正工作情况的报告和关于全区教师及干部队伍建设情况的报告
12月27日	初审区政府关于2017年国民经济和社会发展计划完成情况及2018年目标编制情况的报告、关于2017年财政预算执行情况及2018年预算（草案）编制情况的报告

【人大代表活动】 2017年,区人大常委会加强对全区7个代表之家、53个代表联络室标准化建设和规范化管理,制定《关于加强“一家一室一平台”标准化、规范化建设的意见》《代表履职管理及监督办法》《关于评选表彰区人大代表优秀议案和建议的办法》等,并汇编成册发给每位代表；组织开展市区两级“双定”考察活动18场,并召开全区“双定”工作第一轮总结暨第二轮部署大会；打造“人大代表履职交流平台”手机客户端,构建以“一网三微”为基础的数字化履职平台,各街道（园区）建立QQ群、微信群、公众号和短信互动平台,突破闭会期间代表履职“时空”限制；在推进人大资料全公开、代表建议在线办理、会议微博直播、资料实时推送等工作基础上,组织代表对城市建设、黑臭河道治理、环保监管执法、物

业管理等9个热点难点问题开展网议，收集各类意见建议200余条，并在整理汇总后反馈给相关部门办理落实，做到“代表议事不闭会”；印发《关于进一步加强区第十八届人大常委会组成人员与区人大代表联系的通知》，建立每季度一次的“代表集中接待选民日”活动制度，每名常委会组成人员与3名区人大代表建立联系，每名代表固定联系3~5名选民；以“大走访”活动为契机，开展人大常委会领导联系代表、主任接待日、代表向选民述职、接待选民等活动；在配合做好全国和省市人大换届选举工作基础上，组织市区两级代表开展培训交流、接待选民、向选民述职、座谈交流等活动，组织首批58名区人大代表到全国人大深圳培训基地开展培训。全年人大机关干部走访群众840余人次，常委会组成人员联系代表300余人次，组织代表240人次分赴61个社区，接待选民2196人次，收集涉及道路交通、城市建设、教育医疗等各类意见建议571件。

【代表建议办理】 2017年，区人大常委会协助推进安德门人力资源市场搬迁、二钢危旧房改造等4条市人大代表建议办理落实，并筛选出“对雨花新村等10个老旧片区进行出新改造、在雨花实小二期大门口设置信号灯及迁移公交站台、建立社区律师顾问制、对农花河进行整治、公共自行车办理服务进入梅山等相对偏远社区”等5件区人大代表建议作为常委会领导重点督办建议。为提高代表建议办理质量，评选表彰15件优秀代表建议，并对代表建议相对集中的区交运局、水务局、住建局、城管局和交警八大队5个重点政府部门和单位进行跟踪督办，组织代表对办理情况进行现场督查，促进代表建议的办理落实。区十八届人大一次会议提出166件代表建议全部办结，满意和基本满意率100%。

【人大信访工作】 2017年，区人大常委会进健全人大涉法涉诉信访工作机制，坚持有访必接、有堵必疏、有错必究，把信访工作与法制宣传工作有机结合，受理人民群众涉法涉诉来信来访18件40余人次，办结率和满意率100%，为保障群众合法权益、促进司法公正、维护社会和谐稳定做出贡献。（江　峰）

雨花台区人民政府

·概　述·

【概　况】 2017年，在市委、市政府和区委领导下，在区人大、政协监督支持下，全区上下贯彻中共十八大以来以习近平总书记为核心的党中央治国理政新理念新思想新战略，学习贯彻党的十九大精神，以习近平新时代中国特色社会主义思想为指引，坚持稳中求进工作总基调，围绕区委攻坚“抓产业发展、促城市建设、补民生短板”三个主战场，完成区十八届人大一次会议确定的各项目标任务。全年，雨花台区实现地区生产总值511.17亿元，同比增长8.5%，其中服务业增加值436.4亿元，同比增长10.5%；一般公共预算收入72.4亿元，同口径增长12%；全社会固定资产投资270.14亿元，同比增长13.20%；社会消费品零售总额403.65亿元，同比增长10.1%；注册外资实际到账2.40亿美元；外贸出口总额178.78亿元。110个区人代会重点项目完成投资240亿元。

其中，推进省集中开工项目12个，31个实施类市重大项目完成投资154亿元，超年度计划60个百分点，投资完成率全市第一。开展精准招商、专业招商、会展招商，引进重大项目33个，注册项目计划总投资252亿元。富士康南京研发中心、高通联合创新中心等项目落地。西安电子科技大学南京网络安全研究院、江苏三维智能制造研究院、中软国际—华为云创新中心等落户。江苏省科技企业融资路演服务中心南京分中心挂牌运营。新增高层次创业人才56人、高端人才团队2个，入选省“双创人才”4人，新认定高新技术企业30家。诚迈科技等8家企业在创业板、新三板上市挂牌，总数34家。

全区三次产业比0.1∶15.6∶84.3。实现软件和信息服务业收入2210亿元，同比增长16.3%，其中软件业务收入1370亿元；新增涉软企业270家、涉软从业人员2万人、软件产业建筑面积80万平方米。科创城、创业创新城等特色园区运作顺畅，云密城建成交付，“互联网+”创星小镇在全市率先挂牌。加快宇龙通信华东总部等项目建设，亚信华东总部主体封顶，华为二期、步步高研发总部等建成入驻。新增商务商贸项目14个，新增载体面积71万平方米。推进证大喜玛拉雅中心三期、瀚威城市综合体等项目，开展绿地之窗等商务综合体二次招商，入驻企业近百家，其中注册资金超千万总部企业21家。加快雨花国际汽车商贸区、普迪市场等建设，雨花客厅商业综合体建成运营。实现文化产业销售收入120亿元，文化产业增加值占GDP比重超6%。推进俊东机器人、创维人工智能创新研发中心等项目，米特科技研发中心和米特物联网生态科技园项目签约，江苏满运软件科技有限公司（运满满）签约落户。完成“多规合一”“一张蓝图”试点，启动“城市双修”工作，推进41项规划编制，完成雨花南路以北地区控制性详规等15项重点规划编制。加快30个低效用地项目再开发，再次获评省级国土资源节约集约利用模范区。实施人居森林、中药饮片厂、大方工业园等项目征拆，完成征拆面积120万平方米。龙翔路一期建成通车，机场二通道地面段及跨秦淮新河桥、龙翔路二期等路桥开工建设，马家店保障房建设加快推进，吴尚A商办地块成功出让。管道路等10条道路主体竣工，铁心桥改扩建工程实现主跨合龙，杨家坟地块路网基本成形。中兴路北延跨秦淮新河大桥等重点工程竣工。实施119个城市精细化建设管理项目。完成普德村老旧片区整治工程，建成首座“摩天轮”立体停车库。完成50条背街小巷整治，打造6条环卫保洁精品路段，建成南京首座大件垃圾分拣中心，实施47座公厕标准化改造，完成安德门民工市场搬迁整治，完成区街两级数字城管系统建设。成立环保联合执法指挥中心，实施环境监管网格化管理，设立检察官环保工作站，实现环保执法与刑事司法高效衔接。开展环保执法检查，查处污染企业145家。关停整治中小工业企业12家。空气质量二级标准以上天数达到70%。推进梅钢片区环境综合整治，梅山9号路全线出新，推进建通大院整治、市土储中心地块绿化。59条河道全面落实“河长制”，完成农花河等24条黑臭河道整治，推进186个雨污分流项目，实施西善桥、板桥老街等防汛消险工程，秦淮新河节制闸国考断面、铁心桥省考断面水质均达到考核标准。开工建设岱山六朝考古遗址公园，推进软件大道、花神大道等道路景观工程，完成建宁一村、菊花台公园东侧等景观绿地改造，在南京南站打造全市首条鲜花匝道。新增绿地面积10万平方米，绿化造林约14.13公顷，建成区绿化覆盖率49.04%，林木覆盖率30.1%。实施五项民生事业改革发展提升工程，推进为民办实事项51件。新增城镇就业1.2万人，培育自主创业2000人。新建省级日间照料中心4个。引进中华中学总部，实行一体化办学。新建、改扩建中小学、幼儿园7所，实验小学东校区建成交付，金陵华兴实验学校开学招生。建成5个医联体，铁心桥、赛虹桥、西善桥3家社区卫生服务中心通过“全国优质服务示范社区卫生服务中心”评审。铁心桥社区卫生服务中心搬迁升级，获评全国卫生计生系统先进集体。家庭医生签约服务模式获得国务院督查组肯定。举办首届中国南京“雨花杯”航空模型国际邀请赛，获评全国群众体育先进单位。开工建设保障房22.43万平方米，完成棚户区和危旧房改造74.6万平方米，雨花新村邻里中心建成封顶。新增社会组织278家，每万人拥有社会组织数全市前列。开展“走千企入万户、助发展促富民”大走访活动，满意度测评结果位列全市第二。推进平安雨花、法治雨花建设，公共安全感92%，法治满意率超90%以上。

2017年雨花台区人民政府常务会议一览表

表17

时 间	会议名称	主 要 议 题
2月11日	第一次常务会议	研究《雨花台区“两减六治三提升”专项行动实施方案（征求意见稿）》。研究《雨花台区2017年全区建成黑臭河道整治攻坚方案（征求意见稿）》。听取全区安全生产有关情况汇报。研究《2017年城市治理考核实施办法（征求意见稿）》。听取全区2017年为民办实事工作情况汇报听取安德门民工市场关停及板桥人力资源市场启用情况汇报
2月25日	第二次常务会议	听取雨花台区重大项目行收拆迁指挥部成立情况的汇报。研究《雨花台区重大项目招商推进中心工作实施办法》（试行）。研究《雨花台区关于开展护税协税工作的实施意见》《雨花台区护税协税工作考核办法》。研究《雨花台区妇女发展规划（2016—2020年）》和《雨花台区儿童发展规划（2016—2020年）》。研究板桥新城投资公司、板桥新城开发公司、市经发公司等融资事宜
4月1日	第三次常务会议	听取全区化工企业“四个一批”和减少铸造等行业落后产能专项行动推进情况工作汇报。研究宁南消防站建设工作。研究设立雨花台区区长质量奖有关工作。研究国开雨花公司、雨经发公司、雨建发公司平台融资事宜。研究区政府自身建设工作
4月14日	第四次常务会议	研究2017年义务教育招生工作实施办法。研究2017年教育费附加项目经费安排有关事宜。听取审计人财物管理改革和我区贯彻落实情况汇报。研究《雨花台区全面推行“河长制”的实施意见》（征求意见稿）。研究全区事业单位信用等级评价工作实施意见。研究梅山片区中小企业综合整治方案。研究足球小镇项目合作协议。研究支付国开金融2016年固定收益事宜
5月6日	第五次常务会议	研究调整雨花台区安委会组成人员相关事宜和《关于进一步规范和加强安全生产监管工作的意见》。研究《雨花台区2017年水污染防治实施方案》《雨花台区2017年大气污染防治实施方案》《雨花台区土壤污染防治行动计划》。研究《2017年度全区防汛防旱工作意见及预案》。研究《梅钢片区环境综合整治专项行动实施方案》。研究《雨花台区城乡居民基本医疗保险制度整合工作方案》。研究2016年度政务服务暨“12345”政务热线工作表彰有关事宜

续表

时　间	会议名称	主　要　议　题
6月15日	第六次常务会议	部署我区迎接国务院第四次大督查及区政府抓落实工作。研究《南京市主体功能区实施规划》涉及我区相关工作。听取我区东西部扶贫、对口支援和扶贫协作工作情况汇报。研究《雨花台区2017年土壤污染防治实施方案》。研究《雨花台区综合执法体制改革实施意见》。研究《雨花台区"不见面"审批改革实施意见》。研究《雨花台区第二期学前教育"三项工程"实施办法》《雨花台区关于进一步加强中小学教师队伍建设的实施意见》。研究《雨花台区关于开展公职律师工作的方案》
7月15日	第七次常务会议	研究雨花台区国有土地上房屋征收补偿、补助、奖励规定。听取雨花台区"雪亮工程"建设情况汇报。研究街道（园区）行政辅助类人员（集体干部）工资调整事宜。研究2017年省转贷新增地方政府债券安排及区本级调整预算初步方案。听取双创示范基地建设推进情况汇报。研究2017年第十三届南京"软博会"雨花台区工作方案
8月19日	第八次常务会议	研究雨花台区2017年度经济和社会发展目标考评办法。听取区信用体系建设工作推进情况汇报。研究雨花台区法治政府建设实施规范（2016—2020年）。研究雨花台区"告知承诺制"改革试点方案。研究二钢厂家属区棚户区改造相关工作。研究区广电网络整合相关工作。研究雨建发公司、国开雨花公司平台融资事宜
9月19日	第九次常务会议	研究区政府关于统筹推进城乡义务教育一体化促进优质均衡发展的实施意见。研究雨花台区政府性债务风险应急处置预案。研究《雨花台区2017年度开放型经济考核办法》（讨论稿）、《雨花台区2017年服务贸易奖励办法》（讨论稿）。研究2017年街道（园区）社工公开招聘工作。听取2017年市对区考核重点指标情况汇报
11月4日	第十次常务会议	研究雨花台区"城市双修"试点实施方案。研究2018年水环境整治项目计划。通报《雨花台区党政主要领导干部离任经济责任事项交接管理实施办法》雨经责审发〔2017〕1号），研究《雨花台区进一步加强审计查出问题整改工作的意见》（讨论稿）、《关于落实〈南京市领导干部自然资源资产离任审计试点方案〉的工作方案》（讨论稿）。研究全区债务化解方案。研究国投公司投资国开雨花公司相关事宜。研究南外雨花国际学校建设运营模式调整有关工作
11月21日	第十一次常务会议	听取2018年市区重大项目编制和固定资产缺口情况汇报。研究三胞集团健康快乐小镇项目推进工作
12月2日	第十二次常务会议	研究市属高中及学校迁入工作

【领导分工】2017年1月，根据雨政发〔2017〕5号，区政府领导分工如下：

区长李世峰主持区政府全面工作，兼管机构编制、审计、监察、人民武装、"两桥"地区城市更新改造等工作。

常务副区长孙中华负责区政府常务工作，负责发展计划、经济体制改革、综合经济、重大项目、财政（国有资产管理）、税收、人力资源和社会保障、统计、机关事务、政府政务、智慧雨花建设、应急、信息化等工作。分管政府办公室（机关事务管理局）、发展和改革局（经济和信息局）、财政局（政府国有资产监督管理办公室）、人力资源和社会保障局（公务员局）、统计局、政务服务管理办公室等。联系软件谷、国税局、地税局、电信（移动、联通）分局、驻区各金融单位等。

副区长蒋冰负责城市规划建设、城市管理、交通运输、拆迁、人防、为民办实事等工作。分管住房和建设局（房屋征收管理办公室）、城市管理局（城市管理行政执法局）、交通运输局、人民防空办公室、南京市规划局雨花台分局、南京南站综合管理办公室。联系国土分局、南京供电公司营销部。

副区长徐文进负责科学技术、商贸服务、招商引资、外经外贸、外事、对台、侨务等工作。分管科学技术局（知识产权局）、商务局（贸促会）、政府外事办公室等。联系台办、侨办、工商联、科协、雨花粮油总公司。

副区长陆一负责民政、社区建设、环保、农林、水务、双拥等工作，协助分管人民武装工作。分管民政局（双拥办、老龄办）、环保局、农业局（农村集体资产管理办公室）、水务局等。联系驻区部队（武警部队）。

副区长余清负责教育、卫生（含爱国卫生）、人口与计划生育、文化、旅游、体育、民族宗教、残联、档案、地方志等工作。分管教育局、卫生和计划生育局（爱卫办）、文化局（旅游局）、体育局、民族宗教事务局、残联、档案局（档案馆、地方志办公室）、江苏国家数字出版基地南京园区管委会办公室等。联系总工会、团委、妇联、文联、红十字会。

副区长王金玉负责市场监督管理、安全生产、物价、司法、法制、信访、公安、消防等工作。分管市场监督局（食品药品监督管理局、食品安全委员会办公室）、安全生产监督管理局、物价局、司法局、政府法制办、信访局。联系公安分局、交警八大队、消防大队。

副巡视员王传忠协助蒋冰做好有关工作。

副区长汪东明因对口支援西藏，不参与区政府工作分工。

副区长江磊因挂职省知识产权局，不参与区政府工作分工。

【人大、政协提案办理】 2017年，区政府围绕市委书记信箱、市长信箱、区委书记督查件、区长信箱办理等有关工作，加大信箱回复督查力度，提高各部门重视程度，推动各类信箱信件回复走向规范，使领导信箱成为联系服务群众的桥梁。全年全区办理省委书记信箱、省长信箱、市委书记信箱、市长信箱、区长信箱、人民来信849件；办理市人大建议、政协提案32件，区人大建议149件、区政协提案188件，满意和基本满意率100%。

【外事工作】 2017年，区政府贯彻落实中央及省市外办各项决策部署，围绕全区中心工作，自觉融入"一带一路"倡议，统筹协调并推动区内各行各业开展对外交流交往，科学制定年度出国计划并强化计划管理，把好出访审批关，规范出国邀请与任务报批程序，全面实行每个团组和参团人员出访前后公示、经费预算审批、行前教育等制度。全年，全区执行党政干部因公出国境9批15人次，其中，区政府自组团执行1批6人次，参加双跨团8批次9人次。协助办理教师出国培训10批13人次。所有出国境人员均严格执行出国境有关规定，遵守外事纪律，未发生一起超时、绕道等违反外事出访纪律事件。接待以洪玛尼为团长的柬埔寨人民党青年干部考察团、荷兰北布拉邦省省长范德东克一行等外事交流团组36人次。组织企业参加德国汉诺威电子展等境外活动。举办美国硅谷高创会专场推介会等境外招商推介会。为通灵珠宝股份有限公司申请参加李克强总理访问比利时期间开展的中国企业与比利时政府间经贸合作活动事宜提供相关支持。在省科技厅、市科委牵线下，接待来自欧洲的科技考察研讨团3批次，与中兴通讯、江苏润和等企业开展国际交流。

【区政府全体（扩大）会议】 8月7日，区政府召开全体（扩大）会议。全区各部门、各街道（园区）主要负责人参加。会议主要任务是全面贯彻党的十八大和十八届三中、四中、五中、六中全会精神，贯彻习近平总书记系列重要讲话精神和治国理政新理念新思想新战略，按照市委十四届四次全会、市政府第九次全体（扩大）会议及区委十一届七次全体（扩大）会议部署和要求，总结区政府2017年上半年工作，分析当前经济形势，安排2017年下半年重点任务，动员全区上下进一步统一思想，坚定信心，扎实工作，全力以赴完成全年经济社会发展目标任务，以优异成绩迎接党的十九大胜利召开。会议由区委常委、常务副区长孙中华主持。会上，区委副书记、区长李世峰作重要讲话。会议指出，上半年全区经济发展稳中有进，主要经济指标平稳增长。会议强调，开展好下半年区政府工作，要坚守安全稳定底线，不断夯实发展基础，始终坚持发展为民，着力打造更多特色和亮点。在具体工作中，要重点做到“七个聚焦、七个着力”。会上，区安监局、发改局、新城规建办等5个单位作表态发言。区领导徐文进、余清、王金玉、王传忠、蒋虻芒出席会议。 （林　武）

·信　访·

【概　况】 2017年，雨花台区信访工作围绕全区“三大攻坚战”和“四项难点工作”，开展“两学一做”学习教育常态化制度化和“大走访”活动，抓好信访积案化解、重大活动信访维稳保障和“群众满意接访窗口”建设，维护社会稳定、规范信访秩序、提高队伍素质，推动一批信访难题的解决，维护群众合法权益，完成中共“十九大”、全国和省市区“两会”、“一带一路”国际合作高峰论坛、江苏发展大会、南京马拉松比赛、紫金山峰会、紫金知识产权论坛、市政府开放日等重大活动期间信访维稳保障任务。年内，雨花台区被市信访工作联席会议评为2016年全市信访工作绩效考核先进区（第一方阵）。区信访局、局接访科分别被区委、区政府评为2016年度先进集体。区信访局被区经济和社会发展目标考评工作领导小组评为2016年度机关部门目标考评先进单位（一等奖）。区信访局1人被省依法治省领导小组办公室、省委宣传部、省法制宣传教育领导小组办公室评为江苏省第三届十大法治人物；1人被省人社厅、省信访局评为全省信访系统先进工作者；1人被区委、区政府评为2016年度先进个人，1人被区级机关工委授予2015—2017年度区级机关优秀共产党员称号；1人被区委、区政府评为2016年度区政务报务暨“12345”政务热线群众诉求办理工作先进个人。

【全区信访积案化解攻坚年行动开展】 2017年，区委、区政府高度重视信访积案化解工作，将其列为全区四大难点工作之首，加大考核问责力度。区委、区政府召开全区动员部署大会，成立雨花台区信访积案化解攻坚年行动领导小组，制订《雨花台区信访积案化解攻坚年行动计划》，确定总体目标为实现“三下降一好转”（即全区信访积案存量显著下降、越级访显著下降、进京非访显著下降，建立健全长效机制，促进信访形势明显好转）。行动期间，由区委书记黄河亲自挂帅、亲自指挥，所有积案全部安排落实区委常委领导包案，16个责任单位分别递交责任状；区委每季度召开常委会，听取区包案领导汇报案件化解进展情况，研究部署下步工作；区信访联席办每月组织召开分析推进会，听取案件进展汇报，分析指导化解技巧，倒排时序进度，调整优化方案。全年市交办的19件信访积案化解15件，退出2件，化解率88.2%，结案率100%；区排查梳理出的24件积案化解14件，化解率58.3%。

【重大活动期间信访维稳保障工作】 2017年是中共“十九大”召开之年，全国及省、市区“两会”等各类重大活动频繁，信访维稳保障任务繁重。中共“十九大”等重大活动来临前，区委、区政府高度重视，及时召开会议研究部署。中共“十九大”期间，区主要领导七次落实市委、市政府制定的“每周一调度”信访工作制度，有效传导压力，落实稳控责任。区分管领导及部门主要领导在中共“十九大”等重大活动期间亲自赴京检查指导、鼓舞干劲。根据全区社会矛盾和安全隐患大排查大整治行动部署，经过多次滚动排查和梳理，及时排查有可能越级进京上访、集体上访、缠访闹访的人员和事项，排查出较为突出的群体性信访矛盾35起，排查出重点人员76人，并针对对这些事项和人员进行分析研判，区别对待，分类施策，把矛盾处置在萌芽、人员稳控在当地。中共“十九大”、国家和省市区“两会”、“一带一路”国际合作高峰论坛、江苏发展大会、南京马拉松比赛、紫金山峰会、紫金知识产权论坛、市政府开放日等重大活动期间，派出值班、值勤人员750余人次，查控、劝返各类上访人员120余人次。通过联合联动，及时处置数批越级进京访，强带并行政拘留1人次、刑事拘留1人次。中共“十九大”等重大活动期间，实现信访人进京到非接待场所涉访（非访）零登记，工作成绩在全市位于前列。

【信访件办理】 2017年，雨花台区受理群众来信347件（其中领导信箱145件、纸质来信97件、手机微信16件、电话6件），同比上升113%；区人民来访接待中心接待群众来访573批2572人次（其中集体访161批1962人次；初访261批1526人次、重复访312批1046人次），同比批次上升68%、人次基本持平；协调处理到市集体访6批292人次，同比批次上升50%、人次上升173%；去省集体访6批122人次，同比批次上升500%、人次上升307%；进京访211人次（非访登记数为零），同比上升88.4%，且集访量升幅较大；受理信访复查申请24件。全区未发生有重大影响的群体访、个人极端事件或负面炒作事件，完成上级赋予的年度目标工作任务。区信访局重点调处各类集体访179批2416人次，其中接待涉及建筑领域工程款、民工讨薪、股权等群体纠纷28批1209人次，涉案金额2629万元。接待处理解决诚记餐饮、新建大酒店欠薪，板桥润泰市场建设等民工工资，板桥农贸市场承租、安德门农贸市场搬迁、铁心桥凤翔花园“双清”纠纷等一大批矛盾相对突出的集访问题。

【争创“群众满意接访窗口”活动开展】 2017年，根据市信访局有关争创“群众满意接访窗口”和加强信访工作基层基础规范化建设相关要求，区信访局对人民来访接待中心进行环境改造，从墙面修整、场所布置、政策宣传等方面，进行整体改造，打造舒心、便利、适用走访环境。加强接访窗口建设，配齐配全硬件设施，配备安检、防爆等设备，打造集领导接访、联合接待、视频接访、法律咨询、心理咨询等功能为一体的综合接待服务窗口。统一着装、统一挂牌上岗、统一文明用语、统一办理流程、统一制度管理等,提升窗口形象。

【"大走访"活动开展】 2017年,根据区"大走访"活动领导小组指示和安排,区信访局围绕"打造人民满意的信访服务窗口"目标,狠抓党建和作风建设,组织动员全区信访系统干部参与到大走访工作中去,借力、借势大走访,及时掌握各类矛盾纠纷信息。全局党员干部逐个登门入户,了解居民思想状况和民意、诉求,先后走访板桥街道殷富社区44户困难家庭和110户普通群众家庭,收集各类诉求27件,全部处理解决到位,投入资金万余元为困难群众添置部分生活用品,获群众一致好评。

(祁寿昌)

·民族宗教·

【概　况】 2017年,区民族宗教工作深入贯彻落实中央、省、市、区民族宗教工作会议精神,依法行政,抓基层打基础,促进民族交往交流交融,引导宗教与社会主义社会相适应,维护全区民族团结、宗教和谐良好局面。全区有少数民族39个,少数民族常住人口5054人;宗教活动场所10个(其中佛教2个,基督教8个)。年内,区民宗局完成全区发放回族等10个少数民族3231人牛羊肉补贴资金459312元。完成2017年中考8所中学45名少数民族考生民族成份审核认定。协调解决流动人口少数民族务工经商人员随迁子女12名孩子入学。春节期间走访慰问民族宗教代表人士、困难教职人员、少数民族困难家庭,发放慰问金2.5万元。推选梅山街道和翠竹园社区申报全国民族团结进步创建示范单位。组织驻地清真企业南京韩复兴清真食品有限公司参加江苏省暨南京市第三届清真食品展示活动,助推民品企业品牌效应;指导该企业申报获得省级财政专项资金补贴10万元及享受2016年民品企业银行贷款贴息54.96万元。推进"互联网+"政务服务,优化17项行政审批事项流程,100%进厅、100%不见面审批;规范行使"民族成份变更""场所改扩建""举行大型宗教活动"等一批行政权力事项。开展民族宗教政策法规宣传教育,开展"法律保障信仰自由、依法开展宗教活动"教育培训,举办《中华人民共和国消防法》《江苏省宗教活动场所消防安全管理规定》培训学习,宗教场所负责人、管理人员60余人参加。组织5家三星级以上宗教场所负责人参加市宗教政策法规培训,10个宗教场所开展新修订的《宗教事务条例》培训及反邪教宣传活动;组织开展新修订《宗教事务条例》、民族宗教政策法规广场宣传活动。协调解决市回民殡葬服务所迁建,马家店社区村民树苗、菜地征用及进场动工等问题。协调丁墙社区麦德隆门口新疆烧烤店、明发广场新疆烧烤店矛盾纠纷。协调区文物单位加强刘智墓园环境维护,服务保障市伊协及穆斯林群众到刘智墓走坟。组织宗教界开展公益慈善活动,联合区妇联、基督教三自爱国运动委员会为12名单亲贫困母亲家庭就读高中子女发放春季学期"天使爱心"助学金计36000元,和11名单亲贫困母亲家庭就读高中子女发放秋季学期"天使爱心"助学金计22000元,并为5位考入大学的单亲贫困家庭子女发放"天使爱心"奖励金每人4000元。开展第六届"宗教慈善周"活动,10个宗教活动场所募集善款74053.5元，全部捐注入“天使爱心”项目。晨光巷基督教聚会点向区红十字会捐款4000元，救助九寨沟地震灾区。指导基督教三自爱国运动委员会及其聚会点举办春季培灵会、同工义工培训班，开展爱国主义教育活动等，受训教牧同工信徒及传道人义工1000余人。推荐选送4名同工到金陵协和神学院、江苏神学院学习深造。举办区基督教第二届讲道交流活动，22名传道人登台讲道。开展宗教活动场所安全检查20余次，督促整改消防安全隐患10处。协调区规划部门对接市规划局加快审批板桥活水堂迁建新址规划，协助西善桥街道做好基督教顾家庄聚会点征收拆迁，协调“王家洼”以堂带点搬离违建房屋并规范其宗教活动。完成10个宗教活动场所赋码换证、宗教活动场所“一所一档”和23名宗教教职人员“一人一档”建设。年内，高座寺被市城治办评定为城市治理标准化建设达标示范单位。至年末，全区达到省三星级标准宗教活动场所5个、达到省二星级标准宗教活动场所3个、达到省一星级标准宗教活动场所2个；达到省二星级档案宗教活动场所5个、达到省一星级档案宗教活动场所1个，达到“六有”标准档案宗教活动场所4个。

【宗教政策法规宣传教育开展】 2017年，区民宗局在宗教界持续开展政策法规宣传教育。5月，组织各宗教场所负责人和管理组织成员60余人开展“法律保障信仰自由、依法开展宗教活动”教育培训，并结合消防安全主体责任的落实，进行《中华人民共和国消防法》和《江苏省宗教活动场所消防安全管理规定》学习。8月，组织三星级以上场所负责人参加市民宗局组织的政策法规培训。10月，组织宗教教职人员和场所管理组织成员学习2017年最新修订的《宗教事务条例》，并将新《条例》发放至各宗教活动场所。联合相关单位在全区宗教场所开展反邪教宣传活动。结合普法综治宣传活动先后在岱山保障房片区和铁心桥社区开展广场宣传活动，对市民群众进行民宗政策法规和新修订的《宗教事务条例》宣传。

【区基督教三自会年终总结及全体委员会议召开】 1月13日，区基督教三自会在板桥聚会点召开2016年度工作总结会议，各聚会点教牧同工40余人参会。会议从教会管理、教会牧养、社会服务等方面汇报2016年主要工作和2017年工作打算；区民宗局传达区委、人大、政协会议主要精神，部署春节期间宗教活动场所安全稳定工作；区基督教三自会主任、牧师李春兰肯定各堂点2016年工作，提出2017年紧紧抓住安全稳定不放松，提高讲道水平，丰富讲台供应，积极参与慈善公益，更好服务社会。随后区基督教三自会召开全体委员会议，介绍2016年工作情况和2017年工作设想，听取全体委员对区三自会的意见和建议。区民宗局肯定区三自会带领各堂点在依法活动、场所管理、神学建设和慈善公益等方面工作，提出在新的一年里继续高扬爱国爱教旗帜，坚持“三自”（即自治、自养、自传）原则，带领全区基督教界群众更好服务经济社会发展。

【第二届传道人讲道交流活动】 10月30日，区民宗局与区基督教三自爱国运动委员会在三山聚会点举办第二届传道人讲道交流活动，宣传学习中共十九大精神。22名讲道交流传道人分享学习中共十九大报告体会和认识，围绕中共十九大报告提出的“坚持我国宗教的中国化方向，积极引导宗教与社会主义社会相适应”从“宗教与慈善”“社会主义核心价值观与基督教伦理建设”“宗教与社会和谐”“基督教中国化”“防范异端和邪教”等方面选题，进行阐释和见证，表达全区基督教界用行动见证信仰、积极投身中国特色社会主义新时代建设的共同心声。市基督教协会会长阚仁平牧师出席区基督教讲道交流活动。

（石化英）

·台湾事务与侨务·

【概　况】 2017年，雨花台区围绕全区中心工作，服务好归侨侨眷和侨资企业，参与引资引智工作，围绕把握宁台合作战略机遇，扩大对台经贸交流和产业对接，参与全区经济社会发展。年内，区台办在全区台资企业普查工作基础上，逐个走访台资企业18家，建立台资企业名录。走访艾德克斯电子（南京）有限公司、南京宁南保时捷中心、南京福尔摩沙生物科技有限公司等驻区台资企业9家，详细了解企业经营模式、运作情况。协调相关部门帮助台资企业提质增效、转型升级、持续发展，帮助台企做大做强。联合江苏省知识产权局执法总队相关专业人员共同解决台企艾德克斯电子（南京）有限公司与深圳某企业为知识产权问题而发生的纠纷。协调台企艾德克斯电子有限公司新建办公、研发大楼1万平方米。协调相关部门推动台资企业抓好安全生产、安全生活，建立和谐劳资关系，开展“平安台企”创建活动。发放工作联系卡，做好对台商台企管理和服务工作。组织南京网锐网络技术有限公司等4家台侨企业参加第六届（2017）侨港资企业暨海归企业中高级人才专场招聘会。走访困难台属40户，发放慰问金24000元。走访台资企业9家，帮助协调解决企业问题7起。全区台属177户，常住台胞62人。

年内，区侨办普查全区侨资企业，清查出侨资企业40家、台资企业18家。在2011年全区侨情普查情况及2013年对重点涉侨社区侨情资源调查情况基础上，动态管理更新资料，做到人头清、数字清、情况清。全区在册归侨15人，华侨42人，外籍华人17人，常住侨眷247人，企业归侨9人，侨资企业21家，新侨企业18家。结合南京市归侨侨眷保护法出台，组织学习贯彻侨法宣传月活动和“侨法宣传进社区”系列活动。邀请市侨办领导下社区宣讲，组织社区具体从事侨务工作人员到市里参加培训、到兄弟区县学习参观，组织侨情资源相对丰富的街道、社区到雨花街道翠竹园社区参观学习。利用社区宣传橱窗、区广播电台、发放宣传册等方式，加大侨务法律政策普及宣传。开展全区华侨权益保护情况调研，并对区人大进行专题《南京市华侨权益保护条例》（以下简称《条例》）贯彻落实情况报告。举办广场宣传活动3场次、《条例》专场学习活动1场次，200余名涉侨工作人员和侨界群体参加，就身份确认、回国落户、参加保险、子女教育、本地购房、人才政策等方面问题进行宣传和答疑，发放《条例》宣传册300本。坚持“五必访”（家中困难必访、传统节日必访、生病住院必访、来宁探亲必访、家中发生大事必访）制度，走访涉侨人士18户百余人次，发放慰问金近6.5万元；走访企业归侨10人，发放慰问金32400元；走访困难归侨6家，发放慰问金16800元。为涉侨人员解决墓地迁移、拆迁安置、生活医疗、子女就学、工资等问题6

件。在雨花街道翠竹园社区、上怡新村社区举办“其乐融融庆元宵温暖和谐一家亲”“春踏牛首”“端午粽飘香，和睦邻里情”等活动12场次，为社区申请活动资金8400元。侨情资源较集中的雨花街道翠竹园社区、梅山街道上怡新村社区、赛虹桥街道玻纤院社区3个社区被列为全市重点涉侨社区，其中雨花街道翠竹园社区是国家级社区侨务工作示范点，梅山街道上怡新村社区是省级社区侨务工作示范点。

【洪鹏调研板桥新城为侨服务工作】 1月18日，省侨办侨政处副处长洪鹏调研板桥新城为侨服务工作。参观“华兴村侨史陈列馆”，详细听取华兴村自建村以来发展历程及近百年来历史，对板桥新城新建“华兴村侨史陈列馆”所作成效给予肯定。随后来到古雄社区“侨之家”工作站，听取社区近年来在为侨服务工作情况，对阵地打造进行检查指导，对社区突出文化建设和打造特色文化给予肯定。洪鹏提出，古雄社区作为有百余位侨眷侨乡，侨务工作尤为重要，设立侨务工作站是关键环节，应当始终将为侨服务作为社区服务重要内容。市侨办谈副主任、市侨办侨政处副处长张伟，板桥新城党工委书记孙凯陪同调研。

【姜峰走访驻区台资企业】 2月23日，市台办副主任姜峰率经济工作处一行5人走访南京网锐网络技术有限公司，开展“走台企、访台商、解难题”走访活动。南京网锐网络技术有限公司总经理高雄柄介绍公司总体情况，对市、区台办和街道关心表示感谢，并表达该企业处在转型困难时期存在人才流失方面困境，需要政府为企业到学校招收毕业生和人才提供平台和方便。姜峰对企业发展表示肯定，并与区台办和街道领导现场办公共同研究解决台企人才难求问题。区台办主任胡建忠陪同走访。

【王鲁宁调研驻区台资企业】 6月23日，省台办副主任王鲁宁一行8人，调研艾德克斯电子（南京）有限公司。王鲁宁详细听取企业经济运行情况，并对如何在新一轮经济发展中抢占先机，快速壮大发展提出宝贵意见，并对企业提出的问题和建议给予答复和支持。艾德克斯电子（南京）有限公司是一家专业仪器制造商，致力于“功率电子”产品为核心的相关产业测试解决方案的研究，在中国大陆和台湾均有独立的研发机构，并长期与国际知名公司保持紧密的技术交流合作，是雨花台区引进的优质台企之一。南京市台办副主任季斌，雨花台区委常委、统战部部长艾长青，台办主任胡建忠等陪同调研。

【赵斌参观上海宝钢集团梅钢公司】 11月2日，澳大利亚南京商会会长赵斌一行参观上海宝钢集团梅钢公司并进行项目对接。同行的还有商会副会长秦根成、秘书长曹伟。赵斌一行来的目的主要是想在利用上海宝钢集团梅钢公司资源进行合作，并在码头和仓储方面进行投资。参观梅钢公司成品码头区域、原料码头区域及铁路仓储区域，梅钢公司运输部总经理张大华介绍梅钢物流地理位置优越，依托长江黄金水道、宁芜铁路、长江三桥、宁马高速等与外部无缝对接，并介绍梅钢物流经营的铁路、公路、水路物资及发运联运、仓储配送等业务开展情况，同时对长三角地区物流业进行详尽分析。赵斌表示，下一步将积极与梅钢公司进行沟通，双方就未来共同开展物流合作做交

流。区委统战部副部长、区侨办主任胡建忠，侨办副主任陈维炜陪同参观座谈。（李国辉）

·政务服务·

【概　况】2017年，区政务办根据省市政务服务改革工作部署，推进落实政务服务“网上办、集中批、联合审、区域评、代办制、不见面”，按照“外网受理、内网办理、全程公开、快递送达、网端推送、无偿代办”要求推进不见面审批（服务）改革，出台《雨花台区互联网+政务服务考核细则》，推动政务服务网建设，启动开展投资代办服务，推进街道（园区）便民服务中心建设规范化运行，融入南京市“互联网+政务服务”平台建设国家级试点，推动落实全省政务服务“一张网”建设要求，协同做好“放管服”有关改革，推广“民意110”经验，制定《雨花台区推广公安“民意110”经验提高服务效能和市民满意度的实施方案》，全年窗口受理事项9.2万余件次，综合办结率100%，综合满意率99.88%。承诺件办件平均用时从法定的17.05个工作日降至3.1个工作日。8个街道（园区）便民服务中心录入并办结的公共服务事项5万余件。受理“12345”热线工单35098件，按时办结率100%，办结提速率91.25%，作风满意率86.42%，结果满意率82.19%，综合满意率88.38%。

年内，区政务办被省妇联评为“巾帼文明岗”。

【“政务服务+互联网”建设】2017年，按照市政务办统一部署，区政务办结合省政务服务“一张网”和市“互联网+政务服务”体系建设，制定并印发《雨花台区“互联网+政务服务”考评工作实施方案》。按省政务服务“一张网”建设要求，组织区（谷）30家区级部门及4家垂管部门，对照行政权力“三级四同”要求，将行政权力事项标准化清单和办事指南录入省政务网，编写录入开办企业套餐式服务指南12项、常见问题解答178条，完善“服务一站通”栏目政务信息。组织区（谷）31家行政审批职能部门，通过全市政务服务综合管理系统，比对完善市级主管部门配置至区级的行政审批（服务）事项办事指南，完成区事项库和专项库611个事项的信息维护，并在此基础上梳理编制区级“不见面”审批（服务）事项清单。推进审批结果不见面送达，依托政务服务综合管理系统实施EMS快递送达，在全市首推云柜“24小时”自助取件服务，通过EMS快递实现结果证照不见面送达645件。

【“放管服”改革】2017年，区政务办会同区发改局等部门，推动辖区内涉及“多评合一”中介机构，申报纳入市中介机构库。在窗口部署应用市级投资项目“多评合一”系统平台，对投资项目立项阶段所需的8类中介服务，实行统一界定范围、一次发布需求、中介承诺服务、业主择优选择、同步评估评审、结果实时考核，通过“多评合一”平台优选评估中介服务项目12个。在全市率先推行“告知承诺制”。组织11个部门24个事项，首批试点168个办件实施行政审批“告知承诺”，改革成果在市主流媒体刊载报道。实施“全科政务”改革，设置“全科窗口”，整合区安监局、水务局等16家区级部门319项行政审批（服务）事项在“全科窗口”受办理。各街道（园区）便民中心整合民政、计生、残联、妇联四类59项服务事项的受办理。区政务办全科窗口办结各类审批（服务）事项3744件次，现场服务评价综合满意率100%。协助区发改局开展信用体系建设，引入公共信用信息自助终端机，为社会公众提供信用信息查询服务。支持区市场监督管理局贯彻“350”要求，调整服务窗口功能布局，优化审批流程，做好省企业登记并联审批平台与政务综管平台对接与运行维护，实现单点登录，实施“多证合一、一照一码”，深化商事制度改革。

【投资预审代办开展】 2017年，区政务办按照“自愿委托、提前介入；信息共享、平行推进；统筹协调、垂直衔接；依法许可、及时转换；全程代办、免费服务”原则，无偿为全区符合产业发展政策且属于审批、核准、备案、审核转报等权限范围内的投资建设项目代办行政审批事项，实现全程代办。全年完成投资代办项目25个，总投资额约124亿元。

【“12345”政务热线工作】 2017年，区政务办深入推广“民意110”经验，按照“科学合理，务实管用，整体设计，统筹推进，公众参与，公正透明”原则，成立由区纪委（监委）、作风办、编办、法制办组成的“12345”政务热线“民意110”界定工作组，开展民意跟踪监测。按照民意跟踪监测机制程序公开、方法公开、过程公开、结果公开要求，每日实时对热线办理业务系统数据库进行监测，对承办单位认为已依法依规正确履行职责的及疑难复杂的重大事项，提请区法制办、编办等相关部门依法进行界定，全年界定“12345”工单4673件。4月28日，联合部分区级部门及赛虹桥街道举办全区“12345”进社区活动。7月8日，与市政务办组织市、区25家单位在翠竹园社区举办全市首场“12345”进社区活动，受理投诉41件，现场解决19件，现场解答咨询问题300余个，该活动入选全市政务服务工作白皮书。全年，在全市“12345”政务热线工作年度考核中，区政务办位列全市行政区组第4名，进入先进行列。（曹玉超）

7月8日，雨花台区“12345”走进翠竹园社区　　（区政务办　供稿）

政协雨花台区委员会

【概　况】 2017年是雨花台区上下全力以赴攻坚“抓产业发展、促城市建设、补民生短板”三个主战场、高水平全面建成小康社会的关键之年，也是九届区政协开局之年。在区委正确领导下，区政协常委会贯彻习近平总书记系列重要讲话精神和治国理政新理念新思想新战略，深入学习中共“十九大”精神，以团结和民主为主题，以富民为导向，以创新为动力，为建设“强富美高”新“雨花”做出贡献。全年召开常委会议4次，主席会议9次，各专委会、政协工委、界别组开展调研、考察、对口协商、民主评议活动52次，收到委员提案208件，立案188件。开展以“富裕百姓促进发展”为主题的调研月活动，形成调研论文43篇，其中28篇汇编成册，报送区四套班子和软件谷领导。参与市、区两级政协共同组织的“千名委员百日推进”河道整治专项民主监督活动，发现并反馈问题31个，提出各类意见建议142条。拓宽反映社情民意信息渠道，整理社情民意121篇报送市政协，市政协采编32篇分别报送全国政协和市领导，其中2篇得到全国政协采用，2篇得到市政府分管领导批示并转送相关部门研究参考。开展“走千企入万户、助发展促富民”大走访活动，走访企业10家，困难群众36户，普通群众120户，群众满意率100%。

【区政协九届委员会第一次会议】 1月4日—6日，区政协九届委员会第一次会议在区召开。来自全区各个界别181名政协委员出席会议，驻区各民主党派、人民团体、相关部门负责人列席会议。会议听取区委书记黄河讲话，审议区政协八届常委会工作报告和关于提案工作情况报告，列席区人大十八届一次会议，听取区政府工作报告及其他有关报告，协商全区经济和社会发展中重大事项，选举产生政协雨花台区第九届委员会主席、副主席、秘书长和常务委员。会议期间，来自区民盟等5家单位成员围绕开发区转型升级、“两桥”地区中棚户区改造等议题进行大会发言。

2017年政协雨花台区第九届委员会常务委员会会议一览表

表18

时 间	会议名称	主 要 议 题
2月24日	第1次会议	1. 审议通过《政协雨花台区委员会全体会议工作规则》、《政协雨花台区委员会常务委员会工作规则》《政协雨花台区委员会专门委员会工作规则》《政协雨花台区委员会街道（园区）工作委员会工作规则》和《政协雨花台区委员会委员履职考核办法》《关于开展评选表彰先进集体和委员先进个人活动的意见》《关于建立“政协委员为民办实事月”制度的实施意见》《关于建立区政协“三联系”制度的实施意见》 2. 研究确定《政协雨花台区委员会2017年度工作要点和协商议题安排》 3. 听取区政协主席、副主席、秘书长、专委会主任工作分工调整情况的通报 4. 协商通过有关人事调整事项。因部分委员工作岗位发生变动等原因，会议决定免去翟红军、张海毅、徐立、陈志新、钱扬才、李睿、娄伟等7位同志政协雨花台区第九届委员会委员职务。同时增补李家祥、孙忠南、朱汉奎、朱后祥、王国成、戴俊等6位同志为政协雨花台区第九届委员会委员
8月9日	第2次会议	1. 传达学习区委十一届七次全体（扩大）会议精神 2. 听取区委常委、副区长徐文进代表区政府所做的2017年上半年工作情况和下半年重点工作安排的通报 3. 听取区政府关于区政协九届一次会议以来提案办理情况的通报 4. 总结区政协2017年上半年工作，并对下半年工作作出安排
9月29日	第3次会议	考察岱山实验小学、金陵中学岱山分校，听取区教育局关于全区教育发展的情况通报，并进行协商讨论
12月25日	第4次会议	1. 听取区政协九届二次会议筹备工作情况汇报 2. 审议通过区政协九届二次会议议程（草案）、日程（草案）等有关事项 3. 审议区政协九届常委会工作报告（审议稿）和区政协八届常委会关于提案工作情况的报告（审议稿） 4. 批准区政协2017年度受表彰的先进集体和委员先进个人名单，协商通过了有关人事事项

2017年政协雨花台区第九届委员会主席会议一览表

表19

时　间	会议名称	主　要　议　题
2月24日	第1次会议	协商讨论《政协雨花台区委员会全体会议工作规则》《政协雨花台区委员会常务委员会工作规则》、《政协雨花台区委员会专门委员会工作规则》《政协雨花台区委员会街道（园区）工作委员会工作规则》和《政协雨花台区委员会委员履职考核办法》《关于开展评选表彰先进集体和委员先进个人活动的意见》《关于建立"政协委员为民办实事月"制度的实施意见》《关于建立区政协"三联系"制度的实施意见》，以及《区政协2017年度工作要点和协商议题安排》1.协商确定区政协主席、副主席，秘书长、专委会主任工作分工 2.审议通过《政协雨花台区委员会主席会议工作规则》和区政协九届一次会议提案审查立案情况、重要提案遴选督办情况的报告 3.批准《区政协各专委会、政协工委（片组）、界别组2017年工作计划》4.协商提出了有关人事事项 5.听取区政协九届一次常委会议筹备情况报告，决定九届一次常委会议于2月24日下午召开
3月29日	第2次会议	考察南京华捷艾米软件科技有限公司和极客站企业孵化器，听取全区科技创新工作情况通报并进行协商讨论
4月27日	第3次会议	考察区预防职务犯罪教育基地、区人民检察院院史室和办案区，听取区人民检察院工作情况通报并进行协商讨论
5月24日	第4次会议	考察农花河综合整治工程现场，听取全区黑臭河道整治情况通报并进行协商讨论
6月29日	第5次会议	考察凤台南路综合整治工程现场，协商全区交通道路规划建设，集体督办承办大户提案
8月29日	第6次会议	考察管道路、机场二通道建设现场，听取软件谷交通基础设施规划建设情况并进行协商讨论
10月27日	第7次会议	考察龙翔大道二期、机场二通道建设现场和圣戈班地块拆迁现场，听取"两桥"地区更新改造推进情况通报并进行协商讨论
11月28日	第8次会议	考察天隆寺绿地项目、凤台南路综合整治项目、普德村老旧小区整治项目现场，听取全区城市精细化建设管理情况通报并进行协商讨论。
12月25日	第9次会议	1.协商讨论区政协九届二次会议筹备工作方案，《区政协常委会工作报告（讨论稿）》，《区政协常委会关于关于提案工作情况的报告（讨论稿）》，会议对两个报告提出了修改意见，并同意将上述事项提交九届四次常委会议审议 2.协商讨论区政协九届二次会议的有关事项和各次会议主持人、报告人名单 3.研究确定大会发言名单 4.研究区政协2017年度先进集体和委员先进个人建议名单，并同意提交九届四次常委会议审议 5.协商提出有关人事事项，并同意提交九届四次常委会议审议 6.讨论决定召开区政协九届四次常委会议的有关事项

【政治协商】 2017年，区政协发挥政协组织作为协商民主重要渠道和专门协商机构作用，依据中共中央办公厅印发的《关于加强人民政协协商民主建设的实施意见》，规范民主协商活动，出台《常委会议事规则》《主席会议事规则》，联合区委、区政府共同商定2017年度区政协常委会议、主席会议重点协商议题，围绕区委、区政府中心工作和人民群众关注的热点难点问题，坚持问题导向，做到协商有课题、有计划、有责任单位。全年区政协牵头组织科技创新工作、交通道路建设、教育事业发展等重点协商活动8次。区政协班子成员参加区委、区政府重要会议和重大活动30余次，就人事安排、重大事项决策部署、重点项目和重点工程实施等议题广泛讨论、协商。

【民主监督】 2017年，区政协树立"在参与中支持，在支持中服务，在服务中监督"理念，贯彻落实中央《关于加强和改进人民政协民主监督工作的意见》，对执法执纪、行风政风、交通道路规划建设、黑臭河道整治、污染防治等领域开展民主监督。根据市政协统一部署，市、区两级政协联动，开展为期100天的“千名委员百日推进”河道整治专项民主监督活动。开展举办一次培训会、组织一次集中考察、召开一次座谈会、进行一次明察暗访、提出一条意见建议、形成一个调查报告的“六个一”活动。组织183名市、区政协委员深入雨花台区24条河道，开展明察暗访活动14次，召开座谈会8场，收集意见建议142条。探索政治协商与民主监督的深度融合，邀请政协委员、群众代表列席政协常委会、主席会，在协商中开展监督，在监督中建言献策。在九届三次主席会议期间组织部分委员走进区人民检察院，进行零距离交流、面对面协商。在区政协九届七次会议期间专题听取“两桥”地区更新改造推进情况，并及时解决西善桥街道油坊社区群众户口迁移、社保医保、子女入学等问题。

【参政议政】 2017年，区政协坚持把攻坚“三个主战场”作为政协履职主线，深入开展调研考察、专题议政等活动，为区委、区政府科学决策、精准施策当参谋、提建议。围绕优化软件谷创新创业生态系统，组织科技界委员赴先进园区考察学习，形成《软件谷创新创业工作的调研与思考》，从“完善政策体系、突出软件特色、线上线下互动、深化区谷联动”等方面提出对策建议，为该区申报和建设“国家级双创示范基地”提供智力支持。针对制约“雨花”发展最大短板——道路交通问题，召开主席会议3次，重点关注全区交通道路规划建设情况，考察软件谷和“两桥”地区道路建设项目，从加快规划编制、优化交通体系、完善路网结构、提升管养水平等方面提出建议20条。在九届三次常委会议期间围绕全区教育事业发展召开专题议政会，组成调研组深入学校、社区开展调查研究，收集群众意见建议，并围绕教育领域综合改革、加大名校培育引进力度、打造“雨花”教育名校品牌等内容与区政府分管领导和教育部门负责人进行探讨，形成《提升全区教育工作水平的建议》报送区委、区政府。

【提案办理】 2017年，自九届一次会议以来，区政协收到委员提交提案208件，立案交办188件，未立案20件。其中，聚焦产业转型升级，在优化发展环境、创新创业方面提出提案28件，占14.9%；促进城市品质提升，在推进城市管理、完善交通路网配套方面提出提案96件，占51.1%；助力民生协调发展，在增加公共服务供给、增进民生福祉方面提出提案51件，占27.1%。未立案件作为市政协提案征集线索上报，或作为意见建议转交区相关部门参考。区委相关部门承办提案5件，区政府和软件谷相关部门承办提案183件。至年末，所有提案均按要求办复，委员反馈满意提案181件，占96.2%；反馈基本满意提案7件，占3.8%。

【社情民意信息】 2017年，区政协将收集和反映社情民意作为参政议政、履职为民重要形式。组织开展“走千企入万户、助发展促富民”大走访、“三联系”等活动，设立区政务服务中心等信息联系点，收集基层意见建议；在加强信息网络建设、扩大信息来源途径同时，对收集的民意进行整理汇总。至年末，整理社情民意121篇报送市政协，市政协采编32篇分别报送全国政协和市领导。其中，“改善精准扶贫基层考核机制”“规范PPP市场建设的相关建议”被全国政协转送国务院相关部门，“建议我市推出南京工业遗产一日游”“规范小额工程管理工作的建议”得到市领导批示。信息工作连续6年被市政协评为先进单位，相关做法在市政协信息工作总结表彰会上作经验介绍。

【委（片）组履职】2017年，区政协及时调整配强各专委会、政协工委和界别组组成人员，强化委组履职基础；支持各委组按照区委要求和政协章程行使职责，出台委组议事规则，审核委组年度工作计划，规范委组履职行为；加强组织协调，鼓励各委组联合开展活动，丰富委组履职形式；完善委组考核机制，定期召开工作部署交流会，提升委组履职实效。全年，组织委员考察调研、协商座谈等履职活动42场次，就扶持本土软件企业做大做强、保障性住房的社区治理等议题开展调研，向主席会议、常委会议、政协论坛提交发言材料35篇。

12月8日，雨花台区政协常委暨各政协工委、界别组负责人会议传达学习贯彻党的十九大精神　（区政协办　供稿）

【为民办实事】2017年，区政协制定“政协委员为民办实事活动月”制度，引导委员为群众办实事、做好事、解难事。其中，赛虹桥街道政协工委通过“社区开列菜单，委员按组认领，工委督促检查”方式，将收集的需要及时解决、分时解决和长期解决三大类35项诉求，由21名委员认领，其中24项诉求均得到解决；社会事务组、医卫组、文化组组织委员走进社区开展十九大精神宣讲、健康咨询、送春联活动；板桥街道政协工委、教育组向板桥中学等4所学校捐赠图书1万余册；铁心桥街道政协工委、工青妇组持续开展“春蕾圆梦”助学活动；西善桥街道、开发区政协工委与贫困家庭建立结对帮扶机制。全年，开展办实事活动34场次，捐助各类款物数百万元，受到群众一致好评。

【“三联系”制度】2017年，区政协将关注民情、服务民生作为政协履职出发点和落脚点，探索服务群众新路径、丰富联系群众新载体，建立政协领导联系政协常委、政协常委联系政协委员、政协委员联系社区群众的“三联系”制度。由区政协领导带队走访委员企业24家，深入了解委员及所在企业、行业情况，协调解决企业发展中遇到场地不足、融资不畅等实际困难；以政协工委为单位，组织委员分组与56个社区签订协议书，采取上门走访、电话联系、集中座谈等方式，宣传党的方针政策和区委区政府重大决策部署，深入了解群众期盼和诉求，并通过政协渠道，进行充分表达和广泛协商，推动形成最大限度社会共识。（朱雯婷）

中共雨花台区纪律检查委员会

【概　况】 2017年，全区各级纪检监察机关在市纪委和区委领导下，按照区第十一次党代会部署要求，全面履行党章赋予的职责，强化监督执纪问责，推动全区全面从严治党、党风廉政建设和反腐败各项工作。压紧督促落实“两责任双报告”、党风廉政建设责任书、“五项清单”、述责述廉、责任约谈提醒等制度。严肃党内问责，提高问责实效性和威慑力，创新开展“两个责任”履责清单化电子化纪实。深入开展“腐败易发多发领域整治”专项行动、作风建设“防隐身防变异防反弹”专项行动、整治群众身边不正之风和腐败问题专项行动、“打铁还需自身硬”专项行动。探索践行“四种形态”，把“四种形态”贯穿到监督执纪问责的各方面、全过程，制发《监督执纪“四类谈话”实施办法》。深化纪检监察改革，实现派驻监督“全覆盖”，推进街道（园区）纪工委专职化建设，推进监察体制改革。建立巡察工作组织机构，组建专职巡察队伍，组织开展四轮巡察。制定出台《关于实施工作标准提升工程的意见》，提高工作标准。

★**链接** “四种形态”：即指党内关系要正常化，批评和自我批评要经常开展，让咬耳扯袖、红脸出汗成为常态；党纪轻处分和组织处理要成为大多数；对严重违纪的重处分、作出重大职务调整应当是少数；严重违纪涉嫌违法立案审查的只能是极少数。

【作风建设】 2017年，区纪委、监察局开展“腐败易发多发领域整治”专项行动，针对发现的问题，采取积极措施，挽回经济损失24万元，并下发检查（监察）建议书3份，督促相关单位加强管理、防范风险、堵塞漏洞。开展作风建设“防隐身防变异防反弹”专项行动中，严肃查处违反中央八项规定精神问题5件35人，通报曝光违规吃喝典型问题4件34人。开展整治群众身边不正之风和腐败问题专项行动，针对“三资”管理、土地征拆、惠农助农等领域，开展专项整治行动4次、“回头看”行动1次，立案11人，党纪轻处分7人，党纪重处分4人，其中移送司法机关1人。开展“打铁还需自身硬”专项行动，处置反映纪检干部的举报线索8件，立案查处3人，组织处理1人，严防“灯下黑”。

【腐败案件查处】 2017年，区纪委、监察局始终坚持有腐必惩、有贪必肃，把“四种形态”贯穿到监督执纪问责的各方面、全过程，使管党治党真正严起来、紧起来。制发《监督执纪“四类谈话”实施办法》，进一步探索规范谈话在“四种形态”中运用，该实施办法被省纪委专刊全文转发。在量纪处理上，把工作重点从“审违法”向“审违纪”转变，确保依纪依规审理。全年收到各类信访件210件，处置问题线索136件，立案72件72人，已审结64件64人，第一种形态处置225人次，其中谈话函询82人次，第二种形态处置53人，第三种形态处置9人，第四种形态处置1人，监督执纪第一种形态处置占78.1%,"红红脸,出出汗"逐渐成为常态。

【巡察工作】 2017年,区纪委、监察局做好巡察工作。调整雨花台区巡察机构设置,设立中共南京市雨花台区委巡察工作办公室,列入区委职能部门,设在区纪委、监察局,设主任1名、专职副主任1名、专职人员3名。设立区委巡察组3个,各巡察组设专职组长1名、专职副组长1名、专职人员4名。全年组织开展四轮巡察,巡察单位20家;各巡察组查阅资料近2000册,开展个别谈话427人次,发现问题472个,向有关部门移交问题线索57件;根据移交线索,立案处分22人,移送司法机关1人。

【干部队伍建设】 2017年,区纪委、监察局做好干部队伍建设。制定出台《关于实施工作标准提升工程的意见》,强调要树立"精细、精准、精品"理念,着力提高工作标准。制定出台《关于建立全区政治生态纪检侧评价制度的意见》《关于建设纪检监察工作资料库的通知》《廉政档案管理暂行规定》等指导性规范性文件,有关工作经验介绍被省市纪委专刊专报登载。结合"打铁还需自身硬"专项行动,提出政治素质、业务能力、依规用权、推动工作、遵章守纪"五个过硬"要求,组织实施具体措施25项。精心编印《四个专项一个考评工作资料专辑》《党风廉政建设有关文件资料选编》等资料汇编6本,为全区机关领导干部、纪检监察干部提供党纪党规的"雨花"版学习教材。

【联合党支部活动举办】 1月23日,区纪委、监察局举办全区纪检监察干部党纪党规廉政知识问答比赛暨"清风扬帆"文艺汇演,以舞蹈、朗诵、歌唱、魔术、知识问答等形式,展现纪检监察干部形象,学习党纪党规廉政知识。5月12日,联合党支部联和委局机关工会共同组织支部党员和工会会员前往江宁,"接受廉政教育感受传统文化品味美丽乡村"主题活动,强化党员干部忠诚意识、宗旨意识、责任意识和纪律意识。11月10日,组织支部党员去高淳开展党日活动,参观游子山十里古船板儒家廉文化栈道、老街、武家嘴生态园等廉政教育点。

（杜艳玲）

民主党派

【概 况】 2017年,雨花台区各民主党派发挥民主监督职能作用,通过参与有关执法监督和专项检查,支持民主党派了解成员和广大群众愿望、呼声和利益要求,畅通民主党派成员和所联系群众权益诉求反映渠道,及时反映社情民意,积极做好情绪疏导、矛盾化解工作。发挥党外人士人才作用,摸底排查全区党外干部,更新完善党外后备干部名单,做到备用结合、人岗相适;解决选拔任用党外领导干部源头问题,完善党外干部考察机制;了解认识党外干部,把优秀党外干部选出来、推上去。发挥党外人士人才密集、知识密集优势,组织统战各团体围绕区委、区政府工作重点开展专题调研,形成调研报告11篇。年内,组织各民主党派雨花总支（部）主委（任）、无党派代表人士召开雨花台区党外代表人士学习传达中共十九大精神交流会;组织民主党派、无党派人士赴贵州遵义干部学院开展革命传统和理想信念教育培训；组织各民主党派雨花总支（部）、党外知识分子联谊会、软件谷新的社会阶层代表人士同心联盟等统战成员赴玄武区开展“学习十九大精神、践行新时代思想”主题学习交流活动。

【致公党雨花台区综合支部开展政策宣传培训】 6月16日，致公党雨花台区综合支部联合区工商联、区国税局、区地税局、中国（南京）软件谷管委会开展政策宣传培训，约171家小微企业、科技型企业软件企业及经济工作委员会部分党员企业家参加。培训会上，税务专家结合实务案例，就简并增值税税率、扩大享受企业所得税优惠小微企业范围、提高科技型中小企业研发费用税前加计扣除比例、创投企业抵扣应纳税所得额优惠、商业健康保险个人所得税税前扣除试点政策及延续减税政策等内容进行全方位解读，并就备案、申报等注意事项进行提示，帮助纳税人准确理解、精准掌握政策关键和要领。培训结束后，联办单位还与参会企业代表就相关税收政策及民主党派服务经济发展大局问题进行互动。

【民盟南京市雨花台区总支换届大会召开】 7月27日，民盟南京市雨花台区总支换届大会在雨花社区会议室召开，民盟南京市委主委王汝成，中共雨花台区委常委、统战部部长艾长青，统战部副部长、工商联党组书记吴文根，民盟南京市委专职副主委戴云，民盟南京市委组织处处长黄跃华、办公室主任刘书琴出席会议。民盟雨花台区总支全体委员参加大会。会议听取民盟雨花台区总支上一届主委刘建祥代表总支领导班子做的五年来工作报告；以无记名投票方式，选举产生民盟雨花台区总支新一届领导班子，石明舟当选总支主委，付良恩、唐鹿、王勇、陈磊当选副主委。

【农工雨花总支与中共铁心总支共建“同心服务基地”】 11月2日，农工雨花总支主任戴国强与中共铁心总支书记王炜在铁心桥街道铁心社区签署共建“同心服务基地”协议。区委统战部常务副部长吴文根和铁心桥街道共委副书记娄杰为“同心服务基地”揭牌。协议约定：中共铁心党总支为农工党员工作进社区搭建了解民意、体察民情平台；中共铁心党总支配合农工党人大代表、政协委员进社区服务；农工雨花总支发挥自身优势，在社区开展“送知识、送健康、送法律、送温暖”等社会服务活动，以多种方式收集和反映社情民意，为社区重点、难点工作出谋划策，发挥民主党派参政议政作用，依托民主党派资源，打造和谐文明铁心社区。

【铁心社区联合农工民主党雨花台区总支举办大型义诊活动】 11月18日，铁心社区联合农工民主党雨花台区总支举办大型广场义诊活动。中国农工民主党江苏省委专职副主委吴建坤，区委常委、统战部部长艾长青等出席活动。此次义诊以“国际科学与和平周”为主题，汇集江苏省人民医院老年心血管、内分泌、泌尿科室十余位专家及铁心桥卫生服务中心医护人员。义诊结束后，中国农工民主党江苏省委副主委王水、中国农工民主党雨花台区总支主委戴国强，代表中国农工民主党江苏省人民医院支部与中国农工民主党雨花台区总支签订结对共建协议。

【民进雨花总支与西善桥小学开展结对共建暨名师送教及捐书活动】 12月18日，民进雨花总支一行到西善桥小学开展结对共建暨名师送教及捐书活动。民进雨花总支发挥会员力量，邀请中学语文高级教师眭剑平，原南京市拉萨路小学分校（银城小学）英语教师、小学高级教师王军向西善桥小学师生们授公开课。公开课结束后，民进雨花总支会员们向孩子们捐赠四大名著等文学类书藉数十本。在随后的座谈会上，民进雨花总支与西善桥小学党支部签订结对共建协议。民进雨花总支主委孙红霞表示，民进雨花总支继续关注西善桥小学发展，开展送教、送物资等多形式、多层次、多内容交流与合作，不断增进双方友谊，齐心合力，进步共赢。（王　蔚）

人民团体

·雨花台区总工会·

【概　况】 2017年，区总工会贯彻落实市总十六届五次全会精神，按照聚焦“深化工会改革、助推企业创新、服务职工群众、加强自身建设”四大重点工作部署要求，围绕区委提出的全力以赴打好“抓产业发展、促城市建设、补民生短板”三大攻坚战目标，区总工会确定“改革、换届、阵地（职工文化服务中心）建设”三件大事。对区内81名市级特困职工和90名区级特困职工，开展“冬送温暖”“夏送清凉”“金秋助学”、节日慰问等活动，慰问物资63万余元。组织65家企业开展“春风送岗”活动，组织“三八”女职工专场招聘活动，意向签约约200人次。组织省、市“五一”劳动奖状、“五一”劳动奖章、工人先锋号、第三批南京市劳模创新工作室、第二批南京市职工创新工作室、“安康杯”竞赛优胜单位和个人推荐申报工作。开展2017年工资集体协商春、秋季要约行动，发放要约书1100份。举办民主管理工作专题培训班，邀请省总、市总民管部领导进行专题辅导讲座。组织建会行动考评，迎接市级模范职工之家验收工作。落实市总工会会员“普惠制”要求，推进会员实名制数据采集录入和发展南京工会会员服务平台合作伙伴工作。制订全区职工互助会员年度发展计划，开展全区职工互助互济工作，落实市职工互助互济会《2017年度市级职工医疗互助会员发展参考指标》要求。组织工会党员干部“走千家入万户、助发展促富民”大走访活动，走访居民116户、企业1家，解决实际困难36项。组织召开庆祝“五一”国际劳动节暨表彰大会，表彰获省、市“五一”劳动奖状奖章，“五一”巾帼标兵，工人先锋号，“五一”巾帼标兵岗荣誉称号先进个人7人、单位9家。举办雨花台区“爱心母婴室”建设项目推进现场会暨女职工维权法律知识讲座，全区企事业单位近40名女职工工作干部参加。举办工会阳光法律援助志愿服务进社区活动，邀请区职工法律援助律师团成员讲解劳动法律知识，开展法律咨询，向参加活动的企业工会干部、人力资源管理等40余人赠送相关劳动法律书籍200册。推进雨花台区职工文化服务中心建设。开办一期工会工作创新研讨班，7家基层单位工会工作创新参加交流。推进“两学一做”常态化制度化学习教育，组织全体党员赴山东枣庄开展不忘初心、提升党性学习教育活动1次。组织疗休养工作，先后组织40名全区“攻坚之星”、120名职工会员参加市、区总工会举办的疗休养活动。

年内，徐少红被市总工会评为2017年度南京市优秀工会工作者，董必华被评为2017年度南京市优秀工会工作者标兵个人。

【庆“三八”暨先进女职工表彰大会召开】 3月1日，雨花台区总工会召开以“中国梦·劳动美·巾帼情”为主题的庆“三八”暨先进女职工表彰大会。会议表彰2015—2016年度区级“五一巾帼标兵岗”35个，“五一巾帼标兵”41名。区总工会常务副主席程顺友在大会上致辞，副主席庄捷部署2017年工会女职工工作任务，区人大常委会副主任、区总工会主席郭幼佩作重要讲话。

3月1日，雨花台区总工会召开庆“三八”暨先进女职工表彰大会

（区总工会 供稿）

【第三届职工文化艺术节举办】 4月22日，区总工会联合上海梅山钢铁股份有限公司工会在公司体育馆举办迎“五一”职工乒乓球友谊赛。来自市总工会、区机关单位、上海梅山钢铁股份有限公司20名职工参加比赛。区机关队伍获团体第一名。4月26日，区总工会举办雨花台区“中国梦劳动美幸福路”第三届职工文化艺术节文艺会演，来自全区12家基层单位工会表演配乐诗朗诵《五一礼赞》、创意表演《环保时装秀》、京剧表演唱《梨花颂》等12个节目。5月20日，区总工会在板桥街道新建公寓小区文化广场、社区文化活动中心举办端午送温暖暨第二届职工居民趣味运动会。运动会上，举行乒乓球、羽毛球、拔河、托球、环腿运球、企鹅行走接力6个比赛项目，赛后区总工会为8名困难职工、居民发放价值3200元的慰问品。6月13日，区总工会在梅山新产业会议中心举办雨花台区第三届职工文化艺术节垂钓比赛，来自全区的18支代表队、63名选手参加比赛。梅山街道、西善桥街道、板桥街道分获街道（园区）团体前3名，区发改局、交通局、教育局分获系统、直属工会团体前3名。

【六届十四次全委（扩大）会召开】 3月27日，区总工会召开六届十四次全委（扩大）会议。区总工会第六届委员会全体委员及非委员的街道、相关局系统工会主席，区总工会六届经审会委员、经审委员会替补委员29人参加会议。会议由区人大常委会副主任、区总工会主席郭幼佩主持。会议增（替）补区总六届委员会委员、经费审查委员会委员，增（替）补区总工会第六届委员会常委、副主席；部署“五一”庆祝大会等工作。区总工会副主席程顺友、庄捷出席会议。

【庆祝“五一”国际劳动节表彰大会举办】 4月26日，区总工会举行庆祝“五一”国际劳动节表彰大会。区委常委、组织部部长袁迅主持会议并讲话。大会表彰2017年度江苏省“五一”劳动奖章获得者田海霞，南京市“五一”劳动奖状获得单位雨花台区实验小学，南京市“五一”劳动奖章荣誉称号获得者张秀平、凌东胜、邓树清，江苏省工人先锋号获得单位南京丰盛产业控股集团有限公司，南京市工人先锋号获得单位南京梅山工程技术新产业开发有限公司和岱山社区卫生服务中心康复病区，2017年度南京市“五一”巾帼标兵岗获得单位铁心桥社区卫生服务中心护理组、板桥街道市容办保洁中队、南京丰盛产业控股集团有限公司办公室公共关系组、南京市雨花外国语小学美术教研组，2017年度南京市“五一”巾帼标兵获得者叶海霞、何丽丽、王宪娇。区人大常委会副主任、区总工会主席郭幼佩在会上致辞，区委书记黄河在会上作重要讲话。市总工会副主席陈慧男，区领导余清、李邦全出席会议。全区1000余名职工代表参加大会。

【“攻坚之星”、职工会员疗休养活动开展】 3月，区总工会组织全区32名“攻坚之星”分别赴海南、云南两地疗休养。6月和9月，区总工会组织全区123名职工会员分别赴湖南张家界、湖北宜昌、广西巴马疗休养。全区各类先进、模范人物，长期从事有毒有害、特殊工种的职工，苦、脏、累、险岗位人员，在本单位工作年限较长且从未享受过疗休养的在职职工，因工负伤和即将退休的职工，认真履职、主动配合党政领导及围绕大局有效开展工会工作且工作成绩突出的工会干部代表参加疗休养。

【“春风送岗”“夏送清凉”“金秋助学”“冬送温暖”活动开展】 2017年，区总工会开展“春风送岗”“夏送清凉”“金秋助学”“冬送温暖”活动。联合市总工会、区人社局等相关单位举办现场招聘会等活动，通过就业培训、创业帮扶、职业介绍等提高职工就业率。全年举办创业培训5班次，培训学员近800人；举办招聘活动4场次，意向安置就业700余人次。自筹资金近23万余元，慰问高温作业企业一线职工，户外作业的环卫工、建筑工等农民工群体，发放关爱包2000个、饮料2020箱、防暑降温宣传资料3000余份。对困难职工家庭实施精准帮扶应帮尽帮，按照小学1000元，中学、高中（中专）、大学2000元，大学新生4000元的标准，在开学前夕，向40名区级、41名市级困难职工家庭子女发放助学资金12.3万元。为81名市级、90名区级困难职工建立家庭现状、子女就学情况、救助需求等情况档案，对市、区两级困难职工子女进行动态管理，随时跟踪，及时服务。对特困职工高校毕业生和往届生进行摸底，帮助就业，联合市总工会和区人社局开展公益招聘活动。帮助86名市、区两级工会建档特困职工、低保职工家庭、就业困难或遭受突发事件的家庭、困难农民工家庭中的应往届大学毕业生子女实现就业。走访慰问困难企业、困难职工、困难劳模和困难农民工等2014人次，发放送温暖物资74.47万元。为74名市级特困职工发放水价补贴0.37万元。为全区1.66万名职工购康乐保险开展互助互济，其中90人获理赔近33万元。

【区总工会第七次代表大会召开】 11月25日，区总工会第七次代表大会在雨花台中学学术报告厅召开。会议选举产生区总工会第七届委员会、经费审查委员会、女职工委员会。郭幼佩当选区总工会第七届委员会主席，程顺友、庄捷、方忠润当选第七届委员会副主席，李新航当选第七届委员会副主席（兼职）。郭幼佩、程顺友、庄捷、方忠润、李新航、李心怡、范春生、徐承建、徐济华、董必华、蔡亚峰11人当选区总工会第七届委员会常委。庄捷当选第七届经费审查委员会、女职工委员会主任，吴静当选第七届女职工委员会副主任。市总工会副主席陈慧男，市总工会组织部部长傅晓俊，市、区领导黄河、李世峰、杨明、黄唯佳、袁迅、郭幼佩、余清、李邦全出席会议。

【职工法律援助工作落实】 2017年，区总工会落实职工法律援助工作。开展送法进社区、进企业、进工地等活动，宣传法律援助条例、工伤保险条例等法律知识，提高职工法律援助知晓率。发放《中华人民共和国宪法》《中华人民共和国劳动法》《法律援助条例》等法律宣传册1200余份，组织送法进社区、工地活动2次。通过“法援律师团巡回课堂”活动，引导企业经营管理者、职工群众、基层工会干部运用法治思维和法治方式协调劳动关系。坚持调解优先原则，调解劳资纠纷矛盾6起，涉及6人次。加强与区人社局、法院等部门的沟通，建立信息共享机制，深化部门间协作配合，引导职工多渠道表达诉求，帮助职工获取政策信息，并免费给予法律援助。全年，为6名困难职工提供法律援助服务，获赔经济补偿金近20万元。

【民主管理工作落实】 2017年，区总工会开展工资集体协商“春季要约”行动。举办工会干部、工会工作协理员及工资集体协商指导员培训班，参加培训人员80余人；发放《要约书》1100份，回函960份。抓好厂务公开、职代会制度规范化建设，建立健全职代会制度、厂务公开制度，完善职工董事、监事制度，提高职工参与企业民主管理的能力，全区规模以上独立建会企业工资集体协商建制率90%以上。通过建立和完善企业职代会制度，开展工资集体协商，推进和谐劳动关系企业和工业园区创建工作，促进企业和谐健康发展，全年完成36家规模以上企业及3家行业性工资集体协商合同签订工作。 （王　杉）

·共青团雨花台区委员会·

【概　况】 2017年，团区委辖基层团（工）委18个、团委10个、团总支4个、团支部592个，团员12453人。年内，在少先队员中开展“喜迎十九大—我向习爷爷说句心里话”主题队日活动、“英雄故事我来讲·红色精神代代传”主题、“红领巾喜迎十九大”主题寻访活动等主题教育活动，并对263个“雏鹰假日小队”活动情况开展评比。举办“青春喜迎十九大·砥砺奋进这五年”主题讲演比赛。展开“青年文明号”评比活动，评选出先进单位17家。举办“小雨点”公益夏令营4场，受益青少年186人。实施“共青团社区助力计划”，购买青年社会组织志愿服务项目6家，对接街道（园区）8个，开展各类青少年志愿服务活动102场。开展“小雨点”青少年公益成长营系列活动120场，全区65名青年教师志愿者每周六进社区为青少年授课120余次，直接服务青少年6000余人次。

年内，团区委工作项目《青少年公益成长营》被团省委、省志愿者协会表彰为江苏省优秀青年志愿服务项目；团区委工作项目—《你的归家路，有我在身边——雨花台团区委服务春运“暖冬行动”系列活动》被团省委、省经信委、省教育厅、省公安厅、省交通厅、省总工会表彰为2017年江苏青年志愿者服务春运“暖冬行动”优秀项目；团区委被团省委表彰为2017年度全省团属报刊宣传工作先进单位；团区委被团市委表彰为南京市共青团工作先进区、南京市共青团宣传工作先进集体；雨花台区“小雨点”青少年公益成长营活动被团市委表彰为2017年度南京市优秀青年志愿服务项目。赵冉被团市委表彰为2016年度全市共青团工作先进工作者。

7月7日，团区委举办雨花台区共青团“小雨点”公益夏令营活动

（团区委　供稿）

【共青团雨花台区十二届五次全体（扩大）会议召开】 2月21日，共青团雨花台区第十二届五次全体（扩大）会在区政府8楼会议室召开。区四套班子分管领导、各基层团组织负责人和中小学大队辅导员等150余人参加。会议表彰2016年度共青团宣传信息工作先进集体、2016年度学校共青团、少先队工作先进集体和2016年度区级青年文明号集体；同时，三家获奖单位代表作交流发言。团区委书记赵冉作全委会工作报告，回顾总结2016年工作，研究部署2017年目标任务。最后，区委常委、组织部部长袁迅肯定2016年全区共青团工作取得成绩，并对2017年共青团工作提出要求：要把握“着力点”，夯实基础，增强团组织凝聚力和号召力；要找准“结合点”，主动融入，在促进发展上有所作为；要挖掘“闪光点”，凝神聚气，加强团干部自身建设。

【全区基层团干部培训班举办】 9月22日，团区委举办2017年度全区团干部素质提升班。全区各街道园区、社区、系统团干等110余人参加培训。此次培训班为期一天，邀请团市委宣传部、团市委组织部、辖区互联网企业相关负责人等，围绕共青团宣传思想工作和新媒体建设探索、共青团基础团务工作辅导、企业成长之路等内容进行授课，提升全区团干知识储备和业务能力。团市委宣传部副部长杨栋就围绕新时期下共青团宣传工作，提出广大团干要应用好新媒体，加强线上线下相互结合，时刻注重对先进典型的发掘与宣传。针对雨花台区具体情况，杨栋还提出要进一步强化以“雨花精神”为代表的红色文化系列宣传教育，开展主题为“不忘初心跟党走，青春喜迎十九大”的系列活动等。当天活动中，团区委还组织青年团干们参与拓展训练，通过“同出一辙、同甘共苦、同舟共济、同心同德”等互动小游戏，提升团队默契程度和合作意识，提振精气神。

【"青春喜迎十九大·砥砺奋进这五年"主题演讲比赛举办】 10月16日，雨花台区青年干部"青春喜迎十九大·砥砺奋进这五年"主题演讲比赛决赛在雨花台中学国际厅举行，区委常委、组织部部长袁迅，区人大副主任郭幼佩，区政府副区长余清，政协副主席李邦全，市委组织部青干处处长陈罡，团市委组织部部长吕晨，区级机关工委书记蒋红出席并担任决赛评委。现场20支入围代表讲述十八大以来发展变化、身边优秀共产党员先进事迹，展示五年来全区各条战线投身雨花经济社会发展成果，表达对党和祖国深厚情感、对党的十九大热切期盼，激励全区党员干部群众以一流精神状态、一流工作标准，喜迎党的十九大胜利召开。经过评委打分、现场计分等环节，区纪委、人民法院、人民检察院3支代表队获一等奖，区政协办、区人民检察院、铁心桥街道、软件谷4支代表队获二等奖，区人社局、区城管局、区卫计局、赛虹桥街道、板桥新城5支代表队获三等奖，区编办、区发改局、区财政局、区农业局、区民宗局、雨花街道、板桥街道、梅山街道8支代表队获优秀奖。区纪委、人民检察院、农业局、城管局、征拆办5家单位获优秀组织奖。

【南京市"紫金农商银行杯"第三届南京青年创意创业大赛首场动员会暨模拟路演举办】 10月17日，由团市委主办，团区委、南京青年科技创新促进中心、极客站创梦空间承办的"紫金农商银行杯"第三届南京青年创意创业大赛首场动员会暨模拟路演在区举行。20个参赛青年创业团队负责人参加，其中大学生创业者主要来自南京工业大学、南京中医药大学和南京三江学院等高校。活动现场，主持人介绍大赛相关背景、流程和奖项及准备路演需要注意事项和技巧，随后每个参赛团队依次上台进行路演模拟展示，并就观众及嘉宾提问做现场回答。通过路演培训及现场路演模拟活动，为参赛者提供建议和意见，积累经验、进一步完善PPT演示，为正式比赛奠定扎实基础。

【少先队辅导员培训班举办】 10月27日，团区委举办2017年度少先队辅导员素质提升班，来自全区各中小学少先队大队辅导员及骨干中队辅导员近80人参加。区教育局副局长周文林作开班动员讲话，团市委学少部部长朱薇薇做少先队基础知识和向日葵计划活动辅导。随后，组织参观梅山一小队室建设并观摩梅山一小队课展演，赴高淳开展拓展活动。本次培训班为老师们提供沟通交流平台，开拓老师们思维和视野，加强全区少先队辅导员队伍建设。

【第二届少先队辅导员风采大赛举办】 11月8日，由雨花台区少工委举办的"雨花台区第二届少先队辅导员风采大赛"在雨花实小善水湾分校举行。全区54名少先队辅导员参加比赛。本次赛事通过"红领巾寻访"活动案例视频展示、少先队基础专业知识笔试、辅导员专业技能展示三个项目，集中展现广大辅导员昂扬精神风貌，提高全区广大少先队辅导员综合素质，加快少先队辅导员队伍专业化建设，推进少先队活动课程实施和全区少先队工作科学发展。

【林武平调研三胞集团】 12月5日，市青联主席、团市委书记林武平率团市委统战部部长、市青联秘书长黄振华，科学技术界别主任饶翔及界别10余名委员调研参访三胞集团。市青联委员、三胞集团高级副总裁、党委副书记邹衍陪同调研。委员们参观三胞之家、Brook Stone体验店、三胞居家养老产业等体验项目。现场举行座谈会,委员们听取市青联委员、三胞集团高级副总裁、党委副书记邹衍对三胞集团情况介绍,感受到作为本土领军科技企业的三胞集团在多元新兴产业上发展及对青年人尤其是新毕业大学生培养上所做贡献。座谈会上,市青联主席、团市委书记林武平专门就"如何促进大学生更好得在南京发展"与委员们展开热烈讨论,并提出:"服务青年是团委最重要的工作,要让青年认识并了解南京;要减轻青年生活、创业成本,争取协调各方资源,为青年们提供大量租赁用房,有效降低生活成本;要贯彻落实'两落地、一融合'政策,'外引'+'内培'相结合,多培养本土企业家,因'人群'施策、因'群体'施策,提高政府服务效率,让青年更好在南京发展。"

【青少年困难帮扶】2017年,团区委做好青少年帮扶工作。承办团省委"爱心助学、情暖外来务工人员子女"活动,为外来务工人员子女小学捐赠教学设备、冬衣、文具及助学金15万元。实施帮扶困难家庭青少年"助力微心愿"活动,在"雨点微TAO"志愿服务淘宝网店更新发布微心愿169个,动员全区各级团组织、团员青年和爱心人士帮助困难青少年实现微心愿,捐赠各类微心愿物品价值近2万元,发放"微心愿联系卡"338张。举办"爱护我们的身体"暑期青少年安全自护教育讲座,正确引导流动留守儿童保护自己、健康成长。与青海省大通县、陕西省丹凤县结对开展东西部扶贫协作计划,投入资金6万元援建"七彩小屋"2所,开展"同一片蓝天下共读一本书"—为扶贫协作地区留守儿童千里送书公益活动,募集全区少先队员爱心捐书万余册。（李　青）

·雨花台区妇女联合会·

【概　况】2017年,在群团改革落地关键时期,区妇联履行妇联政治职责和基本职能,落实妇联改革,推动工作转型,全面提升妇女儿童服务品质,焕发妇联组织新活力。

践行社会主义核心价值观。举办纪念"三八"国际劳动妇女节暨巾帼文明岗(星)表彰大会,评选表彰区巾帼文明岗(星)40个(人)。通过"五进"方式开展家庭之美宣传;通过演讲、座谈形式组织"最美家庭"代表走进社区50余场次;通过第八届邻里文化节在街道(园区)、社区举办活动70余场次,表彰区"最美家庭(书香家庭)"30户、市"最美家庭"12户,建立最美家庭档案10户,7户家庭获评市家庭建档示范户。开展"晒家风传家训"书法大赛,参加全国妇联"金色阳光我家这五年"随手拍活动、江苏省妇联"我最喜爱的巾帼志愿服务团队""妇女工作者的一天"微视频评选展示活动。在《中国妇女报》《南京日报》刊发文章7篇,在"中华女性网""中国女网"刊发文章5篇。开通"南京雨花妇联"微信公众号,通过"惠家园""荟活动""悦享慧"三大板块,内容涵盖就业、生活、家教、维权等方面。利用"雨花妇女网"、区妇联官方微博、QQ工作群及各类女性微信联系群,加强对妇女儿童热点难点问题的舆论引导。"幸福家庭故事会"入选南京市社会主义核心价值观教育实践创新案例。举办区管女干部人文素养提升工程2期——交响乐赏析、《红楼梦》赏析,组织女干部赴王荷波纪念馆开展廉政文化教育活动。

助推女性创业就业。举办为期3天的南京站第一期“@她创业计划—沃尔玛女性中小微创业者培训班”，参观考察沃尔玛购物广场、石林家乐家等企业，70名女性者参加。联合区人社局、街道（园区）、社会组织举办“春风送岗”女性专场招聘会12场，并为困难妇女特别是女大学生提供育婴师、养老护理员、工艺品制作、插花等创就业培训17场次，帮助28名创业女性落实小额担保贷款320万元。

服务妇女儿童民生事业。编制《雨花台区妇女发展规划（2016—2020年）》和《雨花台区儿童发展规划（2016—2020年）》，确定妇女儿童发展优先领域15个、主要目标100项、策略措施132项。其中，新增指标5项，有22个指标高于省规划目标。确定2017—2018年度妇女儿童实事项目，与成员单位和街道（园区）签订实施“十三五”妇女儿童发展规划和2017—2018年度妇女儿童十件实事的责任书。在妇女儿童公益服务项目中争取省市级项目4个，通过妇联专项经费开展项目12个。在未成年人保护、单身贫困母亲、癌症妇女关爱、和谐家庭建设等项目中，由专业社会组织实施，累计经费38余万元。在省级“黄丝带巾帼行动”项目中，帮助指导残疾妇女发展来料加工，人均增加月收入500元。通过“困难妇女创就业”“两艺就业”项目培训妇女家政、花艺等就业技能，精准帮扶50余名妇女获得就业岗位。与社会力量联办“天使爱心”“花神助学”“国信助学”“苏银助困”“音乐种子”5个公益资助项目，实施动态管理，精准帮扶困难学生92人，资助总额33.6万元。

维护妇女儿童合法权益。利用“三八”妇女维权周，开展反家暴法制宣传活动18场，提供法律咨询服务约1500人次，发放预防和制止家庭暴力等宣传资料5000余份，发放调查问卷300份。邀请律师、法官以及“宁姐工作坊”讲师团成员开展送法进社区讲座17场，直接受益群众1100余人。与壹家亲等社会组织合作，走进社区开展以“文明家庭同心同行”为主题的反家暴宣传专场活动6场次，参加人数约600人，发放调查问卷120份、宣传资料500份。动员和引导各类社会组织开展“百团‘四送’进妇女儿童之家”活动。开展妇联系统社会矛盾和安全隐患大排查大整治行动，成立领导小组、制定工作方案，全面梳理排查安全隐患，确保不发生影响稳定的婚姻家庭纠纷。全年，接待妇女群众维权调解18件，办结率100%。

年内，南京优侠众创空间有限公司被评为2017年度省级巾帼创业创新孵化基地；江苏千米网络科技股份有限公司被评为2017年度省级巾帼电商服务示范基地；板桥新城柿子树社区、龙福幼儿园大班年级组、区政务服务管理办公室3家单位被评为江苏省巾帼文明岗。林虹获“江苏省巾帼建功标兵”称号。

【第九期女干部人文素养提升工程举办】 1月12日，第九期全区女干部人文素养提升工程《聆听经典音乐，感受音乐语言的魅力》交响乐知识及赏析讲座举办。区管在职副处级以上女干部、各系统妇工委主任、各街道（园区）妇联主席30余人参加讲座。区妇联邀请中国指挥学会会员，南京大学副教授，香港大学、比利时Maasmechelen音乐学院客座教授，南京大学交响乐团、香港青年爱乐乐团音乐总监、常任指挥吕晓一教授为女干部们授课。讲座结束，区妇联为2016年度女干部人文素养提升工程优秀学员颁奖。

【省级巾帼文明岗争创岗交流汇报会召开】2月16日，区妇联专题召开省级巾帼文明岗争创岗创建工作交流汇报会，柿子树社区、龙福幼儿园、区政务服务中心等8家市级巾帼文明岗负责人分别通过ppt展示、交流发言等形式，交流各单位自开展省级巾帼文明岗争创活动以来，岗位成员立足岗位创先争优，不断丰富创建活动内涵，着力提升岗位服务水平等方面工作。随后，区妇联副主席林晓慧作总结。至年末，全区有国家级巾帼文明岗5家、省级巾帼文明岗22家、市级巾帼文明岗18家、区级巾帼文明岗87家。

【纪念“三八”国际劳动妇女节107周年暨巾帼文明岗（星）表彰大会举办】 3月6日，纪念“三八”国际劳动妇女节107周年暨巾帼文明岗（星）表彰大会在雨花台中学学术报告厅举办。各街道（园区）及系统党（工）委分管领导、妇联执委、机关女干部、基层妇联干部、社区妇女和家庭代表及受表彰人员660余人参加。大会由区委常委、组织部部长袁迅主持，区委黄河书记发来贺信，区四套班子领导出席大会。大会播放专题片《巾帼玫瑰·芬芳绽放》，并表彰50名巾帼文明岗（星），省、市、区先进集体和个人代表进行交流发言，市妇联副主席徐晓洁和区委副书记袁传军分别讲话。会后，来自全区机关和各街道（园区）文艺骨干们为现场观众表演舞蹈《卷珠帘》、京剧《智斗》、杂技《转碟》等。

【区“十三五”妇女儿童发展规划颁布实施】 4月7日，雨花台区颁布实施《雨花台区妇女发展规划（2016—2020年）》和《雨花台区儿童发展规划（2016—2020年）》。年内，区政府高度重视两个《规划》的编制，成立由分管副区长任组长的规划编制工作领导小组；召开由成员单位、街道（园区）分管领导、社区工作人员及基层各类妇女群众代表等参加的专题调研会，并通过新媒体线上线下广泛收集社会各方意见建议；经反复讨论、数易其稿，最后形成规划征求意见稿和审议稿，报经区政府常务会议专题审议后正式颁布实施。雨花台区作为实施“十二五”妇女儿童发展规划省级示范区，在编制规划时注重将省市指标和区域实际相结合，明确“十三五”妇女儿童发展的指导思想和总体目标，重点围绕妇女创业就业、完善学前教育等事关妇女儿童发展的重点、难点问题，在涉及妇女、儿童的15个发展领域，提出主要目标100项，策略措施132项。其中，新增指标5项，有22个指标高于省规划目标，体现出区域特色。

【第八届邻里文化节举办】 5月10日，在第24个国际家庭日前夕，雨花台区第八届邻里文化节暨铁心桥街道第五届邻里桃花节活动开幕式在翠岭银河社区南广场举行。市妇联宣教部部长王亚琴、区妇联主席李茜、铁心桥街道党工委书记张建设、区文明办副主任徐青、区总工会副主席庄捷出席开幕式，社区家庭代表200余人参加活动。区妇联联合区委宣传部、文明办、总工会等部门，以“万家创最美”为主题，深入社区、机关、企业、学校和部队寻找“最美家庭”，评选出魏冰等雨花台区最美家庭30户。区妇联推荐的潘立成等12户家庭被表彰为南京市最美家庭。开幕式上，与会领导先后为受表彰的市、区及街道最美家庭颁奖。铁心桥街道社区舞蹈队、太极拳队、十方缘义工、幼儿园孩子为现场观众作文艺演出。

5月10日，雨花台区第八届邻里文化节暨铁心桥街道第五届邻里文化节在翠岭银河社区南广场举办　　（区妇联　供稿）

【全区妇女儿童工作会议召开】 5月20日，区政府召开全区妇女儿童工作会议，副区长、区政府妇儿工委主任余清出席会议并作重要讲话。区政府妇儿工委成员单位分管领导、联络员，各街道（园区）妇儿工委主任和妇儿工委办公室主任80余人参加会议。区政府妇儿工委副主任、区妇联主席李茜代表区政府妇儿工委作工作报告，回顾总结近两年全区妇女儿童工作，进一步明确下阶段工作重点和任务。会上，表彰妇女儿童工作先进集体和先进个人，确立2017—2018年度妇女儿童十件实事，区妇儿工委与各成员单位及街道（园区）签订实施“十三五”妇女儿童发展规划和2017—2018年度妇女儿童十件实事的责任书，区卫计局、司法局、雨花街道、赛虹桥街道4家单位作交流发言。

【区妇女第十一次代表大会召开】 12月20日，区妇女第十一次代表大会在雨花台中学学术报告厅召开，来自全区各行各业妇女代表和特邀代表188余人参加大会。会上，少先队员代表献词；区政协副主席、区红十字会常务副会长孙红霞代表人民团体致贺词；与会领导为市、区三八红旗手（集体）颁奖；区委书记黄河代表区四套班子致贺词。大会审议通过雨花台区妇联第十届执行委员会工作报告；选举产生雨花台区妇联第十一届执行委员会、第十一届主席、副主席和常务委员；李茜当选为区妇联主席，林晓慧、张晔、姜玲（兼职）、王婷（兼职）当选为区妇联副主席。该次大会是党的十九大和群团改革后首次妇代会。市妇联主席、党组书记谈健，区委副书记、区长李世峰，区人大常委会主任杨明，区政协主席黄唯佳及区四套班子分管领导出席会议。

（张　晖）

·工商联·

【概　况】 2017年，区工商联在区委、区政府领导下，按照区委统战部和市工商联统一部署，深入贯彻中共十九大精神，以习近平新时代中国特色社会主义思想为指导，围绕攻坚“抓产业发展、促城市建设、补民生短板”三大主战场，参政议政、建言献策。把握“两个健康”主题，探索非公经济人士思想政治工作新途径。发挥桥梁纽带作用，做好强化商会职能、增强服务意识、拓展服务领域、提高服务本领等工作。

年内，区工商联第六次被江苏省工商联评为先进集体；赛虹桥街道商会被南京市工商联评为“四好”示范商会。

【理想信念教育】 2017年，区工商联坚持“团结、服务、引导、教育”方针，把推动非公经济人士理想信念教育作为促进“两个健康”有效抓手，引导全区广大非公经济人士弘扬老一代企业家创业精神，继承听党话、跟党走光荣传统。深入开展以“守法诚信、坚定信心”为主题的理想信念教育实践系列活动，引导非公经济人士牢固树立守法诚信意识并举荐任用。在市工商联新一届领导班子中，基层商会3名企业家当选副主席、3名企业家当选副会长、6名企业家当选常委、23名企业家当选执委。注重培养年青一代非公经济代表人士，先后选派19名非公经济代表人士赴延安、井冈山参加革命传统教育培训，安排3名新任常执委企业家到浙江大学参加民营企业家高级研修班；推荐13名青年企业家参加新生代非公经济代表人士培训班；选派企业高管参加市联组织的新的社会阶层人士培训班。

【民营企业服务】 2017年，区工商联加强服务民营企业。开展大走访大调研活动，全年走访民营企业81家、商会组织9家，发放企业联系服务卡81张，收集整理企业提出的意见建议14条，全部完成解释并落实整改。重视民企调查工作，科学监测、力求实效，真实反映民营企业发展状况，全年在线填写问卷100余份，综合完成率100%。做好“增点扩面”工作，认真筛选样板企业，拓宽信息调查渠道，将信息直报点企业从原有的20家增加至30家。引导非公经济人士参与“东西部协作”精准扶贫行动，全年捐款捐物162万元，帮扶困难学子100名。先后组织部分民营企业家赴青海省大通县和陕西省丹凤县开展精准扶贫工作，促进企业扶贫项目落地，并对两地30名贫困学生进行一对一重点帮扶。

【基层商会建设】 2017年，区工商联按照计划，在全区开展“四好”商会创建和星级商会建设工作。重点指导赛虹桥街道商会创建南京市“四好”示范基层商会，协调配合组织部门和赛虹桥街道党工委在街道商会建立党支部。重视加强基层商会组织发展建设，提倡和鼓励企业家办会，先后成立雨花台区青年企业家联合会和雨花台区丹凤商会，做好软件商会、城镇建设化商会团体会员注册协调工作，完成软件商会换届工作。至年末，全区“四好”示范商会1家，优秀五星级基层商会5家，五星级基层商会6家，五星级行业商会2家，三星级行业商会4家；发展基层商会会员1000家。

（周　翔）

法　治

·政法委与综治·

【概　况】 2017年，区委政法委围绕服务区委攻坚“三大主战场”和四项难点工作，以排查整治为主线、以基层基础为根本，创新社会治理方式，提升人民群众安全感和法治建设满意度，为党的十九大和国家公祭活动胜利举行营造安全稳定社会环境。

维护社会安全稳定。结合“一带一路”

开展涉外企业访谈，摸排接受境外资助社团850余家，收集上报重大情况信息65条。建成玉兰路反邪教文化广场，开展反邪教宣传活动37场次，油坊、丁墙社区被评为无邪教示范社区。开展社会矛盾和安全隐患大排查大整治行动，完成全国“两会”、一带一路国际合作高峰论坛、中共十九大和国家公祭活动等安保维稳任务。

预防化解社会矛盾。扩大稳评覆盖面，全区报备项目110个，完成稳评70个，其中跨世纪装饰城场地到期终止租赁稳评项目被评为全市十佳稳评示范项目。开展“信访积案化解攻坚年”行动，市交办的信访积案化解率88.2%，结案率100%，位列全市第一方阵。妥善处理诚记餐饮、新建大酒店欠薪，板桥农贸市场承租，安德门农贸市场搬迁，铁心桥凤翔花园“双清”纠纷等矛盾。

提升公众安全感。加强防控体系建设，深挖全区“两点、三线、五十面”巡逻防控体系能效，开展“敲门行动”、“排雷行动”“流动人口联合清查整治”、“五项攻坚”等集中整治行动，摸排全区流动人口294527人，其中新登记165311人，累计办理居住证193622张，累计登记房屋出租户85318户，破获各类案件134起，抓获各类违法犯罪人员235人。加大打击涉众型经济犯罪、多发性侵财犯罪、食品药品和环境犯罪，全年破案率31.9%，同比上升11.2个百分点；命案和两抢案件破案率均为100%，八类案件破案率为96.4%，抓获各类逃犯121人。对109家列管寄递业物流网点和30家列管危化品生产使用企业进行安全检查，破获案件15起，抓获犯罪嫌疑人22人。依托“雪亮工程”，将铁路沿线55个监控点位纳入整体规划同步建设，被省综治委护路联防工作组评为“平安铁路区”。全年全区公共安全感测评为95.75%。

推进依法治区进程。贯彻落实省、市及区法治建设“1+1+5”纲领性文件各项工作任务，推进法治雨花建设为民办实事项目8件，区法学会加强法学课题和法学理论研究。推进基层组织法治创建，明确法治建设品牌创建目标，对预防职务犯罪警示教育基地和花神庙社区法治文化建设进行提档改造升级。开展“村规民约”等自治章程法律体检，解决严格执法、公正司法、矛盾纠纷化解、社区自治等“最后一公里”工作。全年，全区法治建设满意度99.5%，连续两年位列全市第一。

创新基层治理体系。推进“社区综治警务一体化”工程，由62名社区民警在59个社区担任综治副主任，实现100%任职。推进创新网格化社会治理，建立健全“一把手”责任传导机制，全区初步划分645个综合网格和126个专属网格。加快三级综治中心平台建设，街道、社区综治中心建设达标率为100%和70%，为11家成员单位、8个街道（园区）、52个社区配备电脑设备71台。推进13项系列平安创建，创建达标率95%以上。

【社会矛盾和安全隐患大排查大整治行动开展】 7月，区委政法委按照省市要求，集中开展社会矛盾和安全隐患大排查大整治行动。以最高标准、最严要求、最强措施完成中共十九大和“12?13”国家公祭活动安保维稳任务，实现“三个不发生”“两个绝不能”工作目标；成立行动专班，实行集中办公、挂图作战，开展9轮排查、9轮督查，115件社会矛盾、15件涉众型经济案件、9个治安重点地区13个突出治安问题得到有序化解，整治安全生产隐患

1257项；开展出租房屋安全隐患集中整治，在全市率先实施有奖举报"排雷行动"，清理群租房688间，核查出租房内流动人口7万余人次；下发《大排查大整治工作清单》3次、《督办整改通知单》34批94件次、《工作简报》20期、《情况通报》6期。公祭活动期间，发动平安志愿者25000人次，对全区1799个重点部位和重点目标进行严防死守，确保安保维稳任务完成。

【依法处理涉众型经济案件】 2017年，雨花台区加大对涉众型经济案件打击力度，全区侵财性案件发案同比下降21.2%，破案率28%，较去年上升11个百分点。加大对非法传销打击力度，8月9日，区公安分局对岱善地区非法传销行为进行集中清剿，出动800余人，捣毁传销窝点137个，抓获传销人员555名，刑拘136人，司法逮捕109人，涉案金额达5000余万元，为建国后南京地区最大的传销案件；同时密切关注参加传销未收监和收监释放人员动态，对136家私租房组织上门"回头查"，又抓获传销人员8人。

【矛盾纠纷多元化解机制完善】 2017年，区委政法委完善矛盾纠纷多元化解机制。坚持领导定期接访，区领导参与信访接待工作198人次，定点接待来访群众84批657人次、专题约访11批69人次。联合各级调解组织开展矛盾纠纷排查1532次，预防纠纷362起；劝阻群体性上访128批次、689人次，参与处理社会矛盾纠纷3396件，成功处理社会矛盾纠纷3385件，成功率99.67%，涉及人数7530人、资金2563万元。办理各类法援案件498件、9122人次，挽回经济损失900余万元。强化司法调解，公调对接调解事项832件，调处成功830件，诉调对接化解物业纠纷206件。

【社会治安巡防体系建设】 2017年，区委政法加强社会治安巡防体系建设。委完善社区"1+2+4+X"常态巡防机制，增加专群力量，保安、特勤、协管员全部配备到位，专职巡防队伍做到巡防规范"六必清"、巡逻盘查"六必问"、重点部位"六必到"，平安志愿者队伍明确职责、规范管理。依托软件谷、安德门两个街面警务工作站，形成屯警街面、动中备勤、精准布控格局，接警量占责任片区警情总量6成。结合"雪亮工程"，在岱善保障房片区新安装"人脸识别、车辆识别、WiFi识别"智能防控系统4套，为22个小区安装"智能防控围栏"，全区新安装三类视频监控410个、智能防盗门200扇、小区门禁系统20套、人像识别系统5套，新建非机动车保管站5个、政府补贴更换防盗锁芯3200把。全年调度警力9000余人次，完成夫子庙灯会、清明祭扫、南京马拉松等大型活动安保工作，完成省市各级领导安保警卫任务80余次，以实战化状态确保事件及时处置。

（游　飞）

·法治政府建设·

【概　况】 2017年，区政府法制工作围绕法治政府建设目标要求，着眼问题导向、需求导向、效果导向，出台《雨花台区法治政府建设实施规划（2016—2020年）》，推进保障法治政府建设工作；在全市各区中率先开展公职律师工作；开展分层次及组团式执法培训，编制综合执法文书，推进综合执法工作；完成改革创新成果案例"化解'三集中'房屋拆迁难题，推动新型城镇化建设”“综合执法法律文书的设计与实现”课题研究。开展规范性文件清理工作，确认《雨花台区科技企业孵化器管理及考核办法》等5份规范性文件继续有效。

年内，区政府法制办被省法制办评为2016年度政府法制工作成绩突出单位；被市政府法制办评为全市行政复议工作优秀单位；被市全面推进依法行政领导小组办公室评为全市行政执法案卷评查先进单位。陈志康被省人社厅、省法制办授予全省政府法制工作先进工作者。

【依法行政工作】 2017年，区政府制定《雨花台区2017年推进依法行政加快建设法治政府工作计划》，部署重点任务24项；编制《雨花台区法治政府建设实施规划（2016—2020年）》，分解工作任务147项，逐一明确工作责任分工和成果形式，为该区法治政府建设绘就路线图、施工图和时间表；将法治政府建设成效纳入全区经济和社会发展目标考评，实行全程动态考核，要求各部门、各街道（园区）月月报报表，半年报总结，并进行统计分析，对发现的问题，及时提出整改建议。

【行政执法监督】 2017年，区政府法制办开展执法案卷评查2次，采取自查、专项评查和互查交叉方式，对各单位报送的行政处罚75卷、行政许可案卷116卷及其他类案卷20卷进行评查，评查出优秀案卷20卷，对存在严重问题的发出监督意见书；落实重大执法行为备案制度，建立重大执法行为备案台账，对报备时效、证据、程序、文书、法律适用等要素作重点审查，共备案46件；落实“263”专项行动任务，牵头开展梅钢9号路片区联合执法专项行动，协助开展建通院联合执法专项行动，监督各执法部门开展执法工作；结合行政审批和执法体制改革，重新梳理确认公布全区行政执法主体53个；推荐花神庙社区挂牌市行政执法监督基层联系点，提升民生服务效能，营造法治化、市场化营商环境。

【行政执法人员管理与培训】 2017年，区政府法制办组织开展执法人员证件换发工作，换发执法证572本、监督证59本；组织72名执法人员参加领证培训及考试；制定综合执法检查大队相关制度，编写综合执法法律文书，梳理下放检查事项法律依据；开展综合执法检查人员法律培训、执法辅助人员培训3场次，参加培训人数800余人，并组织9个部门深入街道开展组团式培训，将每个事项的执法流程向一线检查人员讲解；开展《PPP项目运作实务及案例分析》讲座，提高领导干部依法决策水平；发放行政复议指南、新行政诉讼法解读、行政强制法指南等材料百余份，供执法人员参考学习。

【行政复议与行政诉讼】 2017年，区政府法制办办理行政复议案件31件，其中当事人撤回申请2件，不予受理3件，维持21件，确认违法3件，未审结2件，发出行政复议建议书1份，召开复议听证会率100%；代理区政府被复议案件11件，其中胜诉7件、败诉1件；办理以区政府为被告的行政应诉案件132件；建立行政诉讼案件定期分析制度，分析成因，提出改进措施。

【政府法律顾问制度】 2017年，区政府法制办调整区政府法律顾问委员会成员名单，增聘资深律师1名，召开委员会全体会议；组织召开专题论证会20次，为区政府重大行政决策、疑难行政复议诉讼案件、重大合同等提供法律意见；制定《雨花台区开展公职律师工作的方案》《雨花台区公职律师管理办法》，设立公职律师管理办公室，优选出政治觉悟高、思想作风正、业务素质精的业务骨干担任公职律师，致力于打造一支政治过硬、业务过硬、责任过硬、纪律过硬、作风过硬的公职律师队伍。

【行政执法与刑事司法衔接工作】 2017年，区政府法制办开展两法衔接信息共享平台对接和启用工作，推进部门政务网络与区电子政务外网的连通，实现信息共享；推进两法衔接工作与“两减六治三提升”相结合，建立检察院、法院、公安、环保联动机制，加大环境违法案件查处力度。

【双随机一公开工作】 2017年，区政府法制办制定双随机一公开工作方案。牵头各部门制定随机抽查事项清单、检查对象名单库和检查人员名单库及随机抽查工作细则；与区审改办、发改局、市场监管局等5家部门组成专项检查组，对各部门落实情况进行检查，对落实不力的单位进行通报并督促整改；组织开展业务培训，强化监管信息平台建设，督促各部门及时公开监管信息。

【法制保障】 2017年，区政府法制办落实《雨花台区重大合同审查备案办法》，审查各类合同110份、提出建议400余条；协助征拆办修改小行里、建宁一村等项目的征收补偿决定6份；为元化公司、凤台南路环境综合整治等提供法律意见10份；参与人居森林、两桥改造等重点拆迁项目，对拆迁政策进行把关，保障政策合法性；对尹西村“三集中”房屋收退回遗留问题，主动介入，提出化解矛盾思路。

（彭媛媛）

·公　安·

【概　况】 2017年，区公安分局围绕“一个支撑、双轮驱动、三大保障”战略布局，以做好十九大安保工作为主线，紧盯“两个决不能、三个不发生”总目标，推进“社区综治（警务）一体化建设”“现代化立体化信息化社会治安防控体系建设”“大走访”“大排查大整治”和“五项攻坚”等重点工作，加强和创新公安工作和队伍建设，提升维护人民安全和社会稳定能力水平，为中共十九大胜利召开和全区经济发展创造和谐稳定社会环境。

犯罪打击。整合刑侦、技侦、网侦、图侦力量，破获“1·25”虹悦城持刀抢劫案、“3·21”跨省入室盗窃串案、“7·25”板桥恶性入室抢劫案、“8·02”铁心桥入室抢劫案等重大案件。在市局专业部门支持下，摧毁各类侵财犯罪团伙21个，破获案件43串152起，破案率34.2%，同比上升8.2%。侦办新型食药环案件28起，抓获犯罪嫌疑人81人，2起案件被省厅挂牌督办，1起案件申报公安部督办。集中清剿岱善地区传销人员，捣毁传销窝点137个，抓获传销人员555名，涉案金额5000余万元。试点运行认罪认罚从宽制度，办理认罪认罚从宽案件202起。在案件管理中心（室）实体化运作过程中，自查不规范问题89处，全部第一时间整改到位。

人口管控。出动民警370人、协管员588人、特勤258人、街道社区165人。清理房屋出租户10593户，其中关注对象落脚点26处，新登记房屋出租户1130户。清理流动人口32484人，其中新登记暂住人口15709人，清理空关房80间，清理桥梁涵洞120处，清理中小旅馆173家，清理网吧59家，清理洗浴场所52家，清理其他娱乐场所30家。

治安管控。新增公安自建监控点位146个、完成全区34辆4G移动图传车改造工程、配发4G单兵图传装备8个。在4个社区试点运行"社区综治警务一体化"工程。由62名社区民警在全区59个社区担任综治办副主任，实现100%任职，划分网格670个，有网格员1582名。新增电动巡逻车20辆、特勤50名，将巡防区域扩大至支街背巷和老旧小区，六类案件发案率同期下降28个百分点。快办街面案件，紧盯盘查线索，抓获犯罪嫌疑人12名。软件谷警务工作服务站获"雷锋式警务工作服务站"称号，记集体嘉奖一次。

交通管理。2017年，是南京市交通秩序治理三年行动的集中攻坚之年，交警八大队按照市、区党委政府总体部署要求，在上级公安机关正确领导下，深入学习贯彻习近平总书记系列重要讲话和全市公安工作会议精神，围绕市局"一个支撑、双轮驱动、三个保障"中心工作，以中共十九大安保维稳为主线，增强"四个意识"，学习借鉴上海、深圳等先进城市做法，推进交通秩序治理和城市精细化管理，坚持公路安全与城市畅通并重，在"双轮驱动"中做强主业，主动服务保障辖区经济建设和发展大局。围绕"三个不发生"创建活动，打响四场道路交通安全整治攻坚战，最大限度排查整治安全隐患，最大限度防范化解安全风险。全年辖区交通安全形势总体平稳，为中共十九大胜利召开营造安全稳定的道路交通环境。

消防管理。全年区消防大队接警520起，其中火灾259起、抢险救援146起、社会救助12起、其他103起。出动消防车1499辆次、消防官兵8419人次，抢救被困人员51人，抢救财产价值约407.6万元。接警数同比下降12.3%，火灾数同比下降24.7%，亡人数同比下降100%，火灾形势趋势平稳。出动检查警力10076人次，检查单位5038家次，发现火灾隐患或违法行为10393处，督促整改火灾隐患或违法行为10337处，临时查封97家，受理行政案件立案279起，下发处罚决定书279份，责令"三停"49家。整改重大火灾隐患3家。全年各派出所检查单位4526家，督促整改火灾隐患8718处，下发《责令改正通知书》208份，办理一般行政处罚案件208起。

【重大跨省贩卖海洛因案件破获】 10月24日，区公安分局在市局禁毒支队、技侦十六大队指导和支持下，会同赛虹桥派出所，破获一起重大跨省贩卖海洛因案件，抓获涉案嫌疑人11人，缴获毒品海洛因372克，系全市该年最大毒品海洛因缴获量。9月，区公安分局对涉毒涉刑重点人员进行排查研判时发现，本地籍涉毒人员刘某与多名吸毒人员联系紧密，且每周夜晚均有多名吸贩毒前科人员前往刘某住处购买毒品海洛因，据此区公安分局对刘某立案侦控。经过近两个月外围侦查摸排和经营侦控，刘某贩卖毒品系向活动在云南昆明上家"阿文"联系购买，利用货运物流运输毒品。10月17日，专案组获悉刘某再次向"阿文"提出购毒需求，连续7天在物流港进行蹲点守候，于10月24日19时30分许，将前来取毒品的犯罪嫌疑人许某在物流港某货运点抓获，当场缴获藏匿于核桃内海洛因372克，同时抓获藏身于家中的刘某及其他涉案人员，并于次日凌晨赴昆明在当地禁毒支队配合下，将租住在城中村的上家“阿文”抓获归案，现场查获用于包装毒品的核桃、502胶等作案工具及假币3万余元。

【“3·30”特大盗刷银行卡案件破获】 3月30日，区公安分局在省厅刑侦局、市局刑警支队、技侦第十六大队、网安十四大队指导和支持下，破获一起特大盗刷银行卡案件，抓获犯罪嫌疑人3名，缴获现金及笔记本电脑等作案工具。3月30日晚，区公安分局接报警人称自己的招商银行卡被人盗刷55万元。据悉报警人当天16时许收到招商银行余额短信提醒，其招行卡内55万元在异地消费，而此时这张招商借记卡却从未离开其身边。经与招商银行工作人员核实，案发当天仅本市招商银行卡就有14起盗刷案件发生，而全省当天也发生数十起同类案件，涉及多家银行。案件发生初始，区公安分局通过梳理核查工作，串并本市案件35起，涉案价值百余万元，而涉及外省市案件更是数额巨大，随后通过大量侦查工作发现，上述受害人都有在本市秦淮区某烤肉店附近消费情况，根据这一发现，组织民警开展深入工作，确定嫌疑人牟某。牟某来南京“取料”成功后交翁某（另案处理），而翁某又将这些“料”交给王某来进行清洗，并由王某联系嫌疑人带来POS机，在广东东莞进行作案。最终刘某、牟某、王某3名主要嫌疑人悉数到案。（严　霜）

【施工路段监管强化】 2017年，交警八大队针对辖区南京南站内部建设、“两桥片区改造”、宁和城际、铁心桥改建、龙翔大道、宁双路东延、华为路北延、凤台南路环境综合整治等工程先后启动，加强与政府有关部门和施工单位的沟通协调，对施工点与面进行精细化研究，严密工作流程，严格交通工程方案审验，全力做好道路交通组织，推动警力上路，加强施工沿线巡管，督促施工单位规范施工，最大限度地减轻施工对城市生产、生活的影响，最大限度提升道路通行能力。

【乱点堵点综合治理】 2017年，交警八大队重点围绕软件大道、绕城公路铁心桥匝道等易堵点周边道路，对交通乱点和堵点开展查，按照“一点一策”要求，逐一制定整改方案，明确整改时限和责任单位，综合采取优化交通组织方案，确保交通秩序改善，通行速度明显提高。年内，新建并开通绕城公路凤信路上、下匝道、华为路下匝道，龙翔大道一期、甲九路、甲十路、乙一路、宁双路东延、华为路北延等开通启用，车辆被有序分流，交通拥堵问题得到缓解。

【南京南站秩序管理】 2017年，针对南京南站地区人车流量逐年增大情况，交警八大队加大交通设施投入、加强交通组织、宣传引导和警力投入等措施，在春运、五一、国庆、中秋等小长假期间，加强警力部署，确保节假日交通超大流量平稳有序。对江南路锦绣街路口进行综合改造，新增交通设施、路口信号灯、行人过街信号灯，保证路口车辆行人安全通行，消除安全隐患。同时，定期开展联勤整治，严格取缔黑车、不规范车辆、出租车、网约车违法停放、滞留带客、机动车违停等交通违法行为，保障南站地区交通秩序总体良好。

【清明期间安保工作】 2017年，交警八大队超前组织部署，严密工作方案，加大警力投入，强化宣传引导，严格路面管控，应对祭扫高峰。3月11日至4月9日祭扫高峰期间，出动警力1248人次、警辅253人次，警车275辆次，各大墓园祭扫市民220万人次，各种机动车48万余辆，确保各陵园、墓园及周边地区交通道路安全畅通。

【运输企业主体责任压实】 2017年，交警八大队将“两客一危”、“营转非”大客车、渣土车、重型自卸货车、槽罐车、混凝土搅拌车、五小工程车、环卫车及驾驶人全部纳入源头监管范围，组织车管民警定期深入各运输企业排查安全风险，强化辖区重点驾驶员的培训和教育，每月对辖区运输企业安全主体责任落实情况开展一次检查，重点排查安全管理制度不健全、责任不落实、管理不到位等问题。集中排查逾期未检验、逾期未报废和满分未处理等安全隐患，将货车事故预防作为当前事故防范的重点，严格做好货车源头监管和违法查处。针对南京金骆驼土石方工程有限公司名下20辆渣土车（2015年因经济纠纷被亳州法院查封）常年逾期未检的情况，主动工作与相关部门积极沟通，将该公司名下所有车辆的违法曝光全部处理结束，并协助办理车辆异地年检手续。

【重点运输单位走访】 2017年，交警八大队发挥公安交警部门与运输企业、驾驶人员联系较密切的优势，由大队领导干部和中队长带头，组织全队民警深入走访交通运输企业，主要为辖区公路客运企业、旅游客运企业、危险品运输企业、校车单位、城市公交出租企业、专业工程运输企业、5辆车以上的普通货物运输企业，共7大类104家企业，严格落实“五个必查”。先后召开重点车辆企业安全负责人会议3场次，签订责任书112份，驾驶人面对面教育及座谈会104场次，签订安全承诺书1813份，约谈企业负责人5场次；在大排查大走访攻坚活动“回头看”工作中，走访89所学校，其中中小学32家、幼儿园57家，共签订不接送学生承诺书89份；在封闭货车排查工作中，对辖区1320辆车，已通知登记1147辆车，签订226份单位责任书，1147份驾驶员承诺书。

【交通隐患排查治理】 2017年，交警八大队结合“防风险、补短板、抓规范、提能力”集中攻坚行动，着力完善交通安全设施，强化交通安全协同共治。抢抓城市环境综合整治契机，推进路口通讯线路和配套杆线并杆下地工作，对辖区路灯杆、信号灯杆、标志杆、监控杆和电子警察杆进行整合，全力推进辖区管线下地和杆线并杆工作，先后完成36个路口和10条道路施工。先后整改交通安全隐患26处，在16个路口新增信号灯，增设路口视频监控设备12套、货车禁行监控设备1套、公交专用道禁行抓拍设备5套，新增电子警察14套、隔离护栏430套。通过科学调整路口渠化，优化信号灯配时，取消不合理路内停车泊位，强化日常交通标志标线、信号灯、机非隔离护栏等设施管理维护，确保道路交通设施齐全完好有效。

【交通事故防控】 2017年，交警八大队围绕“三个不发生”，坚决打好“四场攻坚战”。按照全市道路交通事故防控工作要求，按照“每月一重点、月月有主题”工作思路，深化“治渣行动”、面包车专项整治工作成效，突出夜间整治力度。组织民警执勤巡逻，及时发现查处“三驾”（酒驾、醉驾、毒驾）321起、“三乱”（乱停车、乱变道、乱用灯光）12975起、“三车”（电动自行车、低速电动车、工程运输车）13413起、“两闯”（闯禁行、闯红灯）963起、“两线”（斑马线、停止线）1965起、“两牌”（套牌、假牌）等交通违法行为。查处渣土车交通违法1114起、面包车交通违法1393起，治安拘留27人。

【非机动车行人秩序整治】 2017年，交警八大队完善责任区勤务机制，推进实施全员绩效考核制度，将秩序整治权重从20%大幅提升到42%，提升民警工作主动性和积极性。按照高峰守点，平峰整治的要求，各执勤中队组织足够警力、警辅在城郊结合部重点路口开展专项整治，严查行人、非机动车闯红灯、走快道，落实首违必处、上限处罚；同时，抽调精干警力，成立若干整治小组，在主要路口、路段开展突击整治，将机动巡查和定点查处相结合，有效治理行人、非机动车违法乱象。先后查处非机动车各类违法行为达44541起，处罚行人违法10114起。

【交通违法专项治理】 2017年，交警八大队围绕对道路交通安全及通行秩序有突出影响的重点违法，实施针对性、持续性、严厉性专项治理。整治民警开展“静夜”行动，紧盯重点路段、深夜时段，严查机动车违法改装、“飙车”等违法行为，查处涉嫌非法改装车辆217辆；组织“治渣”行动，加强渣土车行经路线巡逻和联勤整治，查处渣土车各类重点违法行为2209起；打响“治面”行动，围绕城市主要路口和干道，依托城郊结合部、出入城口和大市场周边道路，严查面包车非法改装、客货混装违法，先后查处面包车违法1393起；掀起清拖风暴，加强违停管理，对于采取电子警察曝光方式整治违停效果不明显的，使用清障车强制拖移车辆，清拖违停车辆700余辆。

【“三乱”违法行为整治】 2017年，交警八大队围绕支队秩序整治工作目标任务，组织警力严查“三乱”违法，突出早晚高峰时段，选择车流量较大的路段、路口，严查乱变道、乱停车、乱鸣号、不礼让斑马线等违法行为，结合辖区实际，紧密围绕管理目标任务，调整警力部署，统筹兼顾，有针对性地采取措施，强化精确打击，提高管理成效，先后查处机动车违停58661起，违法鸣号3176起，不礼让斑马线3346起，黄牌货车闯禁区477起。

【货车超限超载违法整治】 2017年，交警八大队发挥职能作用，主动会同区交通运输部门，及时组织警力开展超限超载集中整治行动，严查超限超载违法行为和货车非法改装，本市货车未检验、未报废车辆，本市货车有二次以上违法记录未处理的行为。依托S001省道超限检测站，实行定点与巡逻相结合，并将警力向梅山九号路、205国道延伸，针对晚间超载超限违法较多的情况，晚间安排留守中队在205国道沿线开展专项整治。结合酒后整治，通过点上查、路上巡的方式，严厉打击超限超载车辆避站绕行、逃避检查等行为。整治期间坚持做到逢车必查，形成高压严管态势，先后查处货车各类违法1754起，对2起以上（含2起）违法未处理的黄牌货车要向驾驶人当场发放《告知书》，告知驾驶人不及时处理交通违法的法律后果，督促其三日内到交管部门接受处理。

【交通宣传教育】 2017年，交警八大队依托互联网综合服务平台、手机短信平台、“双微”平台主动发声，持续跟进文明宣传、动态报道和违法曝光，通过网络直播等形式，宣传安全行车常识和出行提示，立足“五进”宣传活动，宣传三年行动计划，营造良好执法环境，提升全民交通安全意识。定期邀请组织媒体记者随警作战，深入基层一线进行采访报道严重交通违法行为和交通肇事典型案例，加强交通安全意识、交管业务政策及队伍正面典型宣传。全年开展“五进”宣传259场次，刊播新闻967篇次。（杨 仲）

【3家单位被挂牌督办】 2017，区消防大队按照《重大火灾隐患判定标准》，判定南京永隆家居总汇、梅山宾馆、南京市雨花台区怡水源浴室3家单位为重大火灾隐患单位。经区消防大队上报市消防局认证，确定梅山宾馆、南京市雨花台区怡水源浴室为市级重大隐患单位并由市政府挂牌督办；确定南京永隆家居总汇为区级重大隐患单位并由区政府挂牌督办。整改期间，联合区安监局、各街道（园区）、各社区相关责任人多次检查整改现场；每周不少于2次组织警力上门检查隐患整改进度、安全防范措施落实情况；区政府定期召开重大火灾隐患整改工作情况汇报会，研究解决整改过程中遇到各类问题。至年末，3家单位均已符合验收条件并摘牌销案。

【火灾隐患整治】 2017年，按照上级部门统一部署，区消防大队加强火灾隐患专项整治。出动警力8602人次，检查单位4301家次，发现火灾隐患或违法行为8565处，督促整改火灾隐患或违法行为8518处，临时查封56家，受理行政案件立案242起，下发处罚决定书234份，责令“三停”31家，拘留5人，罚款金额178.08万元。受理设计备案210起，验收备案156起，安全检查54起。受理举报投诉28起。受理火灾调查17起，出具《火灾事故简易调查认定书》13份，《火灾事故认定书》4起。

【易燃易爆单位消防治理】 2017年，区消防大队加强易燃易爆单位消防治理。按照国务院办公厅和省、市政府危险化学品安全综合治理部署要求，组织对石化企业集中和危化品事故高发区域开展消防安全风险评估。依法对易燃易爆危险品生产、储存、经营单位履行消防安全职责、消防设施完好有效等情况实施监督检查。督促指导5家易燃易爆危险品企业完善“一企一档”档案台账，建立专职消防队和工艺处置技术小组，提高专业处置能力。

【消防安全社区创建】 2017年，区消防大队发挥公安派出所专兼职消防民警、社区民警及基层网格员作用，督促指导居民社区、居民楼院物业管理企业或管理责任单位加强消防安全检查和宣传。健全社区消防管理组织制度，保障消防通道安全畅通，规范管理电气及危险品，保证消防设施器材完整好用，加强消防宣传，提升微型消防站战斗力。推广安装独立式火灾报警器、简易喷淋，组织社区居民开展逃生自救演练，减少小火亡人。严禁电动自行车在居民楼道、楼梯间停放、充电。开展消防安全社区创建达标活动，通过信息化手段落实消防安全管理。全年全区安装独立式火灾报警器1030个、简易喷淋41个；推广设置电动车集中充电停放点51个，建设面积5000平方米。

【电气火灾防范检查】 2017年，区消防大队按照国务院安委会电气火灾综合治理部署要求，区公安、安监、市场监管、住建、电力等相关部门按照职责分工，深化电气火灾隐患排查整治，加强建设工程电气设计、施工环节监管，强化电器产品源头质量管控。督促社会单位建立健全用电安全管理制度，规范电器产品、电气线路安装敷设，定期维护保养、检测。推动各街道（园区）排查居民住宅电表箱设置、线路连接是否安全规范。全区安装电气火灾监控系统57套，强化早期预警、先期处置。

【高层建筑专项治理】 2017年，区消防大队提请区政府组织综治、公安、发改、民政、住建、安监、城管、市场监管等职能部门，依照职责分工，逐个区域、逐幢建筑开展排查。全区排查高层建筑693幢（住宅建筑663幢、公共建筑30幢），发现隐患1221处，整改隐患991处。针对存在的隐患，雨花大队依法对名门公寓内董明文宾馆、卡特酒店、苏果超市康盛花园店三家单位实施了临时查封；依法行政处罚5.8万元。其间，结合高层建筑消防安全综合治理，以铁心桥街道集中出资安装燃气安全监测报警系统的方式，在全区各街道进行逐一推广，从根本上解决燃气使用安全问题，确保辖区安全稳定。全区现已安装燃气安全监测报警系统1808个。

【消防宣传和教育】 2017年，区消防大队讲师团宣讲60场次，培训1975人。持续加大宣讲频次，扩大宣讲范围，将消防培训课程纳入区委党校、中青年培训班，公务员培训受众人数200余人。深入各行业领域社会单位面对面宣讲，对消防安全重点单位管理人责任人全部培训一遍。持续开放消防之友俱乐部，定期开放所有消防站，全年消防之友俱乐部、消防站对外开放80次，参观体验600余人。与辖区中小学实践教育基地达成共建合作协议，安排专人定期深入实践基地指导授课，并提供消防器材装备、宣传资料及学习课件等，建立长期合作培训机制。利用电视、报纸、官方微信微博等媒体，宣传优化执法环境相关举措，提升社会满意度。利用微信公众平台每日发布消防安全提示，对如何防火、发生火灾后如何紧急逃生自救、如何扑救初期火灾及灭火器材的操作等知识进行讲解，提高单位人员防灾御灾能力。张贴投放《南京市沿街店面消防安全须知》《电动车停放、充电场所和民用建筑燃气使用场所消防安全须知》《楼道停放电动车夺命只需100秒》等宣传彩页6000余张。

（许译文）

·检　察·

【概　况】 2017年，区人民检察院受理审查逮捕案件273件520人，批准逮捕236件454人；受理审查起诉案件607件930人，起诉560件789人。强化案件质量意识，全年无捕后、诉后判决无罪案件。敢于突破疑难复杂案件，办理全市首例高速公路上抛洒渣土引发连环交通事故的过失破坏交通设施案，建国后南京规模最大的组织、领导传销案，涉案金额2.4亿元、涉及5000余名当事人的非法吸收公众存款案等。十九大期间，迅速介入，引导侦查影响北京安全稳定的非法制造、储存爆炸物案，及时撰写情况反映，得到市政府、市委政法委主要领导批示，工作信息被省人民检察院上报最高人民检察院。强化刑事诉讼监督，监督立案3件，建议行政执法机关移送案件2件，监督纠正违法行为4次，抗诉4件，追捕2人，追诉1人。

职务犯罪惩防。立案9件10人，其中行贿4件4人，受贿3件3人，贪污1件1人，滥用职权1件2人。主动走进案发的国有企事业单位和基层组织，引导排查风险点，完善内外监督机制，扎牢扎密制度篱笆，防范国有资产减损、流失。开展重大工程预防，对雨花社区服务中心等重点工程进行“伴随式”预防保障，先后与软件谷发展公司等6家单位签订预防合同，推动实现工程与干部“双优”。区人民检察院办理的黄翔钊滥用职权、受贿、贪污案，被评为全省检察机关反渎职侵权部门“精品案件”。先后为华润热电、梅山钢铁公司等大中型企业进行预防宣讲和警示教育112批次，受教育人数3800余人。聘请资深媒体人士、法学专家学者、专职纪检干部等担任授课教师，根据参训单位不同需求，进行分类别、分层次授课。主动将雨花台区红色精神融入警示教育，组织开展“雨花”英烈故事会、英烈家书朗读会等系列活动，实现红色资源与检察文化深度融合。

民事行政检察。在全国公益诉讼全面施行背景下，针对公益诉讼办理难现状，建立与信访、媒体等单位的信息直通渠道，扩大线索来源。针对少数单位在公共资金管理使用中消极作为情况，及时发出督促履责检察建议7件，并提起行政公益诉讼1件，维护国有资产安全。针对虚假诉讼发现难、取证难情况，联合公安、法院召开专题会议，统一认识标准和司法尺度，紧盯通过虚假诉讼逃避房产监管、逃避集体土地使用权流转限制性规定的情况，及时发出再审检察建议2件，被法院采纳。针对执行矛盾化解难问题，坚持监督与配合并重，把提升群众满意度作为工作突破口，对执行案件提出检察建议2件，保障申请执行人权益。

控告申诉检察。接待信访工作量同比增加12%，经审查后受理来信来访47件。综合运用检察长预约接访、两级人民检察院联合接访、多业务部门协同接访等方法，保证答复内容准确性和权威性，提高矛盾化解满意率和成功率。严格工作流程控制，受理案件规范及时，情况通报连续充分，处理决定准确翔实，有效杜绝因为“冷懒散”等原因激化信访矛盾。强化内部监督，及时化解因误解产生的涉检控告，工作做法被最高人民检察院认可推广。年内，区人民检察院控告申诉接待窗口被最高人民检察院授予“全国文明接待室”称号。

刑事执行检察。找准刑罚执行监督切入点，通过与区人民法院进行工作会商、签订会议纪要等方式，完善案件流转程序，加快执行节奏，推动改变判决生效后财产刑难以执行的情况，实现个案监督突破。联合区人民法院对中共十八大以来判决生效的职务犯罪案件进行专项检查，监督推动财产刑立案执行。开展社区矫正监督，深入矫正基地开展“老蔡说法”系列教育活动，有效跟踪掌握矫正人员信息，对5名违反法律法规的罪犯及时监督收监执行。办理羁押必要性审查案件35件，对29人变更羁押的建议被采纳。创新羁押必要性审查方法，通过远程视频让犯罪嫌疑人在看守所参与公开审查活动，是南京检察系统首次尝试，相关工作经验在省检察院专题会议上做交流发言，办理的一起案件被最高人民检察院评为全国优秀案件。

优化认罪认罚从宽办案机制。优化诉讼流程，通过集中收案、集中公诉、集中开庭的模式，提高认罪认罚案件诉讼效率，全年办理389件，案件适用率超过全部案件60%，位居全市前列。拓展试点案件类型，顺利公诉南京市首例适用认罪认罚从宽制度的未成年人案件，在全市率先运用认罪认罚从宽制度办理不起诉案件。与区司法局会签《认罪认罚案件驻点律师工作方案》，选派驻点律师，保障每个犯罪嫌疑人诉讼权利。

【企业产权保护】 2017年，区人民检察院做好企业产权综合保护。调研中兴通讯、通灵珠宝、多禾互娱等驻区企业，了解企业对司法保障需求，将帮助企业防范金融风险、确保投资安全、维护交易秩序等作为主要服务方向。对玻纤院等单位开展定向服务，签订检企共建协议，根据企业特别需要，把防范侵权、防范泄密、防范职务犯罪作为重点，实现差异化和个别化服务。先后在软件谷、梅山钢铁公司设立派驻检察室，提供从知识产权保护到社会矛盾化解、职务犯罪预防等多领域一体化检察保障。加强与公安、法院协作，顺利公诉全区首例拒不执行判决裁定案，把司法权威和企业权益落在实处。年内，区人民检察院公诉的南京科鲁斯压缩机有限公司侵犯商业秘密案，被最高人民检察院评为打击侵犯知识产权犯罪十大典型案例；区人民检察院公诉的全国首例网络恶意刷单破坏生产经营案，在全国两会期间引发代表热议。

【食品药品安全专项整治】 2017年，区人民检察院开展食品药品安全专项整治。强化工作责任心和社会敏感度，主动介入南南河污染、工业废料倾倒牛首山风景区等事件前期调查处置，督促相关行政执法部门查清事实，主动回应社会关切。加强两法衔接，与区环保局、市场监督管理局共建检察工作站，增强执法力度，提高对破坏食品药品环境安全的违法犯罪行为打击成效。推动个案突破，引导行政执法部门侦办全市首例医疗机构销售假药案件，非法收购、出售珍贵、濒危野生动物制品案件。全年，受理审查批捕31件55人，批准逮捕25件43人；受理审查起诉27件93人，提起公诉21件58人。

【社会治安稳控】 2017年，区人民检察院积极应对刑事案件大幅增长。全年受理的审查逮捕案件和审查起诉案件增幅均超过60%，面对巨大工作压力，及时加强检警协作，共同研究对策，合理安排工作流程，避免“突击式”办案，实现案件有序流转。发挥内设机构改革成效，强化员额制检察官主体作用，科学设置办案小组，集中调配全院力量，重点打击危害公共安全类犯罪，快捕、快诉涉枪涉爆案件5件20人，促进社会治安有效稳控。高度重视未成年人司法保护，结合区域特点，在西善花苑社区、金陵中学岱山分校等开展创建“未成年人零犯罪社区（学校）”工作，开设“家长课堂”，助推家长做好孩子第一任老师。履行区青少年法学院兼职教师职责，先后在10余所幼儿园、中小学校进行普法教育。依托“雨花”红色资源，设立“一部记录片、一个革命故事、一封烈士家书”的三个一课程，对失足青少年开展帮教工作并取得良好效果。

【队伍建设】 2017年，区人民检察院做好队伍建设工作。组织学习中共十九大精神，深入开展“两学一做”，提升干警思想认识水平引导干警树立集体主义观念，启动“共创最好团队，彰显风采自我”队伍建设工程，坚持以关键少数的表率作用作为重要抓手，通过公开签订院领导和部门中层工作责任状、将院领导作为绩效考核责任人等方式，以上率下自觉接受监督，传导压力，增添动力。利用司法改革转型时期，注重选树典型、表彰先进等正面引导激励，少用慎用处罚手段，鼓励干警秉持理念、信念，珍惜名誉、荣誉，打造一支风清气正、干事创业的检察队伍。牢记为民宗旨，开展“大走访”活动。班子成员带队，党员干部跟上，先后走进群众家庭、经营企业200余户，记录反馈意见要求近500条，并依托检察职能，推进部分事项办理。履行党风廉政建设责任制相关要求，公开“落实党风廉政建设主体责任工作报告”“落实党风廉政建设履行监督责任工作报告”和“班子成员述责述廉述法报告”，接受干警评议。（贾　真）

·法　院·

【概　况】2017年，区人民法院坚持司法为民、公正司法工作主线，忠实履行司法职责，深入推进司法改革，推进各项工作。推进院庭长办案制度，把重大、疑难、复杂、新类型案件分配给院庭长办理。实行简易案件集中审理，设立速裁一庭和速裁二庭，集中审理标的额在2万元以下的小额民事案件及物业纠纷等简单、批量案件。探索矛盾纠纷多元化解工作机制，与区司法局协作，在诉讼服务中心设立人民调解室和律师工作站，多渠道化解民事纠纷。全年受理各类案件12790件，同比上升14.78%，办结10329件，同比上升17.20%。其中审结各类刑事案件506件，判处被告人682人，分别同比上升21.90%和19.70%；妥善处理涉民生案件，审结5257件，同比上升11.59%；依法审理商事和金融纠纷案件1685件，同比上升27.35%；调解和经调解撤诉4131件，调撤率78.58%。全院积极应对案件数量激增压力，优化审判资源，整合审判力量，审判质效实现有效提升。

年内，区人民法院被市人民法院评为先进法院。

【执行工作】2017年，区人民法院围绕“用两到三年时间基本解决执行难”目标，坚持一手抓突出问题解决，一手抓长效机制建设，基本解决执行难工作取得重大阶段性成果。全年受理执行案件3570件，执结2627件，分别同比上升21.06%和15.02%；实际执行率69.68%，执行到位总金额4.22亿元，执行标的到位率65.45%，分别同比上升24.76%、75.83%和27.19%。联合多部门构建执行联动机制，完善综合治理执行难工作格局。改革执行工作机制，先后建立执行案件律师调查令制度、执行悬赏保险制度、网络司法拍卖制度，提高执行效率。推进执行规范化建设，严格“终本”案件审批，执行案件实现网上全流程管理监督。加大强制执行力度，持续推出“铁拳”行动，实行执行“110”二十四小时值班制度，查找被执行人和财产线索，集中执行一批长期未结的“骨头案”。全年拘传171人次，边控16人次，搜查79起，罚款7件次55.50万元，司法拘留184人，将13名拒不执行判决、裁定的当事人移送公安机关立案侦查，其中1人构成犯罪被追究刑事责任。年内，区人民法院执行局在全市基层法院“基本解决执行难”攻坚竞赛中总分名列第一，获全省法院执行系统先进集体并荣立三等功。

【司法人员分类管理】 2017年，区人民法院推进司法人员分类管理制度。对员额法官、审判辅助人员和司法行政人员进行分类管理、分别考核；建立起员额法官、审判辅助人员、司法行政人员、执行人员和聘用制书记员业绩考核评价机制，彰显奖勤罚懒、奖优罚劣考核导向；在首批入额法官遴选基础上完成入额增补工作。至年末，全区有员额法官33名。

【司法责任制落实】 2017年，区人民法院贯彻“让审理者裁判，由裁判者负责”要求，将定案权、裁判文书签发权交由法官行使，缩小审判委员会讨论案件范围，99.73%的案件由独任法官或合议庭自行定案。坚持放权与监督相结合，明确主审法官办案责任，建立起审管办、分管副院长、第三方交叉评查以及重点评查、日常评查、专项评查有机结合的质量监督评查体系。

【家事案件审判改革】 2017年，区人民法院推进家事案件专业化审判，在未成年人及家事案件的审判中引入心理疏导机制，在借助心理学专家介入同时，法官也自学掌握心理学知识，对54起案件中的108位当事人进行心理咨询与疏导，促进家庭关系的全新整合。年内，区人民法院未成年人及家事案件审判庭被评为南京市三八红旗集体，家事审判中引入心理疏导工作机制入选南京市政法工作创新成果。

【信息化建设】 2017年，区人民法院打造智慧法院，以科技力量全面优化司法服务。改造升级诉讼服务中心，提供一站式、综合性、智能化、低成本的诉讼服务；引进诉讼服务机器人“小法”，为群众提供法律咨询；加强网上诉讼服务中心建设，实现网上立案和跨域立案，减轻当事人诉累；诉讼费款实行“一案一账号”，全部做到线上操作、线上审批、全程留痕；上线智能云柜系统，案件材料流转全程留痕；启用移动庭审系统，巡回审判更加规范；利用互联网远程开庭，为确因困难无法出庭应诉的当事人提供便利。

【朗诗绿色街区“幸福巴士”商品房预售合同纠纷案件入选市人民法院2017年度十大优秀案件】 2017年，朗诗绿色街区“幸福巴士”商品房预售合同纠纷案件入选市人民法院2017年度十大优秀案件。2012年12月19日，严某与南京朗诗地产公司签订商品房预售合同，购买位于雨花台区某小区房屋一套。在预售上述房屋时，该地产公司向严某承诺小区配置免费“幸福巴士”，提供小区与地铁站无缝对接。随着小区业主陆续入驻，“幸福巴士”开始运行，为业主出行提供方便。2016年1月10日，该地产公司单方面停止“幸福巴士”的运行。严某找其沟通无果后，遂将地产公司起诉至区人民法院，要求恢复“幸福巴士”的运行。随后，该小区400余户业主起诉至区人民法院。区人民法院受理该案后，考虑到涉案小区规模较大，业主较多，为了妥善解决此案件，多次与地产公司进行协调，并通过巡回审判倾听民意。最终根据公平原则和诚实信用原则，兼顾业主与地产公司之间权利义务对等性，一方面基于“幸福巴士”停运对小区业主造成生活不便和交通成本增加，而地产公司明确表示无法恢复“幸福巴士”的运行，另一方面考虑地产公司已长期实际履行提供免费巴士义务，且小区周边有公共交通配套情况，“幸福巴士”并非唯一出行方式，酌情认定地产公司支付严某违约金1500元。该案涉及人群众多，社会影响面大，裁判结果为小区余下的1800余户业主同类纠纷处理起到示范作用。判决前，区人民法院多次实地调查，并采用“巡回审判”模式实地开庭，判决结果得到群众认可，妥善化解群体性矛盾纠纷，有效维护辖区稳定。

【“巡回审判”工作】 2017年，区人民法院板桥人民法庭创新审判模式，在群体性纠纷、相邻关系纠纷、家事纠纷中采用“巡回审判”模式，全年开展巡回审判21场，化解纠纷128起。同时，利用区人民法院板桥人民法庭驻地优势，与辖区内四个街道签订共建协议书，以“巡回审判”、邀请人民调解员参与调解、定期开设法制课堂等形式，推进多元化解矛盾纠纷工作机制，方便当事人诉讼，维护社会和谐稳定。年内，在雨花台区机关工委组织的评选表彰中，板桥人民法庭党支部荣获“支部建设年”一等奖，巡回审判工作被区委评为“优秀改革创新案例”。（张　瑶）

·司法行政·

【概　况】 2017年，全区司法行政系统有街道（园区）人民调解委员会8个，公安派出所公调对接工作室10家，社区人民调解委员会66个。年内，全区各级调解机构共开展纠纷排查382次，预防纠纷198起，劝阻群体性上访89批次1029人次，参与处理社会矛盾纠纷3120件，成功调处3098件，成功率99.29%，涉及人数6863人、金额2796.10万元；全区刑满释放在册人员539人，后续照管对象回归35人，重新犯罪率控制在1.5%以内，完成必接必送人员16人；区社区矫正管理局在册社区服刑人员210人，男181人，女29人，其中缓刑200人，假释5人，暂予监外执行3人，管制2人，全年接收社区服刑人员242人，解除矫正234人，办理审前和假释前调查评估339例，法院采信278例，采信率82%；区法律援助中心办理各类法律援助案件421件，累计接待7272人次，其中前台接待解答各类法律咨询2452人次，“12348”热线解答法律咨询3848人次，各援助工作站点接待解答法律咨询972人次；全区注册律师事务所24家，执业律师315人，担任法律顾问435家，基层法律服务行业有法律服务所2家，基层法律工作者12名；雨花台公证处办理各类公证3128件。

年内，区司法局被南京市人民政府妇女儿童工作委员会评为南京市妇女儿童工作先进集体。

【“无毒青春，健康生活”国际禁毒日活动开展】 6月26日，是第30个国际禁毒日，区司法局联合区禁毒办在善水湾广场开展以“无毒青春，健康生活”为主题的国际禁毒日宣传活动。活动现场展出禁毒宣传展板8块，向居民发放家庭禁毒宣传册300余本，天虹山庄老年艺术团联合平安志愿者通过各类表演形式，用喜闻乐见方式助力禁毒宣传活动，受到群众一致欢迎。另外，区司法局邀请区律师志愿者团队开展法治宣传，律师志愿者向群众详细介绍什么是新型毒品，通过图片宣传、深入浅出案例，使毒品对社会、家庭、个人的危害形象生动，让居民群众更好了解识别毒品及怎样加强对毒品的防范，告诉居民群众要珍爱生命，远离毒品。

【送法进少年法学院活动开展】 4月25日，区司法局邀请江苏警官学院安德门校区法律系师生开展送法进少年法学院活动。该活动围绕《中华人民共和国未成年人保护法》《中华人民共和国预防未成年人犯罪法》展开，以法律课堂形式进行，从学生们身边事说起，通过表演法治小短剧、列举近期发生在身边的典型案例，用事实来分析违法犯罪原因和学法、守法和用法的重要性，引导同学们树立法规意识，养成遵纪守法习惯；通过调查及提问形式，鼓励同学们大胆表达自己观点，引导同学们将课堂所学法治理念融入到平时生活中去。

【被欠薪农民工法律援助工作制度建立】 2017年，为规范对被欠薪农民工提供法律援助工作程序，明确各类人员工作职责，为农民工提供法律援助，区司法局建立农民工讨薪法律援助岗位职责、农民工讨薪法律援助接待值班律师职责、农民工讨薪法律援助案件受理人员职责、农民工讨薪法律援助案件指派人员职责、“12348”电话工作人员职责、法律援助中心农民工讨薪值班接待制度、农民工讨薪法律援助绿色通道制度、农民工讨薪法律援助服务承诺等对被欠薪农民工提供法律援助的工作制度。（陆　煦）

军　事

·人民防空·

【概　况】 2017年，雨花台区人防工作认真贯彻全国第七次人防工作会议精神，深刻领会习近平总书记重要讲话精神，围绕“能打仗、打胜仗”目标要求，履行战时防空、平时服务、应急支援使命任务，完成各项工作。年内，专题开展“爱党爱岗爱家”学习教育活动，及时组织谈心交心，参与全区“攻坚之星”评比活动。赴汤山锁石村和部队开展有针对性的党日实践活动，组织“走千企入万户、助发展促富民”大走访活动，走访群众80余户，发放困难慰问金近万元。配合做好铁心桥人防工程建设、上怡新村项目区内协调工作。重视和加强人防指挥通信建设，加快指挥所信息系统建设并逐步向街道延伸。修订完善防空袭应急预案，按照实战化建设要求，开展区、街专业队伍训练和疏散综合演练。完成新增警报器安装调试，做好“9·18”“12·13”警报器试鸣工作。通过摇号形式发放车用和家用应急救援包14000个。投入资金7万余元修缮雨花山人防纳凉防空洞，做到通水、通电、通手机信号、通有线电视、通无线网络；有茶水、有桌椅、有书报、有纳凉须知、有防暑药品；专人专职保障。夏季高温开放期间，累计接待纳凉群众3000人次。

【区、街专业队伍训练和疏散综合演练开展】 2017年，按照实战化建设要求，开展区、街专业队伍训练和疏散综合演练。分别于5月12日在梅山街道、9月18日在板桥街道、12月13日在铁心桥街道开展高层住宅居民应急疏散、现场救护和广场人防知识竞答活动，参与人员450人次。落实人防训练大纲施训计划，加强专业队伍培训演练，提升快速反应能力和应急救援能力，10月底在市疏散基地开展为期三天的业务培训。

【人防工程巡检和维管】 2017年，区人防办坚持每季度组织专门人员对重点人防工程进行巡查，落实管理维护责任主体，签订安全使用目标责任书。开展人防工程年检备案工作，确保每年将全区300个工程全部巡查进行年检，年检合格率98%，优良率90%。协助市人防办做好已建成工程竣工验收工作，协助做好人防工程全面普查工作。加强平时人防工程执法检查和整改落实，确保人防工程战时效应。年内，全区列入人防年检备案工程300个。

【人防知识宣传】 2017年，区人防办加大人防知识宣传。结合“5·12”制作专题宣传片在雨花有线台进行一周宣传；在机关电子宣传屏中增设人防专栏滚动播出；持续开展人防知识进社区活动；在各个社区结合实际情况开展黑板报、演练、讲座等人防活动；启动人防知识进校园工作安排，选派教师参加市人防办举办的培训活动，落实中小学人防知识课程安排，开展人防知识竞赛活动。全年，在全区所有学校发放宣传教育资料7000余册。（陈雅奕）

·人民武装·

【概　况】 2017年，雨花台区人民武装工作贯彻落实军委国防动员部、省军区和警备区党委扩大会议精神，聚力练兵备战，投身强军改革，强力正风肃纪。年内，组织后勤干部参加警备区“三实”（实爆、实射、实掷）训练考核和业务学习，全年参加军地组织的各类业务培训16次。修订政治动员方案计划，调整充实政治动员数据库，参加警备区国防动员作战方案修订。落实党委议训议战制度，做好抢险救灾、反恐维稳、森林防火、民兵军事训练等政治工作，开展国防教育活动。落实退伍军人服预备役登记制度，抓好两批退伍军人服预备役登记工作，更新《退伍军人数据系统》。加大对《国防法》《国防教育法》《征兵工作条例》《国防动员法》等国防法规的宣传教育。组织街道（园区）武装部长参加南京市国防教育骨干培训。采取集中培训和跨区联训的方式，突出抓好抗洪抢险、通信分队、防化救援分队等骨干集训和预编人员返岗训练，全年组织民兵226人次开展实战化、基地化训练和演练。

【“两学一做”学习教育常态化制度化推进】 2017年，区人武部发挥党支部战斗堡垒作用和党员先锋模范作用，依据《党章》《政治工作条例》和《党支部工作条例》，制订《雨花台区人武部机关党支部全年党日活动暨学习教育计划》，落实每周五下午两个小时统一集中开展党日活动，提高党日活动质量。根据调整改革新编制新体制运行机制，及时调整党委、纪委、党支部组成人员。采取个人定诺、小组把关、党支部审核方式，围绕加强学习、能力素质、履职尽责、改进作风、遵章守纪等方面，开展党员承诺践诺活动，每名党员在支部党员大会和党小组会上作出公开承诺，填写《公开承诺践诺书》，支部对每名党员履诺情况进行打分讲评。采取个人自评、党员互评、民主测评、组织评定方法，开展民主评议党员活动。规范党费收缴管理，健全专人管、足额收、及时缴、定期查工作机制。党员领导干部带头过组织生活、带头交纳党费、带头上好党课、带头承诺践诺、带头查摆问题、带头分享学习成果。

【双拥工作】 2017年，区人武部做好双拥工作。春节期间，在区委、区政府统一组织领导下，组织参加慰问离退休干部、结对帮扶困难家庭，送去慰问金、大米、食用油、鸡蛋等物品。

组织开展常态化学雷锋志愿活动。做好驻区部队军人随军家属就业安置工作，解决女子上学难问题。推进全面停止有偿服务工作，开展军地需求对接，调查摸清驻区部队有偿服务项目，搞好政策宣传、法律支持、制度保障，对照时间节点稳妥推进复杂敏感项目关停。按照省军区要求，抓好定点帮扶的贫困老区徐州市丰县扶贫帮困工作，帮助完善基础设施建设，解决群众生活、生产和出行困难。“八一”期间，开展“关爱功臣、关爱老兵”慰问活动，组织基层武装部对健在老战士和老复员军人、伤残军人、烈属、牺牲病故军人家属及军队离退休干部进行走访慰问。组织动员民兵300人次参与辖区安保执勤、巡逻等活动，协助地方公安部门做好打击刑事犯罪、维护社会治安。

【征兵工作】 2017年，区人武部认真贯彻省市征兵工作会议精神，围绕征兵工作“五率”（报名率、上站率、合格率、择优率、退兵率）要求，早筹划、早动员、早部署，持续做好兵役法规宣传发动工作，营造参军报国氛围。成立政策宣传组9个，制作征兵横幅800余条，印制《征兵宣传手册》6000份，组织90余名专武干部、高校辅导员、社区工作者登门入户，逐家逐人宣传，3所挂钩高校召开优秀大学生入伍事迹报告会，邀请现役军官和优秀士兵与学生面对面谈收获，鼓励高校大学生积极报名参军。坚持廉洁征兵，聘请40余名区、街道、社区和高校的人大代表、政协委员、退伍战士、群众为“廉洁征兵监督员”，全程参与征兵监督。设立举报电话、信箱36部，各级严把征兵体检、政审、定兵关，为部队输送优质合格兵员。

【民兵整组】 2017年，区人武部按照平战结合、军民融合发展要求，拓宽民兵整组范围，优化编组结构，民兵布局更加合理。给每个街道配备身份证读卡器，深入街道采集基干民兵身份证、电话号码等信息，对个人信息不符、一人信息被多家单位采集或被多个分队编组的，重新进行审核编组，确保编兵人员真实性。针对可能遇到的防汛险情，提前筹划，精心准备，维护保养所有冲锋舟和操舟机，补充完善物资器材。参加南京市在浦口区象山水库举行的民兵抗洪抢险分队应急拉动演练，累计动用操舟机4部、冲锋舟4艘、车辆10台次。（谢少华）

·优抚安置与双拥共建·

【概　况】 2017年，是雨花台区争创省级双拥模范区“六连冠”的关键之年。区双拥办认真贯彻习近平总书记系列重要讲话精神，落实省市关于加强新形势下双拥工作要求，推进军民深度融合，促进社会拥军发展，做好双拥工作，提升双拥工作质量。春节前后，区领导走访慰问驻地部队、军休所、各类优抚对象、无军籍职工和军休所老干部，发放慰问金159.63万元，向军属、残疾军人等优抚对象发放春联1000幅。“八一”建军节期间，区领导走访慰问73911部队、武警二支队等部队6家，发放慰问金32.3万元。

【优待抚恤】 2017年，区双拥办落实江苏省《军人抚恤优待条例》，切实保障优抚对象合法权益，逐年提高抚恤补助标准并按时足额发放。发放各类优抚对象抚恤补助金439.4万元，抚恤事业费60.1万元。为32名未享受定期抚恤金的烈士家属发放一次性补助金6.9222万元。做好调评残工作，为3人申请评定残疾，为2名在职伤残人员申请调残，为7人申请抚恤补助待遇。为1~6级在乡残疾军人办理公费医疗，住院医药费核销比例100%，划拨企业在职（1~7）残疾军人定额门诊补助2.4万元。为全区561名优抚对象购买大病住院医疗保险，一站式医疗结算平台为1123人次优抚对象实施医疗补助49.1万元。

【接收安置】 2017年，雨花台区接收退役士兵83名，其中秋季退役士兵68名（2名外区转入），冬季退役士官15名。发放秋季退役士兵剩余家庭优待金和奖励金227.4万元，发放自主就业金397万元。为1名2015冬季转业士官发放自主就业金经费11.47万元。为10名冬季退役士官发放家庭优待金和奖励金34.9万元、一次性自主就业金53.6万元。完成2016年冬季退役士兵积分选岗工作。召开2017年度退役士兵教育培训动员会，向81名退役士兵和部分家长介绍省、市退役士兵教育培训具体政策。协调培训机构，对退役士兵进行免费教育技能培训，参加短期培训班退役士兵35人，参加中高级培训班退役士兵6人，参加复学及学历教育退役士兵23人。落实军休干部待遇，提高管理服务水平，至年末，全区有军休老干部180人，无军籍职工64人。

12月21日，雨花台区符合安排工作条件退役士兵积分选岗会在区召开

（区双拥办　供稿）

【双拥共建】 2017年，区双拥办根据省、市文件精神，将民政局1978年冬季至2014年冬季全部退役士兵名单进行录入整理，有退役士兵3825名（其中1978年至1985年资料缺失）并形成原始数据。经初步筛查出户籍为居民的有1220人，户籍不明的有55人，明确为安置的有443人，联合民政、人武、公安和人社等部门，基本完成数据采集、比对及甄别工作。成立雨花台区部分军队退役人员工作专班和雨花台区退伍军人和军队离休退休干部安置工作领导小组。开展部分两参人员、下岗、失业转业志愿兵（士官）和“光荣人家”牌登记工作。全年，全区符合“两参”专项慰问金登记156人；符合下岗失业转业志愿兵（士官）登记14人；“光荣人家”牌人员登记4622人，发放“光荣人家”牌4399人。金肯职业技术学院机电一体化专业新招收班级2个学生72名，CCTV-7军事农业频道、“江苏公共新闻”频道和江苏教育党建网多次报导金肯职业技术学院“国防后备班”。（曾加员）

街道·园区

2018 YUHUATAI ALMANAC

Subdistrict · Park

雨花街道

【概　况】雨花街道位于雨花台风景名胜区南麓，东至宁溧路（卡子门大街）行政区划边界、南至宏运大道边界、西至宁丹路边界、北至应天大街（雨花西路）边界，土地面积12.06平方千米。年末总人口约10.60万人，其中，常住人口8.10万人，户籍人口7.47万人，60周岁以上老人13121人。辖雨花、丁墙、花神庙、农花、康盛花园、翠竹园、共青团路、雨花台、普德村、能仁里、翠岛花城、青龙山、凤凰山、云台山、吉山15个社区。设有社区党委1个；党总支11个，其中机关党总支1个、社区党总支10个；党支部65个，其中一级党支部7个、二级党支部58个（含社区党支部52个）；党员3241人。

全年实现地区生产总值62.2亿元，同比增长11.1%；公共财政预算收入7.66亿元，同比增长13.69%；全社会固定资产投资完成55.4亿元；社会消费品零售总额增长8.2%；累计注册外资实际到账1400万美元；外贸出口总额7亿元，超全年目标任务3.3亿元；软件和信息服务业收入32亿元，同比增长23.07%；高新技术产业销售收入33亿元，同比增长17.85%；文化产业销售收入3.25亿元，同比增长25.9%；文化产业增加值0.57亿元，同比增长21.3%；引进重大项目3个，签约项目计划总投资6.24亿元；新增四上企业23家；新增科技创业投资额0.4亿元。

全年城镇居民人均可支配收入同比增长8.5%，新增城镇就业人数2400人，培育自主创业者408人，培育大学生自主创业者162人。全年发放低保金707.06万元，残疾人“两项补贴”186.82万元，“三无”人员生活补助2.38万元。春节期间发放困难群体慰问金132.54万元，街道配套资金55.73万元。制定并实施《雨花街道困难群众帮扶救助体系的实施意见（试行）》和《关于发放困难群体教育助学金的实施意见（试行）》，医疗救助55户，发放救助金15.36万元；支出型贫困救助8户，发放救助金3.55万元；慈善救助18户，发放救助金1.8万元；发放困境儿童生活补贴1.43万元。慰问各类优抚对象8.81万元，慰问物资2.44万元。为15名未领取定期补助的烈士家属发放一次性补助3.38万元；为8名各类优抚对象及无工作优抚对象遗孀发放抚恤金约141.64万元；为16名无军籍职工发放工资114.11万元。完成86名各类优抚对象信息采集工作，核查85名（1名农村籍老兵人在外地，无法联系上）。结合各类节假日及纪念日，举办“爱在金秋，活力翠竹”“亲子总动员，你我心连心”“贺卡童心对对碰”“最美遇见你”等活动。

【区域建设】2017年，雨花街道着眼辖区管理、打造宜居空间，做好城市精细化建设与管理。协助区水务局加快农花河黑臭河道整治；深入实施农花河流域明城大道片区、花神大道片区排水达标区建设；启动对康盛花园、晨光巷、泰龙家园等小区二次供水设施改造工程，推进南京南站片区、普德花园等15个片区雨污分流工程。加强挥发性有机污染物和扬尘污染的治理，对辖区内20余家汽车4S店及汽修店进行检查，对查到的7家存有露天喷漆、液废储存不合格行为的单位，下发整改通知并整改到位；关停南京爱新印刷厂；对雨花西路、雨花南路、阅城国际、紫荆广场等片区进行巡查，督促整改环保隐患16处，对新增6家餐饮企业油烟实施在线监控。打造普德村路道路沿线精品化综合整治工程，拆除普德村路132号围墙外六间门面房和区环保局部分办公用房；在做好强弱电杆（管）下地和路灯安装工作基础上，主动邀请设计单位，结合“雨花”特色，将普德村路打造成为老城南历史文化风情一条街。

【社区建设】 2017年，雨花街道以创新社会管理为引领，以社区建设工作为核心，完善民生工作内容。建成雨花社区、翠岛花城社区2个精品社区，成功创建省和谐社区建设示范街道；完成雨花社区服务中心和农花社区服务中心升级改造工程；对丁墙社区在原有的社会组织服务中心基础上进行提档升级；建成市AAA级花神庙常青藤居家养老服务中心；投资1.3亿元建设的邻里中心主体完工。鼓励社工持证上岗，参加社会工作者初级资格考试22人、中级资格考试11人，年内街道持证社工34人（其中初级28人、中级6人）。做好智慧社区平台日常考核工作，全年社工日志录入30956条，人口信息录入54449人。深入11个社区（不含山头）开展社区建设和社会组织运作情况调研，根据各社区社会组织发展情况找出三社联动发展中存在问题并提出解决措施。确定以“党建+文化引领”为主线，按照“一居一品”要求，依托街道、社区资源禀赋，着眼“人”“文”“地”“物”“景”等特色特征，通过引进枢纽型社会组织统筹运作，着力打造和彰显社区文化特质品质，基本形成花神庙社区“花”文化、农花社区“茶”文化、雨花社区“红色”文化和翠竹园社区“竹”文化。

【平安建设】 2017年，西善桥街道信访接待150件340人，信访书面回复18件，人民调解1100件，其中街道书面调解21件，涉及金额1300余万元。投入10万元打造福润社区综治警务室，成功举办全区综治警务一体化现场会。发动志愿者义务上岗339小时，发放红袖标、红马甲、红帽子1000件。与铁路沿线单位签订了创建平安铁路目标任务责任书80余份，10月份新安装宁芜铁路沿线探头20个。全年法律服务200余人次，举办法治讲座3次，举办普法广场、法治进校园活动5次，制作悬挂法治宣传横幅120条，张贴宣传挂画12期480张。实现一村一法律顾问，10个社区全部建立法润民生微信群。配合第三方完成社会项目风险评估9个。3月荣获2016年全区维稳工作一等奖。4月油坊社区荣获“国家级无邪教社区”。开展食品生产加工小作坊专项整治，规范治理小作坊10家，实现办证2家、关停搬迁4家、强制取缔4家；加强森林防火基础设施建设，实现森林防火、防汛、防台、防旱“零事故”。

【党的建设】 2017年，西善桥街道推进基层党建工作。依托中心组学习和讲党课形式，深入开展“两学一做”学习教育活动，发挥领学促学作用。坚持学思践悟、知行合一，在建党96周年之际，组织187名党员干部开展“重温入党誓词，重拾思想汇报”主题活动。抓好干部培养，提升干部能力水平，把“精神振、作风实、节奏快、胸襟宽”的要求落实到各项工作行动中。分两批次组织共72名青年干部赴南京国防教育基地开展封闭培训，每季度开展一次全街道青年干部悦读分享会。盘活各不同年龄段、不同类型干部资源，推进干部交流调整，让能干事的有舞台、干成事的有出路，提高街道中青年干部知识水平、理论素养及科学决策、驾驭全局、破解难题、开拓创新等方面能力和水平。紧扣“政治定力、严明纪律、两个责任、作风建设、纪律审查、党内监督、巡察工作、队伍建设”八个关键词，有效运用监督执纪“四种形态”，继续保持惩治腐败高压态势。制定党风廉政建设五项责任清单并与各社区、科室部门、直属事业单位签订党风廉政建设责任书，全面落实党风廉政建设建设责任。通过短信、QQ群、微信等发送廉政自律提醒，对街道中层以上负责干部开展廉政提醒谈话。开展“腐败易发多发重点领域整治行动、作风建设防反弹防变异防隐身专项行动、整治群众身边的不正之风和腐败问题专项治理”，持续推进党风廉政建设。

【南站高铁枢纽经济区建设】 2017年，雨花街道发挥南站服务办主导作用，为注册及迁入企业开设政务服务绿色通道。加大在建重点项目服务力度，帮助开发商解决手续办理中实际问题。开设手机APP “政务服务”窗口，提供政务服务线上预约模式。为入驻绿地的江苏泰德、南京世泽科技、南京苏创等48家企业举办“三证合一，一照一码”讲座和“营改增”专场政策解读培训。帮助优思艾、道尔医药等外贸企业争取市区政策支持，主动深入坤欧、妙策传媒等企业调研，帮助对接资本市场，加快优质型企业培育。至年末，南站片区入驻绿地、证大、万科等企业约140家，其中科技软件企业约40家，房地产企业约6家，餐饮及住宿约20家，其余批发零售类企业约70家。

【雨花新村片区老旧小区整治】 2017年，雨花街道在建设雨花社区综合服务中心基础上，对雨花新村片区老旧小区进行整治，出新老旧小区约17万平方米，并实施普德村路片区综合整治，先后对雨花新村二村、能仁里三村，普德村118号等10个小区进行全面整治。雨花新村片区始建于20世纪80年代初，是一个开放式老旧小区群，违章建筑总面积约1.65万平方米，其中约70%违章建筑具有经营性质。2016年，雨花街道决定利用三年时间，分步分片实施雨花新村片区整体更新改造计划。计划主要包括对老旧小区实施出新改造，对部分道路进行综合整治，对部分老旧建筑实施拆迁并新建公共服务项目等三个部分。该计划总投资超3亿元，改造工程覆盖片区13.2万平方米，出新改造总建筑面积42万平方米，惠及居民群众3万余人。（毛 慧）

赛虹桥街道

【概 况】 赛虹桥街道位于雨花台区西北部，南起宁芜公路（安德门—宁芜铁路小行道口段）中心线，北至该区与秦淮区交界处，东起中山南路高架桥、雨花南路中心线，西至该区与建邺区交界处，土地面积7.31平方千米。常住人口6.3万人，户籍人口5.06万人，60周岁以上老人0.97万人。辖赛虹桥、安德门、小行、长虹路、玻纤院、菊花里、邓府山、龙福8个社区。设机关党总支1个、社区党委1个、社区党总支6个，党支部35个（含社区党支部1个，两新组织党支部7个）；党员1862人。

全年实现地区生产总值44.02亿元，一般公共预算收入4.47亿元，全社会固定资产投资41.15亿元，社会消费品零售总额增幅11.4%，注册外资实际到账6000万美元，外贸出口总额5473.66万美元。新增科技创业投资额2000万元。推进区人代会重点项目10个（含市重点项目2个），其中产业项目2个、房地产项目5个、民生项目2个、公共服务项目1个。完成创E梦工厂招商工作。对万谷移动互联科技园、中舜赛虹数字科技产业园、无为文化产业园等实施提档升级，万谷移动互联科技园被市促进就业委员会评为南京市2016年度示范创业园（基地）。签约苏宁易购—万物直供、金浦等项目，引进注册类企业50余家。玻纤院、中博地块纳入《南京市2017年度城镇低效用地再开发实施计划》。

全年搜集空岗信息950余个，新增城镇就业1200人次，实现再就业600人，援助就业困难人员49人。开展困难帮扶工作，向低保户521人、困难群众647人次、持证残疾人866人等发放低保金、救助金、慰问金440余万元。办理城镇居民医保10002人，其中办理新生儿医保1225人，老年居民医保40人，其他133人，居民养老32人。

年内，赛虹桥街道被省委组织部、省委宣传部评为全省基层党员冬训工作示范街道；被市红十字会评为2011—2016年市红十字会系统先进集体；被市迎接国家卫生城市复审工作领导小组评为南京市2016年度迎接国家卫生城市复审先进单位；被市维稳工作领导办公室评为南京市中共十九大安保维稳和国家公祭活动执行保障工作集体。

【区域建设】 2017年，赛虹桥街道完成拆迁房屋建筑面积6.5万平方米，拆除违章建筑面积11.97万平方米。投入5000余万元对小行路15号、望江矶等9个老旧小区进行出新。推进雨花南路以北片区控制性详细规划修订，摸排雨花南路以北所有老旧小区。投入600余万元完成玻纤院社区环境整治门头治理等72个零星工程。投资约1.1亿元完成55个小区及企事业单位雨污分流工程。投资1300万元对11个居民小区实施二次供水设施改造，受益居民4000余户。投资255万元对菊花里、尤家凹小区实施积淹水改造工程。投资约1000万元建设宋家洼绿化工程及新亭绿地工程。依托数字城管平台，强化案件办理质量，全年通过平台下发整改各类问题案件12585条，其中市查案件4360条，区查案件919条，街道自查案件7306条。完成钱家巷、西营村路、工农新村路、观云路、菊花北路5条道路环境综合整治，铺设人行道850米，重换路牙1200米，拆除一店多招12处，建筑面积约300平方米，清理门前三包范围内乱张贴52处，取缔占道经营店家14处，出新立面8处，建筑面积约1500平方米，补植绿化草坪6处约800平方米，安装路灯7盏。加强对违停车辆的管理和处罚，全年贴罚单7982张，每天安排部署6名队员定人、定岗、定段巡查，及时清理无序占道的停放车辆，在辖区新增停车位125个，辖区有供居民使用临时停车位780个。年内，虹悦城和恒大华府一期被南京市城治办评为市级示范单位，凤台南路、亚东观樾小区、雨花西路幼儿园、西营村路和德盈菁华园小区被南京市城治办评为市级达标单位。

【社区建设】 2017年，赛虹桥街道创建省级和谐示范社区2家，申报区级精品社区2家，街道省级和谐示范社区总数4家，精品社区总数4家。培育社会组织，引进机构17家，其中为老项目5家、为小项目8家、慈善帮困项目3

家、社区综合治理1家。新孵化培育本土社会组织5家。打造乐行天下、叶姐家庭综合服务中心两大品牌组织。围绕基层社会治理体系、“三社”联动、项目运作实务等，组织培训4场次。参加区众创空间培训10场次。完成“七行”公益业务体系设计和管理框架搭建。建立项目库，开发设计区公益创投项目3个，并完成招投标工作。完成社服中心信息化管理服务平台对街道30个公益项目、35个社会组织、156个服务对象、333个志愿者管理工作。开展社会组织年检工作，街道社会组织年检率90%以上。组织街道人员报考雨花台区2017年初级及中级社会工作师考试。推进“智慧社区”建设，建立健全社区人口信息动态更新和考核机制。每周、每季度按时完成智慧平台考核内容。通过练场、赛场、演艺场等活动形式，打造“赛虹大舞台”群众文化品牌，举办群众文化会演15场次。依托街道十大协会，定期组织摄影、书画协会采风活动，开展各类文化培训744场次，参加人次近1.8万人。举办“电影进社区”活动22场次，观影人次约700人次。巡查辖区内12家文物单位，开展文物保护宣传教育。选送优秀节目参加区市级文体比赛活动，虹之梦舞蹈队获得区级基层群众文艺团队舞蹈比赛一等奖。年内，赛虹桥社区被江苏省依法治省领导小组评为江苏省民主法治示范社区；安德门社区被江苏省人力资源和社会保障厅评为省级创业型社区；小行社区被江苏省文化厅评为省级社区综合文化服务中心；长虹路社区被江苏省文化厅评为省级社区综合文化服务中心；龙福社区被江苏省文化厅评为省级社区综合文化服务中心；长虹路社区被江苏省和谐社区建设指导委员会评为江苏省和谐示范社区。

【平安建设】 2017年，赛虹桥街道以全国两会、江苏发展大会、南京马拉松、一带一路峰会、厦门金砖会议、建军90周年、中共十九大、“1213”等节点期间安保工作为重点，走访重点人员43人次，接收处理信访件24件，接待个访事件1300余人次、群访事件40余人次，排查化解不稳定因素4起，调处矛盾纠纷78起，调处成功78起。梳理存量涉稳问题10个，其中西营村拆迁遗留问题取得重大突破，完成协议签订13户。开展法治宣传23次，法治广场活动5次，公调对接成功71件。落实“一岗双责、党政同责”，开展拉网式、地毯式检查行动3次，开展危化品行业、农贸市场等专项检查12次，检查“厂中厂”、建材市场等各类场所4000余次，发现安全隐患633处。加大法律知识宣传力度，开展法律咨询服务近50次。

【党的建设】 2017年，赛虹桥街道制定《关于推进“两学一做”学习教育常态化制度化的实施方案》。围绕党员教育、发展、结对共建等制度，结对共建企业党支部6个，组织各支部登门送学215人次，发放各类学习资料5500份，组织开展QQ群视频直播党课5次。完善一体化党群服务平台，打造“5+X党员分类教育管理体系”，创立了党建移动智慧平台“赛虹e党建”。街道“两学一做学习教育”做法代表全区在南京市进行了交流发言；安德门社区流动党员分类管理在“千组万支”督查会上受到省委组织领导肯定，是全区唯一省级“两学一做”监测点；街道流动党员管理、“党员中心户”等特色项目和经验做法已多次被省市媒体报道。抓好“12345”工单及领导信箱来信办理，办理“12345”工单3988件、领导信箱群众来信55件。开展党员服务项目20

个，为121名困难党员群众建档，发放慰问金及关爱资金15.7万元。开展廉政专题教育5次，举办廉政故事会，取得不错的反响。修订、出台廉政准则13条，编发《准则、条例，问责条例》120册，向40余名副科级以上干部进行廉政谈话。摸排上报案件线索16条，立案8起，对8名违纪党员进行了处理。办理办结信访件4件。

【军港市场关停】 2017年，赛虹桥街道为推进南京市重点项目凤台南路改造工程，做好军港建材市场关停工作。指导市场方出台经营户清退补偿政策，制定清退签约、交房及补偿款发放流程，与区征拆办对接，请评估公司对市场整体资产进行评估，反复研究后与市场方沟通，就整体框架协议达成共识；成立工作组4个，每天深入现场，配合市场方宣传清退补偿政策，对接红太阳、易盛源等市场，了解分流情况，跟踪经营户搬家进度；严格按照程序进行项目社会稳定风险评估，同时安排一定警力现场执勤、附近备勤，做好应急处置。年内，完成177户经营户清退工作，未发生一起上访事件。

【南西营村G70地块招成交】 12月27日，南西营村G70地块经过61轮竞价，最终被中铁以23.3亿元竞得，楼面地价24088元每平方米。该地块东至凤台南路，南至凤台南路加油站，西至南河，北至兴隆大街，总用地面积49327.98平方米，总出让面积33940.0平方米，规划用地性质为二类居住用地，出让年限70年，容积率$1.0<R\leq 2.85$，建筑高度$60\leq H\leq 100$米，挂牌出让起始价17.3亿元，最高限价26亿元。

（陈天骄）

铁心桥街道

【概　况】 铁心桥街道位于雨花台区南郊，距中华门4千米、南京禄口国际机场15千米，省道宁丹路贯穿南北，绕城公路、纬九路、龙西路横贯东西，东、西、南与江宁区接壤，北与雨花街道和赛虹桥街道相邻，土地面积27.71平方千米，年末总人口13.14万人，其中常住人口8.14万人，户籍人口3.91万人，60周岁以上老人6881人。辖铁心、尹西、定坊、高家库、马家店、春江、新河、景明佳园、翠岭银河9个社区。设有机关党总支1个、基层党委2个、社区党总支7个，党支部72个，党员2119名。

全年实现地区生产总值24.21亿元，其中第一产业0.29亿元，第二产业6.72亿元，第三产业17.20亿元，三次产业比重为1.19∶27.76∶71.05。完成拆迁面积28.06万平方米，完成大冯韦、吴尚一、凤翔组等地块扫尾工作。完成中药饮片厂、徐工集团企业搬迁，阅宁路北延二期及规二路项目、中华职校周边及水科路沿线项目，全力取得推进。完成大定坊经适房二期B地块（总建筑面积约10万平方米）交付。尖山森林防火通道建成通车并完成绿化施工。完成铁心桥街道办事处过渡点搬迁和铁心桥卫生服务中心改造。完成铁心桥街道办事处新址（综合社区服务中心）项目立项。完成景明佳园、春江花园、新河苑3个片区及32个排水单位的雨污分流。韩府山庄、翠岭银河、大周路3个片区建设工程的立项得到建委批复。完成黑臭河道治理和积淹水片区改造。

全年新增城镇就业2240人，举办招聘会13场，提供各层次岗位650个，扶持大学生创业319人，入选市级优秀项目5个，组织职业培训22场2300人。全区有低保对象942户1505人，发放低保金1219.1万元。救助低保家庭考入本科院校子女3人，发放救助金15000元。审核大重病46人、临时救助14人，发放救助金13.8万元。走访慰问低保边缘户218户481人、优抚对象88人，发放慰问金136万元。全区有残疾人1220人，其中享受两项补贴718人，发放残疾人两项补贴278.6594万元。引入社会组织29个，涵盖为老、为小、社区治理、慈善助困等范围。设立博爱助教资金，街道财政年初预算中列支50万元，作为专项支出费用。以100万元为基础，对辖区户籍、常住居民因病致贫者进行医疗救助。社会保险费基数申报290家，办理征地项目32个、进保1385人，组织退休人员免费体检5343人。

年内，铁心桥街道被省人力资源和社会保障厅评为创业型街道；被市文明办评为志愿服务总站示范点；被市城市治理委员会办公室评为城市治理工作先进单位；被市统计局办公室评为创建统计基层基础规范化建设特色示范点。

【区域建设】 2017年，铁心桥街道列入考核拆迁面积约25.83万平方米，实际完成28.06万平方米。完成宁安铁路、杨家坟地块、管道路、梅苑南路、凤翔组等项目558户（共1009套）购房通知书办理。完成大定坊经适房二期B地块777户平稳交房安置。投入1300余万元实施7条背街小巷的精细化整治，其中春熙路、和苑西路被评为“优秀”等次，春熙路被评为区级“精品示范道路”。在定坊嘉苑、定坊兴苑2个保障房小区试点引进社会化物业，实现保障房小区物管领域改革“破冰”，获区2017年十佳改革创新案例。在景明佳园小区成立物业管理委员会，实现业主自治。实现牛首物业人员分流247人。将500台电梯和消防、泵房、监控系统等四大设备分流到各社区物业管理。全年物业补贴比2016年降低600余万元。梳理出4000余套可供出租房源，为200名软件人才提供104套承租房屋，其中打造样板房10套。

【社区建设】 2017年，铁心桥街道构筑精细化网格走访机制，创新推行“三色标注法”，将街道划分为78个走访网格，建立辖区内住房“窗口表”，由社区委员包干网格，重点锁定低保户、大重病户、空巢老人等九大重点走访对象。推行“互联网”+网格化的模式，在9个社区78个“两委”委员中建立微信及QQ群，邀请各自网格中居民进群，实现“指尖上的大走访”，社区工作人员下沉到网格，对线上问题实时应答，形成快速响应机制。构筑“走访—落实—回访”闭环机制，完成42331户居民和371家企业的网格化、全覆盖走访。“12345”工作6个月排名全区第一，年度跃居全区前列。将社区困难群众分为两类，对鳏寡孤独者，由街道全部托底，对家庭教育不完善家庭，整合软件谷及软件企业资源，为其子女认领“社会家长”，聘请26名为不完善家庭学生提供心理辅导、课业辅导、教育实践等指导。年内，春江社区被省人力资源和社会保障厅评为创业型社区。

【平安建设】 2017年，铁心桥街道化解信访积案，完成全区分配案件3件。在关键时间节点将重点人头稳在原地，梳理出重点人员7人，成功拦截化解进京2人，调解纠纷280起，办理群众来访31件，办结28件。完成拆迁、城建项目，拆违等社会稳定风险评估9件。协调律师事务所签约律师为街道重大项目、决策提供法律建议并审核各类合同32份，配合做好1起涉诉案件处理工作。签订安全生产责任书19份，各社区和企业签订安全承诺书433份。对9小行业、拆旧工地、建筑工地安全进行专项整治，检查2700批次，发现隐患345处，当场完成整改298处，限期完成整改47处。出资15万元统一对辖区内354家餐饮店进行燃气报警器安装。完成防汛任务，全年未发生一起山林火灾。开展出租房屋安全隐患集中整治，出动清查整治工作力量近600人次，摸排出群租房33户并进行清理整治。整改治安和消防安全隐患76处。开展铁路沿线安全隐患整治，张贴通告20份，发放安全宣传手册200份，悬挂横幅8条。

【党的建设】 2017年，铁心桥街道设立“区域化党建项目”和“党代表作用增效工程”书记项目2个。街道党工委与软件谷软件产业联合党委沟通协调，9月份软件产业联合党委换届时，街道党工委副书记通过选举兼任联合党委副书记。畅通软件企业发展与街道企地互融机制，达到思想工作联做、公益事业联办、公共服务联动的“三联共进”合作成效。组织10名党代表建立党代表工作室，发挥党代表在社会治理中协调作用，让居民参与社区决策的全过程中发挥党组织引导作用。打造“党建+公益”服务型党组织基地，在全市基层党建交流大会上介绍景明佳园社区“1345”党建工作法，社区党委社情民意协商制度被评为全市基层党建创新案例。实行科室、社区负责人季度向工委(扩大)会现场汇报工作制。将2017年作为制度建设年，制定并出台《铁心桥街道加强小额工程管理》《公务接待管理办法》等制度12项。实行党风廉政建设和反腐败工作每月一期研讨。与东南大学马克思主义研究学院合作，完成群众文明程度提升科研项目。立足“全媒体”做好宣传，在《新华日报》《南京日报》发表正面报道30余篇，打造“铁心e点通”政务微信平台，营造良好舆论氛围。

【“文化名家进铁心”活动开展】 4月11日，铁心桥街道在楚翘城二楼会议中心举办“文化名家进铁心”启动仪式。该活动通过邀请省市书画、文史、京剧、诗词等名家到街道授课，每月一期，全年不少于12期。启动仪式上，中国美术家协会会员、国家一级美术师、江苏省国画院副院长喻慧现场授课，并题字“金陵微雨花”赠予区委宣传部，寄托对微信公众号金陵微雨花美好祝愿。铁心桥街道特聘喻慧为街道文艺顾问。活动吸引近200名群众和国画爱好者前来参加。区委常委、宣传部部长谢山，副部长沈晓莺，新华网江苏分公司总经理徐寿泉出席活动。

【偿债融资】 2017年，铁心桥街道做好偿债融资工作。结清与丰盛集团之间债务，签订《债务清偿协议》，归纳整理丰盛借款所有相关资料，形成档案，确保不留后遗症。加大与浦发、宁波、紫金农商银行等沟通联系力度，融资6亿元，还贷2.03亿元。 （尹　玥）

板桥街道

【概　况】 板桥街道位于南京市西南郊，距主城区15公里。东南紧邻新组建成立的板桥新城管委会，西依长江，北接雨花经济技术开发区和西善桥街道，土地面积30.51平方千米。年末总人口3.16万人，其中常住人口1.82万人，暂住人口1.35万人，户籍人口2.14万人，60周岁以上老人0.44万人。辖板桥、三山、新建、孙家、永安、殷富、绿洲7个社区。设有一级党组织16个、二级党组织32个，党员948名。

全年实现地区生产总值25.93亿元，其中第一产业0.45亿元，第二产业16.38亿元，第三产业9.10亿元，三次产业比重为1.74∶63.17∶35.09。完成一般公共预算收入3.16亿元。新增软件企业8家，吸引高层次创业人才3人，完成专利申请量352件，完成科技创业投资额8400万元，实现高新技术产业销售收入创20.1亿元，软件信息服务业收入28亿元。

全年新增城镇就业1853人，登记失业人员再就业902人，援助困难人员就业80人，灵活就业人员社保补贴689人，享受失业金1389人，大龄人员延长失业金279人。举办“春风行动”等专场招聘会3场，帮助实现就业642人，培育创业典型3人，自主创业500人，带动就业人数2550人，培育大学生自主创业160人，完成“产生你的企业想法”创业培训课程（简称“GYB”）60人。新增居民医保2583人，续保5004人，享受全额补助200人，被征地人员进保171人，组织退休人员健康体检2808人。全年发放低保金17.7万元，发放残疾人补助金、大病救助金和临时救助经费等各类补助130余万元，向低保户、低保边缘户、重点优抚对象等人群发放慰问金54万元。

年内，板桥街道被南京市城市治理委员会办公室评为南京市城市治理工作优胜街镇；被南京市计划生育协会评为2014—2016年度计划生育协会工作先进集体；被市卫计局评为2016年全市迎接国家卫生城市复审工作先进单位。板桥街道社区教育中心被省教育厅评为2017年度省级标准化社区教育中心。《板桥街道志》被省地方志办公室评为江苏省地方志书综合优秀三等奖。永安花苑幼儿园被北京师范大学生命教育研究中心评为“全国生命教育课题研究”实验学校。

【区域建设】 2017年，板桥街道按照区“263”专项行动各项要求，出台梅钢片区综合整治“1+7”行动方案开展环保专项联合执法，立案查处违法企业15家，责成41家污染企业完成环境问题整改。办结中央、省环保督察和“263”转交案件13件，集中整治梅钢9号路、24号路周边环境，清运垃圾100余吨、清理抛洒泥浆50余吨、覆盖露天砂场约5万平方米，取缔废品回收站点57家、非法拆解站点6个、废旧塑料加工点8个、食品黑作坊3个、非法废油脂加工点1个。采取领导班子包企到人办法，推进建通大院内企业关停，关停企业56家。完成原水产良种场内约2万平方米老旧房屋拆除工作。推进水环境综合整治系列工程，完成工农河、新板沟、铁路西沟、永安花苑沟等水系清淤3万立方米。铺设地下截污管道836米、引水补水管道总长1968米，开挖截污井13座，建设一体化污水提升泵站1座，安装微纳米曝气系统15套、仿人工水草1500平方米、水下生物滤床500平方米，种植水生植物1910平方米。实施工农河景观提升工程，建设长江河口至陶家圩2200余米生态绿廊。完成朝阳西苑坡地景观提升工程，新增绿地近6.5万平方米。完成古雄泵站扩建工程。完成十九冶门前道路维修、出新，完善雨水管道、路灯和安全隔离栏等配套设施。新增公共自行车点7个，解决居民"最后一公里"交通问题。完成小河北路改扩建工程并于11月底全线通车。投入40万元，修建182公交站台，完成公交场地建设、设施配套，将线路往南延伸一公里至殷富社区，解决2万户居民出行难问题。

【社区建设】 2017年，板桥街道完成街道综合文化服务中心内部环境提档升级。开展各类群众文体活动，举办"幸福板桥大家乐"、庆"'七一'文化促文明，走访助发展"、"党建联盟庆国庆迎中秋"等大型文艺活动11场，参与群众超3000人次。投入资金21万元，引入第三方专业社会服务组织承接部分为民服务功能，开展义诊、健康答询、康复指导等各类活动30余场，服务受益人群超5000人次。投入资金15万元，新建殷富社区居民健身广场，设立健身晨练点和晚练点。投入资金10万元，更换全民健身路径器材2套，完成健身器材配套地面软化改造，为板桥居民提供健身锻炼场地。永安花苑幼儿园通过市优质幼儿园验收。发放各项教育奖金28.7万元。

【平安建设】 2017年，板桥街道完成高效能污染企业关停、征地拆迁等社会稳定风险评估5件。协调相关律师事务所为辖区重大项目、决策提供法律建议并审核各类合同30余件。办理群众来信来访153件，办结153件，办结率100%，排查矛盾纠纷278次，调解处理矛盾纠纷278件，办结278件，办结率100%。化解市区督办的信访积案2起，街道排查信访积案9起，成功化解8起，化解成功率97%。关停高污染高能耗企业11家，淘汰工频炉2台、拆除锅炉15台，实现全年无新增燃煤锅炉。检查"厂中厂"企业、作坊569家次，发现隐患266处，责令整改245处，限期整改21处。专项整治"职业危害治理"重点企业8家。检查九小行业场所240家次，检查一般隐患217处，全部按期整改。开展"打非治违"专项行动，检查各类生产经营单位86家次，查出隐患78处，整改78处，整改"三合一"隐患4处。在"安全生产月"宣传期间，展出安全消防展板4块，现场发放手册220余本，接待群众260余人，悬挂横幅30余条，刊登黑板报12余期，增设安全宣传牌、警示牌、安全标志60余个，张贴安全宣传图16张，新增宣传标语48条。参加由区安委会组织的广场咨询活动2次，举办企业法人和安全员业务培训班5次，对16家重点企业含"厂中厂"法人进行约谈。

【党的建设】 2017年，板桥街道聚焦主责主业，高标准制定街道全面从严治党工作意见，把党建工作目标分解为18类92项任务，将各项工作细化落实到人到月。认真学习贯彻中共十九大精神，深入开展"大走访"活动，持续推进"两学一做"教育活动常态化制度化。组织中心组学习13场次。推广"领导干部上讲台""十分钟课堂"等学习模式，邀请党组织书记、联系点领导上党课18场次。利用中共十九大胜利召开为契机，邀请党工委主要领导到社区和企业开展宣讲活动5场次。以工委党建推进会、党建点评会、党建现场会方式研究党建相关事宜12场次；召集街道青年党务工作者举办"党建论坛"4场次。结合区域特点和资源优势，按照"优势互补、共享共赢"理念启动党建联盟"复兴号"，集结国际关系学院等单位54家。

【农业集体产权股份制改革试点】 7月，板桥街道在三山社区成立土地股份合作社，抓住“亮家底、明身份、建组织”三个关键环节，完成6个村组承包耕地股份制改革工作。通过股改，增加农民收入，规范“三资”管理、壮大集体经济。年内，土地收益由500元每亩增加到1100元每亩。

【新建社区运行综治警务一体化平台】 2017年，板桥街道以“五有五无”平安社区建设为着力点，优化资源配置，将居务与警务有机结合，开创涉农社区社会治安管理新局面。新建社区作为雨花台区综治警务一体化先行之地，自改革以来，各类刑事案件发案率同比下降167%，解决群众诉求13件，化解各类矛盾22件，有效破解社区治安难题，切实维护社区平安稳定。 （张　瑛）

西善桥街道

【概　况】 西善桥街道位于雨花台区西部，东临雨花科技园核心区，北接河西新城CBD，西连雨花经济开发区和板桥新城，南倚岱山眺望长江，绕城、宁马、宁芜公路和皖赣铁路穿境而过，土地面积17.04平方千米。年末总人口13.09万人，其中常住人口4.08万人，暂住人口4.74万人，户籍人口2.69万人。辖油坊、福润、古遗井、西善桥、西善花苑、嘉业、齐修7个社区及岱善润福城筹备组。设有社区党委1个；党总支3个，其中机关党总支1个、社区党总支2个；党支部28个；党员1046人。

全年实现地区生产总值36.12亿元，其中第一产业0.01亿元，第二产业17.91亿元，第三产业18.2亿元，三次产业比重为0.03∶49.58∶50.39。推进禹州映月溪山、秦淮新河流域整治改造（排口整治）两个区人代会重点项目建设。

全年新增办理失业金333人、大龄延长失业金75人，办理就业失业登记证1890人。办理灵活就业人员社保补贴477人，发放金额299.15万元。举办招聘会5场，提供招工单位624家，各类岗位1845个，推荐就业203人，完成农村劳动力转移就业185人。培育自主创业524人，带动就业1103人，树立创业典型2人。完成社会保险净增缴费216人，组织退休人员免费健康体检2914人，再就业职业指导培训162人；完成“产生你的企业想法”创业培训课程（简称“GYB”）40人；完成育婴师培训课程20人、在职职工培训650次、在就业技能培训进网60人。录入结婚信息148条、出生信息612条，录入独生子女证号55条。完成社会组织网上年检40家，评估15家，新成立11家。为1102人次发放发放医疗救助、关爱基金约191.06万元，其中大病救助218人次，发放金额40.89万元；慢病救助427人次，发放金额55.28万元；临时救助127人次，发放金额30.67万元；生活救助112人次，发放金额22.44万元；教育救助29人次，发放金额4.7万元；教育补贴56人次，发放金额5.24万元；教育奖励29人次，发放金额7万元；住房救助9人次，发放金额1.92万元；特护补贴45人次，发放金额14.94万元；计划生育家庭救助50人次，发放金额7.97万元。为25名参战人员发放生活补助29.07万元；为13名在职（在乡）伤残军人及1名三属人员发放生活补贴28.16万元；为5名无军籍职工发放生活待遇32.12万元；为15名60周岁以上农村籍退役老兵发放生活补助3.24万元；春节、“八一”期间走访慰问驻地部队，发放慰问金17.5万元，向58名优抚对象发放慰问金8.98万元。

年内，西善桥街道被省统计局评为南京市乡镇（街道、园区）统计规范化建设百佳单位；西善桥街道党政办、组织人事科和福润社区被区委、区政府评为2017年度先进集体；西善桥街道工会被区总工会评为雨花台区工会工作先进单位；油坊社区被国务院防范和处理邪教问题办公室评为创建无邪教示范社区；西善花苑社区被省地震局评为江苏省地震安全示范社区、被省民政厅评为江苏省和谐社区建设示范社区、被省人社厅评为第一批省级创业型社区；油坊、齐修和嘉业社区被省文化厅评为2017年度全省已建成行政村（社区）综合性文化负责中心。

【区域建设】 2017年，西善桥街道推进管道路西段、梅山矿业塌陷区安全整治、森燃地块、龙翔南片区（结转）、圣戈班片区（岱山一期）结转项目等项目建设，完成企业交房15家，拆除房屋面积13.6万平方米。做好老街河堤改造、胡家庄组、建宁四村、顾家庄、复合材料厂宿舍，郑家组等项目征拆工作，完成农户交房392户，拆除房屋面积8.22万平方米。全年拆除房屋面积21.82万平方米，超全年目标任务5.49万平方米。完成刘家村项目和协议搬迁一期项目762套房屋选房安置工作。投入资金近800万元对邱村街东段、单家村街、地铁口后巷等7条街巷进行整治，整治秦淮河、南河沿岸卫生死角15公里。取缔无证或证照不齐废品收购站59家，规范经营证照齐全废品收购站45家。整治城中村14个、背街小巷及无物管小区12个。专项整治农贸市场6家。修复破损路牙、路面近1000平方米。推进垃圾分类市场化运作，投入资金近160余万元将福润雅居、东升山庄、东升裕园、龙凤佳园以齐修北苑、齐修南苑、平治东苑等10个小区纳入到垃圾市场化运作范畴。实行主次干道环卫保洁市场化运作，将辖区12条主次干道、面积30.66万平方米的道路保洁、垃圾清运移交由区环卫所负责。完成横七、横八路停车收费审批及收费管理工作，出新辖区内禁停网格线、黄线17千米。在西善花苑新增12台自助缴费机投入使用。完成大众，油坊桥停车场改造出新。新增龙淮路护栏74节，维修更换以安装护栏411节、立柱248根、底座216个，清拖僵尸车辆21辆，清拖共享单车317辆。

【社区建设】 2017年，西善桥街道根据区委、区政府工作部署要求和群众需求，组织开展党员学习、政策法规宣传、健康知识讲座、职工技能培训、下岗职工和失地农民再就业创业培训、青少年校外活动、棋牌类培训（比赛）、健身类培训等各类教育培训和体育活动，全年培训189期2.58万人次。创办“向善家长学校”特色项目，开展活动30场次，受训人数5100余人次。举办西善桥第五届运动会、老年人体育节开幕式、篮球友谊赛及多场文体队伍展演等体育活动40余场次，参与人数4000余人次，观摩活动人数2万余人次。开展“八一·军民同乐夜”等大型文化广场活动9场次。举办“庆祝第33个教师节系列活动”，评选出100余名西善桥街道优秀教师。做好“西善民歌”传承和“书香街道、书香社区”创建工作。按照街道党工委、办事处工作部署要求，创建精品社区，引进和培育专业社会组织。通过政府购买社会服务，全年有各类社会组织132家，其中登记类社会组织70家、居民自组织62家，同时拥有雨花台区首家常态运作的街道级基金会—新西善慈善基金会。完成社区社会组织网上年检41家，新成立2家。出台《西善桥街道社会组织服务及管理办法》。通过(市)区创投、精品社区项目、街道(社区)自主购买等形式落地街道项目30余个，项目经费近300万元。年内，油坊社区被团区委评为雨花台区青年文明号；西善花苑社区和古遗井社区被区民政局和区老龄办评为2017年度为老服务先进单位；西善花苑社区和嘉业社区分别被区和谐小组评为2016年度精品社区和2017年度精品社区。

【平安建设】 2017年，西善桥街道信访接待150件340人，信访书面回复18件，人民调解1100件，其中街道书面调解21件，涉及金额1300余万元。投入10万元打造福润社区综治警务室，成功举办全区综治警务一体化现场会。发动志愿者义务上岗339小时，发放红袖标、红马甲、红帽子1000件。与铁路沿线单位签订了创建平安铁路目标任务责任书80余份，10月份新安装宁芜铁路沿线探头20个。全年法律服务200余人次，举办法治讲座3次，举办普法广场、法治进校园活动5次，制作悬挂法治宣传横幅120条，张贴宣传挂画12期480张。实现一村一法律顾问，10个社区全部建立法润民生微信群。配合第三方完成社会项目风险评估9个。3月荣获2016年全区维稳工作一等奖。4月油坊社区荣获“国家级无邪教社区”。开展食品生产加工小作坊专项整治，规范治理小作坊10家，实现办证2家、关停搬迁4家、强制取缔4家；加强森林防火基础设施建设，实现森林防火、防汛、防台、防旱“零事故”。

【党的建设】 2017年，西善桥街道推进基层党建工作。依托中心组学习和讲党课形式，深入开展“两学一做”学习教育活动，发挥领学促学作用。利用建党96周年契机，组织187名党员干部开展“重温入党誓词，重拾思想汇报”主题活动。分两批次组织共72名青年干部赴南京国防教育基地开展封闭培训。每季度开展一次全街道青年干部悦读分享会。紧扣“政治定力、严明纪律、两个责任、作风建设、纪律审查、党内监督、巡察工作、队伍建设”八个关键词，有效运用监督执纪“四种形态”，继续保持惩治腐败的高压态势。制定党风廉政建设五项责任清单并与各社区、科室部门、直属事业单位签订党风廉政建设责任书，全面落实党风廉政建设建设责任。通过短信、QQ群、微信等发送廉政自律提醒，对街道中层以上负责干部开展廉政提醒谈话。开展“腐败易发多发重点领域整治行动、作风建设防反弹防变异防隐身专项行动、整治群众身边的不正之风和腐败问题专项治理”，持续推进党风廉政建设。

【安全生产】 2017年，西善桥街道做好安全生产工作。开展厂中厂专项整治，检查隐患690余处。开展餐饮行业晚间专项检查行动，检查餐饮行业344家，查处安全隐患870处。聘请第三方专家开展高层消防专项检查，检查高层232栋。新建微型消防站12个，覆盖各社区、厂中厂、大市场，聚焦群众和企业集中区，提高辖区各重点区域消防应急处理能力。对使用燃气的餐饮企业及食堂进行摸底排查，安装燃气漏气报警器386个。做好涉氨企业“启海冷库”拆迁工作。做好重污染企业环保搬迁和落后产能企业淘汰工作，搬迁淘汰落后污染及企业5家(费隆复合材料有限公司、南京金敦冠印务有限公司、天艺静电喷涂厂、南京金福莱门窗有限公司、南京荣有漫纸制品有限公司)。加强对工业企业的管控和粉尘的治理,关停石材加工企业2家及喷涂厂2家,重污染天气对新善恒基采取停产措施进行降尘。开展废旧电池非法回收及非法处置排查工作和挥发性有机物污染整治工作,治理5家机动车维修行业近发性有机物污染整治。

【米特落户西善桥】 12月19日,西善桥街道与江苏米特科技有限公司签约,新型研发机构米特研发中心与米特物联网生态科技园正式落户西善桥街道。区委常委、副区长徐文进,发改局局长朱天燕,科技局局长程道伟,商务局局长陈正儒,西善桥街道党工委书记徐立,江苏米特科技有限公司董事长孙金良、总经理刘宝春等出席签约仪式。该项目分两期实施:一期项目为新型研发机构米特研发中心,计划总投资6亿元,建立基于电力线通信的物联网底层技术研发中心。二期投资项目为南京米特物联网生态科技园,计划总投资10亿元,用地面积4万平方米,在江苏米特底层芯片技术及电力物联网应用基础上,构建物联网技术服务平台,并整合资源进行产业集成,打造米特物联网产业生态圈。 (朱 璟)

梅山街道

【概　况】 梅山街道位于雨花台区西南郊,南部与江宁区接壤,周边与板桥街道、板桥新城搭界,距离主城区新街口约24千米。年末,户籍人口约2.81万人。辖中兴路、上怡新村、梅清苑、梅欣、梅岭5个社区,辖区总面积11.04平方千米,(其中厂区占地7.38平方千米,矿区占地3.66平方千米)。设有党委3个(社区党委1个、非公企业党委2个),党总支6个(机关党总支1个、社区党总支4个、非公企业党总支1个),党支部53个,党员2195人。

全年实现地区生产总值29.40亿元,一般公共预算收入2.0354亿元,社会消费品零售总额同比增长17%,全社会固定资产投资2.53亿元,服务贸易52.2万美元,注册外资实际到账100万美元,外贸出口总额27亿元,新增商务商贸设施面积1.06万平方米,新增规模以上文化企业3家,新纳统软件企业5家,新增大土澳等“四上”企业(规模以上工业企业、资质等级建筑业企业、限额以上批零住餐企业、国家重点服务业企业)5家,引进卡西文化、青尔美贸易、祥宝信息等企业7家,总投资5000万元。在金洽会区专场活动上签约南京舒尔茨智能科技有限公司项目,年营业额1000万元。完成梅山商业广场四、六层约6000平方米闲置资产招商,签约引进总投资额1000万元的金吉鸟健身俱乐部项目,每年为街道增加资产性收入80万元。煤炭消费量377.81万吨,发明专利申请量260件。与梅钢公司签订市政设施移交正式协议和补充协议及物业移交接管框架协议。制定《梅山街道房产管理暂行办法》《梅山街道合同管理办法》文件,完善《梅山街道财政财务管理办法》。推进梅山老生活区改造、九号路及源水输水管网改造、梅山体育场片区积淹水改造3个区人代会重点项目。

全年新增城镇就业1250人,实现再就业380人,援助困难人员就业36人;自主创业304人,开展创业培训40人次,技能培训40人次；大学生创业129人，推选大学生创业申报优秀项目6个。困难群众帮扶救助体系发放救助金46.94万元。全年发放低保金约197.02万元，发放优抚金、专项补贴24.53万元，完成48名“两参”人员专项慰问金申请人员材料审核上报，发放“两节”慰问金19.2万元。完成涵盖社会管理、文化体育等多个类别为民办实事项目10个。出台《梅山街道关于对老年居民发放生活补贴的实施办法》，对年满80周岁未享受退休人员待遇的每月发放100~400元不等生活补贴。出台《梅山街道教育助学、奖学“雨露行动”计划实施办法》，对辖区内考取“211”大学以上学生给予奖励，并对困难学生给予补助，发放奖学金33人6.65万元、助学金78人11.1万元。

年内，梅山街道被南京市红十字会评为2011—2016年度红十字会系统先进集体；被南京市团委评为2016年度南京市五四红旗团委；被南京市全民阅读领导小组办公室评为2015—2016年度南京市全民阅读工作先进集体。

【区域建设】 2017年，梅山街道投入资金约1亿元，推进海福圩沟黑臭河整治、梅山体育场积淹水片区改造、秦淮新河（梅山段）排口整治、小区雨污分流工程、文化公园建设等“五项工程”。推动梅钢9号路综合执法及环境整治，改造出新153公交底站综合执法岗亭。翻新改造九号路、兴梅南路道口、梅山15号门周边等区域绿地1.5万平方米，打造古雄大道樱花树景观300米。整治和建设微景观3处，打造生态廊道、亲水步道，完成海福圩沟景观提升。成立街道综合行政检查执法大队，落实网格化管理。投入资金60万元更新数字化城管指挥系统，完成中二路等7条背街小巷整治任务，苗苗路、2号路被列为精细化管理示范道路。清除203道口违法建筑及水果摊等流动摊点8个，1号路景观大道被市评为“优等项目”。落实“263”专项行动，将煤炭消耗量控制在377.81万吨，完成控煤指标。完成环境综合整治清单9类28项中27项，完成精细化建设管理任务清单6类10项中拆除违建等9项。完成3部既有建筑电梯安装。

【社区建设】 2017年，梅山街道注重挖掘和培育社会组织，举办第二届“幸福梅山”社区建设提案大赛并入围市社区治理创新品牌，收集提案15个。引进手牵手、和家居民养老服务中心和十方缘老人心灵呵护中心，做好辖区老年人居家养老工作。中兴路社区居家养老服务中心通过市AAA级居家养老服务中心验收。协助梅山生活服务公司、工贸公司做好老人助餐点建设工作。开展上怡新村社区“阳光驿站”、梅欣社区“邻居节”、梅岭社区“学习节”等特色品牌文化活动。梅欣社区成功申报江苏省和谐示范社区，上怡新村通过区精品社区验收。街道持有全国社会工作者资格证人员27人，其中全国社会工作者初级资格证人员24人、全国社会工作者中级资格证人员3人。年内，梅清苑社区被江苏省人力资源和社会保障厅评为2016年度省级创业型社区；梅清苑社区校外辅导站被江苏省精神文明建设指导委员会办公室、江苏省关心下一代工作委员会评为全省校外教育工作示范辅导站；上怡新村社区被南京市人民防空办公室、南京市民防局评为2016年度全市社区人防工作先进单位。

【平安建设】 2017年，梅山街道完成信访积案化解2起，完成两会、“一带一路”国际高峰论坛、中共十九大、国家公祭日等时段维稳安保工作。完成街道综治中心及五个社区综治中心建设。开展安全隐患大排查大整治行动，对企业、商业广场、社区等单位重点场所开展检查416次，检查出各类安全隐患数64个，组织辖区77家使用燃气经营户安装燃气报警装置。健全社区食品药品安全科普宣传站5个，完善中兴路、上怡新村、梅清苑及梅山农贸市场等微型消防站4个，建成并投入使用梅山农贸市场快检室，开展“你点我检”农产品快速检测活动，完成流动摊贩管理备案15家，筹资33万元整体改造梅清苑市民广场顶棚，全年街道安全责任事故为零。

4月25日，“快乐学习 书香梅山”梅山街道第二届读书节暨梅岭社区第七届学习节开幕式在梅岭社区建行广场举行 （梅山街道 供稿）

【党的建设】 2017年，梅山街道党工委中心组组织集中学习、讨论会、专家辅导、心得交流等10场。组织街道学习宣传贯彻中共十九大精神工作专题讨论研究3次，组织工委成员集体讨论和宣讲，自编《学习手册》，开展知识竞赛和调研。成立生活服务公司党委宏森源达党支部。推进书记项目，举办“党支部书记论坛” 4期，《实施“堡垒计划”，提升基层党建水平》荣获区优秀书记项目。完成上怡新村阳光驿站、梅岭学习节、梅欣邻居节、梅清苑红船模型工作室4个党建品牌质量提升，创建“兴虹阳光”帮扶帮困党建品牌。党工委专题组织集中学习纪委文件8次，全年开展科职干部、新任用干部廉政诫勉和任前廉政谈话30人次，完成违纪党员处理5人、违纪案件审理2件和信访件办理4件。开展“防隐身防变异防反弹”等内容“4+1”专项行动，围绕大走访、五项工程、公务用车、三公经费管理、办公用房、公务接待、惠民政策落实等监督检查6次。

【“走千企入万户、助发展促富民”大走访活动】 2017年，梅山街道开展“走千企入万户、助发展促富民”大走访活动。成立“大走访”活动领导小组，由党工委书记、办事处主任为组长，其他分管领导为副组长，科室、社区负责人为成员，将13名领导班子成员、11个科室、4个实体单位挂钩联系到5个社区，组织133名党员干部走访基层居民15680户、企业128家，发现问题760个。以社区“两委”委员为基础单元，建立24个“两委” “民情服务站”。梳理出困难家庭学生的补助和优秀学生奖励、老人补助、社区养老、老人助餐、小区停车位改造、积淹水改造、居民出行7个问题，机制化解决2个问题，项目化推进5个问题。新增敬老院养老床位40个；协调梅山市政物业公司，重新规划上怡新村社区内部停车位，完成新建600个；投入资金1000万元完成积淹水改造工程。“大走访”工作在市委督导组入户满意度调查中满意率100%，在全区考核中名列第二名。

【梅山一号路北侧游园绿地建设项目】 12月底，正式竣工并对外开放。该项目总占地面积1.6万平方米，总投资约1000万元，于5月开工建设。公园分南北两个片区，南片区为四层平台式公园区域，占地面积约8600平方米，入口处单独配置近90吨重景石；北片区为老的梅山文化公园，占地面积约7400平方米，由梅钢公司于上世纪70年代建成，重点实施绿化景观提升，参照中山陵音乐台布局新建看台区域。公园引进最新款二代智慧健身器材，为市街道级首家引入二代器材开放式公园，集娱乐、体育、休闲等因素为一体，辐射梅钢生活区及周边片区居民、职工上万人并获一致好评。

（邱元飞）

板桥新城

【概　况】 板桥新城位于雨花台区西南部，东至江宁区行政区划边界、南至板桥街道古雄村和新建村村界沿绿洲机器厂北围墙至梅山街道上怡二村北边界、西至宁芜铁路边界、北至西善桥街道边界，土地面积11.07平方千米。年末常驻人口3.89万人，暂住人口1.08万人，户籍人口约2.73万人，60周岁以上老人数6946人。辖大方、古雄、柿子树、新林4个社区。设有社区党委1个、社区党总支3个、党支部20个；党员649名。

全年实现地区生产总值17.40亿元，一般公共预算收入2.9亿元，全社会固定资产投资32.1亿元，社会消费品零售总额增长13.1%。完成承担的新林芳庭四、五期、华兴路三期等区人代会目标9个。完成古楼自来水改造、大方社区道路维修、新林活动中心改造等为民办实事项目5个。推进辖区地产项目，和昌湾景、蓝光家园1号销售形势良好。完成板桥中学培训楼1.46万平方米楼宇招商。引进具有二级建筑资质的中建一局集团第六建筑有限公司。

全年向153户209人发放城乡低保金189万元、低保医疗救助52万元；发放医疗临时救助52万元、残疾人救助和各类残疾补贴126万元；为优抚对象发放抚恤金及五项补贴70万元；向453名80周岁以上老人发放“尊老金”61万元；同时为1191位老人免费办理意外伤害保险。出台《板桥新城困难家庭补助慰问实施办法》，加大对困难家庭的关怀关爱。合作医疗参保1347人，完成三级筹集资金68万元，上级配套142万元，参合率99%以上。开展文化体育活动，举办第五届社区运动会、“莲花湖之夏”纳凉晚会、首届中国南京“雨花杯”航空模型国际邀请赛，金地体育公园被江苏体育产业大会评为省级体育公园。

年内，板桥新城被市委、市政府评为南京市机关作风建设标兵街道；被市城市治理委员会办公室评为城市治理优胜街道；被市植保植检站评为植保植检先进集体；板桥新城“走访干部尊重民意，淹水老街华丽升级”案例被市大走访办评为典型案例。

【区域建设】 2017年，板桥新城完成拆迁建筑面积11.07万平方米，其中古雄积淹水片区二期南岸、北岸涉及集体土地房屋222大户（含柿子树社区前董16大户），达成协议215户，完成搬迁5.07万平方米；完成大方工业园6万平方米企业搬迁交房工作。建成新林芳庭四期经济适用房4万平方米。优化提升内部路网，完成华兴路二期、三期、三号街二期工程建设。完成古雄积淹水片区一期水利工程，并经受住6月10日南京市突降特大暴雨检验。全年拆除违章建筑37起，建筑面积约2800平方米，现场制止违章建筑110起；查处偷运渣土车辆280台次，移交渣土办处理4辆；取缔流动摊点、占道经营、倚门出摊4000处；上交交警部门清拖高危车辆、僵尸车辆等20辆；完成大方路、陶埠路、莲花湖东街等5条道路流动摊点、暴露垃圾、停车秩序、店牌店招整治，提升道路品质和背街小巷环境。推进“263”专项行动，完成石闸沟整治、新湖大道绕越段污水顶管改造工程及柿子树沟黑臭河道整治工程。加强垃圾分类管理，强化水环境整治，落实“河长制”，确保河道整洁，保护水体清洁。

【社区建设】 2017年，在区社会组织党委指导下，板桥新城成立社会组织党总支及四个社区社会组织联合党支部；继续精心打造“一社一特”精品社区建设项目，其中大方社区在社区协商治理方面取得进展，古雄社区推进社区文化及家庭建设品牌建设，柿子树社区组建民办非企业单位残疾人之家，新林社区推进网格化互助养老模式。开展辅具适配、家庭无障碍改造和国家“七彩梦”和彩票公益金等重点康复项目，发放轮椅、彩电、热水器等物件54人次。完成残疾人辅助性就业15人，新增残疾人就业6人，新增残疾人培训7人。年内，新林社区被评为2017年国家地震安全示范社区；大方社区被省纪委监察厅、省委宣传部、省教育厅、省文化厅等9个部门评为省级廉政文化建设示范点，被省精神文明建设指导委员会办公室、省关心下一代委员会评为全省校外教育工作优秀辅导站；古雄社区华兴侨史陈列馆被省政府侨务办公室评为省侨务工作示范单位；柿子树社区被省城镇妇女“巾帼建功”活动领导小组、省妇女“双学双比”竞赛活动领导小组评为省巾帼文明岗。

【平安建设】 2017年，板桥新城推进社会矛盾和安全隐患大排查大整治工作，组织560名平安志愿者、586名群防群治力量参与行动，排查群体性矛盾纠纷5起、重点人群21人、社会治安重点整治区域1个，确保中共十九大期间未发生进京到省去市上访现象。针对征地拆迁、天灾、企业欠薪、道路施工等问题接待来访人员280余人次，处理各类矛盾纠纷68起，调处成功率98%，建立律师参与涉法涉诉信访矛盾化解工作机制，引导当事人依法有序理性表达诉求。对2起信访积案实行督察督办和问效问责，化解率100%。加大法治宣传，开展各类法治宣传活动8场次，解答法律咨询180人次，减少各类矛盾纠纷及上访事件发生。围绕“平安新城”创建，利用综治宣传月、农民工学法周、江苏省司法日、“4·15”国家安全日、“6·26”禁毒宣传、反邪教宣传月等宣传契机，提升普及居民群众对平安建设的知晓率、参与率和安全感满意率。全年在村社区重点路段、人员聚集处累计发放各类宣传材料3200余份，悬挂横幅80条、制作展板20块，张贴报海80张，发放国安书签800余张，并通过各社区微信公众服务平台，推送各类平安、法治宣传知识7期,受益群众上万人。

【党的建设】2017年,板桥新城党工委班子和广大党员干部走访辖区内生产经营性企业80家、居民家庭9808户,收集各类问题建议595条。出台《板桥新城困难家庭补助慰问实施办法》,对困难群众进行分类分层补助。推进"两学一做"学习教育常态化制度化工作,全年召开工委会20余次、中心组学习会12次,开展党工委班子"两学一做"专题研讨3次,为党员干部上党课3次,召开党建工作专题会议4次,各基层党组织开展学习教育100余次,开展宣传宣讲活动40余次,召开民主议事会议30余次。推进"与我同行"党员志愿者服务行动,构建"两站四库四制度一平台"党员志愿服务体系,把党员志愿服务与中心工作结合起来,与居民文体生活结合起来,与社区特色结合起来。设立重点项目29项,参与党员志愿者400余人,组建服务队25个,建立资源库7类150余项,建立QQ群、微信公众号等新媒体50余个。挖掘汪长秀,杨惠荣、赵迪等一批优秀党员志愿者,评选表彰优秀志愿者20名、优秀志愿者服务队6支、优秀志愿项目5个。全年各社区开展各类志愿服务累计500余场(次),其中集中服务60余场,服务人群5000余人次。年内,大方社区"大方情深·情暖大山"志愿项目被江苏省民政厅评为优秀志愿服务项目,大方社区被评为"南京市优秀志愿服务社区"称号。

【安全生产】2017年,板桥新城严格执行安全生产"党政同责、一岗双责"相关规定,召开季度安全生产工作会议4次,开展排查督办,建立落实日报周报制度,推进安全生产隐患大排查大整治、危险化学品专项整治等活动。主要领导带队督查5次、实地检查企业26家、现场督改隐患11条;组织专项检查117次,排查隐患85条,下发《限期整改通知书》15份并按期限开展原位复查,确保隐患真正归零。完善"行业主管部门、管委会、社区、企业商户"四级安全监管网络,积极探索引入第三方监管方法路径,提前完成区政府下达的餐饮单位燃气报警仪"全覆盖"任务,辖区内150家餐饮单位全部安装燃气报警器并接入云平台投入使用。与辖区内92家经营性餐饮单位签订《燃气安全使用承诺书》。园区内6家"厂中厂"企业全面建成微型消防站并投入使用,超额完成区安委会下达的4家微型消防站既定目标。全年通过搭建"板桥新城安监在线"微信平台,向辖区企业发送各类宣传教育微信86条;借助"党员干部大走访"活动契机,利用逐家走访企业渠道,宣传《新安全生产法》内容,填报《企业安全生产基本情况登记表》114份;签订企业落实《安全生产主体责任承诺书》65份,全面督促引导企业负责人严格落实主体责任工作。

(展海燕)

人物和荣誉

2018 YUHUATAI ALMANAC

Figures and Glory

先进模范人物

·全国办案标兵·

胡正义

雨花台区板桥人民法庭庭长胡正义被最高人民法院授予全国办案标兵称号。

胡正义，男，1982年3月生，汉族，中共党员，2005年7月毕业于扬州大学法学院法学专业，2005年8月考入法院工作，2015年毕业于东南大学法学院，获法律硕士学位，现任南京市雨花台区人民法院审判委员会委员，板桥人民法庭庭长。胡正义参加法院工作后长期在审判一线，先后在审监庭、民一庭和人民法庭工作，自独立承办案件以来已审结各类民商事案件2700余件，其中2014年1月至2016年6月审结各类案件914件，调解率为54.77%，撤诉率为32.97%，一审服判息诉率为92.97%。2010年，胡正义被评为全省法院涉诉矛盾化解工作先进个人，立个人三等功；2011年被评为全省法院涉诉矛盾化解工作先进个人，立个人二等功；2012年被评为全省法院系统先进工作者，并当选为南京市第五届十佳法官，立个人三等功；2013年立个人三等功，南京市优秀法官；2014年被评为南京市优秀法官，南京市雨花台区创业创新好青年。2015年立个人一等功，被聘为江苏警官学院客座教授。参加工作11年以来，胡正义有9年在基层人民法庭，为了完成繁忙的工作，每天总是早早出门赶往法庭。在基层法庭案多人少的压力下，胡正义作为庭长，身先士卒、勇挑重担，积极带头办案，主动承办疑难复杂矛盾突出的案件。为了找到当事人，不止一次在晚上守候在当事人的家门口。面对复杂的情况和一些不讲理的当事人，总是沉着冷静，有理有节，以严谨的态度和娴熟的业务能力认真依法做好当事人的工作，赢得当事人的理解，保证了案件审理的顺利进行。在积极办案的同时，还坚持理论结合实际，整理总结办案心得体会并指导实践，先后在《审判研究》等省市级刊物发表调研文章及案例分析60余篇，在第二十六届、第二十七届全国法院学术征文活动中均获优秀奖，同时应邀到各大院校、单位进行讲座、交流，积极探索审判新思路。他始终认为核心问题就是要把两个关系处理好，其一把自己的时间、精力跟状态安排好、分配好、调整好。其二把跟当事人的关系处理好。处理这种关系的原则他认为就是三个字“不误会”。

·全国特级优秀人民警察·

崔圣菊

南京市公安局雨花台分局西善桥派出所副所长崔圣菊被国家人社部、公安部授予全国特级优秀人民警察称号。

崔圣菊，女，1974年9月7日生，中共党员。崔圣菊是社区警务工作的“领头羊”,探索总结出的“房屋出租户标识化”“一袋式管理”等工作方法在全市推广,进一步规范了流动人口管理,提升了警务工作效率。按照“互联网+社区警务”理念,她主动联合社区、物业等部门,率先打造了“福润微警务”微信公众平台,成为全市首批应用于社区警务的示范点。她是先进典型民警的一面旗帜,在她的号召下,全局民警积极响应成立“小崔劳模先进团队”,并打造了全市首家以民警命名的“崔圣菊劳模创新工作室”,积极研讨破解基层警务工作难题,团队成员一起携手共进、争先创优。她是社区里无事不管的“大管家”,把自己的手机号码打造成了24小时在线的“小崔热线”,及时答复群众咨询,沟通解决社区居民的大事小情,“小崔热线”品牌被《人民公安报》《南京日报》等多家中央省市媒体集中宣传报道。她还是居民心中的“爱心大使”,也是女儿口中的“逃兵”。她满腔热情,力所能及地为辖区居民做超出警务工作以外“跨界”的事,牵头组建了由社区义务志愿者组成的“家政服务队”,通过协调相关部门,整合资源帮助辖区孤寡老人、困难群众80余人次。自2016年至今,为外来务工人员帮助协调解决就业、子女入学等困难13起,联合街道社区向特困户发放慰问金3万余元。社区工作的繁杂,让她时常照顾不到自己年幼的2个女儿,将3岁不到的小女儿送回了徐州老家,平常只能通过电话或视频看下小女儿近况,几个月才能抽空请假回一次老家。由于答应女儿的承诺总得不到兑现,女儿总是开玩笑的说:“妈妈,关键时候你就是逃兵”。她相继获得省厅“巾帼建功标兵”“江苏杰出女警”提名奖、市局“石城警星”“优秀社区民警”等称号,立个人一等功1次、二等功1次、三等功2次。

·全国敬老爱老助老模范人物·

邹巍巍

雨花台区民政局邹巍巍被全国老龄工作委员会授予全国敬老爱老助老模范人物称号。

邹巍巍,男,1974年6月生,本科学历,中共党员,于2006年从部队转业进入雨花台区民政局,一直从事全区养老工作。他在担任老龄工作科科长以来,面对科室人员少任务重情况,从不抱怨、从不放弃、默默工作、无私奉献,充分发挥了共产党员的先锋模范作用。在科室只有一个人的情况下,依然把全区养老工作推进到了全国、全省前列。他从一名普通的军转干部,成长为老龄科科长,一步一个脚印,用辛勤汗水谱写了一曲雨花台区养老服务品牌的成长和发展之歌。10年来他始终以做老年人感情上的贴心人、呼声上的代言人、需求上的服务人、权益上的维护人,努力工作、忠诚履职,创造性地开展为老服务,尽心竭力为老年人办实事、办好事。雨花台区2010年被国家民政部等七部委表彰为全国老龄工作先进单位,多次获全国、省、市老龄工作先进单位称号,雨花台区养老服务经验做法被誉为全国养老的“雨花样本”。他个人相继获“全国孝亲敬老之星”、江苏省“老龄工作先进个人”等称号。

逝世人物

李　颖

雨花台区军队干休所离休干部，1988年离休，2017年12月18日病逝，享年84岁。

李颖，1933年八月出生，汉族，1954年九月投身革命，1955年11月加入中国共产党。1958年在国防部五院教导大队翻译，1961年在国防五院二分院设计部助理员，1971年在军二外校俄文教员，1981年在南京外院训练部资料室副主任，1983年在南京外院俄语教研室正团职教员，1988年国际关系学院俄语教研室副师职教员。

谢光灵

雨花台区军队干休所退休干部，1983年退休，2017年4月7日病逝，享年90岁。

谢光灵，1927年八月出生，汉族，1949年12投身革命，1956年6月加入中国共产党。1945年在二野军政大学三分校任学员，1951年在西南军区情报处情训班任区队长，1953年在军外院任政治教员，1960年在南京外语学院政治教研室任教员，1971年在第二外校政治部任宣传处副处长，1983年在南京外语学院任副师职教员。

祝永成

雨花台区军队干休所退休干部，1985年退休，2017年11月16日病逝，享年82岁。

祝永成，1935年出生，汉族，1959年4月加入中国共产党。1956年12月在上海市公安总队卫一团三营十二连，1957年12月在上海市警备区警备团三营九连，1960年6月在南京军区司令部第一通讯仓库任统计员，1965年6月在南京军区司令部第一通讯仓库任会计，1979年6月在南京军区通讯仓库任副主任，1983年8月在南京通讯仓库任主任。

赵中铸

雨花台区离休干部赵中铸，1990年8月离休，2017年3月7日病逝，享年89岁。

赵中铸，男，汉族，1928年7月出生于山东省昌邑县中农家庭。1945年3月参加革命工作。1948年10月加入中国共产党。1945年3月担任山东东村小学教师；1947年6月任山东昌邑县粮食局科员；1949年4月任句容县财粮科任副科长、农工部副部长；1955年6月于句容县委党校学习，镇江地委组织部科长、农工部副部长；1962年10年溧水县委副书记、县长；1968年4月任溧水县革委会常委、副主任；1978年4月任溧水县委副书记、政府县长；1984年4月任雨花台区政府顾问；1990年8月离休。

先进集体

2017年雨花台区获市级以上表彰的先进集体名录

一、受市级以上单位表彰的先进集体

（一）部省级（11个）

雨花台区被国务院办公厅评为国家大众创业万众创新示范基地

雨花台区被国家卫计委评为全国慢性病综合防控示范区

软件谷被国家工信部评为中国信息技术服务产业移动互联网示范园区

软件谷被国家工信部评为APEC中小企业信息化促进中心

区工商联被中华全国工商业联合会评为全国“五好”县级工商联

区人民检察院被最高人民检察院评为全国检察宣传先进单位、全国检察机关文明接待室

铁心桥社区卫生服务中心被国家人社部、国家卫计委、国家中医药管理局评为全国卫生计生系统先进集体

铁心桥、西善桥、赛虹桥社区卫生服务中心被国家卫计委评为全国优质服务示范社区卫生服务中心

（二）省厅级（23个）

雨花台区被省卫计委评为2017年度江苏省基层卫生十强县（市、区）、江苏省健康优质服务示范区

雨花台区被省信访局评为2017年度“三无”县（市、区）

区政府办公室被省政府办公厅评为2017年度全省政务信息工作先进单位

区政府办公室被省机要通信局评为2017年度机要通信先进集体

区残联被省残联评为2017年全省残联系统重点工作任务落实实名制考评优秀单位

区发改局被省发改委评为全省发展改革系统2017年度综合先进单位

区科技局被省科学技术厅评为省科技管理工作先进集体

区安监局被省安全生产委员会办公室评为2017年全省“安全生产月”活动优秀单位

区安监局被省安监局评为2017年度全省非煤矿山及冶金等工贸行业安全生产工作先进集体

区机关事务管理局被省水务局、省机关事务管理局评为2017年度省级节水型示范单位

区人武部被省军区评为2017年省军区保障工作先进单位

区国土分局被省国土资源厅评为2016—2017年全省国土资源信访工作成绩突出集体

区人民法院执行局被省高院评为2017年度全省法院执行系统先进集体

西善桥派出所被省公安厅授予集体二等功

雨花台派出所被省公安厅评为全省优秀公安派出所

铁心桥街道被省人社厅评为第一批省级创业型街道

雨花街道农花社区被省依法治省领导小组办公室评为省级法治文化建设示范点

雨花街道农花社区、赛虹桥街道赛虹桥社区被省依法治省领导小组评为江苏省民主法治示范社区

梅山街道梅清苑社区、板桥新城大方社区校外辅导站被省精神文明建设指导委员会办公室、江苏省关心下一代工作委员会评为省校外教育工作优秀辅导站

板桥新城大方社区被省纪委监察厅、省委宣传部、省教育厅、省文化厅等九部门评为省级廉政文化建设示范点

（三）市级（63个）

区委政法委、区信访局、赛虹桥街道被中共南京市委评为党的十九大安保维稳和国家公祭活动执行保障工作先进单位

雨花台区被南京市人民政府评为2017年度南京食品安全优秀区

雨花台区被市政府办公厅评为2017年政务信息工作突出贡献集体

区委办公室被市委办公厅评为2017年度全市党委系统信息和紧急情况报送工作先进单位

区委机要局被市委机要局评为全市机要密码工作先进单位

区人大办公室被市人大办公厅评为2013—2017年度全市人大机关系统先进单位

团区委被团市委评为南京市共青团宣传工作先进集体

区科技局被市知识产权局评为2017年度南京市知识产权执法工作先进集体

区教育局被市教育局评为南京市教育系统关心下一代、离退休教师工作先进集体

区教育局荣获市教育局2017年南京市普通高中教育质量管理奖和2016—2017学年南京市新优质初中建设质量推进奖

区安监局被市安监局评为2017年度安全生产执法工作优良单位

区统计局被市统计局评为2017年度全市新设立小微企业跟踪调查先进集体、2017年度全市规模以下工业抽样调查工作先进集体

区民宗局被市民族宗教事务局评为2017年度民族宗教工作先进单位

区政务服务办被市委办公厅评为12345政务热线群众诉求办理工作先进单位

南站综管办被市交通运输局评为2017年度城市道路维护管理工作优胜单位和全市城市治理工作优胜单位

南站综管办被市园林局评为2017年度南京市园林绿化养护管理工作考核窗口地区组第一名

区妇幼保健所被南京市人民政府授予全市科学技术进步二等奖

岱山社区卫生服务中心被市总工会授予“南京工人先锋号”集体称号

区人民法院未成年人及家事案件审判庭、区润雨清洁服务有限公司、雨花街道翠岛花城社区被市妇联评为南京市三八红旗集体

雨花街道农花社区被市城管局评为南京市城市管理示范社区

铁心桥街道、板桥街道、板桥新城管委会、雨花经济开发区管委会被市城市治理委员会办公室评为城市治理优胜街镇

板桥街道新建社区、板桥新城柿子树社区被市城管局、市财政局评为南京市农村公共服务管理工作先进单位

雨花经济开发区被市科学技术协会评为2017年度南京市企事业（园区）科协工作先进集体

雨花经济开发区司法所被市司法局、市公

安局评为南京市公调对接工作“先进人民调解工作室”

板桥新城大方社区被市城市治理委员会评为南京市城市治理标准化示范单位

雨花台中学、板桥中学、南京民办实验学校被市教育局授予2016—2017学年度南京市普通高中教育发展性评估“综合奖”和教学质量优质奖

梅山第一小学被市委教育工委、市教育局评为南京市系统第十届“师德先进群体”

雨花台区实验小学被市总工会授予“五一劳动奖状”

（四）受其他单位表彰的荣誉（13个）

区统计局被中国信息报社评为2016—2017年度中国信息报社统计宣传工作先进单位

雨花年鉴被中国地方志指导小组、中国地方志学会授予全国地方志优秀成果（年鉴类）县区级综合年鉴一等年鉴奖

区人民检察院被最高人民检察院检察日报社评为2017年度全国检察宣传先进单位

区疾病预防控制中心被中国健康教育中心、中国记协办公室授予中国健康知识传播激励计划贡献奖

铁心桥社区卫生服务中心被中国社区卫生协会评为全国百强社区卫生服务中心

区老龄办被省老龄工作委员会评为2016—2017年度全省老龄宣传工作先进单位

雨花经济开发区管委会被省信息协会评为2017年度全省开发区信息工作先进单位

雨花台区被市计生协会评为计划生育系列保险工作先进集体

区城市治理志愿者分会被市城市治理志愿者协会评为2017年度南京市城市治理志愿服务先进分会

雨花台中学荣获2017年“省长杯”安踏江苏青少年校园足球联赛苏南分赛区初中第一名、高中男子组第一名和2017年南京市“市长杯”校园足球初中组冠军和高中组冠军

先进个人

2017年雨花台区获市级以上表彰的先进个人名录（选编）

区委办公室张亚军同志被省委办公厅、省委研究室、省人社厅评为江苏省党委办公室（厅）、研究室系统先进工作者（享受市级劳模待遇）

区委研究室武永杰同志被省大走访活动领导小组评为江苏省大走访活动组织工作先进个人

区政府办公室张来元同志被省机要通信局评为2017年度全省机要通信工作先进个人

区纪委田月华同志被省纪委评为全省纪检监察系统先进个人

区纪委林建斌同志被省纪委评为全省纪检监察信访举报工作先进个人

区委政法委陈明贵同志被省委政法委、省人社厅评为全省法治建设先进个人（记二等功）

区委老干部局孟善武同志被省委组织部、省委老干部局评为全省老干部工作先进工作者

区信访局祁寿昌同志被省信访局评为全省信访系统先进工作者

区发改局李正龙同志被省发改委评为全省发展改革系统先进工作者

区财政局张淳同志被省财政厅评为全省

预决算公开工作先进个人

区统计局娄艳同志被省统计局评为全省基层统计岗位标兵

区统计局肖菊同志被省统计局评为2017年度人口抽样调查和劳动力调查先进个人

区安监局李励生同志被省安监局评为全省安全生产执法工作先进个人

区安监局周磊同志被省安监局评为2017年度全省危险化学品安全监管先进个人

区文化局陈志康同志被省人社厅评为2017年度全省政府法制工作先进工作者

区卫计局丁慧同志被省卫计委、省人社厅授予“三等功”荣誉称号

区法院苏泰同志被省高院评为全省法院执行系统先进个人

区法院朱瑞东同志被省高院评为十九大维稳工作先进个人

区法院刘福清同志被省高院评为2016—2017年度先进个人（记二等功）

区国土分局孙春阳同志被省国土厅评为“十二五”国土资源科技工作先进个人

区国土分局陈晓燕同志被省国土厅评为2016—2017年全省国土资源信访工作成绩突出个人

区公安分局蒋虻芒同志被省公安厅评为“个人二等功”

区公安分局李雷同志被省公安厅评为第三届“群众最喜爱的人民警察”（记二等功）

赛虹桥街道徐舒同志被省委组织部评为江苏省优秀大学生村官

铁心桥街道彭健林同志被省委组织部评为2016—2017年度全省农村基层党建工作突出贡献奖

铁心桥街道陈桂芳同志被省统计局评为全省2017年度人口抽样调查和劳动力调查先进个人

梅山街道郝明英同志被省人大常委会办公厅评为全省人大机关系统先进工作者

开发区管委会朱洪萍同志被省开发区协会评为2017年度全省开发区信息工作先进个人

开发区管委会叶军同志被省驻京信访工作领导小组评为2017年度驻京信访工作先进个人

板桥新城管委会范道胜同志被科技部政策法规与监督司评为“万名科学使者进社区”活动先进个人

区委政法委王甫志同志、铁心桥街道尹寿亮同志、板桥街道严昌伟同志、西善桥街道刘金钱同志、开发区赵长龙同志、区法院费月华同志被中共南京市委评为党的十九大安保维稳和国家公祭活动执行保障工作先进个人

区委办公室王洋同志被市委机要局评为2017年度南京市机要密码工作先进个人

区委办公室李兴时同志被市委办公厅评为2017年度全市党委系统信息先进个人

区人大办公室施怀强、孙景春2名同志被市人大常委会办公厅评为全市人大机关系统先进个人

区政府办公室周宏达、吴正茂2名同志被市政府办公厅评为2017年政务信息工作先进个人

区政务服务办陈罗明同志被市委办公厅评为12345政务服务热线群众诉求办理工作先进个人

附录

2018 YUHUATAI ALMANAC

Appendix

文件选编

区政府关于印发《2017 年雨花台区城市精细化建设管理实施意见》的通知

雨政发〔2017〕38 号

2017 年 2 月 23 日

为深入贯彻落实十八届三中、四中、五中、六中全会及省、市、区党代会和中央城市工作会议精神，认真落实《2017 年南京市城市精细化建设管理十个专项行动方案》要求，进一步加强城市精细化建设管理，推动一批社会关切的城市建设管理任务取得阶段性成效，提升城市宜居品质和群众获得感，特制定本实施意见。

一、指导思想

紧紧围绕省、市、区党代会“两聚一高”主题和“一个高水平建成、六个显著”奋斗目标，打好“抓产业发展、促城市建设、补民生短板”三大攻坚战，坚持以人为本，尊重群众意愿，保障群众利益，方便群众生产生活；坚持问题导向，提升工作标准，精准施策发力，精心组织城市规划设计，精致开展城市建设管理；坚持有限目标，实现重点突破，从与群众生活密切相关的小处、实处着手，在细节、关键点上突破；坚持系统组织运筹，快捷高效实施，按照分时错峰施工要求，尽量减少对群众日常生活的影响。着力彰显城市品质内涵，着力提升城市环境质量，着力增进民生福祉，切实增强人民群众的认可度、获得感和满意度。

二、实施标准

（一）整体设计精细化。以国内外先进城市为标杆，高标准执行《南京市街道设计导则》《南京市色彩控制导则》等一系列规范。强化地域特色、人文内涵等方面的全面统筹，强化城市形态色彩、整体风格等方面的设计管控，全面提升项目设计水准，塑造雨花台区特色的城市形象。

（二）细节处理精细化。遵循人性化、家装化、精致化的理念，认真落实地上地下、立面空间的“一体化”和“到边到角”的要求，更加注重关键节点和细微部位的精准衔接、精细处理，以精致的细节打动人心，确保质量。

（三）组织方式精细化。区、街联动，横向到边，纵向到底，层层灌输精细化建设管理理念标准方法，层层落实精细化建设管理主体责任和工作要求，层层组织精细化建设管理示范宣传和考核奖惩，汇聚工作合力。

（四）施工管控精细化。制定精细化建设管理标准，引导和规范建设行为；开展城市建设和交通组织统筹研究，动态调整施工时序；

加强施工管理，进行绿色施工和集中有序作业，最大程度降低施工影响；强化地面、立面施工管理监督点评和“回头看”督办整改，打造完美工程细节。

（五）常态管理精细化。积极创新城市治理方式，推动城市智慧治理，提高常态化管理的水平和效率；加大宣传力度，积极调动各方积极性、主动性和创造性，提升市民文明素质，协同推进城市共治共管、共建共享。

三、重点内容

（一）道路综合整治

以路面平坦、管道通畅、井盖平整、路牙顺直、空间净化、美观生态、附属设施齐全为目标，开展主次干道和背街小巷精细化整治，提升道路品质和背街小巷环境。一是清理各类违章占（压）道建（构）筑物和设施，开敞路面空间。二是整治快（慢）车道。消除车辙、拥包、“马路拉链”、“马路补丁”、路面积水、管道淤积、井盖沉陷、路面跳车等病害和问题，提高道路平整度。三是整治人行道。实施人行道透水改造，完善无障碍设施。四是整治路牙沿、侧分带岛头和侧平石。现状较好的，对破损处更换、维修；现状较差的，整体定制、更换。五是整治绿化设施。修剪、补植、更换行道树，出新改造树池，因地制宜增加绿化、彩化和景观小品。六是整治交通设施。改造、新建生态隔离设施，出新标志标线、信号灯和交通监控，科学渠化交叉路口。七是规范附属设施。对公交站台、果皮箱、垃圾箱等设施进行统一改造和合理设置，大力推进路灯、交通标志、公安监控等并杆减量、多杆合一。八是强化环卫保洁。实行标准化、专业化清扫保洁，及时清除生活垃圾、路面污渍，落实门前三包责任区制度，强化常态管控。（牵头部门：区交通运输局，实施单位：区城管局、区农业局、交警八大队、各街道、园区）

（二）建筑立面综合整治

全面净化、序化、美化道路沿线建筑立面，达到店招店牌、建筑立面、展示橱窗、景观围墙焕然一新。一是清理道路沿线各类违章侵占退让空间、公共空间的建（构）筑物和设施，拆除依附主体建筑的违章搭建、破旧广告，整治违规破墙开店。二是整治、规范晾衣架、防盗窗、遮阳棚、卷帘门等设施，整理、归并和隐藏设置于建筑外墙的各类线缆，整修各类建筑外墙、围墙，迁移或景观遮挡改造沿街外露空调。三是按照城市设计要求，整体规划、美化设计、改造出新沿街店招店牌、建筑立面、展示橱窗，提升格调；减少单位和小区的实心围墙，尽可能透绿借景，形成道路沿线点线面协调呼应、相得益彰的整体景观效果。（牵头部门：区住建局、区交通运输局，实施单位：区城管局、各街道、园区）

（三）沿河环境整治

按照“一河一景”整治原则，结合黑臭河道整治和两侧拆违拆迁，以河道蓝线保护为基础，努力实现沿河绿道贯通，方便市民近水亲水休闲休憩。一是拆除侵占建筑，满足建设空间需求。对各类侵占河道蓝线、占压河道保护线的建（构）筑物进行核查，动迁拆违、治乱整破，最大限度满足河道沿线绿道、节点游园、服务设施等建设空间需求。二是实现岸线贯通，满足绿道通达要求。结合河道蓝线整治，努力保障河道沿线绿道贯通，至少保证河道一侧贯通。三是增绿补绿透绿，满足城市景观要求。按照易养护、景观好的要求，合理配置绿化，增加绿量，提升河道沿线整体绿化景观。四是增设配套设施，满足公共服务需求。合理设置公厕、健身器材、休闲座椅、儿童游乐、果皮箱等设施，为市民休闲、娱乐、健身提供更完善、更便利的服务设施。五是集成景观效果，实现一河一景目标。河道两侧通过实施“统、拆、通、绿、配”等综合整治，统筹衔接周边用地开发和环境建设，达到功能完备、和谐一致、一河一景的建设目标。六是创新管理举措，实现长效治理目标。进一步明确管理责任，加强日常监督检查，加大监督执法力度，严格查处各类违法行为。（牵头部门：区水务局，实施单位：区城管局、区农业局、各街道、园区）

（四）管线下地改造

坚持以空间净化、设置有序、安全可靠为要求，对重要节点、城市出入口、主次干道及沿街建筑、交叉路口等位置以及重要区域可视范围内的各类架空管线及私拉乱接、跨街飞线、废弃杆桩及线缆等进行整治，净化城市空间景观。一是对强、弱电架空线进行下地改造，归并检查井数量，所有位于人行道的检查井按照人行道标准定制。二是对依附于沿街建筑的管线进行整理归并，规范线盒位置、种类和颜色。三是对各类配电箱、接线箱、变压器、控制箱进行改造，优化位置、小化设备、绿化遮蔽、美化处理。四是对各类废弃杆桩、线缆、铁塔、基础等进行清除。五是对治安监控、交通信号等线缆重新穿线下地，预留建设过街管道。（牵头部门：区交通运输局，实施单位：区发改局、区城管局、区规划分局、区公安分局、交警八大队、各街道、园区）

（五）绿化景观提升

优化绿地系统布局，提升绿地功能，打造色彩缤纷、形态丰富、舒适宜人的园林景观，提高城市文化气息，彰显地域园林特色。一是新建休闲游园。针对我区游园绿地布局不均衡的现状，在主要建城区集中新建一批休闲游园，满足居民休憩休闲健身需求，提高游园绿地布局的均衡性。二是提升绿地品质。对部分景观效果差、设施陈旧、功能单一的游园绿地进行景观提升、设施改造、功能完善，做到“景致美，设施齐”，全面提升游园绿地品质。三是建设精品绿雕。选择城市重要节点，围绕生态自然等主题，制作寓意丰富、造型优美、色彩绚丽的城市立体绿雕，展示的园林艺术。四是营建景观小品。在绿地绿岛内通过微地形处理，将景石、小品、宿根花卉、观赏草和造型植物等艺术组合，营造精致宜人、自然野趣的道路节点微景观。五是实施“三化”改造。提升全区森林、园林的绿化质量和品质，完成城市重要通道、居民集中区地带杨树更新改造工作，提升城市绿化的珍贵化、彩色化、效益化水平。六是确保精细管理。进一步提高养护精细化水平，确保行道树修剪到位，花境花带维护到位，游园绿地管养到位；调查梳理树木生长状况，移植影响人行车行的非古树名木。同时通过PAD、手机等终端方式构建日常养护管理网络，提高养护管理智慧化水平。（牵头部门：区农业局，实施单位：各街道、园区）

（六）老旧小区整治

以问题为导向，着力解决群众反映强烈的小区环境“脏、乱、差”，小区设施“残、破、缺”的问题。一是拆除违章搭建。拆除小区内房屋外立面、屋顶、院落和公共空间违章建筑，整治院落围墙。二是完善基础设施。翻修、拓宽道路，增设停车位，整修车棚，配备充电设施；整治大门和小区围墙，完善物防设施，安装监控；有条件的进行适老化改造，修建坡道、扶手、栏杆等无障碍设施。三是维修养护房屋。

整修屋面,完善防水和隔热层,整治陈旧、破损、脱落的外立面和内楼道;修缮、新装路灯和楼道灯。四是美化绿化环境。按季节、高矮、种类、品相等因素合理搭配绿化植物;挖掘区域历史文化内涵,适当增加文化长廊、雕塑、碑刻、砖雕、牌坊等景观小品;有条件的小区修建休闲、娱乐、健身场所。五是提升功能品质。完善雨污分流、电梯加装、二次供水、燃气、烟道、建筑节能等改造;实施管线下地、序化。六是落实长效管理。成立小区业委会或管委会,制定长效管理方案,巩固整治成果。(牵头部门:区住建局,实施单位:各街道、园区)

(七)交通秩序整治

一是对重点景区、交通枢纽及重点区域交通秩序进行整治,规范出租汽车运营服务,维护城市客运良好秩序,规范旅游客车、长途客车运营秩序。全面开展重点交通违法行为整治、路内停车泊位"回头看"等活动。二是规范驾驶员服务。加强教育培训,保障驾驶员权益,提升驾驶员的城市荣誉感和归属感,树立优质服务典型,倡导文明服务;统一工作着装,佩带服务证件,遵守交通法规,注重安全操作,定期保洁车辆,规范服务用语,体贴照顾乘客。三是完善公交设施。配合市交通运输局开展公共交通设施设备问题排查整治,保持车容整洁、车况良好,改造出新公交站亭(牌),优化公交站点,推进公交、地铁换乘无缝衔接。四是鼓励公众绿色出行。建设公共自行车综合服务中心,增设服务网点,实现主城公共自行车无卡租赁,规范共享单车管理。开展寻找"公交达人"、"步行达人"、"骑行达人"活动,在全区范围内大力倡导"一公里步行、三公里骑车、五公里坐公交"的出行方式。五是规范交通行为。开展文明守法、车窗抛物、礼让斑马线以及机动车违鸣等系列宣传和专项执法整治;组织志愿者文明劝导,引导车辆、行人各行其道、"绿灯行、红灯停";升级开发智能交通信息系统,加强大数据分析,科学设置信号灯配时。六是规范车辆停放。整治机动车和非机动车乱停乱放,清理违规占道停车,严防机动车侵入人行道;推行智能停车系统,方便市民自助停车、缴费;加强培训监管,提高停车服务和管理水平。(牵头部门:区交通运输局,实施单位:区委宣传部、区城管局、交警八大队、各街道、园区)

(八)城市亮化提升

以统一城市节点的整体形象、构建城市夜景照明的骨架、呈现区域内"江、河、湖、城"主要特色风貌的繁华夜景为实施目标,促进文化、生活、休闲、旅游等多元化融合,呈现平面与立面交相辉映、画面饱满的城市夜景形象。一是提升道路沿线夜景照明,通过实施夜景照明工程,以道路功能及建筑夜景照明奠定整体城市光环境的基础并形成纽带,通过对沿线建筑及景观的系统设计,全面展示"宜居宜业"的城市形象。二是加强城市重要节点特色照明,以重要节点、重点建筑为代表,突出标志性和品质感,并与交通节点系统形成呼应,突出营造"富有特色"的夜景形象。三是贯彻落实绿色照明理念,减少光污染,采用LED光源灯具,配置智能照明控制系统和远程控制器,根据不同时期、不同时段亮化需求,采用日常模式、周末模式与节日模式相结合的方式,开启静态照明和动态照明,实现节能效果。(牵头部门:区城管局,实施单位:各街道、园区)

(九)城市公厕改造

开展"公厕革命",翻改建、出新45座城市公共厕所,达到二类及以上标准,为市民提供整洁卫生的如厕环境。一是全面提升和改造城市公共厕所。落实公厕新标准，实施环卫公厕的升级改造工作。提高女性厕位比例，规范厕位尺寸，设置独立式便器，完善无障碍设施，改善通风、采光、除臭条件；优先选用自动感应冲水装置，采用节水、节能新技术、新材料；设置保洁员管理间、工具间；完善公厕导向标志牌；美化公厕内外环境。二是建设一批精品公厕。升级繁华场所、旅游景点、主干道周边等位置的公厕，建设功能完善、环保先进、新颖美观的公厕，打造公厕文化，做到一厕一景；设立第三卫生间，方便特殊对象如厕。三是清查取缔公共旱厕。进一步查漏清理，通过翻建、改造、拆除等方式，彻底消灭城镇范围公共旱厕。四是补充设置一批活动式公厕。结合游园、绿地、广场、步道系统建设等，在人流量大、如厕需求突出的地区，补充设置一批活动式公厕。五是提供信息化服务。利用智慧城管APP，实现地图找厕所、用厕所、评厕所。（牵头部门：区城管局，实施单位：区住建局、区农业局、区规划分局、各街道、园区）

（十）强化建设管理

一是强化拆违控违。加强网格化监管和行政执法，坚决遏制新增违建，加快拆除存量违建，结合12345政务热线和大数据分析，全面梳理和重点查处一批影响市民生活、多次举报但整改不明显的违建和影响消防、燃气、交通和防洪安全的违建，确保完成违法建设治理目标，及时腾出建设空间。二是强化施工管理。严格采用封闭警示围挡，隔离施工区域与社会通道；规范设置现场公示牌和警示标志，广泛告知、提醒沿线群众；有序摆放材料、机械、车辆，保障现场秩序和群众出行安全；严格控制施工噪音、扬尘，最大限度降低施工影响。三是强化渣土运输管理。通过严格落实市场准入，设立安全生产风险抵押金，规范驾驶员从业资格，规定运输车型、路线和时间，实施渣土全密闭运输，实行GPS实时监管，严厉打击非法运输渣土行为，实现渣土运输处置和管理规范化。四是强化民主参与。坚持居民议事会制度，倾听民声，集中民智，统筹协调各方利益关系；落实沟通机制，及时公示告知和公开发布工程施工、交通组织等信息，接受群众反馈，组织群众监督评议，把民生工程做实、做精、做好。五是强化监督执法。加大工程巡查和督查力度，综合运用行政处罚、信用惩戒、媒体通报等手段，铁腕整治各类违法违规现象和未达到精细化要求的行为，严控工程质量安全、文明施工。（牵头部门：区城管局、区住建局，配合部门：区交通运输局、区农业局、区规划分局、交警八大队，实施单位：各街道、园区）

四、实施步骤

2017年城市精细化建设管理重点任务紧扣“五一”、“十一”、“元旦”等3个重要节点有序开展，既突出示范效应和时点要求，又抓好整体推进和快速见效。

第一阶段（2月至4月）：细化分解城市精细化建设管理重点任务，制定精细化建设管理标准、导则，明确工作目标和责任分工，精细开展项目规划设计，加快办理项目前期手续，精心组织舆论宣传和公众参与，有序开展精品工程建设。

围绕“五一”节点，主要完成凤台南路工程地下管网和电力杆线下地施工任务50%，完成12条街巷的市容景观整治，完成工农河、农花河沿河环境整治任务的40%，实现7个老旧小区整治工程开工，完成违建拆除任务的40%。

第二阶段（5月至9月）：进一步研究总结城市精细化建设管理经验做法，统筹推进各项重点任务，集中攻坚重点、难点，聚力做好精细化建设管理效果集成，继续营造良好舆论氛围。

围绕“十一”节点，力争凤台南路工程基本完成，雨花东路工程进场施工，街巷整治完成总量的80%，城市公厕完成30座改造任务，基本完成工农河、农花河的沿河环境整治任务，7个绿化整治项目全部进场施工，完成7个老旧小区的整治任务，完成凤台南路亮化工程，完成拆违任务的80%。

第三阶段（10月至12月）：全面推进完成年度精细化建设管理重点任务，组织“回头看”，全面检查，拾遗补缺，跟踪整改，同步督查落实验收移交和常态管养，巩固提升精细化成效。

围绕“元旦”节点，完成凤台南路、雨花东路的整治任务，完成工农河、农花河的整治任务，完成30条街巷、18个老旧小区、45座公共厕所等所有年内应完成的整治任务。

五、有关要求

为全面保障2017年城市精细化建设管理工作，确保完成各项目标任务，具体要求如下：

（一）明确适用范围。全区其他城市建设、环境综合整治、黑臭河道整治、征收拆迁、绿地游园建设、棚户区改造项目等各项城市建设管理工作，应落实“五个精细化”的精神，坚持落细落小，聚焦精细管理，注重细节小事，不怕小、怕不小，不怕细、怕不细，精益求精、集小成大，努力打造群众满意精品工程。

（二）加强组织领导。区各相关部门、各街道、园区要建立健全组织体系，明确工作负责人、责任人和扎口科室，抓好工作统筹，强化协调对接和情况报送；要紧盯时间节点，优化资源配置，科学合理的安排人员力量，做到定人、定岗、定责；要细化任务、范围、标准、时序、责任，明确时间表、任务书和路线图，全面实施挂图作战、挂表上墙，每日对照进度要求，按图索骥、对标找差，对未能达序的项目，要分析原因、找出症结、加快整改。对于个别重点难点项目，要建立高效有力的工作机制，成立专门队伍、安排精干力量，集中攻坚破题。

（三）强化工作联动。区各相关部门、各街道、园区和建设单位要全面形成严格抓好城市精细化建设管理工作的思想共识，党政主要领导亲自抓，分管领导具体抓，明确方向，上下联动，落实责任，主动作为，破题解扣，将精细化建设管理重点任务落实到位。充分运用城市建设重点工程和环境综合整治工程前期工作联动机制，特事特办，联合会办，加快重点任务推进。积极做好经费保障，把握建设标准、效果，充分发挥资金使用效益，保证群众看到变化、得到实惠。切实做好精细化建设管理工作与年度城建计划的有机结合，统筹协调，有序推进。

（四）加强舆论引导。区各相关部门、各街道、园区和建设单位要高度重视舆论宣传工作，切实发挥舆论先行、思想先行对城市精细化建设管理的引领和保障作用，将舆论宣传与精细化建设管理工作有机融合。研究制订专项宣传策划方案，突出重点，抓住亮点，丰富形式，把握节奏，针对性开展正面舆论宣传引导。积极组织政府与媒体互动、群众献计献策等活动，集中民智，体现民意，化解民忧，激发民力。大力宣传城市新景观、新变化，公开曝光各类违法违规现象和行为，最大限度减少负面影响，汇聚正能量，形成强大声势，营造良好氛围。

（五）严格考核机制。城市精细化建设管理重点任务将作为区各相关部门、各街道、园区年度重点目标任务加强考核。对照时点目标，考核目标任务完成情况；对照建设目标，考核项目建设效能情况；对照工作实绩，对重点任务推进过程中的慢作为、不作为现象进行督查问责，真正形成主动作为的推进合力。

关于印发《2017年雨花台区为民办实事工作实施方案》的通知

雨政发〔2017〕60号

2017年3月27日

为加快推动广大人民群众共享雨花经济社会和城市建设发展成果，进一步增强群众归属感和获得感，根据基层群众的需求期盼和全区城市建设发展的总体安排，特制定2017年雨花台区为民办实事工作实施方案。

一、指导思想

坚持以党的十八届六中全会精神为指导，深入贯彻落实科学发展观，以增强保障、改善民生、促进发展为目标，坚持以人为本、民生优先，努力为人民群众做好事、办实事、解难事，着力解决人民群众最关心、最直接、最现实的问题，造福广大群众，营造良好的社会氛围。

二、主要任务

2017年全区为民办实事项目共涉及交通治堵、停车设施建设、黑臭河道整治、积淹水片区改造、公共厕所配建、老旧小区整治、棚户区改造、二次供水改造、创业、就业扶持、改善学校条件、扩大医疗资源、强化民生救助、推动全民健身、游园绿地建设等14个方面51个项目，预计总投资约14.83亿元。

1.交通治堵工程：共1项，主要为：铁心桥改扩建工程，年度计划投资约4600万元（责任单位：区交通运输局）。

2.停车设施建设：共4项，主要为：中兴路、世纪苑小区、康盛花园、翠岛花城停车场建设和改造，增设停车位515个，年度计划投资约345万元（责任单位：雨花街道、梅山街道）。

3.黑臭河道整治：共6项，主要为：雨花街道的农花河及支流5条；铁心桥街道的路线河、东前沟等4条；西善桥街道的黄村沟、油坊冲沟等5条；梅山街道的海福圩沟；开发区的金胜沟、中埂沟等11条；板桥新城的石闸沟、柿子树沟，年度计划投资约2.86亿元（责任单位：区水务局、软件谷规建局、雨花街道、铁心桥街道、西善桥街道、梅山街道、开发区、板桥新城）。

4.积淹水片区改造：共6项，主要为：新河泵站改扩建、寺门口泵站改造、尤家凹、菊花里小区积水点管网改造、板桥老街南岸积水区堤防整治工程、丁墙泵站扩建、梅山体育场片区改造，年度计划投资约5697万元（责任单位：区水务局、雨花街道、赛虹桥街道、西善桥街道、梅山街道、板桥新城）。

5.公共厕所配建：共1项，主要为：翻建出新、提档升级45座公厕，年度计划投资约3185万元（责任单位：区城管局）。

6.老旧小区整治：共3项，主要为：雨花街道的普德村128号、普德村132号等10个小区出新；赛虹桥街道的小行路15号、雨花西路206号等7个小区出新；实施老旧小区电梯改造，增设电梯20部，年度计划投资约7930万元（责任单位：区住建局、各街道、园区）。

7.棚户区改造：共7项，主要为：张家湾（管道路西段）、刘家村、建宁一村、金家庄、寺门口、安德门地块、黄家洼、杨戴山地块，年度计划投资约7.67亿元（责任单位：区住建局、赛虹桥街道、西善桥街道、板桥街道）。

8.二次供水改造：共3项，主要为：雨花街道的康盛花园等5个小区；赛虹桥街道的尤家凹3号等12个小区；铁心桥街道的春江新城韩府坊等3个小区的供水管网更新改造，年度计划投资约6699.5万元（责任单位：区水务局、雨花街道、赛虹桥街道、铁心桥街道）。

9.创业、就业扶持：共4项，主要为：扶持青年大学生自主创业280人、援助困难人员就业300人；落实高校毕业生租房补贴政策2000人次；政府补贴性职业培训3000人；板桥人力资源过渡市场改造工程，年度计划投资约2680万元（责任单位：区人社局、板桥街道）。

10.改善学校条件：共2项，主要为：开办板桥新城规划学校、普德村幼儿园宋都南郡分园、区实验幼儿园琥珀森林分园；小行小学异地新建工程，年度计划投资约5000万元（责任单位：区教育局）。

11.扩大医疗资源：共2项，主要为：每年为辖区失地老年人提供一次免费健康体检；深化“院府合作”，建成2—3个医联体，年度计划投资约794.5万元（责任单位：区卫计局）。

12.强化民生救助：共3项，主要为：政府购买老年人安康通服务费及居家养老上门服务费；为高龄、独居、空巢等老年群体提供助餐服务，全面建成8个街道级中心厨房，47个社区助餐点；为全区户籍人口购买民生保险，年度计划投资约870万元（责任单位：区民政局）。

13.推动全民健身：共1项，主要为：新建3套、改造20套社区健身工程点，年度计划投资约115万元（责任单位：区体育局）。

14.游园绿地建设：共8项，主要为：菊花台外侧绿地建设及整体改造、文化公园建设、天隆寺绿地建设、建宁一村游园建设、花好月苑游园建设、望江矶绿地游园建设、岱山姚南石刻公园游园建设、岱山六朝考古遗址公园景观建设，年度计划投资约5200万元（责任单位：区农业局、雨花街道、赛虹桥街道、铁心桥街道、西善桥街道、梅山街道）。

三、保障措施

（一）提高思想认识。为民办实事项目件件与群众的利益相关，各责任单位要进一步提高思想认识，坚持以人为本，强化群众利益无小事的观念，围绕人民群众最现实、最关心、最直接的利益，确保把各个项目办成顺民意、解民忧、谋民利、得民心的好事、实事。

（二）加强组织领导。各责任单位要紧紧

围绕年度目标，进一步细化分解各项任务，建立分工明确、各负其责的责任体系，切实把责任分解落实到具体部门、责任人。同时，要建立领导重点项目联系制度，定期召开推进协调会，及时发现和协调解决问题，集中力量扎实推进各项任务，确保年内全面完成。

（三）精心组织实施。各责任单位要加强协作配合，构建密切联系、相互支持的良好格局，齐抓共管形成合力。要认真研究部署，制定切实可行的实施方案和工作计划，真正把好事办实，把实事办好，确保各项为民办实事工作任务按期完成。

（四）强化考核机制。考核工作由区为民办实事工作领导小组牵头组织实施，按照序时进度、资金到位、工程质量等方面对各相关单位的完成情况进行全面督察考核，并作为年度绩效考核的重要内容。同时，各责任单位要认真总结工作中的好做法、好措施，不断总结成功经验，探索新的举措，为更好开展和落实为民办实事工作打下基础。

关于印发《雨花台区妇女发展规划（2016—2020年）》和《雨花台区儿童发展规划（2016—2020年）》的通知

雨政发〔2017〕72号

2017年4月7日

为推进“十三五”时期雨花台区妇女事业发展，根据《南京市妇女发展规划（2016—2020年）》和《雨花台区国民经济和社会发展第十三个五年规划纲要》，特制定《雨花台区妇女发展规划（2016—2020年）》（以下简称《妇女规划》）。

一、“十二五”妇女发展规划执行情况

“十二五”以来，全区深入贯彻男女平等基本国策，全面落实《雨花台区妇女发展规划（2011—2015）年》，妇女发展事业与全区的经济社会同步协调发展，整体水平得到了提高，第一批步入省级实施“十二五”规划示范区的行列。

——政府加大对妇女事业的政策支持和资金投入力度。2011—2014年，区委、区政府先后出台了关于“促进城乡居民增收”和“实施和谐社会工程”等十几个政策文件，各成员单位结合自身实际及工作职责，也制定了十件实事系列工作文件，完善了居民增收、社会保障、医疗卫生等民生政策，重点解决特殊群体的困难。其中，医药卫生体制改革深入推进，基本医疗、公共卫生服务和医疗保障实现全覆盖，城乡居民医疗费用支出比例减少。“十二五”期间，财政性教育经费累计投入25.34亿元，医疗卫生经费累计投入7.64亿元。

——妇女参与经济建设与社会保障水平得到提升。女职工特殊保护专项集体合同的签订率连续5年为100%；公有经济企事业单位高级专业技术人员中女性所占比例

为58.40%,比省、市目标高出23.4个百分点;法人代表和企业家中女性比例为27.95%,较"十一五"末提高了8.03个百分点。与"十一五"末相比,城镇女性参加失业保险的人数为8.34万人,增幅达178%;城镇职工和居民基本医疗保险、养老保险女性参保人数增幅分别达到48.09%和43.87%;城乡职工生育保险女性参保人数增幅达46.55%。

——妇女参与决策和管理程度日益提高。区管女干部比例进一步提高。部门领导班子中配有女干部的班子比例为78.6%,提高了17.89个百分点;政协常委中女性比例为22.22%,与"十一五"末相比,提高了11.11个百分点;街道正职女领导干部占同级正职干部的比例为17%,提高了5.89个百分点。村(社区)"两委"女委员配备率均达100%;当年新发展党员中女性比例达32.3%以上。

——妇女教育及科技创新素质显著提高。义务教育基本消除性别差异;职业技能培训中女性所占比例为66.60%,比"十一五"末提高了4.1个百分点。新创建国家级"女大学生创业基地"1个、市级5个,累计为女大学生提供实践岗位2080个。

——妇女生命健康得到更好维护。孕产妇死亡率、流动人口中孕产妇死亡率连续六年为0,住院分娩率、妇幼保健机构健全率等7项指标连续6年为100%;妇女常见病筛查率为99.05%,远高于省市目标;出生人口性别比为105%,下降了4.1%;妇女病普查率逐年提升,已达99.05%;国民体质测定网络覆盖率达100%。"十二五"期间,政府累计投入婚检经费208.28万元,开展免费婚检22178人次;共完成33035名妇女的"两癌"检查,共发现癌症患者13例。

——妇女权益保障和发展环境进一步优化。公安机关坚决打击暴力侵害妇女的违法犯罪行为。妇女获得法律援助人数为82人,增幅达148.48%;女性犯罪率(占同期犯罪人数的比例)下降了0.62%。涉及女职工的劳动争议案件结案率达100%。建成妇女儿童活动中心的街道比例、社区建成"妇女儿童之家"的比例等均为100%;全区建有妇女儿童之家52个,建成率达100%,其中省级示范15个,市级示范17个。

总体看,我区"十二五"期间妇女事业发展情况良好,但还存在以下亟待解决的问题:男女平等基本国策贯彻落实还不够有力,妇女就业形势依然复杂,妇女民主参与水平仍需提高,妇女卫生保健工作有待加强,弱势妇女群体状况仍需关注等等,促进妇女全面发展、切实推进男女平等任重道远。

二、"十三五"妇女发展的指导思想与总体目标

(一)指导思想

全面贯彻党的十八大和十八届三中、四中、五中全会精神,深入落实习近平总书记系列重要讲话精神,以"四个全面"战略布局为统领,以提升妇女综合素质、促进妇女全面发展为根本,大力落实男女平等基本国策,努力实现雨花妇女全面发展、两性平等和谐发展、妇女事业与经济社会同步协调发展,在建设"强富美高"新雨花、率先全面建成小康社会、开启基本实现现代化建设新征程中充分发挥妇女"半边天"作用。

(二)总体目标

妇女发展融入雨花经济社会发展整体战略与社会建设和管理体系,妇女发展总体水平

与经济社会发展水平相适应。进一步发挥妇女在发展创新型、服务型、枢纽型、开放型、生态型“五型经济”中的重要作用,进一步提高妇女在社会公共事务管理和决策中的参与度和水平,进一步推进妇女在教育、卫生、社会保障等基本公共服务均等化,进一步保障妇女享有宪法和法律赋予的各项权利,进一步优化妇女发展的社会环境。到2020年,雨花台区的妇女事业发展水平达到全省先进行列。

三、“十三五”妇女发展的优先领域、主要目标和策略措施

(一)妇女与经济

主要目标:

1.女性经济活动参与率提高。女性从业人员占从业人员总数比例达到47%以上。城镇单位从业人员中女性比例力争达到40%。城镇登记失业人员中女性比例控制在47%以内。

2.妇女就业结构和层次不断得到改善。大学生创业人数中女性占比逐年增加。

3.女性创业就业扶持力度持续加大,城乡就业困难妇女、残疾妇女就业比例逐步提高。每年参加创业培训妇女的培训合格率、培训后成功创业率分别达到90%和50%以上。

4、女职工和进城务工妇女的劳动安全得到保障,女性职业病发病率降低。已建立工会的企业女职工权益保护专项集体合同签订率逐年提高,巩固率达到100%,执行《女职工劳动保护特别规定》的企业比重达到100%。

5.两新组织中建立工会女职工组织,发挥对用人单位落实女职工劳动保护权益情况的监督作用。

6.家政服务水平和家务劳动社会化程度提高,承认妇女无酬劳动价值,降低妇女家务劳动强度,缩小男女自我支配时间差距。

7.减少妇女相对贫困,缩小收入差距,促进共同富裕。

策略措施:

1.完善促进妇女创业就业的政策。在制定出台相关规范性文件和公共政策时,关注女性特殊权益和需求,保障妇女平等参与经济发展、平等享有劳动权利。不断完善我区推动大众创新创业、发展家庭服务业和加强职业培训工作等一系列政策文件。

2.保障妇女平等就业。适应国家延迟退休和生育政策调整,加强对用人单位和职业中介机构的指导监督,促进妇女公平就业。实行工资集体协商制度,保障女性收入分配的平等权利。

3.大力完善妇女就业创业公共服务体系。落实创业补贴政策,在工商登记、财税金融、网络创业等方面对创业妇女予以扶持。加大政府在购买公益性岗位、开展技能培训、就业援助、资金支持等方面对妇女的扶持服务力度。开发适合女性特点的创业培训项目,充分发挥众创空间、创新工场、创客学院等作用,支持服务女性创业。大力发展第三产业,提高中小企业和非公有企业吸纳就业能力。加强对灵活就业、新就业形态的扶持,拓宽妇女就业创业渠道。

4.促进女大学生就业创业。建立高校女大学生就业创业指导站,落实创业扶持政策,深化创业导师行动,强化创业辅导服务。举办女大学生创业训练营、优秀创业项目展示推介等活动,定期选树女性创业典型,营造鼓励女大学生创业的社会氛围。

5.帮助特殊群体妇女就业创业。加大对农村失地妇女、残疾妇女、贫困单亲妇女、留守妇

女等群体的就业创业扶持力度。开展对失业失地妇女、进城务工妇女、留守妇女的技能培训和专场招聘。政府开发及购买公益性岗位时向大龄、残疾、刑满释放等就业困难妇女倾斜。加大政策落实和培训服务的力度，开展生育妇女重返工作岗位培训或创业培训。

6.大力发展家庭服务业。加强家庭服务技能培训，规范行业标准，提高职业化程度和诚信建设水平。推进智慧家庭服务平台等公益性信息服务平台建设，推动社区家庭服务工作，依托社区公共服务平台，建立社区老人照料体系，健全幼儿和中小学生托管机制，减轻从业妇女家庭负担。

7.保障女职工及进城务工妇女的特殊劳动权益。完善相关法规政策，规范企业用工行为，依法查处侵犯女职工和进城务工妇女劳动权益的案件。发挥工会女职工委员会及其他妇女组织作用，有效维护女职工劳动权益。加强劳动监察和劳动安全监督，保障职业卫生安全，重点做好待孕妇女、孕期妇女劳动保护，减少女性职业病的发生

8.推进妇女脱贫奔小康进程。针对贫困妇女群体坚持精准扶贫脱贫，采取项目、资金、政策倾斜等方式，增加公共产品和公共服务供给，帮助、支持贫困妇女提高收入水平，消除妇女贫困。

（二）妇女与决策和管理

主要目标：

1.区党委、政府领导班子应至少各配备1名以上女干部，区人大、政协领导班子配备女干部比例逐步提高。

2.加大对现有公务员队伍中女干部的培养和选拔力度，逐步提高处级、科级女性公务员的比例。党委和政府工作部门领导班子配备女干部的比例达到60%以上，注重综合、经济、金融、司法、执法等部门女性领导干部的配备。

3.确保区管正职、街道正职女干部占同级正职干部的比例力争分别达到20%和10%。街道党政领导班子中至少要有1名女干部，有条件的各配备1名以上女干部。

4.事业单位（含高校）领导班子成员中有1名以上女干部的比例达到80%。

5.区党政领导班子后备干部队伍中的女干部比例均不少于20%；党政机关各工作部门领导班子后备干部队伍中，要有一定数量的女干部。中青年干部培训中女干部比例达到25%以上。

6.社区党组织和社区委会成员中至少各有1名女性委员，逐步提高正副书记和正副主任中女性比例，社区妇联主席进“两委”比例提高，居委会成员中女性比例保持在50%左右。

7.每年新发展党员中的女性比例保持在35%以上，各级党代会代表中女性所占比例不低于女党员占党员总数的比例；保障企事业职工代表大会女代表比例与女职工比例相适应；各级人大代表和政协委员、各级人大和政协常委中的女性比例逐步提高。

8.重视基层女性社会组织建设，在民政部门登记的基层女性社会组织每个城市社区不少于4个、农村社区不少于2个。

9.鼓励引导城乡社区妇女普遍参与社区议事协商，提高妇女参与基层民主管理能力和水平。

策略措施：

1.完善促进妇女参与决策和管理的相关政策。对党代表、人大代表、政协委员、村（社区）委员会中的女性比例及候选人中的女性比例做出明确规定，对配备女性代表的情况开展专

项督查。制定培养选拔女干部专项规划，规定各级领导班子中女干部的比例，引导推动女性参政议政。

2.健全女干部培养机制，提高其参与决策和管理的能力水平。分层次、分类别制定女干部培养计划，加强对女干部、女性管理人员、女性公务员的培训。提高女干部交流、轮岗、挂职锻炼的比例，进行多岗位锻炼。有计划安排女干部到发展一线、民生一线、稳定一线经受磨练，提高工作能力。注重源头储备，提高后备干部队伍中女性的比例，加强对女选调生、女大学生村官等基层女性人才队伍的培养。

3.加大女干部培养选拔力度。将女干部培养选拔工作纳入领导班子和干部、人才队伍建设总体规划，把其工作成效，作为考核领导班子和领导干部的一项重要内容。坚持“四不和四优先”，加大女干部选拔任用力度。注重从基层、生产一线培养选拔女干部，打破区域、身份、行业等界限，拓宽优秀女干部的来源渠道。领导班子调整出现女干部空缺时，应及时补充。结合换届契机，超前考虑女干部的选拔配备问题，对于女干部配备达不到规定要求的人事方案，不予审批。

4.拓宽妇女参与决策和管理的渠道。在制定涉及公众利益和妇女权益的重大方针政策时，充分听取人大女代表、政协女委员、妇联组织和妇女群众的意见和建议。召开人大、政协议政会关注妇女发展，为妇女参与决策和管理提供机会。

5.充分发挥妇联组织参与决策和管理的作用。重视畅通妇联组织代表妇女参政议政的渠道。注重发挥妇联在培养选拔女干部、推动妇女参与决策和管理中的积极作用。建立完善组织部门与妇联的联系对接机制，重视发挥妇联组织培养、推荐女干部的重要基地和渠道作用。

6.重视加强妇女人才队伍建设。把女性人才培养纳入中长期人才规划，加强对女性人才发展状况和趋势调研。大力实施女性素质培养工程，着力建设一支高层次女性人才队伍。建好用好女性人才库，对入库人才进行分层分类动态管理和培养使用。

7.积极培育和扶持各类女性社会团体。确立妇联在女性社会组织中的枢纽地位，支持妇联培育、服务、扶持女性社会组织发展。加强对女性社会组织负责人的培训，积极为女性社会组织提供政策扶持和指导服务，促进女性社会组织之间的联系、交流和合作。

（三）妇女与教育科技

主要目标：

1.为女性从业人员提供更多的政策和经济支持，提高接受免费技能培训的女性比例，以鼓励和帮助更多的妇女争取获得各类技术等级职称、证书或资格证书。

2.引导妇女终身学习，女性劳动年龄人口平均受教育年限达到13年；新增女性劳动力人均预期受教育年限达15年左右。女性从业人员继续教育年参与率达到65%以上。

3.技能劳动者中女性比例提高，企事业单位高级专业技术人员中的女性比例达到39%以上，高、中、初级技能劳动者中的女性比例达到40%以上。

4.促进女性参与科技创新，中高级专业技术人才中女性比例提高。科技创新项目带头人、科技成果评比获奖人中女性数量及比例进一步提升。

5.加强对进城务工妇女、残疾妇女的职业教育和文化技能培训。

6.失地妇女劳动力普遍接受1—2项实用技术培训。

策略措施：

1.在教育工作中体现性别平等原则。在师资培训、教材编写中增加性别平等内容，根据不同学校的特点和学生情况，开设性别平等讲座、课程。改善教育管理者的性别结构，提高各级、各类学校及教育行政部门决策和管理层中的女性比例。

2.提高妇女终身教育水平。探索建立终身个人学习档案，提升妇女主要劳动年龄人口平均受教育年限。加强妇女终身职业培训，加快发展职业导向的非学历继续教育和社区教育，拓展网络教学和远程教育新途径，提高妇女继续教育参与率。发展多样化妇女社区教育模式，大力发展社区老年教育，为老年妇女提供便捷、适宜的学习条件。

3.积极开展资助贫困女生的助学工作。建立政府主导、学校联动、社会参与的扶困助学机制，深化各类社会助学活动，健全家庭经济困难学生资助体系，多渠道、多形式帮助贫困、残疾女生完成学业，实现家庭经济困难女生资助全覆盖。率先对建档立卡的家庭经济困难学生实施普通高中免除学杂费，全面实施中等职业教育免除学费。保障未升学初高中女毕业生免费接受职业培训。

4.促进妇女参与科技创新。探索建立多层次、多渠道的各领域女性人才培养体系，培养造就一批各学科女性带头人和科技创新领军人才。

5.开展女性技术人才培养和职业技能培训。依托科技成果评比、产学研基地和重点实验室、重大科研项目，聚集、培养女性专业技术人才。促进职业教育和普通教育衔接互通，发展中、高等职业教育，创新技术工人培养模式，推行企业新型学徒制，提高女性技能人才培养质量。在政府出资的教育和培训项目中，开发提高妇女就业技能的培训项目。加强农村妇女、进城务工妇女、残疾妇女的职业教育和技能培训，提高培训取证率。

（四）妇女与文化

主要目标：

1.广泛宣传男女平等基本国策，遏制歧视女性的现象。协调和指导新闻媒体、各种宣传阵地特别是新媒体平台，在全社会广泛宣传男女平等基本国策，形成社会共识。区党校（行政学院）开设男女平等教育课程。完善传媒、文化领域性别平等监管与性别评估审查机制，遏制文化作品、大众传媒、网络中歧视女性的现象。

2.提高媒体决策和管理层的性别意识，媒体决策和管理层中的女性比例达30%以上；文化产业经营管理人才、文艺创作和表演人才中的女性比例逐步提高。

3.区主流媒体办好1个以上内容健康的女性栏目或专题节目。街道、社区综合性文化服务设施全面开设妇女活动场所；公共图书馆和基层综合性文化服务中心配备一定数量的女性读物。女性参与全民阅读人数不断增长。

4.家庭建设不断深化，加强对妇女和家庭成员的社会主义核心价值观教育，各类文明家庭户数逐年增加。城乡社区每年举办1次以上群众性家庭文明建设活动，区级每年评比表彰一批“最美家庭”，举办一届邻里文化节。巾帼志愿者比例与社会需求相适应。

5.在劳动模范、五一奖章、青年“五四”奖章及各行业先进的评选中，要重视优秀女性的推选和表彰。区级每2年评比1次“三八”红旗手标兵、三八红旗手(集体)。

策略措施:

1.将社会性别意识纳入文化和传媒工作。制定促进两性和谐发展的文化和传媒政策,加强对传媒的正面引导和管理,提高媒体决策层、管理者及从业人员的社会性别意识,消除对妇女的偏见和歧视。加大主流媒体宣传先进性别文化、妇女先进典型和妇女发展成果的力度。

2.鼓励弘扬社会主义文化主旋律、体现先进性别文化作品的创作。推动以促进性别平等和尊重妇女的文化创意、影视制作、出版发行、广告印刷等文化作品发展,力争创作出文艺精品。

3.强化文化市场的性别监管和舆论监督。每年开展对文化和传媒领域的性别平等监管,倡导和督促新闻媒体和广告机构自律,消除媒体报道中的性别歧视现象,禁止在媒体、广告和文艺作品中出现损害女性形象、污辱女性人格的作品。坚决打击、遏制淫秽出版物、影视作品、网站及色情演出活动,坚决制止色情、暴力等不健康文化的传播。

4.健全妇女公共文化服务体系。加强公共文化服务设施和场所建设,强化公共文化服务网络、基层综合性文化服务中心和妇女儿童阵地文化活动功能,有条件的图书室设立妇女读书专栏(专柜)。深入推进各类公共文化体育设施向社会免费或优惠开放。

5.营造平等、和谐的家庭文化环境。深入开展寻找“最美家庭”活动,推动妇女和家庭参与各种群众性社区文化和系列家庭创建活动。培育发展各类女性社会组织和巾帼志愿者队伍并充分发挥其作用,引领妇女及家庭成员参与社区文化活动。鼓励社会机构和企业等运用新媒体新技术,为妇女及家庭提供便捷的媒体和通信传播服务。

6.组织评比、表彰、宣传各级、各类先进女性典型。巩固、深化评比表彰等活动,扩大对各类优秀妇女典型的宣传,推动形成尊重妇女的社会文化氛围。

(五)妇女与健康

主要目标:

1.妇女在整个生命周期享有良好的基本医疗卫生服务。妇女平均预期寿命延长。

2.免费婚前、孕前优生健康检查目标人群覆盖率提高。提高生殖健康和优生知识宣传普及率。婚前医学检查率达到80%以上。孕产妇死亡率稳定在5/10万以下,降低流动人口孕产妇死亡率。孕产妇保健管理率达到98%以上,孕产妇系统管理率达到90%以上,孕产妇住院分娩率保持在99%以上,孕产妇中重度贫血患病率降低。

3.街道基层医疗卫生机构妇幼健康规范化门诊建成率达到60%。适龄妇女每2年享受1次妇女常见病和“两癌”检查,提高宫颈癌、乳腺癌的早诊早治率,城乡妇女常见病定期筛查率保持在90%以上。

4.控制妇女艾滋病及性病感染率。孕产妇艾滋病、梅毒、乙肝检测率均稳定在98%以上。感染艾滋病、梅毒、乙肝的孕产妇及所生儿童采取预防母婴传播干预措施比例达到95%。

5.提高已婚妇女的避孕方法知情选择率。减少非意愿妊娠,降低女性特别是青少年女性人工流产率、反复流产率。

6.消除出生人口性别歧视,出生人口性别比控制在109左右。

7.城乡体育健身设施实现全覆盖,使妇女经常参加体育锻炼的人数不断提高。国民体质测定网络覆盖率100%，每万人拥有晨（晚）练健身点5个以上。

政策措施：

1.加强妇幼健康服务机构建设。加强妇幼保健机构标准化建设和基层妇儿保门诊规范化建设，促进医疗资源向基层流动，推动分级诊疗。加大对妇幼健康工作及妇幼健康服务机构建设投入。健全妇幼保健信息管理系统，加强基础设施建设、设备配备、人员配备和人才培养，提高服务质量和水平。

2.加大依法监管力度。将妇幼健康服务监管纳入卫生执法监督范围。依法加强母婴保健技术服务准入管理和日常监管，从事其服务的医疗保健机构和人员持证执业率均达到100%。规范婚前医学检查、人类辅助生殖技术、产前诊断（筛查）、助产技术等母婴保健专项技术服务。

3.保障孕产妇安全分娩。适应生育政策调整，加强医疗卫生机构儿科及相关专科建设。规范围产保健工作，加强孕产妇危重症筛查和分级管理，完善医疗急救网络，提高救治能力。为孕产妇提供必要的心理指导和健康教育，帮助其科学选择分娩方式，控制剖宫产率。继续执行农村孕产妇住院分娩财政补助政策，健全城镇未从业妇女住院分娩财政补助制度。制定产后母婴生活照料服务机构的相关规范与标准，促进母婴服务业健康发展。

4.加大妇女常见病的普查普治力度。加大妇女常见病的普查普治力度。普及妇女常见病预防知识，加强基层妇幼保健队伍建设和专业培训。实现农村妇女宫颈癌、乳腺癌检查全覆盖，扩大城市困难妇女群体免费检查覆盖面。逐步提高女职工医疗待遇，扩大妇科检查项目。提高医疗保健机构“两癌”诊治能力，对贫困、重症患者治疗按规定给予补助。

5.加强育龄妇女生殖健康服务。宣传普及生殖健康知识，规范妇女青春期、育龄期、孕产期、更年期和老年期生殖保健服务。推行避孕节育的知情选择，提供避孕节育优质服务，预防和控制非意愿妊娠和人工流产。坚决制止非法鉴定胎儿性别和选择性别终止妊娠行为。

6.加强出生缺陷综合防治工作。继续推进婚前医学检查，加强婚检知识宣传，规范婚检服务项目，做好免费婚检“一条龙”、“一站式”服务。做好孕前优生健康检查、产前筛查和诊断、新生儿疾病筛查、适龄妇女补服叶酸等工作，预防和减少出生缺陷、出生残疾的发生。

7.加强妇女心理卫生保健工作。建立覆盖城乡、功能完善的妇女精神卫生防治服务网络，加强妇女心理卫生保健机构人员知识培训。开展妇女产后抑郁症预防、早期发现及干预。在基层妇女儿童活动阵地普遍设立心理咨询室，积极开展心理卫生知识宣传、心理辅导、情感调适和危机干预，预防心理疾病。

8.提高妇女营养水平。大力开展健康和营养知识的宣传普及和教育，提倡科学、合理的膳食结构和习惯，减少慢性病的发生。为孕前、孕产期和哺乳期妇女等重点人群提供有针对性的营养指导与干预。预防和治疗孕产妇贫血。加强对营养强化食品生产和流通的监管。

9.引导和鼓励妇女参加体育锻炼。完善城市社区“10分钟体育健身圈”建设，发展城乡社区妇女健身场所和设施，鼓励引导妇女参与全民健身运动。加强对老年妇女、残疾妇女等各类妇女参加体育活动的指导和服务。

10.加大对艾滋病、性病及妇女涉毒的防控力度。针对妇女重点人群，加强宣传教育，强化娱乐场所监管,严厉打击吸毒、嫖娼等社会丑恶现象,有效控制传播途径。加强对艾滋病、梅毒、乙肝等母婴传播阻断妇幼重大项目的管理,积极采取预防母婴传播干预措施,开展规范化的性病和艾滋病诊疗服务。

11.促进流动人口妇女公共卫生服务均等化。建立流动人口妇女公共卫生服务经费保障机制,将流动人口妇女卫生保健服务纳入城乡卫生保健工作内容,保障流动人口妇女享有与本地户籍妇女同等的卫生保健服务。

12.加强基层妇幼卫生人员队伍建设。重视妇产科医师、儿科医师等紧缺人员培养和配备,在职称评定、薪酬分配方面给予政策倾斜。合理配置基层妇幼卫生人员,社区至少配备1名女性医生。

(六)妇女与社会保障

主要目标:

1.完善社会保障体系建设,实现妇女人人享有基本社会保障,鼓励妇女广泛参加各类社会保险,健全弱势妇女群体的社会保障制度。

2.健全完善城乡妇女生育保障机制,扩大覆盖面,提高怀孕和分娩妇女医疗服务质量及生育保障水平,保障妇女生育期间合法权益。加大生育保险和社会福利等制度供给,减轻家庭抚育压力,鼓励按政策生育。

3.完善城乡居民基本医疗保险制度,医疗保障水平稳步提高。城乡妇女参保率达到98%以上。

4.完善城乡妇女社会养老保险制度,普遍建立和完善孤寡、高龄、失能等老年人补贴制度。城乡基本养老保险覆盖率保持98%。发展老年福利事业和社区养老服务机构,到2020年,城乡社区居家养老服务实现全覆盖。

5.妇女参加失业保险的人数增加,失业保险待遇水平逐步提高,失业保险覆盖率达98%以上。

6.有劳动关系的女性劳动者全部参加工伤保险。

7.健全保障贫困、残疾等弱势、特殊妇女群体的政策机制和服务体系,提高残疾妇女的就业援助、医疗康复和生活保障水平。将符合条件的特困妇女、贫困单身母亲等弱势妇女群体纳入医疗、教育、就业、住房、司法等社会救助和保障体系,实现应保尽保。女性强制隔离戒毒人员的医疗纳入社会医疗保障体系。

8.提高家政服务水平和家务劳动社会化程度,降低妇女家务劳动强度,缩小男女自我支配时间差距。

策略措施:

1.保障妇女公平享有社会保障。全面落实相关法律法规和政策,在制定相关政策时充分保障妇女特殊需求和合法权益,确保妇女公平享有各类保险及社会救助。全面实施全民参保登记制度,扩大妇女参加社会保险覆盖面。

2.完善妇女生育保障制度。完善妇女生育保障制度。健全城镇未从业妇女和农村妇女生育保障的政府补偿机制。研究实施生育保险与基本医疗保险合并。逐步扩大生育保险覆盖面,进一步提升生育保险保障水平。保障生育妇女及男方按规定享受产假、护理假。

3.完善覆盖城乡妇女的基本医疗保障制度。整合城镇居民基本医疗保险和新型农村合作医疗,建立城乡统一的居民基本医疗保险制度。健全城乡居民大病保险制度,进一步完善重特大疾病保障机制。将参保的妇女常见病、多发病门诊医疗费以及城镇未从业妇女和农村妇女生育的医疗费用按规定纳入基本医疗保险支付范围,保障待遇保持一定水平。

4.保障老年妇女享有基本养老服务。落实国家关于实行渐进式延迟退休年龄政策，完善女职工基本养老保险个人帐户制度，发展新型养老保险品，提高城乡妇女养老保险覆盖率。加强养老社会服务体系建设，拓展政府购买养老服务的领域和范围，鼓励社会力量参与养老服务，构建以社区为基础的老年妇女群体支持体系与网络。

5.进一步完善失业保险制度。有效落实稳岗补贴政策，扩大失业保险覆盖范围，逐步提高失业保险待遇水平，切实保障女性失业者的合法权益。

6.保障女性劳动者的工伤保险合法权益。扩大工伤保险覆盖范围，加大执法力度，确保各项工伤保险待遇的落实。推进工伤预防工作，扩大工伤康复协议管理范围，开展职业康复试点工作。

7.完善城乡妇女社会救助制度。完善最低生活保障制度，确保低保标准“同城同标”、城乡一体、动态调整、自然增长，实行低保标准与物价上涨联动、与人均消费支出挂钩，同步提高农村五保、城市“三无”、困难残疾人等保障标准。逐步扩大困难妇女救助范围。鼓励支持社会力量为困难妇女提供救助。充分发挥社会工作者和社工机构专业优势，形成生活保障、人文关怀、精神慰藉相结合的急难救助模式。

8.完善保障流动人口妇女进城务工的制度和政策。探索建立保障进城务工妇女创业就业和城镇落户等制度。建立统一开放、相互衔接的社保体系，实现进城务工妇女社保帐户无障碍转移接续。逐步将进城务工妇女的住房纳入保障范围。

9.加强残疾妇女的社会保障。推进社会保障体系和服务体系建设，保障残疾妇女的基本生活。为重度和贫困残疾妇女参加社会保险提供保费补贴。将残疾妇女社会保障与社会大保障体系全面接轨，实现全覆盖、全托底。健全完善残疾人托养服务体系，推进残疾人托养服务机构建设。

（七）妇女与法律

主要目标：

1.加强维护妇女权益法律法规宣传教育力度，增强妇女法律意识和依法维权能力。

2.加大对保障妇女权益的执法检查力度，坚决制止和纠正歧视妇女、侵害妇女权益的行为。预防和严厉打击侵害妇女合法权益的违法犯罪行为，预防和制止针对妇女的家庭暴力。

3.保障妇女的财产权益，促进土地确权登记和家庭共有财产知情、处分中的性别平等工作，维护妇女特别是农村婚嫁女在婚姻家庭和住房、土地收益分配中的权益。

4.健全完善基层婚姻家庭矛盾纠纷调处干预机制，降低离婚率。提高街道、社区妇女维权机构覆盖率。

5.降低女性犯罪和重新犯罪率，尤其降低女性因涉黄、涉毒、涉赌、涉拐和因家庭暴力引发的犯罪率。

6.保障妇女依法获得法律救济。对符合条件并提出申请的女性当事人提供法律援助和司法救助的比例达到100%。

策略措施：

1.深入开展妇女权益保障法治宣传教育。多渠道、多形式开展专项普法活动，推动宣传进机关、进学校、进社区、进企业、进单位、进家庭。开展社会性别理论宣传培训，增强司法、执法人员的社会性别意识。加强对外来务工妇女、农村留守妇女、下岗失业妇女等群体的法治宣传。禁毒宣传进社区,进一步提高妇女儿童的拒毒、防毒能力。

2.保障妇女有序参与政策制定。在制定、修改保障妇女权益的相关政策时,广泛听取妇女意见和建议;引导和鼓励妇女通过多种途径参与政策制定,发表意见和建议。加强对妇女权益问题的调查研究,及时制定、修订和完善相应的政策,细化和落实配套措施,源头保障妇女权益。

3.加大对保障妇女权益相关法律法规的执法检查力度。规范执法和监督程序,支持和配合各级人大开展对保障妇女权益的执法检查,加大相关部门监察和专项检查、督查力度。

4.加强保障妇女权益工作者队伍建设。提高公安、检察、法院工作者和律师、人民陪审员、特邀检察员、特邀调解员中的女性比例。发挥社会组织和专业人员参与和监督作用,形成维护和保障妇女权益的合力。

5.严厉打击侵害妇女权益的违法犯罪行为。严厉打击强奸、拐卖妇女及组织、强迫、引诱、容留、介绍妇女卖淫、吸毒、贩毒等各种违法犯罪行为,有效预防并遏制黄赌毒等社会丑恶现象。加大对侵害妇女权益的大案要案查处力度,并为受害妇女身心康复、回归社会提供帮助。加大预防和打击力度,有效预防和制止性骚扰。

6.预防和制止家庭暴力。落实相关法律法规,扎实推进家庭暴力告诫、人身安全保护裁定等制度实施。完善多部门合作机制,健全预防、处置、救助、矫正一体化工作体系,充分发挥相关救助机构的作用,保护妇女、儿童、老人等不受家庭暴力侵害并提供切实有效的救助。

7.维护妇女在婚姻家庭中的权益。人民法院在审理婚姻案件和继承案件时,应按照法律规定和性别平等原则,切实保护妇女的婚姻自由权、财产权、子女抚养权和继承权。家事案件中诉讼程序及案件实体处理上,均应按法律规定对妇女给予优先保护和照顾。

8.强化对妇女的法律援助和司法救助。完善法律援助和司法救助的衔接机制,提高接受法律援助和司法救助妇女的受益面。完善妇女法律援助工作机制,加强妇女法律援助工作站和维权热线的建设。支持社会力量为妇女提供公益性法律服务和援助。

9.加强对女性违法犯罪人员教育矫治工作。针对女性重点人群加强宣传教育,预防和控制艾滋病、性病在女性人群中的传播,有效预防和控制女性吸毒现象。加强矫治场所建设,做好女性社区服刑人员的教育管理工作。

(八)妇女与环境

主要目标:

1.男女平等基本国策进一步落实,形成两性平等、和谐的家庭和社会环境。

2.城市污水处理率达到95%,城市生活垃圾无害化处理率提高到100%。城乡统筹区域供水乡镇通达率达到100%,区域供水入户率达到90%以上。

3.城镇新建公厕蹲位配置比例与实际需求相适应;农村卫生厕所普及率达到95%以上。

4.妇女用化妆品、卫生用品、保健食品、内衣裤等抽查合格率达到95%以上。

5.区、街普遍建成妇女儿童活动中心,社区普遍建成妇女儿童之家,并规范运作、发挥作用。全区公共场所母婴室配备率达到25%。

6.加快建设老年大学(学校)、老年活动中心和老年公寓、托老站等场所,满足老年女性晚年生活需要。

7.环境污染对妇女健康的危害程度明显降低。倡导妇女形成绿色生产生活方式，增强环保意识，实践绿色消费、低碳生活。提高低碳家庭、绿色家庭、绿色社区建成率。

策略措施：

1.引导妇女和家庭成员参与生态文明建设。开展多层次、多形式的环境宣传和教育活动，增强妇女节约资源和保护环境意识。持续推进“环保进社区”和社区环境整治，发动妇女儿童和家庭成员节能减排，积极参与垃圾分类，推进低碳家庭、绿色家庭、绿色社区建设。

2.减少环境污染对妇女的危害。完善环境监测和健康监测数据库，减少生产过程中污染物排放对妇女健康的危害。加大对从事有毒有害作业妇女健康的保护力度。提高生活垃圾减量化、资源化和无害化水平。

3.改善农村妇女的生存和发展环境。改善农村妇女的生存和发展环境。健全农村饮水安全保障体系，强化水源保护、水污染防治、水质监测、饮用水安全监管和社会化服务。持续推进村庄环境整治，提高农村无害化卫生厕所普及程度。

4.加强对妇女常用保健品、化妆品和卫生用品的质量检测与卫生监督。全区每年突出重点至少组织1次专项质量监督检查，并加强平时的抽查。

5.推动城镇公共厕所男女厕位比例与实际需求相适应。公园、场馆、商场等公共场所的建设规划中，充分考虑妇女的生理特点，确定合理的男女厕位比例。

6.构建完善优质的公共哺乳环境。按照南京市公共场所母婴室建设标准，推进机场、车站、码头、大型商场等公共场所和工作场所设立母婴室，为妇女哺乳提供便利条件。完善母婴室相关设置标准，实现亲情化环境、综合化服务、规范化管理、标准化评估。鼓励女职工较多的用人单位设立爱心母婴室。

7.丰富老年妇女的晚年生活。积极发展老年文化，发挥社区、养老服务机构、志愿者等作用，满足老年妇女精神文化和生活健康需求，提高老年妇女生活质量。

四、“十三五”妇女发展重点项目

1.女性素质提升工程。组织动员广大妇女自觉践行社会主义核心价值观，弘扬“四自”精神和中华传统美德，提升思想道德和文明素养。加大女性人才培养力度，统筹抓好女性党政人才、企业经营管理人才、专业技术人才等队伍建设。定期对社区妇联主席、社区“两委”女委员、创业女能手、女骨干等组织培训，提升基层妇女能力素质，增强参与基层民主管理意识。构建城乡妇女终身教育公共服务体系，全面提升妇女科技文化素质。

2.女性创就业帮扶工程。发挥女性在实施创新驱动战略中的重要作用，激发女性创新创业潜力，重点加强各类巾帼创新创业基地建设。发挥妇女小额担保贷款、创业担保贷款等金融政策作用，支持妇女创办新型小微企业。打造各类创业平台，宣传女性人才典型和创业成果。

3.家庭建设提速工程。围绕“家风正、家教好和家庭幸福指数高”的家庭建设总目标，持续开展“寻找最美家庭”等系列活动。广泛开展“七五”普法法治教育进家庭活动，积极推进婚姻家庭纠纷调解工作，引导建立和谐的婚姻家庭关系。大力发展家庭服务业，完善家庭驿站服务体系建设，为社区妇女儿童提供公益服务。

4.贫困妇女健康保障工程。关注贫困妇女重大疾病、慢性疾病和心理疾病的防治，组织全市低保家庭妇女进行免费妇科检查，促进贫困妇女身心健康。优先安排贫困家庭妇女免费参加两年一次的“两癌”检查，加大对贫困妇女“两癌”患者的关爱力度，建立长效帮扶机制，扩大经济救助范围，给予心理关怀，提供项目化服务。

5.女性社会组织发展工程。实施女性社会组织领军人才成长计划，加强对女性社会组织负责人的培训，促进女性社会组织之间的联系、交流和合作。加强对女性社会组织指导服务，鼓励街道建立社区女性社会组织服务站，增强女性社会组织服务能力。

6.妇女儿童阵地服务能力提升工程。运用省市扶持妇女儿童工作专项资金，依托各级妇女儿童活动阵地，引入社会组织，采取公益创投的形式，实施为留守流动妇女儿童、低收入单亲母亲、孤寡老人、贫困妇女儿童等群体的公益社工项目。发挥项目的带动作用，提升各级妇女儿童活动阵地的服务水平。

五、组织实施和监测评估

（一）组织实施

1.加强领导，明确责任。区政府负责《妇女规划》的实施，其实施情况要列入年度政府工作报告。区政府妇女儿童工作委员会（下简称妇儿工委）各成员单位、各有关部门机构和社会团体根据《妇女规划》要求，承担落实《妇女规划》中相应的目标任务，制定具体实施方案和年度工作措施，并逐年进行规划实施情况自我评估。区政府妇儿工委负责规划实施的组织、协调、指导和督促。

2.依法履职，分级落实。政府要结合实际制定本地区妇女发展规划，并纳入当地经济和社会发展的总体规划，统一部署，统筹安排，同步实施，同步发展。区政府每年召开一次全区妇女儿童工作会议，总结交流实施妇女儿童发展规划的情况与经验，研究部署下一阶段工作任务。

3.完善机制，优化环境。进一步建立健全目标管理责任制，把制定和实施妇女发展规划纳入政府目标管理和考核体系。坚持领导责任签约、年度报告工作、考核排序公布等制度，坚持项目运作、示范带动、结对帮扶、督查指导，优化实施规划的法规政策环境。

4.经费保障，强化机构。政府要将妇女事业发展所需经费纳入同级财政预算，并随着本地区经济增长和妇女事业发展的需要，逐步加大投入。对妇女规划重点、难点实事项目要予以重点保障。区妇儿工委办公室要确保人员编制到位，工作经费纳入同级财政预算、专款专用。

5.创新手段，放大效果。注重将妇女儿童的重大问题策划为实事项目，纳入政府为民办实事项目和妇儿工委实事内容，纳入政府购买服务项目清单，并不断提高比例和份额。支持、鼓励各类社会组织承接妇女儿童公共服务项目，提高规划实施的社会化程度，共同推进妇女事业发展。

（二）监测评估

1.强化工作机构和职责。区政府妇女儿童工作委员会设立监测评估领导小组。负责组织领导监测评估工作，审批监测评估方案和监测评估报告，监督规划执行情况，根据评估结果研究提出相应对策。下设监测组和评估组。监测组由同级统计部门负责，负责制定监测统计的指标体系，开发分性别统计软件，落实分性别统计年度报表，建立分性别数据库，收集、整理、分析数据和信息，撰写并提交监测报告。评估组由区政府妇女儿童工作委员会办公室、相关部门人员和专家共同组成。负责评估工作的指导和人员培训，制定评估方案，组织开展年度评估和中期、终期评估工作，撰写并提交评估报告。

2.建立监测和评估制度。区政府和妇儿工委各成员单位应将规划监测统计和分性别统计工作列入本地区、本系统年度常规统计制度，纳入各种专项统计调查，规范并完善分性别统计，建立并完善区级分性别统计数据库，逐步实现数据资源共享，及时准确反映妇女发展的状况和变化。

3.坚持定期评审和督导。区妇儿工委成员单位每年向区政府妇女儿童工作委员会办公室和区统计局报送实施《妇女规划》的年度统计报表和监测评估报告。在2018年进行中期评估，2020年进行终期评审。

关于印发《雨花台区法治政府建设实施规划（2016—2020年）》的通知

雨委发〔2017〕45号

2017年11月30日

为深入推进依法行政，加快建设法治政府，如期实现法治政府基本建成的奋斗目标，根据《中共中央关于全面推进依法治国若干重大问题的决定》、中共中央国务院《法治政府建设实施纲要（2015—2020年）》、省委省政府《江苏省贯彻落实〈法治政府建设实施纲要（2015—2020年）〉实施方案》、市委市政府《南京市法治政府建设实施规划（2016—2020年）》，结合雨花实际，制定本规划。

一、总体要求

1.指导思想。全面贯彻党的十八大和十八届三中、四中、五中、六中全会精神，以邓小平理论、“三个代表”重要思想和科学发展观为指导，深入贯彻习近平总书记系列重要讲话特别是视察江苏重要讲话精神，紧紧围绕“五位一体”总体布局和“四个全面”战略布局，坚持党的领导和法治为民，维护宪法法律权威和社会公平正义，落实创新、协调、绿色、开放、共享的发展理念，围绕打好“抓产业发展、促城市建设、补民生短板”三大攻坚战，深入推进依法行政，把社会主义核心价值观融入法治政府建设的全过程，把政府工作全面纳入法治轨道，运用法治思维和法治方式引领改革发展、推动民生改善、维护社会公正，依法协调处理各种利益问题，为加快建设经济强、百姓富、环境美、社会文明程度高的新雨花提供有力法治保障。

2.主要目标。根据国家和省、市要求，结合雨花依法行政和法治政府建设实际，到2020年基本建成职能科学、权责法定、执法严明、公开公正、廉洁高效、守法诚信的法治政府，人民群众对法治政府建设的满意度达92%以上。

3.衡量标准。达到国家和省、市文件规定的衡量标准，即政府职能依法全面履行，依法行政制度体系完备，行政决策科学民主合法，宪法法律严格公正实施，行政权力规范透明运行，人民群众权益切实有效保障，依法行政能力普遍提高。

二、依法全面履行政府职能

4.深化行政审批制度改革。坚持简政放权、放管结合、优化服务协同推进，加快行政审批制度改革步伐。全面清理行政审批事项，动态调整管理行政审批目录清单，法律法规未设定行政许可的管理事项，行政机关不得以备案、年检、监制、认定、认证等形式变相实施行政许可。最大程度减少对生产经营活动的许可，上级决定取消的行政审批事项，一律取消。按照上级要求落实好企业投资项目核准目录清单。优化投资项目审批，配合市有关部门推进多规合一、多图联审、多评合一、联合勘验、联合测绘、联合验收、区域性联合评价。做好已取消和下放行政审批事项的落实和衔接，注重承接能力建设，鼓励大众创业、万众创新。建立并实施“十张清单”，深入推进行政权力网上公开透明运行。加强投资项目在线审批监管工作，实施在线监测并向社会公开。按照上级部署，有序推进相对集中许可权改革试点有关工作。全面清理规范行政审批中介服务，实施“一单一库一办法”，推进中介服务行业规范运行和公平竞争。

5.依法科学界定政府职能。坚持法定职责必须为、法无授权不可为，完善行政组织和行政程序制度，规范行政行为，推进机构、职能、权限、程序、责任法定化。深化行政管理体制改革，优化政府机构设置、职能配置、工作流程，理顺部门职责关系，积极稳妥实施大部门制，加快形成精干高效的政府组织体系。推进政府事权规范化、法律化，进一步理顺区、街两级事权关系。创新行政管理方式，完善绩效管理评价体系，突出责任落实，确保权责一致。

6.加大法治市场建设力度。清理、废除妨碍统一市场和公平竞争的各种规范性文件，破除部门保护、地区封锁和行业垄断。深化商事制度改革，继续清理工商登记前置审批，加快工商登记后置审批改革，在全面实施工商营业执照、组织机构代码证、税务登记证“三证合一”登记制度改革的基础上，再整合社会保险登记证与统计登记证，实现“五证合一、一照一码”，激发市场活力。推行电子营业执照和全程电子化登记，实行“一址多照”和“一照多址”。完善一站式服务工作机制、推进部门间信息共享互认、做好登记模式转换衔接工作，区市场监管局对后置审批事项履行“双告知”职责。按照“谁审批、谁监管，谁主管、谁监管”原则，加强事中事后监管，构建行政监管、信用监管、行业自律、社会监督相结合的综合监管体系。推动市场监管信息平台建设和应用，实现市场主体许可信息、监管信息和行政处罚信息实时共享。健全协同监管机制，加大重点领域的联合执法力度，建立健全随机抽取检查对象、随机选派执法检查人员的“双随机”抽查机制。健全对外投资促进和服务体系，支持企业对外投资，推动装备、技术、标准、服务走出去。依法保护各类知识产权，鼓励技术创新，健全知识产权公共服务平台，打击侵犯知识产权和制售假冒伪劣商品的行为。培育和增强企业法治理念，发挥企业在法治市场建设中的主体作用，不断健全企业合规运营管理体系。加强社会信用体系建设，建立法人和其他组织统一社会信用代码制度，健全公民和组织守法信用记录，完善守法诚信褒奖机制和违法失信惩戒机制。重点打击经济领域失信行为，建立健全重点领域失信分类管理、“红黑名单”公示等信用管理制度。加大企业信用信息公示力度，运用全市统一的市场主体信用信息公示系统，依法依规向社会公示市场主体信用信息。

7.提升公共服务水平。加强各类公共服务供给，制定公共服务事项目录清单并对社会公布，加快形成政府主导、覆盖城乡、可持续的基本公共服务体系，实现基本公共服务标准化、均等化、法定化。完善公共财政体制，依法保障基本公共服务支出。建立健全政府购买公共服务制度，加强政府购买公共服务质量监管，全面提升优质公共服务产品供给能力、覆盖水平和使用效率。推进公共服务提供主体和提供方式多元化，凡属事务性管理服务，原则上都要引入竞争机制向社会购买。健全区、街两级政务服务体系，推进“互联网+政务服务”建设，逐步实现政务服务事项的办理由实体大厅向虚拟大厅转化，推进跨部门、跨层级、跨区域信息共享协同办理，通过改进用户体验、拓展服务功能、延伸服务内涵、优化服务资源，提高政务服务的互动性、便捷性、准确性和有效性。加强12345政务热线建设，进一步提高接通率、办结率和满意率。

8.创新社会治理。深入实施社会治理创新工程，全面提升社会治理效能，打造具有雨花特色的现代社会治理模式。完善社会组织登记管理制度。加快实施政社分开，适合由社会组织提供的公共服务和解决的事项，交由社会组织承担。支持和发展社会工作服务机构和志愿服务组织，培育发展公共法律服务组织，建立健全公共法律服务标准和质量评价机制，实现公共法律服务提供主体和提供方式多元化、规范化。规范和引导网络社团社群健康发展，加强监督管理。深入推进社会治安综合治理，健全落实领导责任制。完善立体化社会治安防控体系，有效防范管控影响社会安定的问题，保护人民群众生命财产安全。全方位强化安全生产，全过程保障食品药品安全，提高公共突发事件防范处置和防灾救灾减灾能力，健全安全预防控制体系和应急处理机制。推进社会自治，健全社区党组织为核心、社区自治组织为基础、社区居民为主体、社区社会组织和驻区单位共同参与的共治体系，规范社区依法履行职责事项和依法协助政府工作事项，提升社区治理现代化水平。

9.强化生态环境保护。强化生态文明建设，促进雨花生态文明建设工程高标准落实。加快建立和完善有效约束开发行为和促进绿色发展、循环发展、低碳发展的生态文明制度规范。深化资源型产品价格和税费改革，实行资源有偿使用制度和生态补偿制度，积极开展节能量、排污权、碳排放权、水权交易试点。改革生态环境保护管理体制，完善并严格实行环境信息公开制度、环境影响评价制度和污染物排放总量控制制度。健全生态环境保护责任追究制度。开展领导干部自然资源资产离任审计，建立经常性审计制度。

三、完善依法行政制度体系

10.加强规范性文件管理。严格落实规范性文件制定和管理规定，涉及公民、法人和其他组织权利义务，具有普遍约束力、可以反复适用的规定，除地方性法规、政府规章外，一律以规范性文件形式发布。加强规范性文件备案审查制度和能力建设。完善规范性文件制定程序，落实合法性审查、集体讨论决定等制度，实行制定机关对规范性文件统一登记、统一编号、统一印发制度。编制规范性文件年度计划，落实规范性文件制定主体管理制度，区政府是规范性文件唯一制定主体，部门及街道（园区）（园区）不得制定规范性文件。制定规范性文件应当通过多种方式听取社会公众、行政相对人、行业协会和专家的意见。规范性文件应当按照法定要求和程序予以公布，未经公布的不得作为行政管理依据。落实规范性文件实施的间隔期制度。全面实行规范性文件有效期制度，有效期一般为5年，试行的一般不超过2年。

11.健全规范性文件监督机制。建立健全规范性文件定期清理机制。根据上位法制定、修改、废止情况，对与全面深化改革、经济社会发展、社会主义核心价值观不相适应的规范性文件进行定期清理。2017年年底前完成对现行规范性文件的清理工作，清理结果向社会公布。建立并完善规范性文件评估制度，制定规范性文件后评估制度，事关经济社会发展全局和涉及人民群众切身利益的政府规章和规范性文件定期组织后评估，根据后评估情况及时修改或者废止。建立健全规范性文件动态调整、审查、备案、公开机制和目录清单管理制度。完善规范性文件解释和解读工作机制，规范性文件的解释以区政府规范性文件的形式发布。落实规范性文件提请审查工作机制，及时研究和处理公民、法人或者其他组织对规范性文件提出的审查建议。

四、推进行政决策科学化、民主化、法治化

12.健全依法决策机制。完善重大行政决策程序制度，明确决策主体、事项范围、法定程序、法律责任，规范决策流程，强化决策法定程序的刚性约束。实行重大行政决策事项目录管理，2017年年底前制定重大行政决策目录管理制度，规范重大行政决策事项的提出、确定、调整、公布、备案等环节。建立完善重大行政决策报告报备制度，区政府重大行政决策出台前，向区人大常委会报告，出台后向市政府报备。建立完善重大行政决策听取政协意见制度，事关经济社会发展全局和群众切身利益的重大行政决策事项，要认真听取政协意见。完善决策公开制度，除依法应当保密的外，决策事项、依据和结果全部公开，并为公众查阅提供服务。健全重大行政决策舆情反映机制，建立重大行政决策全过程记录和立卷归档制度。

13.落实重大行政决策程序。严格落实公众参与、专家论证、风险评估、合法性审查、集体讨论重大行政决策法定程序。注重政策目标和价值导向有机统一，经济效益和社会效益有机统一。事关经济社会发展全局和涉及群众切身利益的重大行政决策事项，应当广泛听取意见，与利害关系人进行充分沟通，并注重听取有关人大代表、政协委员、人民团体、基层组织、社会组织的意见。加强公众参与平台建设，对社会关注度高的决策事项，应当公开信息、解释说明，及时反馈意见采纳情况和理由。实行重大行政决策预公开制度，涉及群众切身利益、需要社会广泛知晓的重要改革方案、重大政策措施、重点工程项目，除依法应当保密的外，决策草案和依据在决策前应向社会

公布，广泛听取公众意见。建立利益相关方、公众、专家、媒体等列席政府有关会议制度，增强决策透明度。推行文化教育、医疗卫生、食品安全、资源开发、环境保护、公用事业等重大民生决策事项民意调查制度。健全并严格实施重大行政决策听证制度，完善听证范围、听证程序、听证规则、听证代表遴选、听证意见反馈等制度，对法律、法规和规章规定应当听证以及其他涉及重大公共利益和人民群众切身利益的行政决策事项举行听证。对专业性、技术性较强的决策事项，应当组织专家、专业机构进行论证。落实重大行政决策社会稳定风险评估机制，对重大行政决策草案进行社会稳定、环境和经济等方面的风险评估，逐步使评估结果作为重大行政决策的重要依据，未经风险评估的一律不得作出决策。制定重大行政决策合法性审查程序操作规则，实行合法性审查法律意见书制度，重大行政决策事项未经合法性审查或者经审查不合法的，不得提交讨论。完善重大行政决策集体讨论决定程序制度，对集体讨论情况和决定进行如实记录、完整存档。

14.*严格决策责任追究。*制定并严格执行重大行政决策后评估制度，决策机关应当跟踪决策执行情况和实施效果，根据实际需要进行后评估。根据国家制度安排，落实重大行政决策终身责任追究及责任倒查机制，依法界定决策者、实施者职责，对违规决策造成严重失误或者依法应及时作出决策但久拖不决造成重大损失、恶劣影响的，严格追究行政首长、负有责任的其他领导人员和相关责任人员的党纪政纪和法律责任。

五、坚持严格规范公正文明执法

15.*深化行政执法体制改革。*按照减少层次、整合队伍、提高效率的原则，合理配置执法力量，实现执法重心和力量同步下移。完善行政执法管理，加强统一领导和协调。逐步减少执法队伍种类。在市场监管、交通运输、文化旅游等领域推进综合执法。探索推行跨部门、区域综合执法。深入推进城市管理执法体制改革，加强城市管理综合执法机构和队伍建设，提高执法和服务水平，重点在与群众生产生活密切相关、执法频率高、多头执法扰民问题突出、专业技术要求适宜、与城市管理密切相关且需要集中行使行政处罚权的领域推行综合执法。探索街道（园区）综合执法长效管理体制机制。

16.*完善行政执法程序。*全面落实行政裁量基准、行政执法争议协调、联合执法等行政执法工作制度，规范行政执法行为。逐步推进行政执法全过程记录制度，规范行政执法程序，重点规范行政许可、行政处罚、行政强制、行政征收、行政收费、行政检查等执法行为。严格执行重大执法决定法制审核制度，从事重大行政执法决定审核工作人员，按照国家统一法律职业资格制度的规定，依法取得职业资格。

17.*创新行政执法方式。*推行行政执法公示制度，根据各自的事权和职能，按照突出重点、依法有序、准确便民和“谁产生、谁公示、谁负责”的原则，结合行政许可和行政处罚等信用信息公示工作，推动执法部门公开职责权限、执法依据、裁量基准、执法流程、执法结果、救济途径等，促进执法公平公正。加强行政执法信息化建设和信息共享，强化科技、装备在行政执法中的应用，建立统一的行政执法信息平台，完善网上执法办案及信息查询系统，实行“互联网+监管”模式，探索快速处置、非现场执法等执法方式，提升执法效能。推广运用说服教育、劝导示范、行政指导、行政奖励等非强制性执法手段。实现执法要求与执法形式相统一、执法效果与社会效果相统一。

18.健全行政执法和刑事司法衔接机制。落实两法衔接联席会议制度，完善并落实案件移送标准、程序和证据规则，建立健全行政执法机关、公安机关、检察机关、审判机关信息共享、案情通报、案件移送制度，推进与全省统一的行政执法和刑事司法衔接信息共享平台实现互通互联，做到案件网上移送、网上受理、网上查询、网上监督，提高两法衔接工作效率。加强综合考核和责任追究，克服有案不移、有案难移、以罚代刑现象，实现行政处罚和刑事处罚无缝对接。

19.全面落实行政执法责任制。按照权责一致的原则，逐一厘清与行政许可、行政处罚、行政强制、行政征收、行政给付、行政检查、行政确认、行政奖励、行政裁决等行政执法权力相对应的责任事项，明确责任主体，确定不同部门及机构、岗位执法人员的执法责任，健全问责机制。健全公众参与评价行政执法工作机制，充分发挥特邀行政执法监督员的作用，根据需要选择一些企业、街道和村（社区）作为行政执法监督基层联系点，开展行政执法效果评估。加强执法监督，根据上级要求建立行政执法监督网络平台，建立健全投诉举报、情况通报等制度，坚决排除对执法活动的干预，防止和克服部门利益和地方保护主义，防止和克服执法工作中的利益驱动，惩治执法腐败现象。

20.健全行政执法人员管理制度。严格实行行政执法人员持证上岗和资格管理制度，未经执法资格考试合格，不得授予执法资格，不得从事执法活动。2016年年底前对行政执法人员进行一次严格清理。健全纪律约束机制，加强执法纪律、职业道德教育和法律知识培训考核，全面提高行政执法人员素质和能力。逐步推行行政执法人员平时考核制度，科学合理设计考核指标体系，考核结果作为执法人员职务级别调整、交流轮岗、教育培训、奖励惩戒的重要依据。规范执法辅助人员管理，按照国家、省、市有关规定重点在城市管理、市场监管等现有执法辅助人员较多的部门开展清理规范工作，明确其适用岗位、身份性质、职责权限、权利义务、聘用条件和程序以及承担的责任等。

六、强化权力制约监督

21.健全行政权力运行制约和监督体系。坚持用制度管权管事管人，坚持决策权、执行权、监督权既相互制约又相互协调，完善各方面监督制度，确保行政机关按照法定权限和程序行使权力。起草规范性文件，要认真开展廉洁性审查，有效落实公开行政权力运行流程、惩治和预防腐败、防控廉政风险、防止利益冲突等要求，切实把权力关进制度的笼子。落实《江苏省行政程序规定》，严格规范作出各类行政行为的主体、权限、方式、步骤和时限。发挥政务诚信建设示范作用，加快政府守信践诺机制建设。加强公务员诚信管理，建立公务员诚信档案，将公务员信用记录作为干部考核、任用、奖惩的重要依据。

22.自觉接受党内监督、人大监督、民主监督和司法监督。坚持党委对党风廉政建设和反腐败工作的统一领导，切实履行政府及其部门党组（党委）的主体责任和主要负责人的第一责任人责任，严格落实党风廉政建设责任制。自觉接受区人大及其常委会的监督，认真执行向区人大及其常委会报告工作制度、接受询问和质询制度、报备规章和规范性文件制度，报备率达100%。认真研究处理人大及其常委会组成人员对政府工作提出的有关审议意见，及时研究办理人大代表建议和政协委员提案，切实改进工作。健全知情明政机制，政府相关部门向政协定期通报有关情况，为政协委员履职提供便利、创造条件。支持人民法院依法受理行政案件，尊重并执行人民法院生效裁判。制定区政府行政机关负责人行政诉讼出庭应诉工作规定。检察机关对在履行职责中发现的行政违法行为进行监督，行政机关应当积极配合。

23.加强行政监督和审计监督。完善政府内部层级监督，改进上级行政机关对下级行政机关的监督，建立健全常态化、长效化监督机制。加强对重点领域、重点环节、重点岗位的制约和监督，对财政资金分配使用、国有资产监管、政府投资、政府采购、公共资源转让、公共工程建设等权力集中的部门和岗位实行分事行权、分岗设权、分级授权并定期轮岗，强化内部流程控制。区监察局要切实履行监督责任，依法追究违法违纪人员责任，确保廉政建设各项任务落实。完善审计结果报告和公告制度。对公共资金、国有资产、国有资源和领导干部履行经济责任情况实行审计全覆盖。

24.完善社会监督和舆论监督机制。建立健全对行政机关违法违纪行为投诉举报登记制度，畅通举报箱、电子信箱、热线电话等监督渠道，方便群众投诉举报、反映问题，依法及时调查处理违法行政行为。发挥报刊、广播、电视等传统媒体监督作用，加强与互联网新兴媒体的互动，重视运用和规范网络监督，建立健全网络舆情监测、收集、研判、处置机制，推动网络监督规范化、法治化。

25.全面推进政务公开。坚持以公开为常态、不公开为例外，推进行政决策公开、执行公开、管理公开、服务公开和结果公开。推进重点领域信息公开，着力推进财政预决算、公共资源配置、重大建设项目批准和实施、环境保护、食品药品安全、社会公益事业建设等领域的政府信息公开。稳步推进政府数据共享开放，优先推动民生保障、公共服务和市场监管等领域的政府数据向社会有序开放。积极探索公众参与新模式，通过政务公开让公众更大程度参与政策制定、执行和监督，不断完善政策，改进工作。完善政府新闻发言人、突发事件信息发布、专家解读等制度，做好对热点敏感问题的舆论引导，及时回应人民群众关切。健全依申请公开机制，明确办理流程，规范受理、交办、承办和答复有关环节，提高答复质量。加强不同平台和渠道发布信息的衔接协调，确保公开内容准确、一致。完善政府信息公开制度规范，建立健全政务公开内容、流程、平台、时限等相关标准。积极运用大数据、云计算、移动互联网等信息技术，提升政务公开信息化、集中化水平。健全政务公开考核和责任追究制度，健全政务公开监督体系。

26.完善纠错问责机制。加强行政问责规范化、制度化建设，建立健全行政问责配套制度体系，进一步完善纠错问责机制和程序，增强行政问责的针对性和实效性。切实把行政不作为、乱作为、失职渎职、滥用职权和严重损害群众利益的行为作为问责重点，加大问责力度。认真落实党风廉政建设责任制，做到有错必纠、有责必问，对“四风”问题突出、发生顶风违纪问题或者出现区域性、系统性腐败案件的街道(园区)、部门和单位,既要追究主体责任、监督责任,又要严肃追究领导责任。

七、依法有效化解社会矛盾纠纷

27.健全依法化解矛盾纠纷机制。坚持党委领导、政府主导、依法治理、综治协调,充分发挥各部门职能作用,引导社会各方面力量积极参与矛盾纠纷化解,保障群众合法权益、促进社会公平正义。强化法律在维护群众权益、化解社会矛盾中的权威地位,自觉运用法治思维和法治方式解决矛盾和问题。建立健全社会矛盾预警机制、利益表达机制、协商沟通机制、救济救助机制,畅通群众利益协调、权益保障法律渠道,引导支持公民、法人和其他组织依法表达诉求、维护权益、解决纠纷。及时收集分析热点、敏感、复杂矛盾纠纷信息,加强群体性、突发性事件预警监测,强化依法应对和处置群体性事件机制和能力。依法加强对影响或危害生态环境、食品药品安全、安全生产、网络安全、社会治安等方面重点问题的治理。完善调解、仲裁、行政裁决、行政复议、行政诉讼等有机衔接、协调联动的多元化纠纷解决机制,将预防和化解矛盾纠纷贯穿重大决策、行政执法、司法诉讼等全过程。加大普法力度,引导和支持公民、法人和其他组织依法表达诉求和维护权益。

28.加强行政复议工作。完善行政复议的立案、受理、审理制度,加大公开听证审理力度,推行行政机关负责人参加行政复议案件听证制度,完善行政复议重大案件集体讨论决定制度,完善行政复议调解制度,逐步实行在网上公开行政复议决定书,提高行政复议质量,保障当事人合法权益。建立行政复议委员会。畅通行政复议渠道,加强区政府行政复议中心建设,发挥街道(园区)行政复议基层联系点作用。推进行政复议规范化建设,推动办案人员、办案车辆、办案装备与所承担的工作任务相适应。落实行政复议办案人员资格要求,加强行政复议人员资格管理、岗位培训、考核评议工作。定期向区政府及上级行政复议机构报告工作情况。建立行政复议责任追究制度,全面履行行政复议决定,加大行政复议工作监督考核力度。

29.完善调解、行政裁决、仲裁制度。建立健全政府负总责、政府法制机构牵头、各职能部门为主体的行政调解工作体制。完善行政调解机制,规范行政调解程序,提升行政调解效力。推动各部门、各街道(园区)充分运用行政调解方式处理征地拆迁、环境保护、食品药品安全、劳动保障、医疗卫生、交通事故、物业管理等类型的矛盾纠纷。健全人民调解组织网络,推进企事业单位、街道(园区)、社会团体、行业组织中人民调解组织建设,重点协调解决消费者权益、劳动关系、医患关系、物业管理等方面的矛盾纠纷,促进当事人平等协商、公平公正解决矛盾纠纷。完善人民调解、行政调解、司法调解"三调联动"工作体系。强化行政机关解决同行政管理活动密切相关的民事纠纷功能。完善仲裁制度,加强仲裁规范化、标准化建设,建立完善、科学的仲裁保障和监督体制,保障仲裁依法独立进行,公平合理解决纠纷。

30.依法加强信访工作。推进通过法定途径分类处理信访投诉请求,把信访纳入法治化轨道,保障合理合法诉求依照法律规定和程序能得到合理合法的结果。规范信访工作程序,畅通群众诉求表达、利益协调和权益保障渠道，维护信访秩序。全面推行“阳光信访”，全面建立网上受理信访平台，推行信访办理流程、办理结果网上实时查询、跟踪、督办、评价。全面推行依法逐级走访制度，加强初信初访办理工作，严格落实信访工作首问首办责任制，及时就地按规定程序妥善处理信访事项。健全完善诉访分离制度，完善涉法涉诉信访依法终结制度。

八、全面提高政府工作人员法治思维和依法行政能力

31.树立重视法治素养和法治能力的用人导向。抓住领导干部这个全面依法治国的“关键少数”，把法治观念强不强、法治素养好不好作为衡量干部德才的重要标准，把能不能遵守法律、依法办事作为考察干部的重要内容，把严守党纪、恪守国法的干部用起来。在相同条件下，优先提拔使用法治素养好、依法办事能力强的干部。对特权思想严重、法治观念淡薄的干部要批评教育、督促整改，问题严重或违法违纪的，依法依纪严肃处理。

32.加强法治教育培训。政府工作人员特别是领导干部要系统学习中国特色社会主义法治理论，学好宪法以及与自己所承担工作密切相关的法律法规。完善学法制度，区政府及其部门每年至少举办一期领导干部法治专题培训班，区政府及其部门领导班子每年应当举办两期以上法治专题讲座或其他形式的学法活动。把宪法法律列为区党校、行政学院的干部教育必修课，建立健全领导干部和公务员长效学法机制，通过党委（党组）中心组学习、集中培训、法治讲座、网上学法等多种形式，推动政府工作人员强化法治意识、系统掌握法律知识。加强对公务员初任培训、任职培训中法律知识的培训力度，培训情况纳入公务员管理，作为考核、奖励、晋升的重要依据。实行公务员晋升依法行政考核制度。加强行政执法人员培训和考核，法律知识培训时间每年不少于15天。在行政执法队伍等法制工作队伍中深入开展社会主义核心价值观和社会主义法治理念教育，强化职业道德和职业操守，努力建设一支信念坚定、执法为民、敢于担当、清正廉洁的法制工作队伍。

33.完善政府工作人员法治能力考查测试制度。完善领导干部任前法律知识考试，加强对领导干部任职前法律知识考查和依法行政能力测试，将考查和测试结果作为领导干部任职的重要参考。

34.加强政府法律顾问制度建设。全面推行政府法律顾问制度，加快建立以政府法制机构人员为主体、吸收专家和律师参加的政府法律顾问队伍，完善政府法律顾问工作制度，建立健全政府法律顾问相关考评体系，全面提高政府法律顾问服务质量。设立政府法律顾问工作专项经费，建立政府法律专家智库。实现各部门政府法律顾问制度全覆盖，各街道（园区）根据需要形成多种形式的政府法律顾问服务方式。加强对政府法律顾问的监督管理，保证政府法律顾问在制定重大行政决策、推进依法行政中发挥作用。区政府及有关部门可以采取政府购买服务的方式，聘请一定数量的法律专业人士作为法律助理。加强行政机关合同管理，严格落实重大合同合法性审查制度。建立公职律师管理制度，充分发挥公职律师在提高依法执政、依法行政、依法经营、依法管理能力水平中的重要作用。

35.实行国家机关“谁执法谁普法”责任制。落实“谁主管谁负责”要求，推动各部门

各单位各行业履行普法属地管理与部门管理责任。建立国家机关普法任务清单制度、定期工作报告制度。加强司法执法案例整理编辑、公开发布和宣传解读工作。拓展公众服务窗口单位的法治宣传教育功能,落实以案释法主体责任,建立健全法治宣传教育长效机制。

九、全面落实组织保障措施

36.加强组织领导。坚持党总揽全局、协调各方,发挥各级党委领导核心作用,把党的领导贯彻到法治政府建设各方面。区政府要在党委统一领导下,谋划和落实好法治政府建设的各项任务,主动向党委报告法治政府建设中的重大问题,及时消除制约法治政府建设的体制机制障碍。完善由主要负责人牵头的依法行政领导协调机制,将法治政府建设纳入经济社会发展、全面深化改革总体规划和年度工作计划,定期听取依法行政和法治政府建设汇报。各部门、各街道(园区)党政主要负责人要履行推进法治政府建设第一责任人职责,将建设法治政府摆在工作全局的重要位置。各部门、各街道(园区)要结合实际,每年部署法治政府建设年度重点工作,带动法治政府建设各项工作全面深入开展。每年1月底前,区政府向区委、区人大常委会和市政府报告上一年度法治政府建设情况,各部门、各街道(园区)向区政府和上一级政府有关部门报告上一年度法治政府建设情况,报告要通过报刊、政府网站等向社会公开。

37.加强考核评价和督促检查。将法治政府建设成效作为衡量各部门、各街道(园区)领导班子和领导干部工作实绩的重要内容,纳入政绩考核指标体系,把领导干部学法用法、执法守法情况纳入德、能、勤、绩、廉的考核内容,进一步完善干部考核评价体系。完善依法行政激励机制,建立依法行政档案制度,加强依法行政、法治政府建设考核工作,充分发挥考核评价对法治政府建设的重要推动作用。区政府及各部门、各街道(园区)的党组织要领导和监督本单位模范遵守宪法法律,坚决查处执法犯法、违法用权等行为。要加强对法治政府建设进展情况的督促检查,结合法治政府建设年度重点工作,开展定期检查和专项督查,对工作不力、问题较多的,要及时约谈、责令整改、通报批评。

38.加强政府法制机构和队伍建设。加强区政府法制机构规范化建设,建立与新形势新任务相适应的政府法制机构的职能和架构,可采取内部调剂、购买服务等方式,使人员配备与承担的职责任务相匹配,充分发挥法制机构在推进依法行政中的参谋助手和法律顾问作用。根据承担职责任务情况,街道(园区)配备专兼职法制工作人员。建立符合政府法制工作人员职业特点的管理制度,逐步推进执法监督、行政复议队伍专业化、职业化,提高职业素养和专业水平。落实法制机构人员培训考试制度,对新录用、调入、交流到法制机构的人员组织专门的法律知识、业务知识培训考试。加大对法制干部的培养、使用和交流力度,重视提拔政治素质高、法律素养好、工作能力强的法制干部。推动政府法制干部根据国家要求取得公职律师身份,新录用政府法制机构专业岗位人员应当具备国家统一法律职业资格。

39.加强理论研究、典型示范和宣传引导。坚持从法治政府建设实际出发,围绕法治政府建设中的新情况新问题,开展事关法治政府建设全局性、战略性、前沿性的课题研究,为法治政府建设提供理论支撑和决策参考。深入开展依法行政和法治政府建设示范活动，大力培育推进依法行政、建设法治政府先进典型，充分发挥先进典型的示范带动作用。加强新闻媒体和政府网站、政务微博、微信对依法行政和法治政府建设信息的宣传。借助报刊、广播、电视、网络等媒体力量和优势，加大法治政府建设宣传力度，正确引导舆论、凝聚社会共识，营造全社会关心、支持和参与法治政府建设的良好氛围。

各部门、各街道（园区）要结合实际制定实施方案，明确提出具体工作内容和时间进度安排，党政主要负责人要亲自抓落实。区有关部门要根据部门职责承担并履行好本规划明确的相关任务，并做好统筹协调，及时沟通协商，形成工作合力。各部门、各街道（园区）要建立法治政府建设年度进展报告制度，及时向区委、区政府报告工作进展情况。区政府法制办要牵头做好督促检查。各部门、各街道（园区）在实施本规划的过程中，要注意研究法治政府建设的新情况新问题，解放思想、大胆实践、开拓进取、久久为功，运用法治思维和法治方式引领改革发展破障闯关、推动民生改善和社会公正，以更加奋发有为的精神状态，推动法治政府建设一步一个脚印向前迈进，为全力以赴打好“抓产业发展、促城市建设、补民生短板”三大攻坚战，高水平全面建成小康社会，加快建设经济强、百姓富、环境美、社会文明程度高的新雨花作出贡献。

文件目录选编

2017 年中共雨花台区委员会文件目录（选编）

表 19

文　号	时　间	文　件　标　题
雨委发〔2017〕1 号	2 月 17 日	关于印发《雨花台区 2017 年国民经济和社会发展目标一级分解方案》的通知
雨委发〔2017〕2 号	1 月 10 日	关于表彰全区国土工作先进单位和先进个人的通报
雨委发〔2017〕3 号	1 月 10 日	关于对区国土分局进行表彰的决定
雨委发〔2017〕4 号	1 月 11 日	关于落实市党风廉政建设责任制检查考核反馈意见整改措施的报告
雨委发〔2017〕5 号	1 月 19 日	中共南京市雨花台区委关于履行党风廉政建设主体责任的情况报告
雨委发〔2017〕6 号	1 月 19 日	关于履行党风廉政建设主任责任的情况报告（黄河）
雨委发〔2017〕7 号	1 月 19 日	关于表彰雨花台区首批“攻坚之星”的决定
雨委发〔2017〕8 号	1 月 22 日	关于表彰 2016 年度先进集体、先进个人的决定
雨委发〔2017〕9 号	2 月 13 日	关于中共南京市雨花台区委常委会 2016 年度民主生活会情况报告
雨委发〔2017〕10 号	2 月 14 日	中共南京市雨花台区委工作要点
雨委发〔2017〕11 号	2 月 17 日	关于开展党员干部“走千企入万户、助发展促富民”大走访活动的实施意见

续表

文　号	时 间	文　件　标　题
雨委发〔2017〕13号	2月24日	关于印发《雨花台区“两减六治三提升”专项行动实施方案》的通知
雨委发〔2017〕14号	3月6日	关于转发《雨花台区人大常委会2017年常委会会议及主任会议议题安排》的通知
雨委发〔2017〕15号	3月7日	关于转发《政协南京市雨花台区委员会2017年度工作要点和协商议题安排》的通知
雨委发〔2017〕17号	5月10日	关于印发《雨花台区全面推行“河长制”的实施意见》的通知
雨委发〔2017〕18号	5月26日	市委吴书记“民代幼”督查件办理情况
雨委发〔2017〕19号	5月27日	关于印发《2017年雨花台区防汛防旱工作意见》的通知
雨委发〔2017〕20号	5月27日	关于印发《雨花台区土壤污染防治行动计划》的通知
雨委发〔2017〕21号	6月7日	关于表彰2016年度区政务服务暨12345政务热线群众诉求办理工作先进集体、先进个人的决定
雨委发〔2017〕22号	6月23日	雨花台区2017年上半年工作总结和下半年工作计划
雨委发〔2017〕24号	7月14日	关于印发《雨花台区关于开展公职律师工作的方案》的通知
雨委发〔2017〕25号	7月21日	印发《关于健全区人大讨论决定重大事项制度、区政府重大决策出台前向人大报告的实施方案》的通知
雨委发〔2017〕26号	7月21日	关于印发《南京市雨花台区综合行政执法体制改革实施方案》的通知
雨委发〔2017〕27号	8月10日	关于贯彻落实市委张敬华书记调研雨花精神意见
雨委发〔2017〕28号	8月11日	关于印发《深化区管企业负责人薪酬制度改革实施意见》的通知
雨委发〔2017〕29号	8月10日	关于袁传军同志等8人组团赴台开展交流活动的请示
雨委发〔2017〕30号	8月21日	关于印发《关于加强雨花台区纪委派驻机构建设的意见》的通知
雨委发〔2017〕31号	8月21日	关于印发《关于全面落实区纪委向区一级党和国家机关派驻纪检机构》的通知
雨委发〔2017〕32号	9月20日	关于市委督查室256号办理情况的汇报
雨委发〔2017〕33号	9月20日	关于市委督查室267号办理情况的汇报
雨委发〔2017〕34号	9月21日	关于麦德龙烧烤店油烟问题整改情况的报告
雨委发〔2017〕35号	9月27日	关于印发《雨花台区2017年度经济和社会发展目标考评办法》的通知
雨委发〔2017〕36号	10月16日	关于成立雨花台区“两落地、一融合”推进领导小组的通知
雨委发〔2017〕37号	10月24日	市委敬华书记337号督查件办理情况报告
雨委发〔2017〕38号	10月30日	关于印发《雨花台区聚焦富民促进城乡居民增收实施方案》的通知
雨委发〔2017〕39号	10月30日	关于申报“江苏省双拥模范区”的报告
雨委发〔2017〕40号	10月31日	关于雨花办公房消险改造工程项目推进情况的汇报
雨委发〔2017〕41号	11月7日	中共雨花台区委关于认真学习宣传贯彻党的十九大精神的通知
雨委发〔2017〕42号	11月7日	关于印发《雨花台区党的建设考核综合评价意见》的通知
雨委发〔2017〕43号	11月20日	雨花台区2017年工作总结和2018年工作打算
雨委发〔2017〕45号	11月30日	关于印发《雨花台区法治政府建设实施规划（2016—2020年）》的通知
雨委发〔2017〕47号	12月18日	关于对口帮扶商洛丹凤工作开展的情况报告
雨委发〔2017〕48号	12月20日	雨花台区关于环形沟存在问题的整改情况报告

2017 年中共雨花台区人民政府文件目录（选编）

表 20

文　号	时 间	文　件　标　题
雨政发〔2017〕2 号	1 月 8 日	雨花台区关于 2016 年度实行最严格水资源管理制度自查情况的报告
雨政发〔2017〕6 号	1 月 16 日	关于下发铁心桥 2017 年度黑臭河道整治工作任务的通知
雨政发〔2017〕7 号	1 月 16 日	关于下发西善桥 2017 年度黑臭河道整治工作任务的通知
雨政发〔2017〕8 号	1 月 16 日	关于下发梅山 2017 年度黑臭河道整治工作任务的通知
雨政发〔2017〕9 号	1 月 16 日	关于下发开发区 2017 年度黑臭河道整治工作任务的通知
雨政发〔2017〕10 号	1 月 16 日	关于下发板桥新城 2017 年度黑臭河道整治工作任务的通知
雨政发〔2017〕11 号	1 月 17 日	关于雨花台区增补公共自行车站点的请示
雨政发〔2017〕12 号	1 月 17 日	关于支持办理宁南垃圾中转站建设用地土地划拨手续的请示
雨政发〔2017〕13 号	1 月 18 日	关于南京雨花国资投资管理有限公司应收账款偿付资金安排的说明
雨政发〔2017〕14 号	1 月 21 日	2015 年 6 批次城市用地农用地转用水区土地征收实施方案（1—6 号地块）用地的请示
雨政发〔2017〕15 号	1 月 22 日	关于区第十七届人大常委会第 35 次会议审议意见落实情况报告
雨政发〔2017〕16 号	1 月 22 日	关于第十七届人大五次会议代表建议办理工作审议意见落实情况的报告
雨政发〔2017〕17 号	1 月 22 日	雨花台区 2016 年度计划生育目标管理责任制完成情况的报告
雨政发〔2017〕18 号	1 月 22 日	关于中国南京软件谷创建省级高新技术产业开发区的报告
雨政发〔2017〕19 号	1 月 22 日	关于宁府办文（2016）963 号办文单办理情况的报告
雨政发〔2017〕20 号	1 月 22 日	关于岱山西路北延项目开工建设及手续办理事宜的请示
雨政发〔2017〕21 号	1 月 24 日	关羽凤台南路环境综合整治工程初步设计的请示
雨政发〔2017〕22 号	1 月 24 日	关于申请使用如皋市建筑安装有限公司民工工资保证金的请示
雨政发〔2017〕23 号	1 月 25 日	关于印发《雨花台区全民健身实施计划（2016—2020）》的通知
雨政发〔2017〕24 号	1 月 25 日	关于富民增收有关情况的报告
雨政发〔2017〕25 号	2 月 4 日	关于排水达标创建工作资金政策的请示
雨政发〔2017〕26 号	2 月 7 日	关于申请调整板桥街道古雄泵站扩建工程资金政策的请示
雨政发〔2017〕27 号	2 月 7 日	关于申请调整雨花街道丁墙泵站扩建工程资金政策的请示
雨政发〔2017〕28 号	2 月 13 日	关于下达 2017 年度一般公共预算收入预期目标任务的通知
雨政发〔2017〕30 号	2 月 15 日	关于雨花台区 2017 年度城市建设用地审查意见的报告
雨政发〔2017〕31 号	2 月 15 日	关于剔除我区秦淮新河雨花段建设区域限批的请示
雨政发〔2017〕32 号	2 月 18 日	关于印发《2017 年区政府主要目标任务分解落实方案》
雨政发〔2017〕33 号	2 月 18 日	关于印发《雨花台区 2017 年安全生产工作意见》的通知
雨政发〔2017〕34 号	2 月 18 日	关于印发《雨花台区议事决策规则（试行）》、《中共南京市雨花台区人民政府党组议事规则》的通知
雨政发〔2017〕35 号	2 月 20 日	关于板桥人力资源市场的情况报告
雨政发〔2017〕36 号	2 月 21 日	区政府关于批转区综治办《2017 年雨花台区环境综合整治计划》的通知
雨政发〔2017〕38 号	2 月 22 日	关于印发《2017 雨花台区城市精细化建设管理实施意见》的通知

续表

文号	时间	文件标题
雨政发〔2017〕39号	2月23日	关于宁南垃圾中转站项目建设情况报告
雨政发〔2017〕40号	2月23日	关于审查并转报南京市政府雨花台区土地利用总体规划（2006—2020年）调整完善方案的请示
雨政发〔2017〕41号	2月28日	关于印发《雨花台区城市治理考核工作实施方法》的通知
雨政发〔2017〕42号	2月28日	关于协调市中级人民法院对征收建宁一村6—1号房屋免于执行的请示
雨政发〔2017〕45号	3月3日	关于调整凤台南路整治投资概算的请示
雨政发〔2017〕46号	3月6日	关于下达2017年雨花台区既有住宅增设电梯计划的通知
雨政发〔2017〕47号	3月10日	关于协调上海铁路局支持凤台南路综合整治工作的请示
雨政发〔2017〕48号	3月10日	关于将潘窑地块棚改安置房项目纳入全市保障房建设计划的请示
雨政发〔2017〕50号	3月14日	关于报送2017年度民生重点事实推进落实计划的报告
雨政发〔2017〕51号	3月14日	关于调整区稳定价格和治乱减负工作领导小组成员的通知
雨政发〔2017〕52号	3月15日	关于审核2017年雨花台区公厕建设工程可行性研究报告的请示
雨政发〔2017〕53号	3月15日	关于印发《加强税收服务工作实施意见（试行）》、《税收服务工作考核办法（试行）》的通知
雨政发〔2017〕54号	3月15日	关于印发《雨花台重大项目招商推进服务中心工作实施办法（试行）》的通知
雨政发〔2017〕55号	3月15日	关于调整雨花台区城市治理委员会公务委员的通知
雨政发〔2017〕56号	3月15日	关于印发《雨花台区既有住宅增设电梯工作方案》的通知
雨政发〔2017〕57号	3月16日	关于调整雨花台区质量强区工作领导小组成员的通知
雨政发〔2017〕58号	3月21日	关于调整雨花台区食品安全委员会成员的通知
雨政发〔2017〕59号	3月21日	关于将锦华新城项目剩余经济适用房调整为征收安置房的请示
雨政发〔2017〕60号	3月27日	关于印发《2017年雨花台区为民办实事工作实施方案》的通知
雨政发〔2017〕61号	3月27日	关于印发《雨花台区2017年度质量强区工作意见》的通知
雨政发〔2017〕62号	3月27日	关于申请调整雨花台区省级公益林地块的请示（会民殡仪馆）
雨政发〔2017〕63号	3月27日	关于协商上海铁路局与凤台南路综合整治工作的请示
雨政发〔2017〕64号	3月27日	关于兴隆大街毛台涛桥环境问题整治的报告
雨政发〔2017〕65号	3月29日	关于缩短雨花台区秦淮新河流域整治工程招投标时间的请示
雨政发〔2017〕66号	3月31日	关于移交朱家场经济适用房项目社区管理用房用地的请示
雨政发〔2017〕67号	3月31日	雨花台区关于贯彻落实国务院第162次常务会精神进一步做好困难群众基本生活保障自查情况的报告
雨政发〔2017〕68号	4月1日	关于黑臭河道整治工作进展情况的自查报告
雨政发〔2017〕69号	4月1日	雨花台区关于2月份铁心桥断面水质不达标的整改报告
雨政发〔2017〕70号	4月6日	雨花台区关于贯彻落实全市一季度经济形势分析会情况的报告
雨政发〔2017〕71号	4月6日	关于支持办理1501工程砼浇筑期间车辆城区通行证的请示
雨政发〔2017〕72号	4月7日	关于印发《雨花台区妇女发展计划规划（2016—2022年）》和《雨花台区儿童发展规划（2016—2020年）》的通知

续表

文 号	时 间	文 件 标 题
雨政发〔2017〕73号	4月7日	关于调整雨花台区经济责任审计工作领导小组的通知
雨政发〔2017〕74号	4月10日	关于将雨花热处理厂地块改造项目列入市棚户改造项目计划的请示
雨政发〔2017〕75号	4月10日	关于报送耕地质量提升项目信息的报告
雨政发〔2017〕76号	4月10日	雨花台区关于进一步做好困难群众基本生活保障工作的报告
雨政发〔2017〕77号	4月12日	雨花台区关于查处麒艺耀艺贸易有限公司违法拆解的情况报告
雨政发〔2017〕78号	3月20日	关于印发《雨花台区2017年城市治理标准化工作实施意见》的通知
雨政发〔2017〕79号	4月6日	关于建立雨花台区社会救助联席会议制度的通知
雨政发〔2017〕80号	4月13日	关于京东研究院项目进展情况的汇报
雨政发〔2017〕81号	4月13日	关于成立梅山片区环境综合整治专项行动指挥部的通知
雨政发〔2017〕82号	4月13日	关于梅钢地区曝光问题迅速整改落实的报告
雨政发〔2017〕83号	4月17日	关于刘建功等同志职务调整的通知
雨政发〔2017〕84号	4月18日	关于江苏创业大街报省众创社区备案的请示
雨政发〔2017〕85号	4月20日	关于雨花经济开发区两高三低企业整治情况的汇报
雨政发〔2017〕86号	4月24日	关于市对区考核目标的反馈意见
雨政发〔2017〕87号	4月24日	雨花台区关于板桥老街、西善桥老街防汛消险项目推进情况的报告
雨政发〔2017〕88号	4月25日	关于雨花台区2015年度耕地保护补贴专项审计发现问题整改情况的报告
雨政发〔2017〕89号	4月25日	关于印发《雨花台区危险化学品安全综合治理实施方案》的通知
雨政发〔2017〕90号	4月28日	关于雨花台区黑臭河道整治进展情况报告
雨政发〔2017〕91号	4月28日	关于表彰人民武装工作先进单位和个人的通报
雨政发〔2017〕92号	5月2日	关于对白马公园内明代南京刑部尚书张暄墓的神道石刻签回原墓址的情况报告
雨政发〔2017〕93号	5月3日	关于京东研究院项目进展情况的汇报
雨政发〔2017〕94号	5月5日	关于印发《2017年度上海宝钢化工梅山分公司重大危险源（粗苯）泄露事故应急演练方案》的通知
雨政发〔2017〕95号	5月5日	关于成立雨花台区特种设备安全工作领导小组的通知
雨政发〔2017〕96号	5月8日	关于验收区永久基本农田划定成果的请示
雨政发〔2017〕97号	5月9日	关于调整区安全生产委员会组成人员的通知
雨政发〔2017〕98号	5月9日	关于印发《雨花台区关于进一步规范和加强安全生产监管工作的意见》的通知
雨政发〔2017〕99号	5月9日	关于南河河长制相关曝光问题迅速整改落实的报告
雨政发〔2017〕100号	5月10日	关于孙家社区群众反映问题的报告
雨政发〔2017〕101号	5月12日	关于成立人居森林片区征收拆迁指挥部的通知
雨政发〔2017〕102号	5月12日	关于下达2017年雨花台区既有住宅增设电梯计划的通知
雨政发〔2017〕103号	5月12日	关于印发《雨花台区关于整合城乡居民基本医疗保险制度重点工作任务的分解方案》的通知
雨政发〔2017〕104号	5月13日	关于印发《雨花台区2017年水污染防治实施方案》的通知

续表

文　号	时　间	文　件　标　题
雨政发〔2017〕105 号	5 月 13 日	关于印发《雨花台区 2017 年大气污染防治实施方案》的通知
雨政发〔2017〕106 号	5 月 15 日	关于“吉祥路”等道路命名的请示
雨政发〔2017〕107 号	5 月 15 日	关于报送省政府转办件有关材料的报告
雨政发〔2017〕108 号	5 月 17 日	关于调整雨花台区招生委员会组成人员的通知
雨政发〔2017〕109 号	5 月 18 日	雨花台区畜禽类养殖（禁养区）关停情况的报告
雨政发〔2017〕110 号	5 月 18 日	关于对 2017 年度重大火灾隐患整改工作实行挂牌督办的通知
雨政发〔2017〕111 号	5 月 19 日	关于雨花台区岱山保障房房源使用情况的报告
雨政发〔2017〕113 号	5 月 25 日	关于雨花台区民代幼教师群访问题的报告
雨政发〔2017〕114 号	5 月 26 日	关于调整区征兵工作领导小组成员的通知
雨政发〔2017〕115 号	5 月 27 日	关于黑臭河道整治工作进展情况的自查报告
雨政发〔2017〕116 号	5 月 31 日	关于小行路环境综合整治工程立项的请示
雨政发〔2017〕117 号	6 月 5 日	关于“双过半”推进会有关情况自查报告
雨政发〔2017〕118 号	6 月 5 日	关于雨花东路环境综合整治工程立项的请示
雨政发〔2017〕119 号	6 月 5 日	关于雨花台区增补公共自行车站点的请示
雨政发〔2017〕122 号	6 月 6 日	关于调整雨花台区社会信用体系建设工作领导小组成员的通知
雨政发〔2017〕123 号	6 月 6 日	关于同意兴梅路建设工程用地的请示
雨政发〔2017〕124 号	6 月 8 日	关于市政府主要领导批示件板件（01—1760) 办理情况的报告
雨政发〔2017〕125 号	6 月 13 日	区政府关于做好国务院第四次督查迎查工作方案
雨政发〔2017〕126 号	6 月 16 日	关于市政府主要领导批示件交办单（编号：01—1077）办理情况的报告
雨政发〔2017〕127 号	6 月 17 日	关于推进“先照后证”改革后加强事中事后监管的实施意见
雨政发〔2017〕128 号	6 月 19 日	关于切实做好夏季安全生产重点工作的通知
雨政发〔2017〕129 号	6 月 19 日	关于印发《雨花台区证照联动监管实施细则》的通知
雨政发〔2017〕130 号	6 月 21 日	关于调整雨花台区全民科学素质工作领导小组成员的通知
雨政发〔2017〕131 号	6 月 21 日	区政府关于成立雨花台区城乡居民医保制度整合工作领导小组的通知
雨政发〔2017〕132 号	6 月 21 日	关于做好国务院第四次督查自查情况的报告
雨政发〔2017〕133 号	6 月 22 日	关于印发《雨花台区 2017 年土壤污染防治实施方案》的通知
雨政发〔2017〕134 号	6 月 22 日	关于印发《雨花台区河道水环境河长制管理工作考核办法》的通知
雨政发〔2017〕135 号	6 月 22 日	关于市政府主要领导批示件交办单（编号：01—1151）办理情况的报告
雨政发〔2017〕136 号	6 月 22 日	关于报请审议《雨花台区县道路网规划（2016—2020）》的请示
雨政发〔2017〕137 号	6 月 26 日	关于印发《雨花台区区长质量奖评定管理办法》的通知
雨政发〔2017〕138 号	6 月 28 日	雨花台区关于进一步加强中小学教师队伍建设的实施意见
雨政发〔2017〕139 号	6 月 28 日	关于同意 338 省道南京雨花段分段办理用地规划许可的请示
雨政发〔2017〕140 号	6 月 28 日	报审公厕改造项目设计方案的请示
雨政发〔2017〕141 号	6 月 29 日	雨花台区 2017 年度上半年民生重点实事推进情况的报告

续表

文　　号	时　间	文　件　标　题
雨政发〔2017〕142号	7月5日	关于市政府主要领导批示件交办单（编号：01—1247）办理情况的报告
雨政发〔2017〕143号	7月5日	关于审核批准《南京市雨花台区综合行政执法体制改革实施方案》的请示
雨政发〔2017〕144号	7月5日	雨花台区第二期学前教育“三项工程”实施办法
雨政发〔2017〕145号	7月5日	关于调整雨花台区依法行政领导小组成员的通知
雨政发〔2017〕146号	7月7日	关于对南京瀚威轩诚智能科技有限公司来信所诉问题的调查报告
雨政发〔2017〕147号	7月7日	关于印发《雨花台区“三小车”长效管理实施方案》的通知
雨政发〔2017〕148号	7月11日	雨花台区城市精细化建设管理项目推进情况汇报
雨政发〔2017〕149号	7月11日	关于协调中兴路北延秦淮新河大桥项目建设事宜的请示
雨政发〔2017〕150号	7月14日	关于区人大常委会审议意见书（第4号）办理情况汇报
雨政发〔2017〕151号	7月14日	关于聘任鲁兴虎等36名同志为雨花台区第二届城市治理委员会公众的通知
雨政发〔2017〕152号	7月15日	关于协调凤台南路分段分封闭施工的请示
雨政发〔2017〕153号	7月17日	关于印发《雨花台区公职律师管理办法》的通知
雨政发〔2017〕154号	7月19日	雨花台区人民政府关于黄河同志等6人组团赴俄罗斯进行贸易交流的请示
雨政发〔2017〕155号	7月20日	关于雨花东路建筑立面改造提升工程立项的请示
雨政发〔2017〕156号	7月20日	关于同意板桥河老街段防洪改造用地的请示
雨政发〔2017〕157号	7月22日	关于国务院第四次大督查第七督查组热线电话问题线索的办理意见
雨政发〔2017〕158号	7月22日	关于国务院第四次大督查第七督查组热线电话问题线索（序号：137）办理情况的报告
雨政发〔2017〕159号	7月24日	关于同意《雨花台区国有土地上房屋征收补偿、补助、奖励规定》的请示
雨政发〔2017〕160号	7月24日	关于“丁墙路”道路命名的请示
雨政发〔2017〕161号	7月24日	关于2017年行政区域界线联合检查情况的报告
雨政发〔2017〕162号	7月25日	关于“菩提路”等道路命名的请示
雨政发〔2017〕163号	7月25日	雨花台区人民政府关于袁迅同志等6人组团赴澳大利亚、新西兰进行招才引智的请示
雨政发〔2017〕164号	7月25日	关于《南京市两减六治三提升专项行动督查通报（第4期）》有关问题的整改情况的报告
雨政发〔2017〕165号	7月25日	关于成立雨花台区建设国家双创示范基地领导小组的通知
雨政发〔2017〕166号	7月25日	关于印发《雨花台区社会信用体系建设实施规划（2016—2020）》的通知
雨政发〔2017〕167号	7月26日	关于成立雨花台区旅游市场综合监管工作领导小组的通知
雨政发〔2017〕168号	7月26日	关于印发《雨花台区处置非法集资防范互联网金融风险工作制度》的通知
雨政发〔2017〕169号	7月26日	雨花台区人民政府关于钱颐同志随江苏省商务厅团组赴南非、迪拜参加专业展会并进行对接交流活动的请示
雨政发〔2017〕170号	7月27日	雨花台区七桥瓮断面水质改善工作自查报告
雨政发〔2017〕171号	7月28日	雨花台区人民政府关于徐文进同志等6人组团赴德国、英国进行经贸交流的请示

续表

文　号	时 间	文　件　标　题
雨政发〔2017〕172号	7月28日	关于“媒体曝在雨花台区政务服务中心办事需交加急费”批示件的调查和处理情况报告
雨政发〔2017〕173号	7月28日	关于解除我区秦淮新河雨花段建设项目区域限批的请示
雨政发〔2017〕174号	7月29日	关于“政务服务中心市场监管窗口代办收费”信访件的调查和处理情况报告
雨政发〔2017〕175号	8月1日	关于“媒体曝在雨花台区政务服务中心办事需交加急费”批示件的调查和处理情况补充报告
雨政发〔2017〕176号	8月1日	关于国务院第四次大督查第七督查组热线电话问题线索（序号：615）办理情况的报告
雨政发〔2017〕177号	8月1日	关于审批安德门大街拓宽改造工程决算的请示
雨政发〔2017〕178号	8月2日	雨花台区二次供水设施改造工作情况报告
雨政发〔2017〕179号	8月3日	关于增设板桥新城街道办事处的请示
雨政发〔2017〕180号	8月4日	关于国务院第四次大督查第七督查组热线电话问题线索（序号：572）办理情况的报告
雨政发〔2017〕181号	8月7日	关于雨花东路综合整治工程相关问题的请示
雨政发〔2017〕182号	8月8日	关于小行路环境综合整治工程立项的请示
雨政发〔2017〕183号	8月8日	关于区人大常委会2017年第5号审议意见书办理情况的报告
雨政发〔2017〕184号	8月9日	关于反映铁心桥街道凤翔翠园一、二期居民用水问题办理情况的报告
雨政发〔2017〕185号	8月9日	关于凤台南路高架挂篮及绿化变更的请示
雨政发〔2017〕186号	8月10日	关于审核梅山文化公园公厕可研报告的请示
雨政发〔2017〕187号	8月14日	关于统筹解决南京南站片区义务教育阶段适龄学生入学问题的请示
雨政发〔2017〕188号	8月15日	雨花台区关于《法治政府建设实施纲要（2015—2020年）》重要改革措施贯彻落实情况的自查报告
雨政发〔2017〕189号	8月16日	关于调整2018年雨花台区棚户区改造实施项目的请示
雨政发〔2017〕190号	8月16日	关于国务院第七督查组交办问题线索办理情况的自查报告
雨政发〔2017〕191号	8月16日	关于报审第二批公厕升级改造项目设计方案的请示
雨政发〔2017〕192号	8月16日	关于调整338省道雨花台区段改扩建工程建设周期的请示（报送市建委）
雨政发〔2017〕193号	8月16日	关于调整岱山西路北延工程2017年度建设目标的请示（报送市建委）
雨政发〔2017〕194号	8月22日	关于同意梅苑南路北段建设工程用地的请示
雨政发〔2017〕195号	8月25日	雨花台区人民政府关于彭金斌同志等6人组团赴美国进行招商引资的请示
雨政发〔2017〕196号	8月28日	雨花台区人民政府关于李世峰同志等6人组团赴以色列印度进行经贸交流的请示
雨政发〔2017〕197号	8月28日	关于申报南京市2015年度农用地转用和土地征收第12批次实施方案（1—9号地块）用地的请示
雨政发〔2017〕198号	8月30日	关于印发《雨花台区国有企业职工家属区“三供一业”分离移交工作方案》的通
雨政发〔2017〕199号	8月31日	关于2017年上半年法治政府建设情况的自查报告

续表

文　号	时　间	文　件　标　题
雨政发〔2017〕200号	9月12日	关于成立软件谷片区拆迁指挥部的通知
雨政发〔2017〕201号	9月12日	关于成立“两桥”片区征收拆迁指挥部的通知
雨政发〔2017〕202号	9月14日	关于同意市回民殡仪馆建设项目（雨花台安德门大街16号迁建）用地的请示
雨政发〔2017〕203号	9月14日	关于同意银杏湖大道北延段（板霞线）工程用地的请示
雨政发〔2017〕204号	9月15日	关于上报南京丰盛产业控股集团有限公司建工集团总部地块等再开发项目实施方案的请示
雨政发〔2017〕205号	9月19日	关于同意板桥新城物业服务中心有限公司接管古雄经济适用房物业管理的请示
雨政发〔2017〕206号	9月20日	关于成立雨花办公房消险改造工程推进工作小组的通知
雨政发〔2017〕207号	9月20日	关于雨花台区人民政府黄河同志出访俄罗斯的总结报告
雨政发〔2017〕208号	9月21日	关于秦淮河沿线“人居”船舶调查摸底情况的报告
雨政发〔2017〕209号	9月27日	关于呈报建通大院企业整治关停工作方案的报告
雨政发〔2017〕210号	9月27日	关于举办“中国南京雨花杯（暂定名）航空模型国际邀请赛”的函
雨政发〔2017〕212号	9月28日	关于雨花台区暂不申报第八批省级文物保护单位的函
雨政发〔2017〕213号	9月28日	关于普德寺修缮及环境整治工程立项的请示
雨政发〔2017〕214号	9月30日	关于成立雨花台区、梅钢公司相关工作推进协调工作小组的通知
雨政发〔2017〕215号	10月12日	关于调整雨花东路环境综合整治工程建设目标的请示
雨政发〔2017〕216号	10月12日	关于调整雨花台区2017年省级适老住区建设项目改造内容的请示
雨政发〔2017〕217号	10月13日	建通大院企业关停整治阶段性推进情况报告
雨政发〔2017〕218号	10月18日	关于规范“雨花台砂砾石层保护区”名称的请示（附批复）
雨政发〔2017〕221号	10月20日	雨花台区2017年度环境状况和环境保护目标完成情况报告
雨政发〔2017〕222号	10月21日	关于转发《市政府关于进一步规范政府举债融资行为防范化解政府性质债务风险的实施意见》的通知
雨政发〔2017〕223号	10月26日	关于雨花台去政府性债务暨融资平台公司管理领导小组更名及调整成员的通知
雨政发〔2017〕224号	10月26日	关于申报南京市2017年度第4批次村镇建设用地（1—6号地块）的请示（附批复）
雨政发〔2017〕225号	10月30日	关于同意宁丹公路铁心桥接线工程交通组织设计方案的请示（附批复）
雨政发〔2017〕226号	10月31日	关于转发《市政府关于在市场体系建设中建立公平竞争审查制度的实施意见》的通知
雨政发〔2017〕227号	10月31日	关于调整应天大街高架（雨花苑小区段）桥梁检测、增设声屏障建设主体的请示
雨政发〔2017〕228号	11月1日	关于成立雨花台区突发公共事件应急管理领导小组的通知
雨政发〔2017〕229号	11月3日	关于印发《雨花台区非公共空间地下管线探测普查实施方案》的通知
雨政发〔2017〕230号	11月6日	关于印发《雨花台区冬春季节环境空气质量保障管控方案》的通知
雨政发〔2017〕231号	11月6日	关于市政府主要领导批示件交办单（编号：01—2149）办理情况的报告

续表

文　号	时 间	文　件　标　题
雨政发〔2017〕232号	11月6日	关于成立雨花台区综合行政执法体制改革工作领导小组的通知
雨政发〔2017〕233号	11月10日	关于同意126省道南京段改扩建工程（雨花台段）用地的请示
雨政发〔2017〕234号	11月10日	关于"龙慧路"、龙藏大道（北延段）"道路命名的请示
雨政发〔2017〕235号	11月15日	关于三胞集团"健康快乐小镇"推进情况的报告
雨政发〔2017〕236号	11月15日	关于三胞集团"健康快乐小镇"推进情况的报告
雨政发〔2017〕237号	11月20日	关于同意对农花村经济适用房项目规划核准图调整的请示
雨政发〔2017〕238号	11月20日	关于申报南京市2017年度第7批次村镇建设用地（1号地块）的用地请示
雨政发〔2017〕239号	11月27日	关于成立雨花台区非公共空间地下管线探测普查工作领导小组的通知
雨政发〔2017〕240号	12月1日	关于印发《雨花台区城市地下管线基础信息动态更新与成果提供管理规定》的通知
雨政发〔2017〕241号	12月1日	关于市政府主要领导批示件交办单（编号：01—2426）办理情况的报告
雨政发〔2017〕242号	12月1日	关于梅钢片区环境综合整治推进情况的报告
雨政发〔2017〕243号	12月4日	关于"雨花台区人才培训中心"地名命名的请示
雨政发〔2017〕244号	12月4日	关于雨花台区五一沟流域雨花东路片区雨污分流建设工程项目立项的请示
雨政发〔2017〕245号	12月4日	关于雨花台区大周路片区雨污分流建设工程项目立项的请示
雨政发〔2017〕246号	12月4日	关于雨花台区翠岭银河片区雨污分流建设工程项目立项的请示
雨政发〔2017〕247号	12月4日	关于雨花台区韩府山庄片区雨污分流建设工程项目立项的请示
雨政发〔2017〕248号	12月4日	关于雨花台区西善花苑片区雨污分流工程项目立项的请示
雨政发〔2017〕249号	12月5日	关于认定双龙嘉园保障房小区物业接管情况的请示
雨政发〔2017〕250号	12月5日	关于对区人大常委会审议《南京市住宅区物业管理条例》贯彻实施意见办理情况的报告
雨政发〔2017〕251号	12月5日	关于市区联动采取停产措施确保华润热点达到控煤要求的请示
雨政发〔2017〕252号	12月6日	关于南京和坊胎业公司接管大定坊经适房物业管理的请示
雨政发〔2017〕253号	12月6日	关于印发《雨花台区国家公祭日期间环境质量保障方案》的通知
雨政发〔2017〕254号	12月7日	关于撤销雨花台区雨花经济开发区天宝社区范村村民小组建制的请示
雨政发〔2017〕255号	12月11日	关于雨花台区南玉带河流域雨花新村等片区雨污分流建设工程项目立项的请示（雨政发〔2017〕255号）
雨政发〔2017〕256号	12月12日	关于调整雨花台区地方志编纂委员会的通知
雨政发〔2017〕257号	12月12日	雨花台区关于"岱山西路"道路命名的请示
雨政发〔2017〕258号	12月12日	关于同意增加宁芜铁路203道口平改立工程（引道接线部分）项目经费的请示
雨政发〔2017〕259号	12月13日	关于荷塘村经济适用房项目申请贴补的请示（雨政发〔2017〕259号）
雨政发〔2017〕260号	12月18日	关于申请梅山街道定额补助的请示
雨政发〔2017〕261号	12月18日	关于申请设立南京雨花台高新区的请示

续表

文　号	时　间	文　件　标　题
雨政发〔2017〕262 号	12 月 19 日	关于协调板桥绿洲南路经济适用房小区配套市政道路建设工程竣工验收及移交工作的请示
雨政发〔2017〕263 号	12 月 20 日	关于印发《2017—2018 年度雨花台区扫雪防冻工作方案》的通知
雨政发〔2017〕264 号	12 月 21 日	雨花台区人民政府关于徐文进同志等 6 人组团赴葡萄牙德国进行经贸交流的请示
雨政发〔2017〕265 号	12 月 26 日	关于进一步做好环境监管执行工作的报告
雨政发〔2017〕266 号	12 月 26 日	关于雨花台区西善桥岱山保障房建设工程款拖欠问题调查情况的报告
雨政发〔2017〕267 号	12 月 27 日	关于调整铁路道口“平改立”项目 2017 年度建设目标的请示
雨政发〔2017〕268 号	12 月 28 日	关于雨花台区梅山街道工农河流域铁路以东片区雨污分流建设工程项目立项的请示
雨政发〔2017〕269 号	12 月 28 日	关于雨花台区南玉带河流域雨花新村等片区雨污分流建设工程项目立项的请示（雨政发〔2017〕269 号）
雨政发〔2017〕270 号	12 月 29 日	关于雨花台区 2018 年秦淮新河北岸流域（西善桥段）片区雨污分流整治工程立项的请示
雨政发〔2017〕271 号	12 月 29 日	关于雨花台区南玉带河流域雨花南路以北片区雨污分流建设工程项目立项的请示
雨政发〔2017〕272 号	12 月 29 日	关于批准《南京市雨花台区 2016 年度城乡建设用地增减挂钩（第一批）实施规划》的请示

统计资料

·综　合·

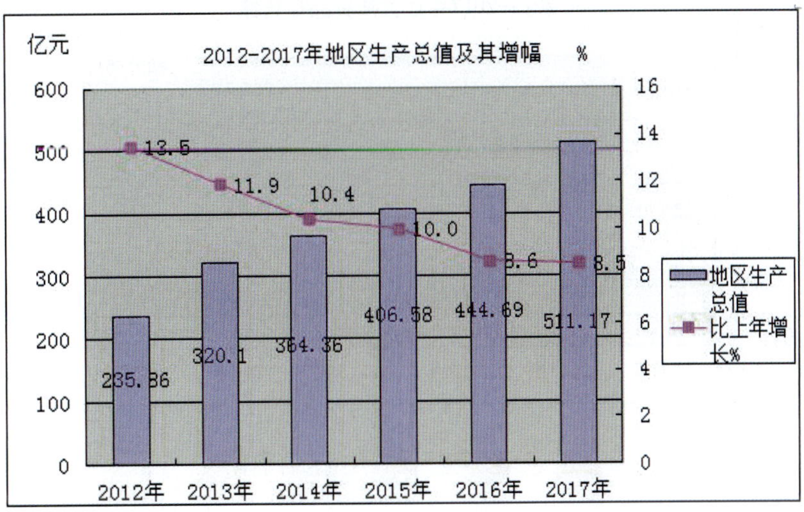

图 1　2012—2017 年地区生产总值及其增幅

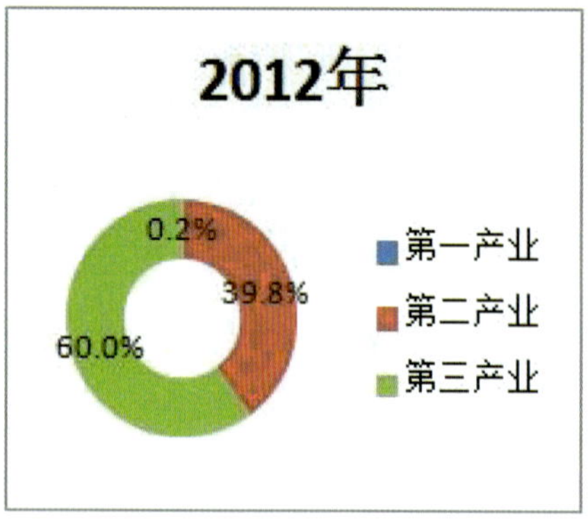

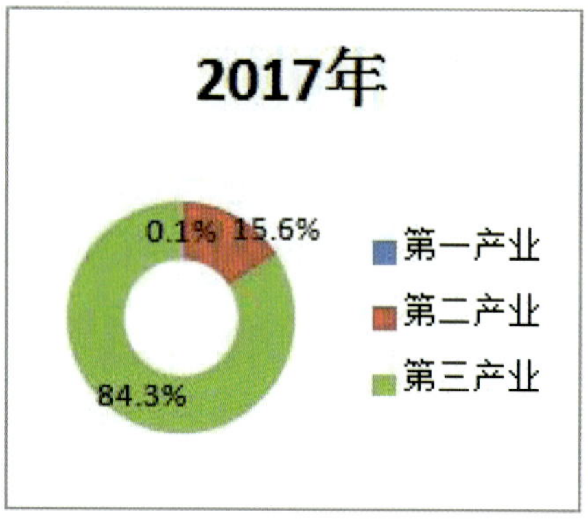

图 2　2012 年和 2017 年三次产业增加值比重

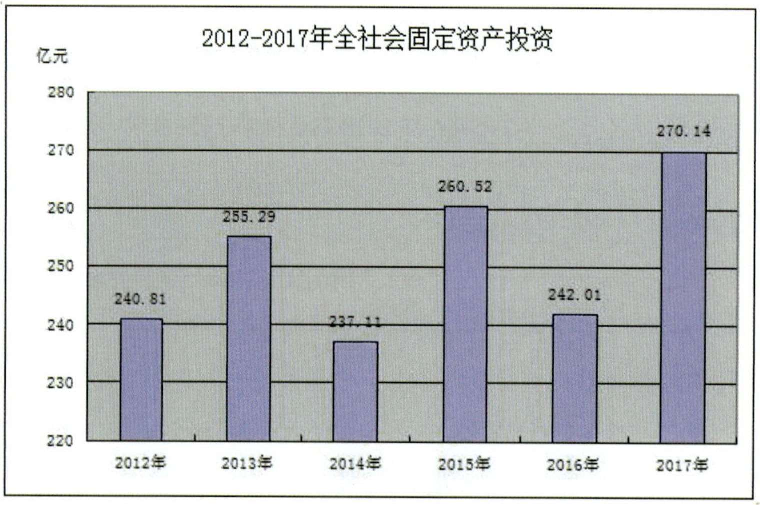

图 3　2012—2017 年全社会固定资产投资

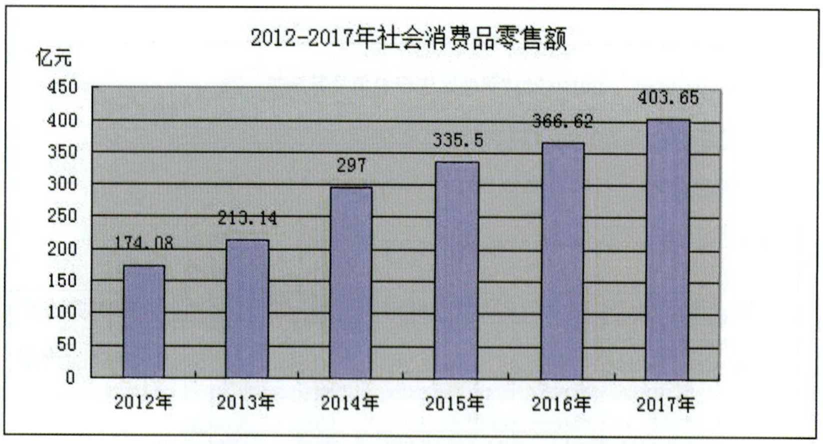

图 4　2012—2017 年社会消费品零售额

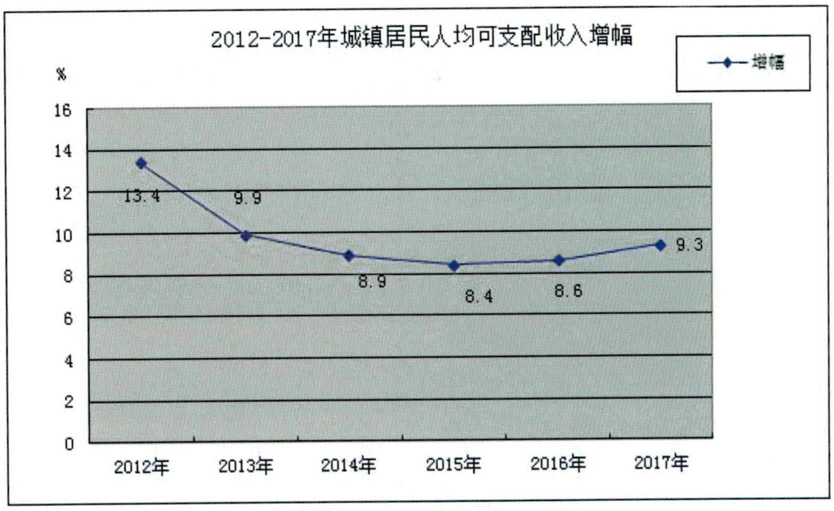

图 5 2012—2017 年城镇居民人均可支配收入增幅

2017 年全区主要指标实绩

表 21

指 标	计量单位	2017 年	2016 年	2017 年比 2016 年 ±%
一、综合				
街道(园区)	个	9	9	—
其中：园区	个	3	3	—
社区居民委员会	个	59	59	—
行政村	个	—	—	—
村民小组	个	202	204	-1.0
年末总户数(户籍)	万户	10.6	9.82	7.9
年末总人口(户籍)	万人	28.71	26.92	6.6
常住人口	万人	45.45	43.63	4.2
乡村实有从业人员	万人	1.57	1.61	-2.5
土地面积	平方千米	132.39	132.39	—
地区生产总值（现价）	亿元	511.17	453.72	8.5
第一产业	亿元	0.85	0.85	-8.7
第二产业	亿元	79.26	75.65	0.5
# 工业	亿元	52.52	47.06	9.0
第三产业	亿元	431.06	377.22	10.3
二、农业				
农林牧渔总产值(现价)	万元	12788	15108	-15.4
(1) 农业总产值	万元	2251	2264	-0.6
(2) 林业总产值	万元	9642	10076	-4.3
(3) 牧业总产值	万元	0	1867	—
(4) 渔业总产值	万元	895	901	-0.7

续表

指　　标	计量单位	2017年	2016年	2017年比2016年±%
(5)农林牧渔服务总产值	万元	—	—	—
三、工业				
规上工业企业单位数	个	54	54	—
规模以上工业总产值	亿元	90.68	81.83	10.8
规模以上工业主营业务收入	亿元	91.43	84.56	8.1
规模以上工业利润总额	亿元	3.95	3.45	14.4
规模以上工业企业综合能源消费量	万吨标准煤	507.21	465.41	9.0
规模以上工业企业煤炭消费量	万吨	514.19	588.76	-12.7
四、全社会固定资产投资	亿元	270.14	—	13.2
其中：工业投资	亿元	1.24	1.66	-25.1
房地产投资	亿元	180.53	179.27	0.7
五、批发零售贸易和餐饮业				
社会消费品零售总额	亿元	403.65	366.62	10.1
六、外经外贸				
注册外资实际到账	亿美元	2.4016	—	—
服务贸易进出口总额	亿美元	2.52	—	—
外贸进出口总额	亿元	265.57	—	—
其中：外贸出口总额	亿元	178.78	—	—
七、财政				
财政收入（全口径）	亿元	137.3	—	11.7
公共财政预算收入	亿元	72.4	—	12.0
八、人民生活				
城镇人均可支配收入	元	52780.2	48289.3	9.3

注：1. 地区生产总值2017年比2016年增长速度采用可比价增长速度

2. 综合能源消费量和煤炭消费量是55家规上工业企业的统计数据，多1家能源考核口径的企业（上海梅山钢铁股份有限公司），该企业报表由市局直统，其他汇总表数据均不包含该企业

2017年全区人口状况（一）

表22

	总户数（户）	总　人　口（人）			性别比（%）
		合计	男	女	
雨花台区	105985	287070	145683	141387	103.0:100
雨花街道	25594	74655	38503	36152	106.5:100
赛虹桥街道	18490	50587	25732	24855	103.5:100
西善桥街道	10980	26934	13519	13415	100.8:100
板桥街道	8442	21444	9898	11545	85.7:100
铁心桥街道	14397	39152	19945	19207	103.8:100

续表

	总户数（户）	总　人　口（人）			性别比（%）
		合计	男	女	
梅山街道	9952	28082	15124	12958	116.7:100
雨花经济开发区	7384	18924	9275	9649	96.1:100
板桥新城	10746	27292	13687	13606	100.6:100

注：此人口数据为户籍人口数据，来源于区公安分局

2017 年全区人口状况（二）

表 23　　计量单位：人

	出生人口			死亡人口			自然增长人口		
	合计	男	女	合计	男	女	合计	男	女
雨花台区	4580	2408	2172	1540	898	642	3040	1510	1530
雨花街道	914	483	431	454	265	189	460	218	242
赛虹桥街道	806	424	382	240	136	104	566	288	278
西善桥街道	599	325	274	155	87	68	444	238	206
板桥街道	604	354	250	126	74	52	478	280	198
铁心桥街道	615	326	289	189	99	90	426	227	199
梅山街道	249	130	119	188	130	58	61	0	61
雨花经济开发区	257	156	101	107	56	51	150	100	50
板桥新城	536	210	326	81	51	30	455	159	296

注：此人口数据为户籍人口数据，来源于区公安分局。

2017 年涉农街道组织情况表

表 24

	村委会（个）	村民小组（个）	乡村总户数（户）	乡村总人口（人）	乡村实有从业人员（人）	土地面积（平方公里）
雨花台区	—	202	9704	24163	15683	132.39
板桥街道	—	62	4442	12853	8828	17.04
西善桥街道	—	16	633	1247	687	30.51
铁心桥街道	—	39	1523	2347	1415	27.71
板桥新城	—	26	1721	4581	3243	26.69
雨花经济开发区	—	59	1385	3135	1510	11.07

注：1. 村居合一的村，民政部门不计算村委会个数

2. 非涉农街道中：赛虹桥土地面积为 7.31 平方公里，雨花街道土地面积为 12.06 平方公里。梅山街道土地面积已含在板桥、西善桥土地面积中

2017 年各街道地区生产总值表

表 25 单位：亿元

	地区生产总值	一产	二产	三产
全区合计	511.17	0.85	79.26	431.06
软件谷	238.73	0.29	26.34	212.1
其中：铁心桥	24.21	0.29	6.72	17.2
雨花经济开发区	57.37	0.05	13.12	44.2
板桥新城	17.4	0.05	2.05	15.3
雨花街道	62.2	0.00	0.2	62.0
板桥街道	25.93	0.45	16.38	9.1
西善桥街道	36.12	0.01	17.91	18.2
赛虹桥街道	44.02	0.00	2.86	41.16
梅山街道	29.4	0.00	0.4	29.0

·软件、科技创新产业·

2017 年软件及信息服务业、科技创新情况

表 26

内　　容	2017 年	备　注
涉软企业数（家）	2086	—
新增涉软从业人员（人）	20000	—
新增软件产业建筑面积（万平方米）	80	—
软件和信息服务业收入（亿元）	2210	—
信息传输、计算机服务和软件业增加值（亿元）	204.43	占地区生产总值 40.0%

·工业和能源·

2017 年规模以上工业企业完成总产值和综合能源消费量分区域情况表

表 27

	工业总产值		综合能源消费量	
	累计（亿元）	增长 %	本期（万吨标准煤）	增长 %
全区合计：	90.68	10.8	507.2139	9.0
1. 软件谷	23.90	−8.3	0.2280	−2.1

续表

	工业总产值		综合能源消费量	
	累计（亿元）	增长 %	本期（万吨标准煤）	增长 %
软件园	19.12	−10.5	0.0256	−22.5
铁心桥	4.78	2.1	0.2024	1.3
2. 雨花经济开发区	30.09	2.6	57.8193	−1.8
3. 板桥新城	—	—	—	—
4. 雨　花	0.22	−40.0	0.0030	−7.7
5. 板　桥	15.04	44.3	2.8368	1.4
6. 西善桥	4.50	13.2	0.1492	−2.8
7. 赛虹桥	14.48	49.0	0.9321	116.9
8. 梅　山	2.45	24.9	445.2455	10.5
其中：梅山街道	2.45	24.9	0.1438	−3.2
上海梅山钢铁股份有限公司	—	—	445.1017	10.5

注：1. 规模以上工业企业是指年主营业务收入在 2000 万元及以上的工业企业

2. 上表中的综合能源消费量数据多一家能源考核口径的企业（上海梅山钢铁股份有限公司），该企业报表由市局直统，其他汇总表数据均不包含该企业

2017 年规模以上工业总产值分行业大类一览表

表 28

行业大类	本年累计（亿元）	增长（%）
总计	90.68	10.8
制造业	80.29	12.3
农副食品加工业	0.85	-3.3
纺织服装、服饰业	9.00	1.4
木材加工和木、竹、藤、棕、草制品业	0.36	1.3
家具制造业	3.00	8.0
印刷和记录媒介复制业	1.64	-3.1
文教、工美、体育和娱乐用品制造业	2.16	-5.1
石油加工、炼焦和核燃料加工业	1.18	36.1
化学原料和化学制品制造业	0.41	9.6
医药制造业	5.98	16.0
橡胶和塑料制品业	3.05	-8.8
非金属矿物制品业	14.26	51.8
通用设备制造业	11.83	67.2
专用设备制造业	10.13	-6.9
汽车制造业	1.75	5.9

续表

行业大类	本年累计（亿元）	增长（%）
铁路、船舶、航空航天和其他运输设备制造业	3.37	21.8
电气机械和器材制造业	2.09	-7.4
计算机、通信和其他电子设备制造业	5.53	-30.9
仪器仪表制造业	3.10	37.0
废弃资源综合利用业	0.61	4.0
电力、热力、燃气及水生产和供应业	10.39	0.4
电力、热力生产和供应业	10.39	0.4

2017年规模以上工业企业主要产品产量表

表29

产品名称	计量单位	本年累计	增长（%）
服装	万件	421	-25.0
梭织服装	万件	421	-25.0
西服套装	万件	304	-19.1
人造板表面装饰板	平方米	1062396	32.8
家具	件	170748	-0.9
其中：木质家具	件	119511	-0.9
金属家具	件	34138	-1.0
软体家具	件	17099	-0.8
硫酸（折100%）	吨	62795.75	-3.1
中成药	吨	3158.96	7.9
塑料制品	吨	26628	-12.7
商品混凝土	立方米	3144759.31	37.4
滚动轴承	万套	236	24.9
齿轮	吨	25695	59.3
灯具及照明装置	套（台、个）	1527760	-35.3
程控交换机	线	6750	-0.1
工业自动调节仪表与控制系统	台（套）	30000	26.6
电工仪器仪表	台	70160	47.5
发电量	万千瓦时	305817.84	-1.5
火力发电量	万千瓦时	305817.84	-1.5

2017 年规模以上工业企业财务状况

表 30

指标名称	本年（亿元）	同比增长（%）
一、期末资产负债	—	—
流动资产合计	92.8	6.6
其中：应收账款	38.6	19.3
存货	15.8	5.0
其中：产成品	6.4	-14.2
资产总计	143.6	7.7
负债合计	75.5	12.6
二、损益及分配	—	—
营业收入	92.3	8.3
其中：主营业务收入	91.4	8.1
营业成本	74.5	10.0
其中：主营业务成本	74.0	9.8
营业税金及附加	0.7	34.1
其中：主营业务税金及附加	0.7	34.4
销售费用	4.2	-4.2
管理费用	8.8	4.9
其中：税金	0.1	-17.9
财务费用	1.0	-11.9
其中：利息收入	0.1	-28.1
利息支出	1.0	-19.2
资产减值损失	0.2	-33.6
公允价值变动收益（损失以“-”号记）	0.0	—
投资收益（损失以“-”号记）	0.2	-43.5
营业利润	3.1	-1.2
营业外收入	1.0	54.1
其中：政府补助	0.5	16.2
营业外支出	0.2	-43.6
利润总额	3.9	14.4
应付职工薪酬（本年贷方累计发生额）	10.4	9.6
三、应交增值税	3.2	-4.9
四、平均用工人数（万人）	1.1	-7.6

2017年规模以上工业企业用水情况表

表31

指标名称	计量单位	取水量	
		本期	上年同期
合计	立方米	3701287.21	3932803.58
1. 地表淡水	立方米	1619083	1704091
2. 地下淡水	立方米	—	—
3. 自来水	立方米	1901204.21	2037442.58
4. 海水	立方米	—	—
5. 陆地苦咸水	立方米	—	—
6. 矿井水	立方米	—	—
7. 雨水	立方米	—	—
8. 再生水（中水）	立方米	181000	191270
9. 海水淡化水	立方米	—	—
10. 其他水	立方米	—	—
补充指标			
指标名称	计量单位	本期	上年同期
甲	乙	11	21
外排水量	立方米	1259625.02	1158662.92
重复用水量	立方米	16149291	18458423
直流冷却水量（河湖水）	立方米	156670000	170720000
直流冷却水量（海水）	立方米	—	—
污水处理企业污水处理量	立方米	—	—

2017年规模以上工业企业能源消费情况表

表32

能源名称	计量单位	工业生产消费	采用折标系数
原煤	吨	1363915	0.7043
焦炉煤气	万立方米	6.31	11.919
高炉煤气	万立方米	11503.59	1.174
天然气	万立方米	45.15	24.3
液化天然气	吨	1.67	1.7572
汽油	吨	89.8	20.5996
煤油	吨	18.31	1.4714
柴油	吨	3947.11	18.9423

续表

能源名称	计量单位	工业生产消费	采用折标系数
液化石油气	吨	37.89	3.4286
润滑油	吨	22.64	1.4143
其他石油制品	吨	216.96	1.4
热力	百万千焦	6644.31	0.1023
电力	万千瓦时	36721.75	66.366
生物燃料	吨标准煤	2897.72	2
能源合计	吨标准煤	1029300.03	—
补充资料：			
上年同期：综合能源消费量 626253.35 吨标准煤			
本　　期：综合能源消费量 621122.15 吨标准煤			

注：综合能源消费量 = 工业生产消费（能源合计）– 能源加工转换产出（能源合计）– 回收利用（能源合计）见下表

2017 年规模以上工业企业能源加工转换与回收利用情况表

表 33

能源名称	计量单位	工业生产消费量	能源加工转换产出	回收利用
原煤	吨	1363915	—	—
无烟煤	吨	—	—	—
炼焦烟煤	吨	—	—	—
一般烟煤	吨	1363915	—	—
柴油	吨	105.51	—	—
热力	百万千焦	—	948027.87	—
电力	万千瓦时	16219.53	305817.84	—
能源合计	吨标准煤	980692.88	408177.88	—

·批零、住餐·

2017 年限上社会消费品零售总额表

表 34

指标名称	累　　计		
	今年（万元）	去年同期（万元）	增幅（%）
甲	4	5	6
社会消费品零售总额	2310293	2096448.3	10.2

续表

指标名称	累计		
	今年（万元）	去年同期（万元）	增幅（%）
一、按行业分	—	—	—
批发和零售业	2269283.5	2057245.5	10.3
限额以上	2269283.5	2057245.5	10.3
个体经营户（大个体）	106042.1	89172.4	18.9
限额以下	—	—	—
限下企业	—	—	—
限下个体	—	—	—
批发业	580334.3	544904.9	6.5
限额以上	580334.3	544904.9	6.5
个体经营户（大个体）	2072.4	1651.9	25.5
限额以下	—	—	—
限下企业	—	—	—
限下个体	—	—	—
零售业	1688949.2	1514811.4	11.5
限额以上	1688949.2	1514811.4	11.5
个体经营户（大个体）	103969.7	87521	18.8
限额以下	—	—	—
限下企业	—	—	—
限下个体	—	—	—
住宿和餐饮业	41009.5	39116.9	4.8
限额以上	41009.5	39116.9	4.8
个体经营户（大个体）	21767.9	18920.7	15
限额以下	—	—	—
限下企业	—	—	—
限下个体	—	—	—
住宿业	5659.8	4992.4	13.4
限额以上	5659.8	4992.4	13.4
个体经营户（大个体）	—	—	-100
限额以下	—	—	—
限下企业	—	—	—
限下个体	—	—	—
餐饮业	35349.7	34130	3.6
限额以上	35349.7	34130	3.6
个体经营户（大个体）	21767.9	18920.7	15

续表

指标名称	累　　计		
	今年（万元）	去年同期（万元）	增幅（%）
限额以下	—	—	—
限下企业	—	—	—
限下个体	—	—	—
二、按规模分	—	—	—
（一）限额以上	2310293	2096448.3	10.2
1、企业（单位）	2182483	1988360	9.8
2、个体经营户（大个体）	127810	108088.3	18.2

2017 年限上批发和零售业商品分类销售额表

表 35

指标名称	累计销售总额			累计零售额		
	今年（万元）	去年同期（万元）	增幅（%）	今年（万元）	去年同期（万元）	增幅（%）
总计	6807145.9	6282762.9	8.3	2269283.5	2057245.5	10.3
粮油、食品类	105081	113279.2	-7.2	49654.8	53030.2	-6.4
服装、鞋帽、针纺织品类	888695.5	904540.2	-1.8	129482.8	76645.5	68.9
化妆品类	3506.3	3825.2	-8.3	3354.4	3825.2	-12.3
金银珠宝类	173021.1	147969.5	16.9	40443.8	39287.5	2.9
日用品类	89735.4	57055.2	57.3	11878.4	10101.8	17.6
五金、电料类	119127	98799.6	20.6	28699.5	16112	78.1
体育、娱乐用品类	65556.2	41556.1	57.8	61662.7	41556.1	48.4
书报杂志类	240.2	249.5	-3.7	237.1	249.3	-4.9
电子出版物及音像制品类	0.6	1.3	-55.6	0.6	1.3	-55.6
家用电器和音像器材类	278623.7	251972.9	10.6	104412.3	102518.6	1.8
中西药品类	993680.7	770867.1	28.9	221463.1	145030.8	52.7
文化办公用品类	741865	689564.3	7.6	131465.5	154035.3	-14.7
家具类	5993.1	4124.1	45.3	5696.6	4142.9	37.5
通讯器材类	408144.3	562175.8	-27.4	120938.4	124424.8	-2.8
煤炭及制品类	167633	92888.5	80.5	3153.1	9083.7	-65.3

续表

指标名称	累计销售总额			累计零售额		
	今年（万元）	去年同期（万元）	增幅（%）	今年（万元）	去年同期（万元）	增幅（%）
木材及制品类	—	—	-100	—	—	-100
石油及制品类	83944.3	72929	15.1	62447.7	50713.2	23.1
化工材料及制品类	135818.4	190840.4	-28.8	—	—	-100
金属材料类	431088.9	374109.1	15.2	—	—	-100
建筑及装潢材料类	291908.9	255883	14.1	272355	231870.1	17.5
机电产品及设备类	721055.6	542206.5	33	7821	9444.4	-17.2
汽车类	948941.4	906580.1	4.7	937063.5	887693.8	5.6
种子饲料类	4818.3	—	-100	—	—	-100
棉麻类	41008.1	43667.5	-6.1	9576.5	7643.3	25.3
其他类	42423.1	28215.3	50.4	19618.8	15881.3	23.5

2017 年批发和零售业销售、库存总额情况表

表 36

指标名称	累计销售总额			累计批发额			累计零售额		
	今年（万元）	上年同期（万元）	增长（%）	今年（万元）	上年同期（万元）	增长（%）	今年（万元）	上年同期（万元）	增长（%）
总计	7596507.9	6488306.6	17.1	5183110	3916702.1	32.3	2413397.9	2571604.5	-6.2
限额以上	6807145.9	6282762.9	8.3	4537862.4	4225517.5	7.4	2269283.5	2057245.5	10.3
限额以下	789362	205543.7	284	645247.6	-308815.4	-308.9	144114.4	514359	-72
一、批发业	5559556.8	4160287.9	33.6	4959920.7	3703619.5	33.9	599636.1	456668.4	31.3
限额以上	5096981.7	4746421.8	7.4	4516647.4	4201516.9	7.5	580334.3	544904.9	6.5
限额以下	462575.1	-586133.9	-178.9	443273.3	-497897.4	-189	19301.8	-88236.5	-121.9
二、零售业	2036951.1	2328018.7	-12.5	223189.3	213082.6	4.7	1813761.8	2114936.1	-14.2
限额以上	1710164.2	1540155.8	11	21215	25344.4	-16.3	1688949.2	1514811.4	11.5
限额以下	326786.9	787862.9	-58.5	201974.3	187738.2	7.6	124812.6	600124.7	-79.2

2017 年住宿和餐饮业经营情况表

表 37

指标名称	住宿和餐饮业合计			住宿业合计			餐饮业合计		
	累　计			累　计			累　计		
	今年	上年同期	增幅	今年	上年同期	增幅	今年	上年同期	增幅
	万元	万元	%	万元	万元	%	万元	万元	%
营业额总计	80150.3	139977.8	-42.7	15207.4	125025	21.6	64942.9	127475.3	-49.1
（一）限额以上营业额	53519.9	50016.5	7	14719.2	13045	12.8	38800.7	36995.1	4.9

续表

指标名称	住宿和餐饮业合计			住宿业合计			餐饮业合计		
	累　计			累　计			累　计		
	今年	上年同期	增幅	今年	上年同期	增幅	今年	上年同期	增幅
	万元	万元	%	万元	万元	%	万元	万元	%
1. 客房收入	12084.8	10537.9	14.7	8763.6	7751.5	13.1	3321.2	2771.9	19.8
其中：通过公共网络实现的客房收入	359.1	287.3	25	359.1	287.3	25	—	—	—
2. 餐费收入	39525.8	37816	4.5	5155.5	4498	14.6	34370.3	33323.6	3.1
其中：通过公共网络实现的餐费收入	320.3	278.3	15.1	130.1	120.6	7.9	190.2	157.7	20.6
3. 商品销售额	758.2	659.8	14.9	504.3	494.7	1.9	253.9	148.7	70.7
4. 其他收入	1151.1	996.8	15.5	295.8	300.6	−1.6	855.3	694.9	23.1
（二）限额以下营业额	26630.4	89961.3	−70.4	488.2	−542.5	−190	26142.2	90480.2	−71.1
其中：餐费收入和商品销售额	23464.3	86953.9	−73	441.6	297.2	48.6	23022.7	86667.6	−73.4

·规上服务业·

2017年规上服务业分行业营业收入完成情况表

表38

分　行　业	2017年营业收入（亿元）	增幅（%）
合计	743.99	26.9
交通运输、仓储和邮政业	55.32	38.1
房地产业	2.04	25.0
其他营利性服务业	614.92	32.1
信息传输、软件和信息技术服务业	427.64	20.5
租赁和商务服务业	171.71	80.0
居民服务、修理和其他服务业	2.24	38.2
文化、体育和娱乐业	13.32	−3.5
非营利性服务业	71.71	−9.1
科学研究和技术服务业	61.82	−13.5
教育	7.48	7.8
卫生和社会工作	2.42	360.4

2017年规上服务业分街道（园区）营业收入完成情况表

表39

分街道（园区）	2017年营业收入（亿元）	增幅（%）
合计	743.99	26.9
软件谷	493.03	17.7
其中：铁心桥街道	10.65	-1.9
雨花街道	9.66	19.0
赛虹桥街道	16.82	22.3
西善桥街道	4.55	9.8
板桥街道	1.19	-51.0
梅山街道	35.22	-21.0
雨花经济开发区	183.36	94.7
板桥新城	0.14	2.4

规上服务业2017年财务状况汇总表

表40 **单位：亿元**

指 标 名 称	2017年
一、年初存货	39.64
二、期末资产负债	—
流动资产合计	884.65
其中：应收账款	291.90
存货	46.20
固定资产原价	195.77
其中：房屋和构筑物	130.19
机器设备	24.52
运输工具	6.40
累计折旧	55.10
其中：本年折旧	11.91
资产总计	1466.09
应付账款	151.52
负债合计	957.54
所有者权益合计	508.55
三、损益及分配	—

续表

指　标　名　称	2017年
营业收入	743.99
其中：主营业务收入	738.30
营业成本	560.87
其中：主营业务成本	558.83
税金及附加	5.82
其中：主营业务税金及附加	5.66
销售费用	65.68
管理费用	87.23
财务费用	8.95
其中：利息收入	12.21
利息支出	14.58
资产减值损失	1.37
公允价值变动收益（损失以“-”号记）	-0.47
投资收益（损失以“-”号记）	14.56
其他收益	8.33
营业利润	36.49
营业外收入	18.14
营业外支出	1.16
利润总额	53.47
所得税费用	3.34
四、成本费用及增值税	—
行政事业性收费	1.25
材料和燃料费	16.02
经营租赁费	4.03
运输费	28.41
研发、试验检验费	8.64
水电费	0.92
邮政通信费	0.24
应付职工薪酬（本年贷方累计发生额）	151.55
其中：社会保险和住房公积金	18.98
应交增值税	34.37
五、平均用工人数	0.70

·财政收入支出·

2017年一般公共预算收入完成情况表

表41 单位：万元

一般公共预算收入	2017年
一、税收收入	660260
增值税	347430
企业所得税	88050
个人所得税	110000
房产税	40300
印花税	12750
车船税	960
耕地占用税	1720
城市维护建设税	59050
二、非税收入	63740
教育费附加收入	25170
地方教育费附加收入	16780
行政事业性收费收入	10660
罚没收入	1840
国有资源（资产）有偿使用收入等	7440
地方文化事业建设费收入	1850
合　计	724000

2017年全区财政支出情况表

表42 单位：万元

	2017年
1. 一般公共服务	45114
2. 国防支出	218
3. 公共安全支出	16788
4. 教育支出	104579
5. 科学技术支出	40273
6. 文化体育与传媒支出出	19426
7. 社会保障和就业支出	47620
8. 医疗卫生支出	22709

续表

	2017 年
9. 节能环保支出	8897
10. 城乡社区支出	234315
11. 农林水支出	12250
12. 交通运输支出	8351
13. 资源勘探信息等支出务	32721
14. 商业服务业等支出	7948
15. 金融支出	352
16. 国土海洋气象等支出	1064
17. 住房保障支出	15441
18. 其他支出	12146
19. 债务付息费用支出	2508
20. 债务发行费用支出	35
一、公共预算支出	632755
二、基金预算支出	495876
三、支出合计	1128,631

·教育卫生·文化体育·

2017 年基础教育基本情况表

表 43

指　标	学校数(所)	在校学生数(人)	教职工数(人)
普通中学	13	13427	1207
职业中学	1	2170	106
技工学校	—	—	—
小学	21	21778	1330
特殊教育	—	—	—
幼儿园	59	18006	2518
小学毕业生升学率(%)			100
初中阶段毛入学率(%)			100

2017 年各类中学概况（一）

表 44

学校		单位数			班级数		
		计	初中	高中	合计	初中	高中
总计		13	9	4	332	228	104
教育部门办	普通中学（不含铁心桥中心）	11	8	3	276	190	86
民办	实验学校	2	1	1	56	38	18

2017 年各类中学概况（二）

表 45

学校		学生数			教职工数		
		合计	初中	高中	计	全民	民办
总计		13427	9325	4102	1207	1083	169
教育办	普通中学	11345	7857	3488	1038	1083	—
民办	实验学校	2082	1468	614	169	—	169

2017 年各类小学概况

表 46

学校数（所）		班级数（个）	学生数（人）	教工数（人）		
				计	全民	民办
总计	21	530	21778	1330	1183	147
教育部门办	19	472	19558	1183	1183	—
民办	2	58	2220	147	—	147

2017 年教育部门办中学基本情况

表 47

学校	班级（个）	在校学生数（人）			教职工数（人）
		合计	初中	高中	
合计	276	11345	7857	3488	1038
雨花台中学	96	4123	2162	1961	326
板桥中学	35	1400	764	636	134
共青团路中学	24	930	930	—	80
金陵中学西善分校	13	458	458	—	49
雨花台中学春江分校	12	536	536	—	47
孙家中学	15	586	586	—	60

续表

学　校	班级（个）	在校学生数（人）			教职工数（人）
		合计	初中	高中	
铁心桥中学	—	—	—	—	30
梅山第一中学	23	901	901	—	84
梅山第二中学	17	617	617	—	65
梅山高级中学	19	891	—	91	103
金陵中学岱山分校	18	737	737	—	60
金陵华兴实验学校	4	166	166		

2017 年民办中学基本情况

表 48

校　名		单位数（个）	班级数（个）	学生数（人）
民办中学	小计	2	56	2082
	初中	1	38	1468
	高中	1	18	614

2017 年职业教育基本情况

表 49

校　名			班　级　数（个）						学　生　数（人）						教职工数（人）
			三年制				高　职		三年制				高　职		
			计	一	二	三	四	五	计	一	二	三	四	五	
教育办：附中专概况	合计		63	14	21	17	6	5		570	646	612	172	170	137
	中华中等专业学校	合计	63	14	21	17	6	5		570	646	612	172	170	106
		职专	34	10	13	11	—	—		410	458	396	—	—	106
		高职	29	4	8	6	6	6	906	160	188	216	172	170	

2017 年教育部门办小学基本情况一览表

表 50

学　校	班级数（个）	学生数（人）	教工数（人）
合　计	472	19558	1183
雨花台区实验小学	34	1493	111
雨花外国语小学	68	2809	155
共青团路小学	20	844	69
景明佳园小学	23	957	50

续表

学　校	班级数（个）	学生数（人）	教工数（人）
雨花台中学春江学校	26	1100	58
铁心桥小学	29	1258	69
小行小学	24	793	62
雨花台小学	27	1052	73
板桥小学	36	1774	81
古雄小学	24	1126	48
西善桥中心小学	25	1092	61
西善花苑小学	25	864	76
梅山第一小学	18	544	52
梅山第二小学	33	1565	77
力学小学金地自在城分校	21	902	55
岱山实验小学	19	758	42
雨花台区实验小学善水湾分校	10	321	22
雨花外国语小学花神庙分校	8	226	22
金陵华兴实验学校	2	80	—

2017 年民办小学基本情况表

表 51

学　校		班级数（个）	学生数（人）	教工数（人）
民办学校	合　计	58	2220	147
	南京民办实验学校	41	1435	105
	力行小学	17	785	42

2017 年幼儿园基本情况

表 52

园　名		班级数（个）	幼儿数（人）	教师数（人）		
				计	全民	其他
教育部门办	合计	149	4601	660	18	642
	小行附属幼儿园	12	359	53	7	46
	西善花苑附属幼儿园	12	385	61	5	56
	板桥新城附属幼儿园	12	396	55	6	49
	金叶花园幼儿园	9	295	39	—	39
	板桥小学附属灵动之星幼儿园	15	490	60	—	60
	岱山实验幼儿园	14	481	59	—	59

续表

园　名		班级数(个)	幼儿数(人)	教师数(人)		
				计	全民	其他
教育部门办	板桥小学附属岱山第一幼儿园	13	409	57	—	57
	区实验幼儿园	13	387	57	—	57
	善水湾幼儿园	12	375	48	—	48
	长虹路幼儿园	11	325	40	—	40
	花神美境幼儿园	8	239	38	—	38
	永安花苑幼儿园	5	113	24	—	24
	岱山实验小学附属幼儿园	3	74	15	—	15
	金陵华兴实验幼儿园	2	50	14	—	14
	琥珀森林幼儿园	2	43	11	—	11
	康盛幼儿园	6	180	29	—	29
集体办	合计	57	1720	247	—	247
	普德村幼儿园	8	273	39	—	39
	春江第一幼儿园	10	297	40	—	40
	春江第二幼儿园	11	281	43	—	43
	铁心桥中心幼儿园	10	315	49	—	49
	龙福幼儿园	9	270	38	—	38
	春蕾幼儿园	9	284	38	—	38

2017年教育部门办中小学校园．校舍面积及固定资产（一）

表53

校　名	校园面积	校舍面积(平方米)		校　名	校园面积	校舍面积(平方米)	
		平方米	亩			平方米	亩
总计	863394	9905.07	451961	雨中春江学校	32095	48.14	7554
一、中学合计	444774	637.54	217639	铁心桥中学	31632	47.45	7370
雨花台中学	93059	139.59	59270	孙家中学	30481	45.72	8077
板桥中学	56267	84.40	43882	金陵华兴实验学校	19748	29.62	9227
共青团路中学	15128	22.69	8811	二、师职校电大合计	62140	93.79	35216
金陵中学西善分校	20706	31.06	8547	教师进修学校	17576	26.36	12142
金陵中学岱山分校	36240	54.36	26000	雨花电大分校	2400	3.6	1213
梅山第一中学	23182	34.77	9502				
梅山第二中学	21621	32.43	6902	中华中等专业学校	42164	63.25	21861
梅山高级中学	64615	96.92	22497				

2017年教育部门办中小学校园.校舍面积及固定资产（二）

表54

校　名	校园面积		校舍面积（平方米）	校　名	校园面积		校舍面积（平方米）
	平方米	亩			平方米	亩	
三、小学合计	343081	514.62	186640	雨花台中学春江分校	11964	17.95	6147
雨花台区实验小学	16977	25.47	15366	力学小学金地自在城分校	22000	33.00	11823
共青团路小学	6316	9.47	3998	西善桥中心小学	15970	23.96	6996
铁心桥小学	18863	28.29	5704	板桥小学	36000	54.00	12512
景明佳园小学	18216	27.32	6314	古雄小学	13240	19.86	4870
小行小学	6196	9.29	4564	西善花苑小学	36230	54.35	27659
雨花台小学	6724	10.09	4822	雨花外国语小学	28180	42.27	20694
梅山第一小学	29550	44.33	11396	梅山第二小学	9541	14.31	5552
岱山实验小学	23500	35.25	20500	金陵华兴实验学校	8652	12.98	10055
雨花台区实验小学善水湾分校	29500	44.25	16092	花神庙小学	18861	28.29	10055

2017年医疗卫生事业基本情况表

表55

指　标	单　位	2017年
医疗卫生机构	个	105
其中：政府办医疗卫生机构	个	9
政府办医疗卫生机构职工	人	780
卫生技术人员	人	646
婴儿死亡率	‰	控制在2.03
孕产妇死亡率	1/10万	16.94/10万
户籍居民人均预期寿命	岁	82.11

2017年文化基本情况表

表56

指　标	单　位	2017年
省级标准的社区综合文化服务中心	家	22
群众文化活动	场	1286

续表

指　标	单　位	2017 年
全年送图书	册	6500
全年送演出	场	48
考古勘探面积	万平方米	近 90
古代墓葬	座	12

2017 年雨花台区体育基本情况表

表 57

指　标	单　位	2017 年
人均拥有公共体育设施面积	平方米	3.15
市级以上运动会金牌数	块	26
体育场地数	个	525
群众性体育竞赛活动	项次	150

· 人民生活 ·

2017 年城镇居民家庭全年人均收入情况表

表 58　　单位：元

指标名称	2017 年	增长 %
城镇居民人均可支配收入	52780.2	9.3
（一）工资性收入	39468.0	9.3
（二）经营净收入	3347.0	9.2
（三）财产性收入	7817.0	9.2
（四）转移性收入	2148.2	9.4

2017 年城镇居民家庭全年人均消费支出情况表

表 59

指标名称	2017 年（元）	增长（%）
城镇居民人均生活消费支出	31119.5	5.4
（一）食品烟酒	7920.0	5.4
（二）衣着	2200.0	1.3
（三）居住	6060.0	2.3

续表

指标名称	2017年（元）	增长（%）
（四）生活用品及服务	1845.0	2.6
（五）交通通信	5760.0	2.3
（六）教育文化娱乐	5835.0	16.4
（七）医疗保健	847.0	2.5
（八）其他用品和服务	652.5	2.3

2017年城镇居民住户调查主要指标（一）

表60

指标名称	总量（元）	人均（元）
一、可支配收入	15068747.1	52780.2
二、消费支出	8884617.25	31119.5
1. 食品烟酒	2261160	7920.0
2. 衣着	628100	2200.0
3. 居住	1730130	6060.0
4. 生活用品及服务	526747.5	1845.0
5. 交通通信	1644480	5760.0
6. 教育文化娱乐	1665892.5	5835.0
7. 医疗保健	241818.5	847.0
8. 其他用品和服务	186288.75	652.5

2017年城镇居民住户调查主要指标（二）

表61

指标名称	计量单位	总量	人均
一、期末家庭人口	人	285.5	1
二、年末拥有住房面积	平方米	13665	47.86
三、年末耐用物品			
1. 家用汽车	辆	57	0.20
2. 摩托车	辆	8	0.03
3. 助力车	辆	63	0.22
4. 洗衣机	台	110	0.39
5. 电冰箱（柜）	台	111	0.39
6. 微波炉	台	102	0.36

续表

指标名称	计量单位	总量	人均
7. 彩色电视机	台	182	0.64
8. 其中：接入有线电视	台	167	0.58
9. 空调	台	242	0.85
10. 热水器	套	112	0.39
11. 其中：太阳能热水器	架	20	0.07
12. 洗碗机	件	3	0.01
13. 排油烟机	台	103	0.36
14. 固定电话	台	56	0.20
15. 移动电话	台	238	0.83
16. 其中：接入互联网	台	201	0.70
17. 计算机	套	118	0.41
18. 其中：接入互联网	部	117	0.41
19. 照相机	部	74	0.26
20. 中高档乐器	架	7	0.02
21. 健身器材	台	5	0.02

·固定资产投资·

2017 年全社会固定资产投资情况表

表 62

投资种类	2017 年（万元）	增减 (%)
全社会投资合计	2701473	13.2
# 服务业投资	2689033	11.9
# 民营经济	1567659	−8.6
一、城镇固定资产投资	896125	42.8
# 民营经济	250686	−12.2
二、房地产开发投资	1805348	0.7
# 民营经济	1316973	−7.9

2017年分街道全社会固定资产投资额一览表

表63

名　　称	2017年（亿元）	增　长%
全区合计	270.14	13.2
软件谷	80.03	23.0
雨花经济开发区	29.02	-1.1
板桥新城	30.01	-7.0
雨花街道	50.02	-10.7
板桥街道	16.01	6.0
西善桥街道	8.01	1.2
赛虹桥街道	40.01	19.7
梅山街道	2.02	-3.8
新城规建办	15.01	2401.7

2017年房地产开发投资情况表

表64

指　　标	单　位	2017年	增减(%)
房地产开发投资额	亿元	180.5348	0.71
1.按工程用途分			
住宅	亿元	121.9225	3.29
办公楼	亿元	19.2075	-15.08
商业用房	亿元	17.0923	0.05
其他	亿元	22.3125	3.64
2.房屋建筑面积			
施工面积	万平方米	433.4217	-14.43
#住宅	万平方米	194.5106	-35.94
竣工面积	万平方米	32.3122	-72.14
#住宅	万平方米	11.3397	-87.80
3.商品房屋销售面积	万平方米	58.4397	-56.67
#住宅	万平方米	42.8773	-61.78
4.商品房屋销售额	亿元	146.5111	-52.70
#住宅	亿元	114.2973	-57.86

索引

2018 YUHUATAI ALMANAC

Index

说　明

一、本索引采用主题索引方法,依据首字汉语拼音字母顺序排列,同音字按声调顺序排列;首字同音同调按笔画排列;首字音序相同,按第二字音序排列,依次类推。

二、类目、分目、副分目标题和人名作索引词的均用黑体字标明。

三、索引词后数字表示内容所在页码或参见页码(用黑体排列在索引词后第一位置的为主出处项),数字后字母表示从左至右内容所在栏别,索引词后括注"表"字样表示表;索引词后括注其他内容为说明项。

四、"附见"内容悬挂缩进两格排印,附于相关款目之下。

五、彩页、特载、专文、人物、大事记、统计资料、附录、随文图片均不作索引。

A

B

C

D

E

F

P

Q

V

W

X